LA JEUNESSE
DE NAPOLÉON

OUVRAGES DU MÊME AUTEUR

LA JEUNESSE DE NAPOLÉON. BRIENNE.
LA JEUNESSE DE NAPOLÉON. LA RÉVOLUTION.

LA GUERRE, 1870-1871.
LE GÉNÉRAL CHANZY.
    (Couronné par l'Académie française.)
PARIS EN 1790, VOYAGE DE HALEM.
JEAN-JACQUES ROUSSEAU.

LES GUERRES DE LA RÉVOLUTION
11 volumes in-8.

TOME   I. LA PREMIÈRE INVASION PRUSSIENNE.
—   II. VALMY.
—   III. LA RETRAITE DE BRUNSWICK.
    (Couronnés par l'Académie française, prix Gobert, et par l'Académie des sciences morales et politiques, grand prix Audiffred.)
—   IV. JEMAPES ET LA CONQUÊTE DE LA BELGIQUE.
—   V. LA TRAHISON DE DUMOURIEZ.
    (Couronnés par l'Académie française, grand prix Gobert.)
—   VI. L'EXPÉDITION DE CUSTINE.
—   VII. MAYENCE.
—   VIII. WISSEMBOURG.
—   IX. HOCHE ET LA LUTTE POUR L'ALSACE.
—   X. VALENCIENNES.
—   XI. HONDSCHOOTE.

Droits de traduction et de reproduction réservés pour tous les pays,
y compris la Hollande, la Suède et la Norvège

ARTHUR CHUQUET

LA JEUNESSE

DE NAPOLÉON

* * *

Toulon

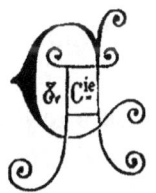

ARMAND COLIN ET Cie, ÉDITEURS

Paris, 5, rue de Mézières

1899

Tous droits réservés.

PRÉFACE

Ce volume comprend cinq chapitres.

Chapitre XI : *Paris*. Je n'avais qu'à puiser dans le *Napoléon inconnu* de M. Frédéric Masson (II, 385-410).

Chapitre XII : *la Madeleine*. Je n'avais qu'à lire le précieux recueil de M. l'abbé Letteron (*Pièces et documents divers pour servir à l'histoire de la Corse pendant la Révolution française*, t. I, 1891) où sont presque toutes les pièces et notamment le fragment des *Mémoires* de Cesari.

Chapitre XIII : *Paoli*. Le recueil de M. l'abbé Letteron et nombre de papiers inédits (correspondance d'Arena, de Cesari, de Peraldi, de Pozzo, de Saliceti), que le savant ecclésiastique, ainsi que MM. Antoine de Morati, François de Morati-Gentile, le comte Peraldi et Touranjon ont mis à ma disposition; le *Rapport* de Monestier, le *Précis* de Volney, le *Paoli* de Tommaseo, d'Arrighi, de M. Perelli, les *Osservazioni storiche* d'Ambroise Rossi, le *Napoléon inconnu* de M. Masson, les *Actes* du Comité publiés par M. Aulard sont les sources que j'ai consultées.

Chapitre XIV : *Le Souper de Beaucaire*. Il fallait lire les *Mémoires* de Doppet, l'*Histoire de l'armée départementale* de Michel, les *Lettres* de Dommartin, la correspondance de Carteaux, le Recueil Aulard et l'article de M. Charvet dans le *Bulletin historique et archéologique de Vaucluse* (1880).

Chapitre XV : *Toulon*. Je me suis servi des documents du ministère de la guerre et des travaux de mes devanciers : Du Teil, *Napoléon Bonaparte et les généraux Du Teil*; Krebs et Moris, *Campagnes dans les Alpes pendant la Révolution*; George Duruy, introduction aux *Mémoires* de Barras; Vauchelet, *Le Général Dugommier*; Cottin, *Toulon et les Anglais en* 1793; le Recueil Aulard, etc.

Je dois, comme de coutume, faire mes plus vifs remerciements à mon ami Léon Hennet, qui connaît si bien l'époque révolutionnaire et impériale; aux Corses qui m'ont si aimablement, si généreusement aidé, MM. l'abbé Letteron, A. de Morati, François de Morati-Gentile, le comte Peraldi; à MM. Duhamel, archiviste du Vaucluse, et Labande, bibliothécaire de la ville d'Avignon.

L'appendice de ce volume renferme des notices composées d'après les documents des archives administratives de la guerre et des pièces inédites, parmi lesquelles des lettres de Marius Peraldi, de Paoli, de Napoléon, etc.; quelques-unes de ces pièces m'appartiennent; d'autres ont été négligées par la commission de la *Correspondance* de Napoléon (pièces II; IX; LXIX, 2-5, 8-9, 11-17; LXX; LXXI); d'autres m'ont été gracieusement communiquées par des personnes que je prie d'agréer, ici encore, l'expression de ma vive reconnaissance, par Mme la générale Isnard (pièce XXII), par la famille Quenza (pièces IV et XXX), par M. le comte Peraldi (pièces VI, VIII et XXIV), par M. Touranjon, archiviste de la Corse (pièce XXIII), par M. Labande (pièce LXIX, 1), par mon ami Etienne Charavay (pièces LXIX, 6, 7 et 10).

LA
JEUNESSE DE NAPOLÉON

CHAPITRE XI

Paris.

Ambition de Napoléon. — Leçons qu'il tire de l'émeute d'avril 1792. — Haine de l'anarchie. — Refroidissement et circonspection. — Arrivée à Paris (28 mai 1792). — Lettres sur la situation extérieure et intérieure. — Les trois partis. — Napoléon constitutionnel et fayettiste, comme Paoli et Pozzo. — Journées du 20 juin et du 10 août. — Amour persistant de la Corse. — Cattaneo. — Mme Permon. — Conseils à Joseph. — Napoléon nommé capitaine au 4e régiment d'artillerie (10 juillet). — Demande du grade de lieutenant-colonel dans l'artillerie de marine (30 août). — Dernière visite à Saint-Cyr (1er septembre). — Départ. — Arrivée à Marseille. — Embarquement à Toulon (10 octobre) et débarquement à Ajaccio (15 octobre). — Echec de Joseph aux élections à la Convention. — Marianna.

Les mois d'avril et de mai 1792 ont dans l'histoire de la jeunesse de Napoléon une grande importance. Il se disait naguère inaccessible à l'ambition; il la réprouvait, la condamnait, et la péroraison du *Discours* de Lyon est une longue et fougueuse invective contre le délire d'orgueil qui tourmente Alexandre, Charles-Quint, Philippe II, Cromwell, Richelieu, Louis XIV et Necker. Mais l'ambition commence à le posséder, à se l'*impatroniser*[1]. Il n'a plus seulement le désir désintéressé de faire le bien ou, comme il s'exprimait

---

[1]. Sur cet italianisme de Napoléon voir notre deuxième volume, *La Révolution*, p. 12 et 209.

encore, de contribuer à la félicité du peuple, d'assurer le bonheur de ses concitoyens : il veut parvenir, il veut se placer au premier rang. Ne dit-il pas en juillet 1792 que le spectacle des partis qui divisent la France *détruit l'ambition*, et cette boutade n'est-elle pas un aveu de l'ambition qui maîtrise déjà l'âme de Bonaparte, de cette passion qui, selon le vers de Pope qu'il citait à Valence, était en lui

> la passion régnante,
> Qui toujours combattue est toujours triomphante?

Lucien, qui se pique d'observer ses frères et de les connaître à fond, n'écrit-il pas à cette époque même, au 24 juin 1792, qu'il a constamment « démêlé dans Napoléon une ambition pas tout à fait égoïste, mais qui surpasse en lui son amour pour le bien public »? Je crois, ajoute Lucien avec une singulière prescience, « je crois que dans un état libre, c'est un homme dangereux; il me semble bien penché à être tyran, et je crois qu'il le serait, s'il était roi, et que son nom serait pour la postérité et pour le patriote sensible un nom d'horreur. »

Napoléon disait dans le *Discours* de Lyon que l'ambitieux ne recule plus devant rien, que la cabale n'est plus pour lui qu'un moyen et le mensonge, la médisance, la calomnie, qu'une figure d'élocution. N'avait-il pas recouru, pour se faire élire lieutenant-colonel du 2e bataillon des volontaires corses, à la cabale et à la calomnie? Et, une fois élu, n'avait-il pas profité de la troupe dont il disposait pour tenter un coup d'éclat qui devait accroître le renom et l'influence des Bonaparte?

Il échoua. Mais cet échec fut pour lui un enseignement. En recherchant les causes de son insuccès, il les trouvait dans l'insubordination de ses volontaires et dans la désunion des fauteurs de l'entreprise. Ah! si les gardes nationales avaient eu le même esprit d'obéissance que les soldats du 42e régiment! Si Napoléon avait eu pleins pouvoirs de Paoli et du Directoire! S'il avait seul et de son chef, sans considération d'aucune sorte, déployé, dirigé la force qu'il avait en main! Il comprit la puissance de la discipline; il sentit que l'unité de commandement est la condition essentielle de toute victoire et qu'une grande opération ne réussit que lorsqu'elle est conduite par un homme qui prend et assume avec confiance la responsabilité de l'événement.

De là l'aversion que lui inspire l'anarchie croissante de la France. Il est toujours révolutionnaire, il conserve ses croyances politiques et sociales; mais la populace de Paris, comme celle d'Ajaccio, le rebute, le dégoûte. Il déteste ces insurrections auxquelles il applaudissait. Il est avec ceux qui maintiennent l'ordre et exercent l'autorité contre la foule désordonnée, contre la multitude qui s'emporte sans bride et sans frein. Les clubs mêmes ne trouvent plus grâce devant lui; l'ardent jacobin de Valence et d'Ajaccio ne voit dans les jacobins de Paris que des brouillons et ne parle d'eux qu'avec mépris. « Il était, lit-on dans le *Mémorial*, très chaud patriote dans l'Assemblée constituante, mais la Législative devint une époque nouvelle pour ses idées et ses opinions. »

Sa mésaventure d'Ajaccio l'avait assagi. Il avait jusqu'alors exprimé, « esterné » ses sentiments avec une extrême franchise, sans réserve, ni réticence; il ne louvoyait pas; il allait droit à son but et ne gardait pas de ménagement. Mais il vit dans cette affaire d'Ajaccio des gens habiles comme son cousin, le maire Levie, qui ne se prononçaient énergiquement ni pour l'un ni pour l'autre parti, et qui savaient cependant ne déplaire à personne. Il vit ce Barthélemy Arrighi, naguère ami de Buttafoco et de Gaffori, naguère traité de champion de l'aristocratie, naguère accusé d'agiter et d'alarmer la ville de Corte, Arrighi qui, rentré depuis en grâce auprès des patriotes et devenu membre du Directoire, terminait les troubles d'Ajaccio et jouait dans la capitale du Delà des monts le rôle de pacificateur. Lui aussi résolut de ne plus agir à cœur ouvert, sans détour ni déguisement, mais d'être circonspect et avisé, de biaiser, de se conformer aux circonstances. Son ardeur civique et patriotique n'éclate plus, ne déborde plus;

elle se refroidit et, à l'occasion, se cache. Dans ses visites à Saint-Cyr, il remarque sans se fâcher que sa sœur est « aristocrate » et il écrit à sa famille qu'il a fait, lui aussi, l'aristocrate, qu'il a « dissimulé avec ces dames ». Et là-dessus, Lucien, aussi fougueux que l'était récemment Napoléon, se récrie, s'indigne : « On doit, dit-il, se mettre au-dessus des circonstances et avoir un parti décidé ; point d'hommes plus détestés dans les histoires que ces gens qui suivent le vent ; je vois, et ce n'est pas dès aujourd'hui, que, dans le cas d'une révolution, Napoléon tâcherait de se soutenir sur le niveau et, même pour sa fortune, je le crois capable de volter casaque. »

Napoléon était arrivé le 28 mai à Paris, et il avait appris en chemin de désastreuses nouvelles. La guerre, cette guerre qu'il croyait impossible, avait été déclarée le 20 avril par l'Assemblée législative et dix jours plus tard, entre Mons et Tournay, l'armée française, méfiante et indisciplinée, s'enfuyait à l'aspect des Impériaux en criant que ses généraux la trahissaient et la menaient à la boucherie. Quelques traits de courage s'étaient produits et les gazettes les élevaient aux nues. Un blessé, le grenadier du 74° régiment François Pic, natif de Livron dans le district de Valence, avait eu un mot sublime que tout le Dauphiné répéta et que Napoléon entendit sur sa route : « Achevez-moi, disait-il à Beauharnais, pour que je ne voie pas la honte de cette journée. » Mais les troupes avaient repassé la frontière, et le 29 mai Napoléon mandait à Joseph que les dépêches de Flandre étaient constamment les mêmes, qu'on se bornerait probablement à la guerre défensive. Le ton de ses lettres semble froid, presque indifférent, et l'on croirait à première vue qu'il est un de ces étrangers dont Paris lui semblait inondé, et qu'il n'observe les choses qu'en simple curieux. Il partage pourtant l'émotion de ses concitoyens et il lit comme eux les papiers publics avec une patriotique anxiété. Lorsqu'il raconte à Joseph la mort du maréchal de camp Gouvion qui conduisait l'avant-garde de l'armée de Lafayette à la Glisuelle, il ajoute que les Autrichiens, obligés de fuir, ont perdu beaucoup de monde. Il regrette que Luckner ne s'engage pas en pleine Belgique : « Son armée a fait quelques progrès, mais ce n'est qu'une bagatelle; la prise de Menin et de Courtrai est fort peu de chose. »

La situation intérieure de la France lui paraît pire. Il voit dans Paris, comme il dit, les plus grandes convulsions. Mais bien qu'il ait peine à « saisir le fil de tant de projets différents », il suit les événements d'un regard ferme et clair. Au milieu des factions acharnées qui tiraillent le peuple dans tous les sens, il discerne et distingue trois partis : le parti de la cour qui croit la constitution absurde et désire établir un despote avec le secours des armées ennemies; le parti constitutionnel ou modéré qui défend la constitution pour maintenir l'ordre et qui combat sincèrement l'étranger; le parti jacobin qui voudrait un sénat à la place du roi et qui compte profiter de la guerre contre le frère de la reine pour proclamer la République.

Les jacobins ont le dessus. Le 29 mai, dans une séance qui dure de sept heures du soir à quatre heures du matin, sous les yeux de Napoléon qui, de la tribune où il est, assiste pour la première fois aux débats d'un parlement, la Législative décide le licenciement de la garde soldée du roi parce que cette troupe est généralement animée de l'esprit d'incivisme et commandée par des officiers supérieurs dont la conduite alarme les vrais patriotes. Le jeune Corse prévoyait cette résolution et la prédisait le matin même à Joseph : « L'on cassera le corps de la maison du roi, que l'on dit très mal composé. »

La Législative est plus hardie encore. Bientôt Napoléon annonce à son frère le renvoi des trois ministres Roland, Servan et Clavière, la fureur de l'assemblée qui décrète que ces trois patriotes emportent les regrets de la nation, le déchaînement des esprits contre Dumouriez, l'avènement d'un ministère « tout neuf » où Lajard, adjudant général de la garde nationale, tient le portefeuille de la guerre, la formation d'une commission des Douze que la Législative charge de sauver l'État. Le pourquoi de tous ces faits n'échappe pas à Bonaparte[1]. Il comprend que les ministres Dumouriez, Lacoste, Duranthon, Servan, Roland, Clavière étaient inattaquables parce qu'ils étaient unis ; que la cour les a divisés ; que l' « intrigant » Dumouriez, qui s'imaginait rester chef du cabinet, a dû donner sa démission au bout de trois jours parce que « l'opinion publique était à son comble contre lui » ; que les affaires prennent une « tournure bien révolutionnaire ».

Mais il déplore l'affaiblissement du pouvoir exécutif qui devrait avoir dans un tel moment « toute son énergie ». Ce n'est plus l'agitateur et le motionnaire d'antan. Le prôneur, le *proniste*[2] de la Constituante ne s'exprime qu'avec défaveur sur le compte de la Législative : « Elle ne jouit pas de la même réputation que la Constituante ; il s'en faut bien ! » Il n'a qu'une très mince estime pour les membres de l'Assemblée et du club : « ceux qui sont à la tête, sont de pauvres hommes. » Il est constitutionnel, comme l'est Paoli, comme l'est Pozzo di Borgo, comme le sont les députés corses, à l'exception de Barthélemy Arena, comme le sont la plupart des insulaires. Paoli ne disait-il pas qu'il y avait en France trop de charlatans sans expérience et dans la Législative trop de têtes chaudes, trop de jeunes gens et de nouveaux venus, que le club des Jacobins serait la ruine du pays, que les circonstances exigeaient une main ferme, que le gouvernement devrait être exercé par un chirurgien qui tranche et taille

---

1. Dumouriez avait, dans la nouvelle combinaison, pris le portefeuille de la guerre et cédé celui des affaires étrangères à Naillac. « Naillac, dit Napoléon dans sa lettre à Joseph, est un Valentinois que je connais beaucoup. » (Masson, II, 389.) Il se trompait. Le Naillac qu'il avait connu à Valence et que la garde nationale de cette ville avait nommé par acclamation lieutenant-colonel le 24 janvier 1790, n'était pas le Naillac, ambassadeur à Deux-Ponts, à qui Dumouriez avait attribué le ministère des relations extérieures. Mais, sur d'autres points, Napoléon est bien informé. Il écrit, par exemple, que Beaumarchais est ministre de l'intérieur dans ce nouveau cabinet, et le bruit est confirmé par les *Révolutions de Paris* (« La cour alla jusqu'à parler sérieusement de donner une place dans le ministère à l'auteur de *Figaro* ») et par un discours de Camille Desmoulins aux Jacobins (« On dit que le roi a nommé M. Beaumarchais »).

2. Autre italianisme de Napoléon à cette époque.

sans s'apitoyer à la façon des femmes, qu'il ne s'agissait pas seulement de rendre des lois, mais d'employer les moyens efficaces pour les soutenir? Pozzo di Borgo qui croyait la Constitution stable, ne voyait-il pas avec surprise et douleur qu'elle était « attaquée dans son essence par la faction dominante qui prétendait la détruire radicalement? »

Et comme Paoli, comme Pozzo, comme Boerio, Napoléon est alors fayettiste. Boerio ne prend-il pas la parole dans la séance de la Législative du 13 juillet pour demander le maintien de l'arrêté du Département de Paris qui suspend le maire Petion, coupable de n'avoir rien fait pour empêcher l'attroupement du 20 juin et l'envahissement des Tuileries? Pozzo di Borgo ne dit-il pas que Lafayette est et mérite d'être l'idole de la France, *idolo della Francia*? N'est-il pas un des plus chaleureux avocats de Lafayette? « L'Assemblée, écrit-il le 20 juillet à Cesari, ou du moins un parti furieux cherche à combattre non les ennemis, mais notre propre armée, et à décréter d'accusation Lafayette. Voilà trois jours qu'au scandale de tout le monde il n'y a pas d'autre bataille. Ils feraient tomber les bras à Hercule. J'espère pourtant qu'ils ne réussiront pas à perdre le fils aîné de la liberté. Cependant le duc de Brunswick et les autres ennemis sont sur la frontière, et pensent plus sérieusement à nous attaquer que nous à nous défendre. »

Le fayettisme de Napoléon et son attachement à la Constitution de 1791 éclatent dans sa correspondance. Le 12 juin, les administrateurs du département de Paris ont, dans une lettre au ministre de l'intérieur, protesté de leur dévouement à la royauté constitutionnelle, dénoncé les excès du club des Jacobins, réclamé toute la sévérité de la police contre une Société qui « par son influence et ses affiliations exerce sur le pays un véritable ministère sans titre et sans responsabilité », demandé la fermeture d'un établissement qu'ils regardent comme la source de tous les maux et l'unique obstacle au retour de l'ordre. Napoléon a lu sûrement ce manifeste et il l'approuve.

Le 18 juin, les membres de la Législative entendent la lecture d'une lettre de Lafayette, qui les engage à être constitutionnels et justes. De même que le Département de Paris, le général reproche à la secte des jacobins de causer tous les désordres, d'usurper tous les pouvoirs, de subjuguer les représentants du peuple français, et il désire que l'autorité royale soit intacte et indépendante, que le règne des clubs fasse place au règne de la loi. Napoléon approuve cette lettre de Lafayette et la juge très forte. « M. de Lafayette, écrit-il à Joseph, une grande partie des officiers de l'armée, tous les honnêtes gens, les ministres, le Département de Paris sont d'un côté; la majorité de l'assemblée, les jacobins et la populace sont de l'autre. » *Honnêtes gens* et *populace*, voilà une nouvelle division des partis, et Napoléon est contre la populace, c'est-à-dire contre les jacobins, avec les honnêtes gens, c'est-à-dire avec les fayettistes ou constitutionnels.

Les jacobins accusent Lafayette de haute trahison et l'accablent d'outrages; Merlin de Thionville propose de lui courir sus et Robespierre de le frapper sur-le-champ; Danton le nomme le chef de cette noblesse qui se coalise avec tous les tyrans de l'Europe; Chabot le qualifie d'ennemi de la nation, de scélérat, de brigand; Desmoulins le traite de grand coquin. Napoléon s'irrite de ces attaques des jacobins contre celui qu'il appelait en 1790 dans la *Lettre à Buttafoco* le constant ami de la liberté ; il invective à son tour le club, ou, comme il s'exprime, la clique jacobite, et il mande à Joseph : « Les Jacobins ne gardent plus de mesure contre Lafayette, qu'ils peignent comme un assassin, un gueux, un misérable; ce sont des fous qui n'ont pas le sens commun. »

Il se prononce donc contre la journée du 20 juin. Quelques années après, lorsqu'il ne jugeait plus les hommes que selon le succès, il parlait dédaigneusement de Louis XVI et il prétendait avoir dit au 20 juin 1792 qu'en se coiffant du bonnet rouge, le monarque avait cessé de régner : « Le roi, se serait-il écrié, s'est avili, et en politique qui s'avilit ne se relève pas. » Ses sentiments furent en réalité tout autres. Comme s'il se souvenait d'avoir été élève du roi, il n'eut au 20 juin que sympathie et respect pour Louis XVI. Il loua son courage et sa fermeté. « Les hommes des faubourgs, écrivait-il à Joseph, ont présenté au roi deux cocardes, une blanche et l'autre tricolore; ils lui ont donné le choix; *Choisis*, lui ont-ils dit, *de régner ici ou à Coblentz*; le roi s'est bien montré; il a mis le bonnet rouge. » Non que Bonaparte soit devenu royaliste et feuillant. Il remarque ironiquement que l'invasion des Tuileries « a fourni ample matière aux déclarations aristocratiques des feuillantins ». Mais faire irruption dans le palais, braquer un canon contre l'appartement du roi, jeter bas les portes, quelle violation de la Constitution! « Tout cela, conclut-il, est de très dangereux exemple. »

Huit jours après le 20 juin, Lafayette paraît à la barre de l'Assemblée et demande que les auteurs de l'événement soient poursuivis comme criminels de lèse-nation : « Cette démarche, dit Napoléon, a été trouvée nécessaire par l'homme sensé! »

Mais, de nouveau, et avec une singulière perspicacité, il craint qu'un pareil acte ne mette en péril la liberté publique : « En fait de révolution, un exemple est une loi, et c'est un exemple bien dangereux que ce général vient de donner. » Il ajoute que le peuple s'exaspère, que tout présage des « événements violents », qu'un *choc* prochain hâtera la ruine de la Constitution. Sa prophétie s'accomplit. Le peuple exaspéré assaille les Tuileries et ce *choc* renverse la royauté.

Napoléon vit de près l'insurrection du 10 août. Au bruit du tocsin, et à la nouvelle de la marche des colonnes populaires sur le palais, il courut au Carrousel, dans la maison de Fauvelet, son ancien camarade de Brienne, qui tenait un magasin de meubles, et, d'une fenêtre, regarda tout à son aise les détails de l'attaque. En chemin, dans la rue des Petits-Champs, il avait rencontré des hommes qui promenaient une tête au bout d'une pique; ils lui trouvèrent l'air d'un monsieur et lui intimèrent l'ordre de crier *vive la nation*. Le roi, a-t-il dit, avait encore pour lui la plus grande partie de la garde nationale, et dans la matinée, l'esprit qui régnait parmi les groupes, lui était favorable ; mais Louis XVI aurait dû, pour triompher, se montrer à cheval, et il n'osa résister vigoureusement, résolument, quoiqu'il eût autant de troupes que la Convention en eut plus tard au 13 vendémiaire et que ses ennemis fussent bien moins disciplinés et redoutables que l'étaient les sectionnaires. Lorsque le palais fut abandonné par ses défenseurs — Napoléon ignorait que dans le nombre étaient plusieurs camarades de l'école champenoise, Montarby de Dampierre, Vaubercey, Boisjolly, et l'un de ses compagnons d'armes, le capitaine au 4° régiment d'artillerie Du Chaffaut — il se risqua dans le jardin où les Suisses gisaient massacrés. C'est le premier champ de bataille qu'il ait vu, et il a raconté depuis qu'aucun des lieux de carnage où il passa ne fit sur lui une impression plus profonde. Il tira du péril un Suisse qu'un Marseillais allait tuer : « Homme du Midi, dit-il simplement, sauvons ce malheureux. » — « Es-tu du Midi ? » répliqua l'autre. — « Oui. » — « Eh bien, sauvons-le. » La colère du peuple était extrême et la rage avait saisi tous les cœurs. Des femmes bien mises se portaient aux dernières indécences sur les cadavres des Suisses. Dans le voisinage de l'assemblée, les cafés regorgeaient de gens dont le visage ne respirait que la haine et la fureur. Le calme de sa figure excita la défiance. Il parut suspect ; des yeux hostiles se fixèrent sur lui, et il craignit un instant que les vainqueurs ne lui fissent un mauvais parti parce qu'il avait l'air de tenir aux vaincus et de regretter leur sort.

Il désapprouve donc le 10 août comme le 20 juin, et c'est sans doute le militaire qui se révolte en lui. Au 20 juin, sur la terrasse du Bord de l'eau, il regarde avec mépris cette foule « de sept à huit mille hommes, armés de piques, de haches, d'épées, de fusils, de broches, de bâtons pointus », qui, par ses propos et ses vêtements, dénote tout ce que la plèbe a de plus commun et de plus abject. Au 10 août, il est choqué de voir des gens en veste assaillir des hommes en uniforme. Mais, outre le soldat, outre l'homme aux instincts autoritaires, il y a en lui à cette époque un constitutionnel, et ce constitutionnel s'indigne que les principes de 1791 soient soumis à l'arbitraire du peuple, ou, comme il dit, de la populace, des dernières classes, des faubourgs Saint-Antoine et Saint-Marceau.

Pourtant Napoléon est toujours Napoléon. Il a beau prêcher son frère Lucien qu'il juge trop fougueux, lui recommander la réserve, la modestie : « Modérez-vous en tout si vous voulez vivre heureux. » Il a beau assurer qu'il ne désire plus qu'une existence paisible, qu'il ne souhaite plus que de jouir de lui-même et de se livrer aux joies intimes de la famille, qu'il prendrait ce parti s'il avait quatre à cinq mille francs de rente. Il a beau faire le dégoûté, plaindre le malheur de ceux qui jouent un rôle : « Les peuples valent peu la peine que l'on se donne tant de souci pour mériter leur faveur. Tu connais l'histoire d'Ajaccio; celle de Paris est exactement la même; peut-être les hommes y sont-ils plus petits, plus méchants, plus calomniateurs et plus censeurs. Chacun cherche son intérêt et veut parvenir à force d'horreur, de calomnie. L'on intrigue aujourd'hui aussi bassement que jamais. »

Son imagination n'est pas calmée, et, pour parler comme lui, elle le tourmente. Il n'a que son île en tête, et c'est à elle qu'il revient sans cesse : il compte quand même y avoir sa part d'influence et de pouvoir. Il descend à l'hôtel des *Patriotes hollandais* où logent les députés de la Corse. Il fréquente des Corses, et notamment ce Cattaneo, suppléant-adjoint de la noblesse corse aux États-Généraux, qui menait une vie de bohème, jouant tout le jour, tantôt gagnant, tantôt perdant : « Ah! misère de la folie humaine, dit Napoléon, il est devenu presque égaré; il a vendu ses habits, et n'a plus qu'un mauvais frac bleu; il fait pitié; il n'a pas été voir sa fille à Saint-Cyr depuis trois ans; la petite croit qu'il est en Corse. »

C'est alors pour la première fois, quoi qu'ait débité là-dessus la duchesse d'Abrantès, qu'il entre en relations avec les Permon. « Madame, écrit-il, est fort aimable, aime beaucoup sa patrie, et aime à avoir des Corses chez elle. »

Il prie Joseph de lui donner des nouvelles du pays natal, de l'instruire de « la position des choses ». Il lui conseille de briguer un siège à la future assemblée nationale et de dresser d'ores et déjà ses batteries : « Ne te laisse pas attraper ; il faut que tu sois de la législature prochaine ou tu n'es qu'un sot. » Et il insiste avec force sur ce point : « Tiens-toi sur le pied de venir député ; sans cela, tu joueras toujours un sot rôle en Corse. » Il l'engage à conserver vingt-six fusils de la garde nationale qui sont dans la maison d'Ajaccio et qui peuvent « dans le moment actuel faire grand besoin ». Il l'engage à se populariser, à se concilier les cœurs, à ménager Arena : « Ta lettre à Arena est trop sèche, et tu devrais apprendre à écrire autrement », et il ajoute qu'Arena, zélé démocrate et l'un des adhérents de la « clique dominante », a non seulement du crédit, mais encore du talent et plus de talent que les autres : « On a tort de traiter brusquement un pareil homme et de lui tourner le dos ; il embarrassera ses ennemis et poussera, soutiendra ses amis. » Mais c'est surtout Paoli qu'il faut se rendre favorable. Que Lucien tâche d'être son secrétaire. Que Joseph le gagne, le conquière à tout prix : « Tiens-toi fort avec le général Paoli ; il peut tout et est tout ; il sera tout dans l'avenir. » Lui-même se lie plus étroitement que jamais avec les parents et amis de Paoli ; il fait les commissions de Masseria et charge son frère Joseph de lui dire « mille choses » ; il reçoit ses lettres sous le couvert de Leonetti, et le jour qu'il aperçoit sur la table du député une lettre de Marius Peraldi au capitaine des grenadiers Jacques Peretti : « Avertis-en Quenza, écrit-il à Joseph, afin que ce ne soit pas un objet de quelque intrigue, et que Quenza le surveille[1]. »

[1]. On sait que Napoléon lisait volontiers les lettres adressées à autrui ; « il prit souvent cette liberté ; il avait contracté cette injustifiable habitude avant son élévation ; Joséphine et les autres personnes tiraient parti de cette faiblesse. » (*Souvenirs* de lord Holland, trad. fr., p. 221.)

C'est qu'à certains instants Napoléon se persuade que la France ne peut conserver la Corse. « Il est plus probable que jamais, écrit-il une fois à Joseph, que tout ceci finira par notre indépendance. » Des fonctionnaires français ne sont-ils pas d'avis que la possession de l'île est inutile et même onéreuse? Le directeur des fortifications La Varenne ne fait-il pas au comité militaire de la Législative le tableau le plus affligeant de l'état du pays : Saint-Florent sans défense, le golfe d'Ajaccio exposé à tous les vents, le port de Bonifacio si étroit qu'un vaisseau de guerre n'y tourne qu'avec peine, Porto-Vecchio intenable à cause de la pestilence de l'air, des bois de construction dont le transport a ruiné les entrepreneurs, des habitants incurablement paresseux qui laissent aux Italiens ou Lucquois les ouvrages de culture et de maçonnerie? Et La Varenne conseille d'évacuer une contrée presque sauvage qui n'aura la même valeur que la Provence qu'après l'extinction entière de la race existante, un pays où il faudrait créer des colonies et fonder des établissements qui coûteraient des frais énormes, où commandants, intendants, chefs de corps ont déjà jeté comme dans un gouffre des sommes immenses, où la France a dépensé deux cent millions de livres que l'Italie a recueillies, parce que l'Italie, grâce à la facilité du trajet et au très bas prix des denrées, subvient à tous les besoins des Corses. Or, si l'île est évacuée par les garnisons françaises, elle se redonnera le gouvernement national, et Paoli sera, ainsi qu'autrefois, le général de la Corse; il est tout, comme dit Napoléon, et il sera tout.

Mais, à d'autres instants, Napoléon se demande s'il ne ferait pas bien, quels que soient les événements, de rester en France où « il se trouve établi ». Que d'obstacles à vaincre dans son île et que de rivaux à évincer! Ne vaut-il pas mieux rentrer dans le corps de l'artillerie, combattre aux frontières avec ses camarades de l'arme, profiter des chances de la guerre? Ne disait-il pas récemment à un officier du régiment de La Fère, au major La Barrière, que les révolutions sont un bon temps pour les militaires qui ont de l'esprit et du courage [1]?

Il est vrai que la France, dévorée par l'anarchie, paraît impuissante contre l'envahisseur. Que peut-elle faire « dans ce moment de combustion »? Y aura-t-il, comme a dit le ministre Lajard, réunion de toutes les volontés? Les moyens de défense seront-ils rassemblés avec célérité, distribués avec intelligence? Lajard ne prévoit-il pas que les premiers combats tourneront au désavantage de la France? Mais qui sait? Pozzo di Borgo croit à la victoire et déclare que les puissances étrangères vont au-devant d'une défaite, que la capitulation de Longwy est l'œuvre de la trahison, que l'ennemi se vante d'être à Paris le 25 septembre, mais qu'il sera certainement arrêté dans sa marche par la masse innombrable des patriotes. Paoli assure pareillement que les alliés ne pourront conquérir la France, qu'ils gagneront peut-être quelques batailles parce qu'ils sont plus disciplinés, mais que la France est un colosse qui ne sera terrassé que par les siècles : « Il y aura, dit alors Paoli, de bons généraux; ce n'est plus la faveur qui les crée; les hommes sont là, et ils se montrent; jamais la France n'a eu d'aussi grands généraux qu'à l'époque des guerres civiles. »

Et à cet instant Napoléon est réintégré dans son corps! Il est même rétabli dans ses droits d'avancement! Il est nommé capitaine!

Jamais il n'avait douté de sa rentrée au régiment. La désertion, disait-il, est excessive. Presque tous ses camarades avaient émigré. Les élèves de l'Ecole militaire, venus avec lui de Brienne à Paris en 1784, Cominges, Laugier de Bellecour, Castres de Vaux, Montarby de Dampierre, avaient émigré. Les cadets gentilshommes de l'hôtel du Champ de Mars, promus avec lui sous-lieutenants d'artillerie, Picot de Peccaduc, Phélipeaux, Desmazis, avaient émigré. Sur cinquante-cinq sujets reçus par Laplace à l'examen de 1785, *six* seulement restaient

---

[1]. Ce mot a été cité par Arnault et par Paganel qui le tenait de La Barrière.

au service : Menou, Lauriston, Dommartin, Bonaparte, Marescot de la Noue et Faure de Giers. Quelques officiers, entre autres les capitaines d'Astin et Mallet de Trumilly, regrettaient d'avoir quitté leur corps et désiraient leur réintégration; mais, le 21 juin 1792, le comité d'artillerie répondait que cette faveur ferait naître des embarras, que les officiers de fortune se plaindraient vivement et que, quel que fût le repentir des démissionnaires, le ministre ne pouvait leur rendre un emploi dont il avait disposé : « M. Mallet de Trumilly, disait le comité, est remplacé; tout s'oppose à ce qu'il soit *remplacé* [1]. »

Napoléon savait donc que le comité d'artillerie l'admettrait de nouveau dans l'armée sans difficulté et que, s'il rentrait, il avancerait en grade. Dommartin n'attendait-il pas l'année précédente, au mois d'août, son brevet de capitaine?

Le ministère, il est vrai, n'ignorait pas le rôle de Bonaparte dans les Pâques ajacciennes. Mais les députés de l'île, Arena, Pietri, Boerio, Leonetti, appuyaient leur compatriote. Arena et Pietri avaient vu le jeune officier à Orezza et à Bastia. Boerio se souvenait de l'amitié que son gendre, le procureur-syndic Saliceti, portait à Joseph Bonaparte. Leonetti désirait être nommé lieutenant-colonel de la gendarmerie corse, et cet emploi dépendait du Directoire, dont Joseph était membre.

Sans doute Pozzo di Borgo gardait rancune à Napoléon. Il lui en voulait d'avoir supplanté son frère Mathieu, et lorsqu'il connut l'émeute du mois d'avril, il compara Napoléon à Jourdan coupe-têtes et le qualifia de tigre. Mais peu à peu, sans toutefois abjurer son ressentiment, il se calma. « J'espère, avait-il écrit à Cesari, que Napoléon ne triomphera pas; autrement, nous ferons ici nos dénonciations. » Or, Napoléon n'avait pas triomphé. Pozzo fut surpris lorsqu'il le vit soudain à l'hôtel des Patriotes hollandais, et il eut d'abord l'air contraint. Néanmoins il s'entretint un moment avec lui, et il ne fit aucune démarche contre son ami d'antan : il estimait,

---

1. Exemple curieux du mot *remplacer* qui avait alors le double sens de « remplacer » et de « replacer ».

somme toute, que ce turbulent Napoléon, rétabli officier d'artillerie et demeurant en France, serait moins dangereux que s'il revenait en Corse comme lieutenant-colonel de volontaires.

Seul, Peraldi ne désarmait pas. Il accusait Napoléon d'avoir recommencé les horreurs de Charles IX et jurait que la Saint-Barthélemy ajaccienne ne resterait pas impunie. « La loi, s'écriait-il, frappera les coupables; tant pis pour Quenza, qui s'est laissé envelopper dans les projets criminels des Bonaparte! » Il se rendit au bureau de l'artillerie pour se plaindre de Napoléon. A cette nouvelle, le jeune Corse fut outré de colère : il invectivait Peraldi, le menaçait d'une haine implacable, voulait le provoquer : « Cet homme est imbécile et plus fou que jamais. Il m'a déclaré la guerre! Plus de quartier! Il est fort heureux qu'il soit inviolable! Je lui aurais appris à traiter! » Mais les récriminations de Peraldi furent froidement accueillies, et il se tut lorsqu'il obtint pour son frère Jean une place de capitaine dans la gendarmerie nationale de Corse.

Tous les députés de l'île avaient reçu d'ailleurs sur les « affaires d'Ajaccio » le mot d'ordre de Paoli. Le général leur écrivait qu'il fallait soutenir l'honneur du pays et ne pas compromettre le renom du département, que cette prétendue insurrection avait fait trop de bruit, qu'elle n'était qu'un de ces désordres ordinaires en temps de révolution, qu'il lisait quotidiennement dans le *Moniteur* le récit de tumultes bien plus étranges et plus sanglants.

Restait l'enquête sur l'émeute d'avril. Le colonel Maillard, commandant d'Ajaccio, avait envoyé un rapport[1]. Mais ce rapport, qu'il nommait un *Précis*, était simple et bref. Maillard se contentait d'exposer les événements jour par jour sans inculper personne; il ne reprochait rien aux lieutenants-colonels Quenza et Bonaparte; il ne les blâmait pas d'avoir incité les sous-officiers et soldats du 42ᵉ régiment à la révolte, et ne demandait pas qu'ils fussent traduits devant une cour martiale. Masseria avait produit le brouillon de la lettre qu'il adressait

---

1. Voir ce rapport dans notre deuxième volume, p. 369-374.

le 11 avril au régiment de Limousin et démontré par là que Napoléon n'était pas l'auteur de cette tentative d'embauchement.

Mais il y avait, outre le *Précis* de Maillard, le rapport de Grandin au ministre de la justice, la relation du Directoire du district, le manifeste de la ville d'Ajaccio, et ces pièces étaient accablantes pour le bataillon corse et ses lieutenants-colonels; elles prouvaient que Bonaparte et Quenza avaient commis durant les fêtes de Pâques des actes évidents de rebellion. Le 8 juillet le ministre de la guerre Lajard, ou plutôt un de ses adjoints, écrivait à Maillard qu'il avait examiné le dossier de l'affaire avec la plus sérieuse attention : le colonel Maillard, disait-il, avait dans des circonstances désagréables et très délicates montré la plus grande prudence, une extrême modération, et l'on ne pouvait témoigner plus de zèle pour le bien public et le maintien de la tranquillité; Quenza et Bonaparte avaient favorisé les désordres et les excès de la troupe qu'ils commandaient; tous deux étaient *infiniment répréhensibles*, et, si leurs délits avaient été purement militaires, ils eussent été sur-le-champ traduits en cour martiale. Mais, ajoutait Lajard, des particuliers, ainsi que des militaires, étaient impliqués dans cette affaire d'Ajaccio; elle intéressait spécialement la sûreté publique; elle devait être réservée aux juges ordinaires et déférée au ministre de la justice, et non au ministre de la guerre.

Bonaparte avait prévu ce résultat. Le Directoire du district d'Ajaccio ne disait-il pas dans sa plainte contre le procureur-syndic Coti que les lieutenants-colonels du 2° bataillon s'étaient exposés aux peines édictées par le code militaire, mais que de pareils cas étaient de préférence soumis aux tribunaux ordinaires? Le Directoire du département n'avait-il pas écrit le 15 juin au ministre de l'intérieur que le moyen le plus propre à punir exemplairement les auteurs de l'émeute était de les poursuivre légalement et d'instruire contre eux une procédure réglée par les tribunaux? « L'affaire est finie, s'écriait Napoléon, elle a été envoyée du bureau de la guerre au ministère de la justice parce que l'on n'y a vu aucun délit militaire ; c'est là ce que je voulais principalement ! »

L'affaire était si bien finie que le 10 juillet, deux jours après avoir qualifié Bonaparte d'artisan de désordres, le ministre le nommait capitaine. Le comité de l'artillerie avait défendu chaudement Napoléon. Cet officier, disait le comité, se préparait à rejoindre son régiment au mois de novembre 1791 ; mais à ce moment il reçut de M. de Rossi dans le 2⁰ bataillon de volontaires corses un emploi d'adjudant-major qu'il pouvait occuper en même temps que sa place dans l'artillerie, et au mois d'avril 1792 il obtint le grade de lieutenant-colonel de ce bataillon. M. de Rossi avait averti le ministre. La municipalité d'Ajaccio et le Département constataient le civisme de M. de Bonaparte, sa bonne conduite, sa résidence continuelle dans sa patrie, et leurs certificats, ainsi que le témoignage de Rossi, prouvaient que le député Peraldi, mal informé, se plaignait à tort, et que le jeune officier avait exactement exposé les faits. Il fallait donc rendre justice à M. de Bonaparte et lui redonner l'emploi qu'il désirait recouvrer.

La proposition du comité fut acceptée, et Bonaparte réintégré par une décision du 10 juillet au 4⁰ régiment d'artillerie. Ce jour même le ministre Lajard démissionnait ; il eut pour successeur d'Abancourt, qui ne garda le portefeuille que jusqu'au 10 août, et ce fut le 30 août seulement que Servan signa le brevet de Napoléon. Mais depuis le 10 juillet, Bonaparte savait que le ministre le nommerait capitaine. Rayé injustement, il avait repris tous ses droits d'avancement : son brevet était antidaté du 6 février 1792, il touchait ses appointements arriérés — plus de mille livres[1] — comme si son

---

1. Un mémoire du 29 août 1792 au ministre déclare que Bonaparte a justifié son absence puisqu'il est resté en Corse par ordre de Rossi pour commander un bataillon de volontaires : « Comme il existe un décret qui rend les emplois de cette nature compatibles avec ceux des régiments de ligne, cet officier a obtenu au mois de juillet sa réintégration dans l'artillerie et le recouvrement de ses appointements. Son régiment ne pouvant lui en faire le décompte, parce que les fonds nécessaires n'ont point été faits à la masse, il réclame directement et avec justice le remboursement qui lui est dû ; il monte à la somme de 1059 livres 2 sous 5 deniers. »

service n'eût pas été un seul instant interrompu, et son traitement de lieutenant-colonel des volontaires, qui courait toujours, lui valait quotidiennement quatre livres dix sous !

La famille Bonaparte fut, à cette nouvelle, transportée de joie. La mère de Napoléon, ses frères, tous les siens l'engagèrent d'une voix unanime à se rendre au régiment. Quelle chance inespérée ! A vingt-trois ans, capitaine d'artillerie avec un traitement annuel de seize cents livres ! Pourquoi ne pas profiter de cette bonne aubaine? Bonaparte hésitait encore. Renoncer à la Corse, c'était, lui semblait-il, sortir de sa sphère. Mais le bureau de l'artillerie le priait de quitter pour l'instant son service de la garde nationale[1] et de remplir les fonctions de capitaine au 4ᵉ régiment d'artillerie, qui « était dans la plus grande activité ». Le 7 août, non sans peine ni regret, il prit décidément son parti; il informa Joseph qu'il allait rejoindre sa compagnie, qu'il donnerait sous peu sa démission de lieutenant-colonel de volontaires : « Si je n'eusse consulté, disait-il, que l'intérêt de la maison et mon inclination, je serais venu en Corse, mais vous êtes tous d'accord à penser que je dois aller à mon régiment; ainsi j'irai. »

Il n'alla pas à son régiment ! Trois jours après avoir annoncé son dessein de rentrer dans les troupes de ligne, il assistait à l'attaque des Tuileries : le roi était suspendu et la Législative décrétait que les électeurs se rassembleraient le 2 septembre pour nommer une Convention nationale qui se réunirait le 20 à Paris. « Les événements se précipitent, mandait Napoléon à son oncle Paravicini; laissez clabauder

---

1. Durant les années 1792 et 1793, et jusqu'aux trois derniers mois de 1793, les officiers passés dans les bataillons de volontaires gardèrent leur grade, leurs appointements, et avancèrent à leur tour d'ancienneté dans le régiment qu'ils avaient quitté. Ils étaient *détachés* aux bataillons nationaux et ne cessaient pas de compter à leur ancien corps. Lorsque Vaubois fut nommé général de brigade, le colonel du 4ᵉ régiment d'artillerie demandait au ministre s'il devait procéder à son remplacement. Les conseils d'administration tranchèrent la question. Davin, devenu chef de bataillon des volontaires de la Drôme, devait passer par ancienneté au grade de capitaine en second dans le 4ᵉ régiment d'artillerie; le conseil d'administration décida que le bien du service exigeait impérieusement la présence de ce capitaine et que la place serait donnée à l'officier qui suivait Davin.

nos ennemis; vos neveux vous aiment et ils sauront se faire place. »

Sa résolution fut arrêtée sur-le-champ. Il fallait courir en Corse et pousser Joseph à la Convention; il fallait obtenir un emploi dans son île natale. Le 30 août Napoléon se présentait à l'audience de Monge et sollicitait le grade de lieutenant-colonel dans l'artillerie de marine. Il faut, disait-il, deux sortes de titres pour postuler une fonction : les conditions de rigueur exigées par la loi et les qualités particulières. Or, il remplissait les conditions de rigueur, puisqu'il était, selon le décret du 23 août, capitaine d'artillerie. Quant aux qualités particulières, il les avait. Ne possédait-il pas sur la partie théorique et pratique de son métier des connaissances que ses chefs de corps avaient estimées? N'avait-il pas été employé à des « travaux extraordinaires »? N'avait-il pas dirigé des expériences, « genre de travail qui exige le plus de jugement et de sagacité »? Son civisme n'était-il pas attesté par les administrateurs des départements qui lui « avaient donné des preuves d'intérêt »? Enfin, n'avait-il pas, comme lieutenant-colonel du 2ᵉ bataillon des volontaires corses, le rang de lieutenant-colonel dans l'armée? Le faire passer dans l'artillerie de marine, c'était le « restituer à des occupations qu'il aimait ». Il espérait d'ailleurs, ajoutait-il, dans les sentiments de M. Monge. Sa demande ambitieuse ne fut pas accueillie.

Il avait toutefois un excellent prétexte pour se rendre en Corse. Depuis son arrivée à Paris, il était préoccupé du sort de Marianna Bonaparte, élève de la maison de Saint-Louis à Saint-Cyr : il l'avait vue plusieurs fois, et les dames de la maison, surtout Mᵐᵉ de Crécy, maîtresse générale des classes, appréciaient le jeune officier à cause de l'affection profonde qu'il portait à sa sœur. Or, Napoléon pensait sérieusement à ramener Marianna dans sa famille. On disait que la maison allait être détruite ou entièrement réformée, et il était certain que les élèves n'auraient plus, comme auparavant, à leur sortie de l'école, une dot de trois mille livres. Dès lors, pourquoi Marianna serait-elle demeurée à Saint-Cyr? Si elle restait au couvent jusqu'à l'âge de vingt ans, elle se trouverait malheureuse à son retour en Corse. Mais à cette heure, elle était « neuve, moins avancée que Paoletta » et « n'avait point de malice »; elle repasserait dans l'île « sans s'en apercevoir » et s'accoutumerait très facilement au modeste train des Bonaparte. L'Assemblée législative trancha la question. Le décret du 17 août ordonna l'évacuation et la vente des maisons religieuses.

Le 1er septembre, après avoir rencontré sur la route des troupes de volontaires qui poussaient les cris répétés de *Vive la nation*, Napoléon se présentait à la maison de Saint-Louis. Mme de Crécy ne consentit à laisser partir Marianna que sur un ordre de la municipalité de Saint-Cyr et du Directoire du district de Versailles. L'officier se rendit chez le maire du village. C'était un pauvre épicier, nommé Aubrun, homme judicieux et sensé, qui devait administrer la commune presque sans interruption durant trente-huit ans. Il demeurait en face de la porte du cimetière de Saint-Louis, dans une petite boutique sombre et malpropre. Aubrun accompagna Napoléon à la maison et manda Marianna. La jeune fille déclara qu'elle serait dans un grand embarras si elle entreprenait seule le long voyage de Saint-Cyr à Ajaccio : elle désirait donc, pour rentrer dans sa famille, profiter de l'occasion que lui offrait le départ de son frère et tuteur. Aubrun jugea qu'il était nécessaire de faire droit à la demande du sieur et de la demoiselle Bonaparte.

Muni du certificat d'Aubrun, Napoléon courut au Directoire du district, à Versailles. Au dos du certificat étaient écrites sa pétition et celle de sa sœur; Marianna assurait qu'elle n'avait jamais connu d'autre père que son frère et que, s'il ne l'emmenait pas, elle se trouverait dans l'impossibilité absolue d'évacuer la maison de Saint-Cyr; Napoléon disait que des affaires très instantes et de service public l'obligeaient à quitter Paris sans délai, et il priait les administrateurs de payer à Marianna ses frais de voyage à raison de vingt sols par lieue. Séance tenante, le Directoire du district accorda trois cent cinquante-deux livres puisqu'il y avait trois cent cinquante-deux lieues de Saint-Cyr à Ajaccio, et il autorisa Bonaparte à retirer de la maison de Saint-Louis sa sœur avec ses hardes et son linge. Le soir même, Napoléon revint à Saint-Cyr dans une mauvaise voiture de louage et emmena Marianna [1].

Il ne partit pas sur-le-champ. Bien qu'il ne l'ait jamais dit, il était à Paris lorsqu'eurent lieu les massacres. Une lettre où Mme de Crécy prie le député Boerio de faire ses compliments à Napoléon et ses amitiés à Marianna, est datée du 4 septembre. Bonaparte dut évidemment, après avoir regagné son hôtel, attendre la fin des égorgements et l'ouverture des barrières. Peut-être aussi dut-il retourner à Versailles pour toucher chez le trésorier du district le mandat de trois cent cinquante-deux livres que le Directoire avait délivré au profit de Marianna. On sait qu'il craignit un instant de manquer d'argent puisqu'il voulut emprunter quelques écus au frère de Mlle Bou : Bou répondit à Napoléon qu'il était gêné, et l'invita, ainsi que Marianna, à déjeuner; mais au jour fixé, Bonaparte ne vint pas.

Vers le milieu du mois Napoléon arrivait à Lyon, s'embarquait sur le Rhône et s'arrêtait un moment à Valence, au bord du fleuve, pour s'entretenir avec Mlle Bou et Mme Mésangère qui lui firent apporter, pour sa sœur et lui, un panier de raisins.

On raconte qu'il courut à Marseille un grave danger dont il se tira spirituellement. Sa sœur avait un chapeau garni de plumes; des gens du peuple la prirent pour une dame de la noblesse et lui crièrent à la porte de son auberge : « Mort aux aristocrates! » — « Pas plus aristocrates que vous », répliqua Napoléon; il enleva le chapeau, le jeta dans la foule, et aux clameurs menaçantes succédèrent des bravos.

Il ne trouva pas à Marseille de bateau pour gagner Ajaccio. « Je suis plein de chagrin, écrivait-il à Joseph, de ne pouvoir

---

1. Cf. l'*Histoire de la maison de Saint-Cyr*, par Théophile Lavallée.

passer la mer. » Il aurait pu s'embarquer avec des hommes du Cap Corse qui se rendaient à Saint-Florent et l'auraient de là conduit à Calvi. « Mais alors, que devenir, ayant avec lui l'embarras de Marianna? »

Est-il resté, comme on l'a cru, à Marseille dans la première moitié d'octobre pour être à proximité de Grenoble où le 4ᵉ régiment d'artillerie avait son dépôt, et toucher l'arriéré de son traitement? C'est en effet le 14 octobre que Gaudenard, quartier-maître-trésorier du régiment, envoie, en cinq lettres chargées, à l'adresse de Bonaparte, sous le couvert du négociant marseillais Henry Gastaud, une somme de quinze cents livres.

Il est plus probable que Napoléon et Marianna s'embarquèrent le 10 octobre à Toulon et arrivèrent le 15 à Ajaccio. L'ennemi des Bonaparte, Marius Peraldi, alors commissaire du Conseil exécutif, avait passé par Marseille dans les premiers jours du mois, et sa correspondance nous apprend qu'il était le 7 à Toulon, qu'en vertu de ses pouvoirs il ordonna au directeur des bateaux de poste de mettre à sa disposition, dès qu'il ferait beau temps, un bâtiment qui le conduirait en Corse, qu'il partit le 10 et débarqua le 15 sur le sol natal. Or, Bonaparte est sûrement le 18 à Ajaccio [1]. On peut donc croire qu'il usa du bateau qui portait Marius Peraldi : si l'ancien député n'oubliait pas les injures de Napoléon, il fut peut-être assez courtois pour prendre à son bord Marianna, et, par suite, le frère de Marianna.

Napoléon revenait en Corse plus tard qu'il l'avait pensé. Mais peu importait. Il désirait surtout appuyer de sa présence la candidature de Joseph Bonaparte qui briguait un siège à la Convention, et il comptait arriver à temps grâce aux lenteurs du scrutin. Lorsqu'il atteignit Marseille, il apprit que l'assemblée électorale « était en pied ». Il espérait toutefois que Joseph serait élu et passerait par Marseille pour se rendre à Paris. Joseph échoua. Il avait joué son bout de rôle dans le

---

1. Il écrit ce jour-là, d'Ajaccio, une lettre à son ami le lieutenant Nunzio Costa de Bastelica (Blanqui, *Moniteur* du 29 octobre 1838; Masson, II, 411).

congrès. Neuf commissions, formées chacune de sept membres du même district, examinèrent les titres et les raisons des électeurs contestés, et Joseph présida la commission du district d'Ajaccio qui vérifia les pouvoirs des électeurs du district de Bastia. Mais son nom ne fut prononcé que le 19 septembre lorsque 398 électeurs choisirent le quatrième député du département; il n'eut, au premier tour, que 64 voix, et au second tour, n'obtint pas un seul suffrage.

Mme Letizia vit alors pour la première fois tous ses enfants réunis autour d'elle. Marianna ou Elisa — comme on la baptisa bientôt en lui conservant le prénom que les dames de Saint-Cyr lui avaient donné pour ne pas la confondre avec Marianna de Casabianca — fut accueillie avec joie. On l'appela la « grande demoiselle ». Mince, maigre, nullement jolie, elle était très bien faite ; elle avait, malgré son air un peu dur, de la grâce dans ses belles révérences à la française; on lui trouvait un profil antique, et la vivacité de ses yeux noirs annonçait de l'esprit. Lucien l'affectionna sur-le-champ : « Dès le premier jour, dit-il, nous étions devenus les meilleurs amis du monde. » Elle avait d'ailleurs le caractère des Bonaparte : fière, résolue, éprise d'indépendance, tenant tête à ses frères, prodigieusement active et remuante, et avec cela sensible, facilement émue, se mettant en colère à la moindre contradiction et s'apaisant l'instant d'après. Plus tard, lorsqu'elle fut grande-duchesse de Toscane, elle était son propre ministre des affaires étrangères et prétendait exercer sur Caroline et Pauline une sorte de suprématie. « C'est de nos trois sœurs, écrit Joseph, celle qui au moral comme au physique avait le plus de traits de ressemblance avec Napoléon. »

CHAPITRE XII

La Madeleine.

Bonaparte et ses volontaires. — Lettre à Costa (18 octobre 1792). — Projet d'aller aux Indes. — L'expédition de Sardaigne. — Buttafoco, Constantini, Saliceti. — Arena et Peraldi. — Plan de Peraldi. — Plan du Conseil exécutif. — Truguet et Sémonville. — Anselme et Brunet. — Raphaël Casabianca. — Fêtes à Ajaccio. — Querelles entre marins et volontaires. — Excès des Marseillais à Bastia et à Ajaccio. — Tentative sur Cagliari. — Contre-attaque des îles de la Madeleine. — Cesari. — Le 2º bataillon de volontaires. — Préparatifs. — Napoléon à Bonifacio. — Les Buccinaires. — Droits de la France sur ces îles. — Départ de Cesari. — Prise de Saint-Étienne (23 février 1793). — Bombardement de la Madeleine (24 février). — Mutinement des marins de la *Fauvette*. — Désespoir de Cesari. — Retraite. — Colère de Napoléon. — Ses projets d'attaque. — Responsabilité de Paoli. — Moydier. — Ricard. — Plans postérieurs de Napoléon.

A peine de retour, Bonaparte avait repris le commandement de son bataillon de volontaires. Dès le 18 octobre, il écrivait au lieutenant Costa sur un ton ferme et fier : « Tous les motifs de plainte que vous pouvez avoir ne se représenteront plus, et l'on ne fera plus d'injustice à personne. » Il déclarait que ses hommes recevraient désormais leurs vivres exactement et sans délai : « C'est la dernière fois que pareille chose arrive; dorénavant, je serai là et toute chose marchera comme il faut; saluez tous les autres et assurez-les de mon empressement à leur être agréable. »

Le bataillon avait alors six compagnies à Corte, les trois autres étaient à Bonifacio avec le premier lieutenant-colonel Quenza, et Bonaparte annonçait qu'il partirait prochainement « pour mettre ordre à tout ». Il se rendit à Corte, et, de cette ville, il mandait à Quenza les besoins des six compagnies et leurs réclamations au Conseil d'administration. De nouveau il vit l'indiscipline de ces hommes qui, selon le mot de Volney, cessaient d'être laboureurs sans devenir soldats. Mais il craignait l'éclat : attirer l'attention sur ces milices nationales et dénoncer leur conduite, c'était — comme il arriva — les faire supprimer sous peu de temps, et, en bon Corse, il priait Quenza de garder un prudent silence, d'éviter le bruit et le scandale, de ne châtier les gens qu'en cas de nécessité pressante : « Le général (Paoli) est très mécontent de nos bataillons, plus particulièrement du nôtre : il ne faut pas tant se découvrir, la bonne politique veut que l'on agisse autrement. Il faut punir les officiers et soldats qui résistent au bon ordre, mais ne les accuser qu'à la dernière extrémité. »

Il ne tarda pas à regagner Ajaccio et ce fut évidemment à cette époque, dans ses conversations avec sa mère et ses frères, aux heures où son esprit inquiet rêvait un changement de destin, qu'il manifesta l'intention de se rendre aux Indes. Las Cases, rapportant un bruit qui courait dans le monde de l'émigration, écrit en son *Mémorial* que Bonaparte ou quelqu'un des siens vint à Londres offrir au ministère britannique de lever un régiment corse. L'anecdote est fausse. Mais, au témoignage de Lucien, Napoléon eut en ce temps-là l'idée de servir l'Angleterre en Orient. Plusieurs fois, devant Letizia et Joseph, il dit qu'il avait envie d'aller au Bengale pour tenter la fortune. Les Anglais, selon lui, payaient bien les officiers de son arme. Au besoin, il se battrait contre eux et organiserait l'artillerie des Hindous. N'avait-il pas lu dans Raynal que les Hindous redoutaient les pièces anglaises et qu'après avoir eu des canons qu'ils ne savaient ni tirer ni même traîner, ils s'efforçaient d'avoir une artillerie nombreuse et bien dressée? Il ajoutait en plaisantant qu'il emmènerait avec lui l'oncle Fesch : Fesch pourrait baptiser et prêcher s'il voulait; son neveu ferait à ses moments perdus un cours de physique et de philosophie.

Il n'était pas nécessaire d'aller si loin. Une occasion s'offrait de faire ronfler le canon tout près de la Corse et en vue de ses côtes. Une expédition se préparait contre la Sardaigne, et Bonaparte prit part avec son bataillon de volontaires à cette campagne qui fut aussi courte que piteuse.

L'expédition de Sardaigne était, comme l'invasion de l'Angleterre, un des projets favoris de l'imagination française, un des plans militaires qui hantaient l'esprit des faiseurs. Dès le mois de février 1791, Buttafoco proposait dans un mémoire une forte diversion contre le roi de Sardaigne, dont la politique inspirait des inquiétudes. Quoi de plus aisé, disait-il, que de se saisir de la grande île, de ses principaux ports, Cagliari, Sassari, ainsi que des petites îles intermédiaires qui serviraient d'entrepôt? Ne suffisait-il pas de tenir le régiment provincial corse au complet et de former des détachements de volontaires tirés des troupes de ligne et de gardes nationales? N'aurait-on pas de la sorte un corps de deux mille hommes prêt à agir vigoureusement et avec succès? Restait à choisir un chef. Pourquoi ne pas prendre le beau-père de Buttafoco, le maréchal de camp Gaffori? Il connaissait la Sardaigne, où il avait longtemps séjourné et où beaucoup de Corses allaient continuellement.

Au mois de mai 1792, lorsque la France eut déclaré la guerre, un Corse remuant et aventureux, électeur à Bonifacio, Antoine Constantini, proposa le même plan. Il avait fait durant quelques années à Sassari le commerce de grains; mais il habitait à Paris dans la section de la Halle aux blés depuis le commencement de la Révolution et s'était signalé comme zélé patriote, vivant dans l'intimité du journaliste Loustallot qu'il assistait à ses derniers moments, entrant au club des jacobins et y dénonçant une contre-révolution, agitant les moyens de ruiner l'agiotage sur les assignats, délégué par la Société en qualité de commissaire pour lire la pétition du Champ de Mars, écrivant de Dunkerque à Pache que les Belges avaient la maison d'Autriche en horreur et n'attendaient que le moment de secouer le joug. Dans un mémoire au Comité militaire de la Législative, Constantini assurait que la conquête de la Sardaigne était très facile : il fallait, disait-il, s'emparer d'abord des îles de la Madeleine, puis de Sassari et de Cagliari.

Le procureur général syndic Saliceti approuvait ce projet, et, au mois de juin de la même année, affirmait dans une lettre au ministre des affaires étrangères qu'il n'en coûterait guère d'opérer une descente en Sardaigne et de chasser les troupes du roi.

Aussi, à la fin de septembre, lorsque le péril de l'invasion austro-prussienne fut conjuré, le Conseil exécutif provisoire, s'imaginant avec Constantini et Saliceti que les Sardes aspiraient à l'indépendance, résolut d'envoyer une expédition en Sardaigne. Il ne s'agissait pas seulement de dépouiller un tyran et d'appeler un peuple esclave à la liberté : l'île serait l'objet d'un des articles les plus importants de la paix future; en la cédant, la République française obtiendrait une compensation avantageuse.

Deux commissaires, Barthélemy Arena et Marius Peraldi, furent nommés par le Conseil exécutif provisoire. Tous deux étaient Corses; tous deux avaient été membres de la Législative; ils suivraient le corps de débarquement et négocieraient avec les principaux chefs du peuple sarde. Arena se rendit auprès du général Anselme, à l'armée du Midi qui venait d'entrer à Nice sans coup férir et qui devait participer à l'entreprise. Peraldi gagna la Corse pour s'entendre avec Paoli et réunir tous les moyens dont disposait l'île.

Marius Peraldi était un homme énergique, intelligent, avisé. Dépêché à Sedan avec Antonelle et Kersaint par la Législative après la journée du 10 août, et, comme ses deux collègues, emprisonné par la municipalité qui pactisait avec Lafayette, il avait reçu, à son retour à Paris, en récompense de cette petite persécution, sa patente de commissaire du pouvoir exécutif. Le 15 octobre, et sans doute en même temps que Napoléon, il abordait en Corse et courait à Corte présenter ses hommages à Paoli, qui le désignait sur-le-champ pour son adjudant général : Peraldi, disait Paoli, était actif; il commandait en qualité de colonel la garde civique d'Ajaccio; il avait, comme membre de la Législative, rendu des services au département.

De même que Constantini et Saliceti, Peraldi s'était prononcé vivement en faveur de l'expédition de Sardaigne. Lui aussi prétendait que les républicains français seraient accueillis par les Sardes à bras ouverts, que la victoire était certaine, que sous peu de temps la Sardaigne serait libre comme Nice et la Savoie. Le 7 octobre, en passant à Toulon et après une longue conversation avec Pache, il conseillait d'établir l'entrepôt de l'armée d'invasion à Ajaccio, dont le port offrait un mouillage sûr aux vaisseaux de ligne : une fausse attaque serait opérée contre les bouches de Bonifacio, et le gros des troupes se porterait vers Cagliari; Paoli dirigerait la campagne, il avait une grande réputation en Sardaigne et sa présence déciderait du succès; il aurait sous ses ordres quatre régiments d'infanterie régulière, quatre bataillons de volontaires corses et des compagnies franches, c'est-à-dire 8000 hommes; le gouvernement lui enverrait de Toulon une compagnie d'artillerie et une flotte.

Ce plan de Peraldi fut adopté par le Conseil exécutif provisoire. Mais Paoli n'eut pas le commandement de l'expédition. Il venait d'être fait général de division et mis à la tête de la 23ᵉ division militaire, c'est-à-dire de la Corse. Le Conseil exécutif jugea qu'il était nécessaire dans l'île. Ce fut Anselme qui dut marcher à la délivrance de la Sardaigne. Maître du comté de Nice, Anselme pouvait assigner un autre but au courage de ses soldats : il s'embarquerait sur la flotte qui se trouvait dans la Méditerranée aux ordres du contre-amiral Truguet; il aurait avec lui des bataillons de l'armée du Midi et des volontaires marseillais; il recueillerait à Bastia et à Calvi les troupes que ces deux villes seraient en état de lui fournir; il prendrait terre à Ajaccio où 3000 hommes des vieux régiments et des volontaires corses répandus dans le pays viendraient se joindre à lui; le commissaire du pouvoir exécutif Barthélemy Arena l'accompagnerait pour l'aider de ses conseils et de proclamations en langue italienne ; si Anselme croyait plus utile de rester sur le continent, il remettrait à un officier sûr le soin de l'entreprise ; le Conseil exécutif ne doutait pas du succès et ne prescrivait rien sur le mode d'attaque ; le général et l'amiral avaient pleins pouvoirs ; ils feraient de concert les dispositions indispensables ; ils s'entendraient avec Paoli et Peraldi.

Un troisième personnage devait seconder Anselme et Truguet. C'était Sémonville que la République française envoyait comme ambassadeur à Constantinople. Il attendait ses instructions à Ajaccio et avait une entière confiance dans l'avenir, croyait à la « promptitude infaillible » de l'expédition, annonçait à l'avance que l'escadre française ne quitterait les ports de la Sardaigne que pour entrer triomphalement dans la mer Noire et arrêter en Crimée l'ambition moscovite.

Truguet partageait les espérances de Sémonville. Il fallait, disait l'amiral, se saisir aussitôt que possible de Cagliari et des îles de la Madeleine, donner un grenier aux départements du Midi, unir à la vengeance qu'exigeait la justice des avantages essentiels pour le commerce et les approvisionnements. Déjà le bruit courait à Gênes que les républicains allaient faire main basse sur les blés de la Sardaigne qui, cette année, étaient très abondants.

La Corse applaudissait à l'entreprise. Les prêtres insermentés et les dévots la désapprouvaient, parce qu'ils craignaient que les Français victorieux n'eussent l'idée de saccager les états du pape et de détruire Saint-Pierre de Rome. Mais les gens de Bonifacio certifiaient que les Sardes souhaitaient l'invasion française pour se soustraire au joug d'un petit roitelet et devenir des hommes libres, qu'ils recevraient les républicains comme des « anges tutélaires qui brisaient leurs chaînes », comme des « évangélistes munis de la Bible sacrée ». Marius Peraldi mandait à Paris que ses compatriotes avaient pétillé de joie à la nouvelle qu'un mouvement était dirigé contre leurs voisins, que le département se dépeuplerait, s'il le fallait, pour assurer l'affranchissement des Sardes et la défaite de leurs despotes. Joseph Bonaparte affirmait que les Corses attendaient l'armée française « avec une espèce de fanatisme » et juraient de lui frayer le chemin. « Les ennemis, écrivait Napoléon à Costa le 18 octobre, ont abandonné Longwy et Verdun et repassé le fleuve pour rentrer chez eux. Mais les nôtres ne s'endorment pas. La Savoie et le comté de Nice sont pris, et la Sardaigne sera bientôt attaquée. Les soldats de la liberté triompheront toujours des esclaves stipendiés de quelques tyrans. »

Cependant Anselme déclara qu'il ne pouvait ni quitter le comté de Nice, ni affaiblir l'armée du Midi. Son successeur provisoire Brunet tint le même langage et désigna, pour mener l'expédition, le maréchal de camp Raphaël Casabianca. Ce Casabianca, prôné par Arena et très dévoué au nouveau régime, avait remplacé Rossi et commandait en second la 23ᵉ division militaire sous les ordres de Paoli. C'est le Casabianca que Napoléon fit depuis sénateur et qu'il jugeait un fort brave homme, simple, zélé, animé de patriotisme, mais absolument incapable.

L'armée conduite par Casabianca et destinée à débarquer en Sardaigne se composa donc des régiments et bataillons que Paoli devait fournir et d'une troupe de nouvelle levée, la phalange marseillaise, qui aurait dû compter 6 000 volontaires des Bouches-du-Rhône et du Var et n'en comptait réellement que 4 000.

L'amiral Truguet était venu, selon ses instructions, relâcher dans le port d'Ajaccio et rejoindre Casabianca. Pendant son séjour, il fit la connaissance des Bonaparte. Jeune et aimable, pimpant, fringant, très galant, il allait à tous les bals et ne refusait aucune invitation. Il rencontra fréquemment Joseph, Napoléon, Elisa, car, dit Lucien, « au milieu de nos joyeuses petites fêtes insulaires, coloriées de quelques souvenirs d'élégance des villes continentales, nous dansions presque tous les soirs, et nous aimions beaucoup la danse ».

Truguet parut s'amouracher d'Elisa. La famille Bonaparte l'eût volontiers agréé : Elisa ne pouvait prétendre à un meilleur parti, et Lucien assure qu'il aurait préféré Truguet au bonasse Baciocchi qui n'affectionnait que son violon. Mais Elisa était encore trop jeune et trop simple pour conquérir hardiment un mari, et Truguet disait plus tard, de même que Napoléon après Saint-Jean-d'Acre, qu'il avait alors, lui aussi, manqué sa fortune.

Les Bonaparte fêtèrent Sémonville comme ils fêtaient Truguet et lui firent les honneurs d'Ajaccio. Le diplomate avait avec lui sa femme, veuve de M. de Montholon, et ses quatre enfants, deux fils et deux filles. Les relations furent bientôt étroites entre les deux familles. Sémonville accepta durant plusieurs jours l'hospitalité des Bonaparte dans une campagne des environs, sans doute à Ucciani. Il consentit, sur la demande de Napoléon, à emmener Lucien comme secrétaire dans le Levant. De son côté, l'officier d'artillerie prit en amitié Charles de Montholon, — celui-là même qui le suivit à Sainte-Hélène —, et lui donna des leçons de mathématiques. Plus tard, après la campagne d'Italie, lorsque Letizia s'établit à Paris, la liaison nouée en Corse devait se resserrer encore et devenir plus intime : Pauline passait sa vie chez Mme de Sémonville; Louis et Jérôme ainsi qu'Eugène de Beauharnais furent mis dans la pension de M. Lemoine où était déjà Charles de Montholon; les plus jeunes membres des deux familles conservèrent de ces rapports d'enfance l'habitude de se tutoyer[1].

Au milieu des divertissements s'organisait l'expédition. Truguet et Casabianca croyaient avoir avec eux, outre les Marseillais, les quatre bataillons de volontaires corses et les trois régiments qui tenaient garnison dans l'île. Mais Paoli objecta la « ténuité » de ses forces, objecta le service considérable qu'exigeaient les places maritimes, et affirma qu'il ne pouvait donner que 1 800 hommes tant de la ligne que

---

1. *Souvenirs* de la comtesse de Montholon (*Le Carnet*, 1898, n° 4, p. 217-218).

des volontaires : chacun des trois régiments d'infanterie régulière dut fournir un détachement de 323 hommes; chacun des quatre bataillons de gardes nationales soldées dut envoyer pour le 15 décembre deux cents des siens à Ajaccio, et ce fut alors que Bonaparte revint dans sa ville natale, tandis que Quenza demeurait avec le reste à Bonifacio.

L'entreprise avait déjà subi de grands retards, et à mesure qu'elle s'acheminait vers le but, les troupes qui la composaient diminuaient en nombre et en valeur. L'indiscipline qui sévissait dans les armées de terre et de mer lui porta le dernier coup.

Les marins de l'escadre avaient débarqué dans la première semaine de décembre à Ajaccio. Au bout de quelques jours, ils menacèrent de lanterner les gardes nationales soldées et montrèrent dans les rues des cordes et des lacets qu'ils destinaient aux aristocrates. Le 18, ils pendirent deux volontaires corses, les hachèrent en morceaux et promenèrent à travers la ville ces lambeaux sanglants. A cette nouvelle, les volontaires qui formaient deux bataillons casernés à l'extrémité d'Ajaccio, prirent les armes et jurèrent d'égorger les matelots. Leurs chefs les firent rentrer dans leurs quartiers et ensuite cantonner dans les villages voisins. Mais l'événement changeait les combinaisons de Truguet : il n'était plus possible d'embarquer sur l'escadre les Corses exaspérés; ce désordre fatal d'Ajaccio avait, comme disait Paoli, excité des méfiances, des ressentiments, et il eût été imprudent d'associer marins et volontaires.

Sur la demande de Truguet, Paoli garda les bataillons corses et accorda tout le 42ᵉ régiment et des détachements tirés du 26ᵉ et du 52ᵉ.

L'escadre de Truguet mit à la voile le 8 janvier 1793. Napoléon a dit que jamais entreprise ne fut conduite avec plus d'imprévoyance et moins de talent. Mais en 1793, ainsi que tous ses compatriotes, il croyait qu'elle réussirait, et le 12 janvier, il écrivait à un ami que la flotte devait s'être emparée de Cagliari. Il oubliait l'insubordination des marins et des soldats. Chaque navire était un club et les matelots ramassés à la hâte dans les ports, échauffés par les déclamations des sociétés populaires, occupés sans cesse à rédiger des pétitions ou à délibérer sur les intérêts de la patrie, prétendaient faire la loi à leurs officiers. Les 4000 hommes de la phalange marseillaise qui rejoignirent Truguet en vue de Cagliari, après avoir relâché quelques jours soit à Bastia soit à Ajaccio, marquèrent leur présence sur le sol corse par de tristes excès. C'étaient, disait plus tard Napoléon, « des anarchistes qui portaient partout la terreur, cherchaient partout des aristocrates ou des prêtres et avaient soif de sang et de crimes ».

Le 14 janvier 1793, onze cents de ces Marseillais débarquaient à Saint-Florent. Le 15, au matin, ils arrivaient à Bastia, et à dix heures et demie une farandole composée d'une partie d'entre eux et de grenadiers du 52º régiment se rendait à la citadelle. La garde, formée de volontaires corses, voulut, selon le règlement, interdire à la farandole l'entrée du donjon. Grenadiers et Marseillais forcèrent la consigne. Le lieutenant-colonel des volontaires, Giampetri, fut pris au collet et menacé de la lanterne. Une sentinelle corse fit feu et blessa grièvement un Marseillais. A ce bruit, Don-Grazio Rossi, commandant de Bastia, ainsi que le chef et quelques officiers des Marseillais, coururent à la citadelle. Rossi parvint avec peine à calmer les esprits; mais il écrivait que l'agitation était extrême et qu'il ne pouvait répondre des événements.

Les Marseillais tinrent la même conduite à Ajaccio. Le général Raphaël Casabianca avait mis aux arrêts un de leurs officiers. Ils s'attroupèrent en armes, se rendirent à la citadelle pour délivrer leur compatriote, et, la garde ayant refusé de les laisser entrer, l'un d'eux déchargea son fusil et tua à côté de Casabianca un volontaire du canton d'Alesani : « Ils ont osé menacer, écrivait Casabianca, j'ai opposé la fermeté et le bruit a cessé. » Mais les violences isolées ne cessèrent pas. Un Marseillais avait volé des légumes dans un jardin : il fut conduit devant le juge de paix et incarcéré; ses camarades vinrent le tirer de sa prison. Un lieutenant-colonel de la phalange enleva, malgré les cris de l'époux et des parents, une Ajaccienne qu'il embarqua sur son navire et emmena dans l'expédition.

« Je prévois des malheurs », avait dit Paoli à la vue de tant d'actes d'indiscipline. Ses prévisions se réalisèrent. Dans la nuit du 15 au 16 février, après un simulacre d'attaque contre Cagliari, les Marseillais, saisis d'une terreur panique, se sauvèrent en jetant leurs fusils, leurs gibernes et même leurs habits; il fallut les rembarquer; ils criaient à la trahison et juraient de lanterner Casabianca.

Pour faciliter la prise de Cagliari, l'amiral Truguet avait conçu le plan d'une contre-attaque dans le nord de la Sardaigne. Cette diversion, pensait-il, était très utile et serait aisément exécutée par les Corses qu'il n'avait pu mener avec lui. Le 28 décembre 1792, dans une lettre à Paoli, il proposait de réunir à Bonifacio sous le commandement du colonel Colonna-Cesari les quatre bataillons de volontaires. Paoli répondit qu'il n'avait plus de forces suffisantes pour garder les places maritimes; que, s'il cédait à Truguet ces quatre bataillons, il n'aurait plus que douze cents hommes dans tout le département; qu'il serait d'ailleurs difficile de rassembler les volontaires à Bonifacio à l'extrémité de l'île en un endroit pauvre où il n'y avait aucun magasin d'approvisionnements; que les fonds manquaient pour la subsistance de tout ce monde et les frais extraordinaires de l'expédition. Pourtant il consentit à donner une commission au colonel Colonna-Cesari et à fournir deux bataillons de gardes nationales qui se rendraient d'abord à Sartène, où ils seraient inspectés par Cesari, puis à Bonifacio, où des vivres, des munitions, des effets de campement allaient être transportés en grand nombre.

Pierre-Paul Colonna de Cesari Rocca, ou, comme on l'appelait tout simplement, Cesari, était cet ancien capitaine au régiment provincial et député du tiers aux États-Généraux, l'homme que l'assemblée électorale d'Orezza avait proclamé le 25 septembre 1790 commandant en second des gardes nationales de l'île et que la Constituante chargeait après la fuite du roi de recevoir à Metz le serment des troupes. Nommé à la suite de cette mission, que toute la Corse jugea « belle et très honorable », et au sortir de la session, colonel de la gendarmerie de la 23e division militaire, il avait exercé son emploi jusqu'à la loi qui supprima son grade dans son pays natal et quitté le service avec une pension annuelle de 3 000 livres [1].

Il conservait néanmoins l'espoir d'être promu maréchal de camp et de devenir commandant des troupes dans son île. S'il manquait d'expérience, s'il n'avait de l'homme de guerre que les dehors, haute taille et mâle figure, s'il n'était, comme disait Napoléon, qu'un cheval de parade, les insulaires le prônaient alors unanimement. Les membres de la Législative et notamment Pozzo di Borgo avaient demandé qu'il fût employé en Corse comme maréchal de camp parce qu'il était plein de courage et de patriotisme. Peraldi le recommandait vivement au Conseil exécutif provisoire, en assurant qu'il s'était fait estimer par son civisme, par ses lumières, par ses talents militaires et qu'il avait parcouru plusieurs fois l'intérieur de la Sardaigne. Paoli sollicitait le brevet d'officier général pour ce « bon et galant homme » qui s'était à l'Assemblée constituante « montré supérieur à toutes les tentations », et affirmait que son mérite et sa réputation le rendaient digne de ce grade, qu'il avait besoin de ce « caractère » pour mener les bataillons corses.

Cesari n'avait accepté qu'avec répugnance le commandement de l'expédition maritime. Il désapprouvait dans le secret de son cœur toute entreprise, quelle qu'elle fût, contre la Sardaigne. Envoyé par Paoli à Ajaccio pour conférer avec Truguet et Sémonville, il répondit à ces deux personnages qui l'entretenaient de leur plan de conquête, qu'on ne prend pas un royaume comme on prend un chou dans un jardin, que les

---

1. Par un décret du 14 avril 1792 l'Assemblée législative avait décidé qu'il n'y aurait dans la 28e division de gendarmerie, c'est-à-dire en Corse, qu'un seul officier supérieur et qui serait lieutenant-colonel; Cesari prit alors sa retraite, qui lui donnait la moitié de ses appointements antérieurs; le lieutenant-colonel qui le remplaça, fut Leonetti, le neveu de Paoli, l'ex-membre de la Législative; cf. plus haut, p. 15.

Sardes n'aimaient pas le gouvernement de Turin, mais que les nobles, les prêtres, les ennemis du régime républicain avaient une influence considérable dans le pays, que l'expédition était prématurée, qu'il fallait auparavant former en Sardaigne un parti français et surtout avoir des troupes disciplinées et beaucoup d'argent. Pourquoi, ajoutait Cesari, ne pas marcher tout droit sur Turin et sur Rome? Pourquoi ne pas soulever les Italiens plus éclairés que les Sardes, en leur disant que la France voulait convoquer à Rome une Convention, remplacer par l'aigle la croix du Capitole, *fédérer* l'Italie à la France? Truguet était trop avancé pour reculer. Il pria Cesari de l'aider et de diriger la contre-attaque. Cesari refusa d'abord pour ne pas se compromettre et ne pas se fourrer, comme il s'exprimait, dans une affaire scabreuse. Mais Volney joignit ses instances à celles de l'amiral : « Ne vous reposez pas chez vous, répétait-il à son ancien collègue de la Constituante, allez cueillir des lauriers. » Cesari, craignant d'encourir le blâme de ses compatriotes qui l'auraient accusé d'incivisme, espérant obtenir le grade de maréchal de camp pour prix de sa bonne volonté, consentit à conduire l'opération. Après tout, il ne s'agissait que d'aller, non pas à Sassari, où il aurait fallu un bon corps de troupes et de l'artillerie, non pas dans le nord de la Sardaigne, pays montueux où habitaient des hommes aguerris toujours armés et prêts depuis longtemps à repousser l'invasion, mais seulement jusqu'aux îles de la Madeleine, et cette *gita*, ce simple voyage, n'entraînait pas de grands risques. Cesari déclara qu'il partait, qu'il obéissait à la réquisition du contre-amiral Truguet et à l'ordre de Paoli qui l'honoraient tous deux de le . confiance, mais qu'il était surtout « excité par l'amour de la patrie et le zèle le plus ardent de la servir ». Pozzo di Borgo l'encourageait : « Allez, écrivait-il à Cesari, mettez-vous à la tête de cette contre-attaque, vous aurez toujours de quoi vous soutenir honorablement; votre vaisseau porte César et sa fortune! »

Cesari avait plein pouvoir du Département et de Paoli d'organiser ses bataillons comme il voudrait et d'y faire, selon le mot de Pozzo, une purgation utile et nécessaire. Il se rendit d'abord à Sartène où cantonnait le 4° bataillon de volontaires corses. C'était un des plus mauvais bataillons, sinon le plus mauvais. Il s'était mis en insurrection l'année précédente lorsqu'il avait dû dépêcher à l'armée du Midi deux compagnies tirées au sort, et le jour où il reçut à Corte des assignats de cinq livres, quelques-uns de ses hommes se portaient au Directoire du département, menaçaient le secrétaire et lançaient deux coups de baïonnette à Saliceti, qui, par bonheur, les para. Ce bataillon était commandé par Vincentello Colonna-Leca de Vico, et non plus par Grimaldi, qui, de peur d'aller à la guerre, avait quitté le service. Le colonel Cesari chargea Colonna-Leca de choisir les meilleurs sujets et de les envoyer à Bonifacio. Mais le 4° bataillon manquait d'argent, et peu de jours après, Colonna-Leca écrivait à Cesari que la misère l'empêchait de partir, qu'il ne pouvait payer ses troupes ni les gens qui lui loueraient des bêtes de somme, que le soldat vivait bien mieux à Sartène qu'à Bonifacio et qu'il fallait l'y laisser. Le 4° bataillon resta donc à Sartène. Deux de ses compagnies, la compagnie Guiducci et la compagnie Guglielmi, détachées à Bonifacio, furent les seules qui prirent part à l'expédition de la Madeleine.

De Sartène, Cesari vint à Bonifacio, où était le 2° bataillon, dit bataillon d'Ajaccio ou bataillon Quenza-Bonaparte. Il dut, en arrivant, montrer un front sévère et rappeler les volontaires au respect de la discipline. Ils avaient brûlé le beau vieux bois d'oliviers, de genévriers et de lentisques qui touchait à l'église Saint-François et abritait Bonifacio contre le vent. Ils exigeaient à grands cris l'arriéré de leur solde. Cesari réussit à trouver quelque argent dans les caisses, et les volontaires furent payés.

Il se méfiait pourtant de cette troupe insubordonnée que Bonaparte et Quenza ne contenaient qu'avec peine, et il pria Pozzo de lui donner un peu de gendarmerie, de sa chère gendarmerie qu'il s'enorgueillissait naguère de commander et qui possédait toute sa confiance. La loi défendait que ce corps sortît du département. Un arrêté du Conseil général tourna la difficulté : Cesari put employer selon ses besoins les gendarmes de Bonifacio.

Mais il ne cessait de geindre. Truguet avait mis à sa disposition, outre des bâtiments de transport, la corvette la *Fauvette* commandée par le capitaine Goyetche : Cesari déclara que cette corvette ne suffisait pas et que, sur une mer calme, elle aurait malaisément raison des demi-galères et des bricks de Sardaigne qui croisaient devant la Madeleine et venaient presque tous les jours en face de Bonifacio comme pour offrir le combat. Truguet n'avait pu lui donner d'argent : Cesari déclara que l'expédition nécessitait « mille objets de dépense », qu'un fonds quelconque était indispensable, que le Département ferait bien de lui avancer une petite somme, *una piccola somma*. Paoli lui envoya 54 000 livres en espèces destinées à la subsistance des garnisons d'Ajaccio et de Calvi. Sur ce trésor, Cesari prit quinze à vingt mille livres pour le prêt des compagnies : la corvette, le convoi et la troupe vivraient sur le reste.

Il fit ses derniers préparatifs. Il tria définitivement ceux qui devaient l'accompagner : 150 grenadiers du 52ᵉ régiment et 450 volontaires corses, les moins détestables. Il mit sur les transports les munitions de bouche qu'il avait pu ramasser, et il se vantait d'avoir les provisions de six cents combattants assurées pour quarante ou cinquante jours. Quatre canons de gros calibre furent placés sur la corvette : il fallut les traîner de la forteresse à bord du bâtiment, les installer selon les règles, et l'opération coûta du temps parce qu'il n'y avait ni charpentes ni ouvriers et que l'équipage de la corvette travaillait de mauvais gré. Mais enfin, le 18 février, Cesari donnait le signal du départ après avoir, disait-il superbement, aplani toutes les difficultés par son crédit personnel et son activité.

Napoléon Bonaparte suivait Cesari. Le jeune lieutenant-colonel était heureux de s'arracher à l'inaction. Que de fois, dans les derniers jours, il avait contemplé de l'extrémité du promontoire de Bonifacio les côtes grisâtres de la Sardaigne ! On montrait encore au commencement de ce siècle la maison qu'il habitait dans la rue Piazzalonga, presque en face de la maison de Philippe Cattacciolo où Charles-Quint avait logé en 1541 au retour de sa seconde expédition d'Afrique. On disait qu'il avait voulu pendant son séjour essayer du haut du bastion et de la batterie Saint-Antoine l'effet de ses projectiles, et les volontaires corses, ajoutait-on, convenaient unanimement que ses boulets atteignaient mieux le but que les balles de leurs fusils. En 1837, un Bonifacien, petit homme borgne, grêlé, infirme, Quilico Gazzano, qui fut longtemps greffier du tribunal de Sartène, se glorifiait d'avoir servi de secrétaire à Napoléon et rapportait que l'officier était extrêmement propre, qu'il dictait ses instructions avec rapidité, aimait beaucoup les états et les tableaux de situation, mettait dans les moindres détails l'ordre, la régularité, l'exactitude. Outre Gazzano, d'autres témoins, parmi lesquels le général Ricard, ont depuis raconté que Bonaparte s'informait de tout et voulait tout connaître, qu'il n'était jamais négligé dans sa mise, que ses soins de toilette paraissaient extraordinaires, qu'il se lavait chaque matin avec une éponge imbibée d'eau fraîche et qu'il avait un nécessaire garni de plaques d'argent et orné de son chiffre.

Les îles qu'on nommait autrefois les Buccinare ou Buccinaires, ou encore les îles Intermédiaires, et qu'on nomme aujourd'hui les *Bocche* ou Bouches de Bonifacio, forment une ligne continue des côtes de Corse à celles de Sardaigne. Elles étaient alors habitées par des bergers, en même temps laboureurs et marins, Corses de langue et de coutumes, mais plus laborieux et plus propres que leurs voisins de l'île française, simples, logés dans des cabanes et refusant de bâtir des maisons, allant à la pêche du poisson et du corail dans de petites gondoles, recueillant assez de blé pour leur consommation particulière et vendant du grain aux étrangers, robustes d'ailleurs grâce à la salubrité de l'air qui les exemptait des fièvres si communes en Corse et en Sardaigne, bien faits, belliqueux, très adroits au tir, tellement redoutés des Barbaresques que le gouvernement tunisien défendait à ses corsaires, sous peine capitale, d'atterrir aux Buccinaires.

Ces îles ont des abords difficiles, garnis d'écueils et de roches qui composent, selon l'expression d'un contemporain, un petit archipel si périlleux à passer que la nuit les mariniers y tremblent de peur et que le jour ils ouvrent grands les yeux. Ce sont, telles que les Corses les décrivent à la fin du xviiie siècle :

L'Isola Piana, ou Ile Plaine, ainsi nommée parce qu'elle est plate, séparée de la Corse par une dizaine de pas ; elle mesure cinq cents pas de circuit et n'a que de bons pâturages pour les chevaux ;

Le Rattino ou Petit Rat, au nord-est de l'Ile Plaine ; c'est, non pas une île, mais une sorte d'écueil, une haute et grosse roche où nichent toute l'année des pigeons sauvages ;

Le Cavallo ou le Cheval, plein de pierres en certaines parties, fertiles en d'autres, et séparé du Rattino par tant de roches et de bas fonds qu'aucun bateau, si petit qu'il soit, ne peut sans risque entrer dans ce détroit ;

Le Lavezzo où il y a plus de roches encore que dans le Cavallo, dont il est séparé par une passe étroite et dangereuse ;

La Rizzola, couverte de rochers très arides et séparée du Lavezzo par un détroit où un pilote expérimenté peut mener de grands vaisseaux : aussi ce détroit a-t-il reçu le nom de Passo Grande ou Grande Passe ; on le distingue ainsi du Passo Stretto ou Petite Passe, qui est entre l'Ile Plaine et le Cheval ;

L'île Sainte-Marie, séparée de la Rizzola par une passe très resserrée, impraticable à tout bâtiment, et que les hommes traversent en cinq ou six pas sans que l'eau leur monte au-dessus du talon ou des genoux ; elle était alors réputée pour la plus belle et la meilleure île de l'archipel sardo-corse ; on y trouvait de bonnes fontaines et d'excellent grain ; on y remarquait des ruines de maisons fort anciennes, notamment d'une église ;

Le Budello, île presque ronde, entièrement pierreuse, séparée de Sainte-Marie par un bras d'eau si petit qu'une gondole peut à peine y passer ;

L'île de Spargi, au sud du Budello, où les gens de Bonifacio venaient volontiers labourer la terre ;

La Madeleine, en face du Budello, la plus grande, la plus spacieuse de toutes ces îles, la plus propre à toute espèce de culture, et dès ce temps-là regardée comme la capitale des Buccinaires ; Napoléon lui attribue six lieues de circuit ; les Sardes y avaient élevé deux fortins garnis de canons ;

L'île de Caprera, à une portée de fusil au nord de la Madeleine, dont elle diffère peu ;

San Stefano ou Saint-Etienne, au sud de la Madeleine ; cette île, qui s'étend sur une distance de deux milles, en forme de fer à cheval, vis-à-vis de la Sardaigne, avait un port, Villamarina, aujourd'hui délaissé, mais qui passait alors pour très beau, et, à l'extrémité de ce port, une tour bien flanquée, pourvue d'un pont-levis et d'un fossé, gardée d'ordinaire par un officier et une vingtaine de soldats.

Saint-Etienne, Caprera, la Madeleine, que Cesari nomme les ouvrages avancés de la Sardaigne, forment avec le continent une vaste rade qui possède deux issues, l'une à l'est, l'autre à l'ouest, et quelques Français devinaient déjà l'importance de cette station militaire que l'Italie a depuis rendue formidable. Regnier du Tillet disait que dix vaisseaux de ligne au moins pouvaient y mouiller ; Millin de Grandmaison, qu'elle était superbe et capable de recevoir une flotte nombreuse ; Lebègue de Villiers, qu'elle était très commode et très sûre ; Santi, que « cet interstice de la longueur de quinze milles était un grand port à deux bouches où le calme est perpétuel ».

Napoléon, lui aussi, comprenait les avantages de la position. Laisser les îles Intermédiaires aux ennemis de la France, écrivait-il, c'était leur fournir les moyens de maîtriser le passage du détroit de Bonifacio et de menacer le golfe de Porto-

Vecchio ; les saisir, c'était imposer aux corsaires, affermir la sécurité de la Corse méridionale où il serait inutile de réparer les tours, de mettre des garnisons et d'établir des batteries, c'était offrir de grandes ressources de ravitaillement à Bonifacio qui tirait depuis longtemps ses vivres de la Sardaigne, c'était avoir au nord de cette île un point d'où les républicains pourraient faire des incursions et répandre leurs opinions dans l'intérieur.

La France avait au reste sur cet archipel des droits qu'elle tenait de Gênes. Personne n'avait jamais contesté la possession des Buccinaires à la Sérénissime République. N'occupait-elle pas au moyen âge le nord de la Sardaigne? N'avait-elle pas en 1583 élevé des tours fortifiées sur la côte de la Gallure, à Terranova, à Santa Riparata, à Longo Sardo, à Castel Sardo qui se nommait alors Castel Genovese? Peu à peu elle abandonna ces rivages sardes ; mais elle ne renonça pas aux Bouches de Bonifacio. La petite église construite dans l'île de Budello et détruite par les Turcs après 1584 avait été desservie par un vicaire de la paroisse bonifacienne de Sainte-Marie Majeure. C'était à Bonifacio que les insulaires allaient jadis accomplir leur devoir pascal, là qu'ils se mariaient, là qu'ils portaient leurs enfants sur les fonts baptismaux [1], là qu'ils entraient dans les confréries séculières, là qu'ils payaient la dîme, là qu'ils faisaient enregistrer les décès survenus dans leurs familles, et jusqu'à 1776 ils appelaient de Bonifacio les prêtres qui les administraient et les enterraient. Le tribunal de Bonifacio jugeait les vols et attentats commis dans les îles, et les bergers des Buccinaires recouraient à lui en cas de litige. Les habitants étaient regardés comme Bonifaciens : de même que les Bonifaciens, qui descendaient d'une colonie génoise et que la Seigneurie réputait génois, ils avaient, à

---

[1]. Cf. les extraits de baptême des enfants qui sont nés « dans les îles », *in insulis, in insula Cabrera, in insula dicta della Maddalena, in insula vulgo dicta Spargi*, extraits tirés des registres de Bonifacio et envoyés à Paris en 1777 par le juge royal de Bonifacio Marc-Aurèle de Rossi (Arch. nat. Q^1, 291-292), et sur cette *question de la Madeleine* l'article de M. Marmonier, *Revue historique*, t. LXII, année 1896.

l'exclusion des autres Corses, le privilège d'avoir un domicile à Bonifacio et le droit de port d'armes ; ils ne payaient pas la contribution annuelle de la *taglia* ou taille que tous les Corses acquittaient ; Gênes les rachetait lorsqu'ils étaient réduits en esclavage par les Barbaresques, et elle n'exigeait d'eux aucune redevance pour les esclaves dont ils s'emparaient. En 1714, un Bonifacien, Jacques-Antoine Carbone, consul général de Gênes à Cagliari, acceptait de l'Empereur qui tenait à cette époque la Sardaigne, la concession des îles Intermédiaires : il fut emprisonné par les Génois sans que le cabinet de Vienne se plaignît, et il ne recouvra la liberté qu'après leur avoir livré ses titres d'investiture. En 1744, la République Sérénissime refusait de rendre aux Sardes vingt-quatre esclaves tunisiens et ne les restituait que lorsque la cour de Turin démontrait que ces Africains avaient naufragé, non sur les côtes de la Madeleine, mais sur le littoral de la Sardaigne. En 1766, le Bonifacien Antoine Malberti fut arrêté par les Sardes sous prétexte qu'il avait acheté frauduleusement des moutons en Sardaigne ; mais il prouva qu'il avait fait son chargement à Caprera et à la Madeleine, sur terre génoise, et on l'élargit, lui rendit sa cargaison, lui paya des dommages et intérêts. Enfin, lorsque les criminels de la Gallure ou les Bonifaciens qui se chamaillaient avec les garde-côtes, se réfugiaient aux Buccinaires, les Sardes n'osaient pas les y poursuivre.

Mais, au mois d'octobre 1767, pendant que Gênes luttait contre Paoli et négociait avec la France, les Sardes ou, comme on disait en Corse, les Savoyards occupèrent, au nom de Charles-Emmanuel III, malgré l'opposition des habitants, Caprera et la Madeleine. Les ministres français qui se succédèrent ne comprirent pas la valeur des îles Intermédiaires et ne voulurent pas s'embarrasser dans de longues et laborieuses disputes avec une cour amie et alliée. Vainement Regnier du Tillet, commissaire des ports et arsenaux en Corse, Millin de Grandmaison, commissaire des guerres à Bonifacio, Santi, assesseur civil et criminel de Bonifacio, Durand, consul de France à Cagliari, Lebègue de Villiers, secrétaire du commandant des troupes à Bastia, envoyèrent à Versailles mémoires sur mémoires pour démontrer les droits de Gênes et, par suite, les droits de la France sur les Buccinaires et obtenir qu'elles fussent réunies à la Corse. Vainement Santi protestait ardemment contre l' « invasion des Savoyards », reprochait à la France sa « taciturnité » et son « indolence », l'engageait à faire rentrer dans son domaine et sous sa souveraineté les îles qui étaient la « prolongation » et la « queue » de la Corse et comme le coccyx de ce sacrum. Vainement les habitants de Bonifacio accusaient, en 1783, dans une déclaration solennelle, le roi de Sardaigne d'avoir profité des troubles de Corse pour s'emparer des îles de la Madeleine par la force des armes contre le droit des gens. Vainement le ministre de la guerre Ségur opinait qu'il fallait exiger la restitution de ces îles puisqu'elles appartenaient sans contredit à la France. Le ministre des affaires étrangères, Vergennes, répugnait à cette revendication parce qu'il craignait de déplaire à la maison de Savoie. La Révolution vint. La noblesse corse demanda dans son cahier de doléances et de représentations que les îles de la Madeleine, de Caprera et de Saint-Étienne fussent annexées à la Corse dont elles étaient des dépendances, et elle décida que son député Buttafoco serait « muni des renseignements nécessaires pour prouver la justice de cette demande et mettre Sa Majesté dans le cas de faire valoir son autorité royale pour recouvrer cette partie de son empire ». De leur côté, les Bonifaciens s'agitèrent de nouveau et leur agent Constantini reçut mission de solliciter la « réclamation et reprise » des Buccinaires : deux des îlots les plus rapprochés de la France, deux îlots incontestablement français, le Cavallo et le Lavezzo, concédés par Louis XVI à la famille Maestroni, n'étaient-ils pas indûment occupés, le premier, par des agents du gouvernement sarde, le second, par les héritiers d'un sieur Trani? Mais, cette fois encore, le ministre des affaires étrangères — c'était Montmorin — désireux de ménager la cour de Turin, fit la sourde oreille. A quoi bon, disait-il à son collègue de la guerre, Duportail, « établir une discussion pour quelques rochers auxquels une communauté de la Corse n'a pensé sérieusement que depuis quelques années? »

Dans la nuit du 18 février 1793, le premier moment où il put tenter le passage, Cesari s'embarqua à Bonifacio avec les volontaires de Quenza et de Bonaparte. Le lendemain il était en vue des îles de la Madeleine. Mais un calme plat arrêta les vaisseaux pendant quelques heures, et lorsque tomba l'obscurité, le vent se fit sentir avec violence. Il fallut rentrer au port et tenir la *Fauvette* à la cape durant deux jours. Le 22, à neuf heures du matin, Cesari, qui montait la corvette, partait de nouveau. Le convoi où étaient les troupes refusa de le suivre et parut ne pas apercevoir ses signaux ni entendre ses coups de canon. Les volontaires craignaient le mal de mer, craignaient les demi-galères sardes. Ces demi-galères, au nombre de deux, n'avaient d'autre avantage que leur légèreté : tirant fort peu d'eau et se servant de rames, elles pouvaient, a dit Napoléon, se transporter où le besoin l'exigeait et se multiplier à l'occasion. Mais elles ne disposaient chacune que de trois canons, et la *Fauvette* avait à elle seule vingt-quatre pièces. Aussi, en 1801, le premier consul, désirant empêcher les demi-galères sardes de ravager les côtes du Liamone, n'envoyait-il de Toulon à Bonifacio qu'une corvette.

Comme s'il ne se souciait pas de la désobéissance des volontaires, Cesari mit à la voile sur la Madeleine. Il voulait les piquer d'honneur, et, en effet, le bataillon, animé par les reproches que lui firent les Bonifaciens, consentit à suivre la corvette. La flottille vint, sans trouver d'obstacle, mouiller au sud-ouest de la Madeleine, à l'entrée du canal qui la sépare de Saint-Étienne.

A quatre heures du soir, sous la protection du feu de la *Fauvette*, les volontaires corses touchaient le sol de Saint-Étienne. La garnison sarde s'était établie derrière les rochers pour s'opposer au débarquement. Après plusieurs salves de mousqueterie, elle se hâta de regagner la grosse tour carrée à l'extrémité de Villamarina. Les Corses n'avaient qu'un blessé ; ils occupèrent Saint-Étienne et environnèrent la tour. Il eût mieux valu construire sur-le-champ une batterie en face du port de la Madeleine et, à la nuit tombante, opérer la descente, s'emparer de l'île, remplir ainsi l'objet de l'entreprise. Tel était l'avis du lieutenant-colonel Bonaparte : « On perdit, écrit-il, le moment favorable qui, à la guerre, décide de tout. »

Le 23 février, les Corses, soutenus par une pièce de 2, s'approchaient en profitant de l'abri des rochers et enlevaient les magasins de Saint-Étienne à quelque distance de la tour. Cette tour était défendue par vingt-cinq Suisses du régiment de Courten et par trois canons. Cesari somma la garnison, la menaça, et elle se rendit.

Dans la nuit du 23 au 24, Bonaparte, qui commandait à la fois l'artillerie et les volontaires — comme au siège de Lyon son camarade Davin[1] — dressait sur un mamelon, en face de la Madeleine et de ses deux fortins, une batterie composée d'un mortier et de deux pièces de 4. S'est-il contenté de bombarder les alentours du village pour intimider la population et causer le moins de mal possible à des gens qui tiraient leur origine de la Corse? A-t-il lancé des projectiles qui ne firent aucun effet parce qu'ils étaient vides et qui lui arrachèrent le cri de trahison ? Ou seulement une bombe vide, que lui-même pointa, et cette bombe qui vint choir sur une tombe au milieu de l'église, est-elle la bombe qui fut cédée, en 1832, par la paroisse moyennant une somme de trente écus au commis d'une maison de Glasgow? Le mieux est de citer Napoléon et de ne croire qu'à lui. Dans sa lettre du 2 mars au ministre de la guerre, il assure qu'il a jeté, le 24 et le 25 février, des bombes et des boulets rouges sur la Madeleine, qu'il a mis le feu au village à quatre fois successives, qu'il a écrasé près de quatre-vingts maisons, incendié un chantier de bois, démonté et réduit au silence les batteries des deux fortins.

---

1. Cf. sur Davin notre t. II, p. 228 et 342 ; il dit lui-même qu'au siège de Lyon il fut « obligé de remplir à la fois les fonctions d'officier supérieur de l'artillerie et du génie et de commandant de colonne d'infanterie ».

L'île comptait, il est vrai, cinq cents combattants environ, des soldats, des miliciens de la rude et belliqueuse Gallura, et la plupart des habitants capables de porter les armes. Il faisait un grand vent. La pluie ne cessait de tomber. Le temps était glacial. On eut peine à trouver du bois pour se chauffer durant la nuit. On n'avait pour se nourrir que du mauvais pain, et si Costa de Bastelica réussit à tuer un chevreau, Napoléon dut manger sans sel un morceau de la bête. Mais, malgré le nombre des ennemis, malgré le froid et l'ondée, Bonaparte espérait, grâce au poste avantageux qu'il avait pris et au tir supérieur de ses canonniers, être maître de la Madeleine le jour suivant.

Le 24 au soir, Cesari tenait dans les magasins de Saint-Étienne un conseil de guerre auquel assistaient les officiers de tous les corps et ceux de la *Fauvette*. Sur son avis, on décida unanimement d'aborder le lendemain à l'aube dans l'île de la Madeleine et d'emporter les deux mauvaises batteries qui défendaient le village et n'avaient chacune que deux pièces de canon; la *Fauvette* couvrirait le passage et mettrait en échec les demi-galères sardes. Informée de cette résolution, la petite armée, *la piccola armata*, comme la nommait Cesari, témoignait bruyamment sa joie et son enthousiasme.

Les marins de la *Fauvette* ne partageaient pas, malheureusement, ces dispositions martiales. C'étaient, non pas des matelots accoutumés au service de la mer, mais des paysans levés au hasard sur les côtes de France, dépourvus de courage autant que d'expérience et qui, selon le mot de Cesari, n'avaient en tête que le délire de la Révolution. Ils se répétaient que la Madeleine avait été ravitaillée de monde et de munitions. Ils voyaient sur la plage de Sardaigne une foule de gens à pied et à cheval et s'imaginaient voir tout le nord de la grande île, trois ou quatre mille hommes pour le moins. Bref, ils avaient peur, et leurs officiers n'étaient guère propres à leur remonter le moral. Déjà, le 23 février, lorsqu'un boulet rouge parti de Saint-Étienne tombait à bord de la corvette et tuait un des gendarmes de Cesari, le bâtiment s'éloignait tellement que ses boulets de trente-six arrivaient à peine aux environs de la tour. Dans la nuit du 24 au 25 février, l'équipage de la *Fauvette* fit ses préparatifs de départ. La nouvelle se répandit aussitôt parmi les gondoles du convoi et sur l'île de Saint-Étienne dans le camp des volontaires. Matelots et soldats, indignés, voulaient décharger sur la corvette l'artillerie de la tour Saint-Étienne. Que faire si la *Fauvette* les abandonnait? Les demi-galères qui s'étaient jusqu'alors abritées derrière la Madeleine, ne viendraient-elles pas foudroyer les gondoles? Les Sardes qui paraissaient sur la côte, n'iraient-ils pas assaillir et cerner les volontaires qui devraient poser les armes et se rendre à merci?

Cesari, très inquiet, sut cacher son angoisse. Il déclara tout haut que la corvette ne levait l'ancre que sur son ordre, et, sans retard, avec une vingtaine de ses gendarmes, comme pour une reconnaissance, il se jeta dans une felouque et gagna la *Fauvette*. Le capitaine Goyetche lui dit nettement qu'il ne pouvait recevoir tant de monde. Douze gendarmes restèrent avec Cesari; les autres revinrent à terre.

Le colonel occupait à bord de la corvette une chambre qui contenait, outre ses effets, le trésor des troupes. Elle était tout près de la sainte-barbe. Il y mit ses gendarmes en leur enjoignant de ne s'éloigner sous aucun prétexte. Il appela le pilote, Santo Valeri, de Bastia, et lui commanda de tourner de l'autre côté de l'île et de s'arrêter en face des demi-galères. Il convoqua les officiers du bâtiment et leur demanda pourquoi ils voulaient partir; ils lui répondirent qu'ils avaient dû céder aux instances de leur équipage, mais que depuis qu'il était là, personne ne pensait plus au départ. Cesari fit semblant de les croire et leur annonça qu'il allait dormir.

A sept heures du matin, un mousse descendait dans la chambre du colonel et le sommait, au nom de l'équipage, de monter sur le pont, sur la « couverte ». Cesari monta. Les matelots s'apprêtaient à carguer les voiles. Il tenta de les ramener à leur devoir, et courant de la poupe à la proue, pleurant de désespoir, les conjura de demeurer à leur poste, de ne pas être insensibles à l'honneur, de ne pas déserter les étendards de la liberté : « Citoyens, disait-il, pourquoi vous mutinez-vous ? Quel délire vous porte à manquer ainsi à votre patrie et à vous-mêmes! » Un cri unanime lui répondit : « Nous voulons partir! » Il comprit que l'expédition était manquée, et que ces lâches, ces traîtres, comme il les qualifiait au fond de son cœur, ne se laisseraient pas émouvoir par l'idée de vaincre les Sardes et d'arborer le drapeau français sur les fortins de la Madeleine. Mais il fallait sauver les volontaires corses et les grenadiers du 52ᵉ régiment. Il parla de nouveau aux matelots et fit appel à leurs sentiments de camaraderie. Ne serait-ce pas une honte de partir avant que leurs compagnons d'armes qui se trouvaient dans l'île Saint-Étienne à quatre pas, se fussent mis en sûreté sous la protection de la corvette? Pourquoi ne pas leur accorder encore six à huit heures de répit pour leur donner le temps de s'embarquer ? Et, usant d'un dernier argument, montrant de la main ses gendarmes debout dans l'escalier à l'entrée de la sainte-barbe, « Obéissez, ajouta Cesari sur le ton de la menace, mes gendarmes ont soulevé la toile cirée qui recouvre les tonneaux de poudre ; un mot de moi, et la corvette saute! »

Le capitaine Goyetche et ses officiers secondaient Cesari : « Que ceux, dit Goyetche, qui veulent protéger la retraite se portent à tribord, et que ceux qui sont d'avis contraire restent à bâbord. » La plupart des marins se portèrent à tribord. Cesari traça l'ordre de la retraite. Mais il dut le lire à haute voix. Quenza, écrivait Cesari, devait se retirer sur-le-champ avec autant d'adresse que de promptitude en faisant bonne contenance et s'embarquer sur les bâtiments de convoi sous la protection de la corvette qui l'empêcherait d'être « offensé » par les galères sardes. Le colonel voulait se rendre à terre pour assister à l'exécution de son ordre. Les marins le retinrent à bord, et un officier partit en canot avec un des gendarmes de Cesari pour remettre la lettre à Quenza. Encore cet officier eut-il peine à remplir son message. Les matelots qui le conduisaient, rebroussèrent chemin, et il fallut les remplacer par d'autres.

L'ordre excita l'étonnement et l'indignation de Quenza, de Bonaparte et de toute leur troupe. Quoi! dans l'instant où les officiers et les soldats étaient pleins de l'espoir de la victoire, où l'ennemi ne bougeait pas, ne donnait pas le moindre signe de résistance, Cesari leur commandait de s'éloigner! Mais ils obéirent la rage au cœur.

Les gens de la Madeleine ont prétendu plus tard que les Sardes enhardis vinrent alors fondre sur les Gallo-Corses; qu'un ancien militaire, Dominique Millelire, ralliant quelques-uns de ses compagnons et une poignée de Suisses, fit le tour de l'île Saint-Étienne et abordant au sud, se couvrant du monticule qu'occupait la batterie française, déboucha soudainement en un endroit où Bonaparte n'avait pas posé de sentinelle ; que les républicains, assaillis par une grêle de balles, n'eurent pas le temps de courir au rivage.

Les récits de Cesari et de Bonaparte réfutent cette légende. Mais la retraite s'opéra dans le plus grand désordre. La surprise et la colère avaient fait place au découragement. Craignant que la *Fauvette* ne prît le large, voyant les bâtiments de transport mettre à la voile, criant *sauve qui peut*, les Corses se hâtèrent de se jeter dans les felouques et de regagner le convoi. Bonaparte avait poussé jusqu'au rivage, non sans une peine infinie, son mortier et ses canons : il dut les y laisser, et le mortier qui sortit en 1788 de la fonderie de Bourges et qui porte la couronne de France et le chiffre de Louis XVI, est aujourd'hui dans une petite ville de Sardaigne, à Alghero, au bastion dit de la Madeleine. L'empereur se rappelait-il cet épisode de sa jeunesse lorsqu'il écrivait, en 1806, qu'il ne faut jamais confier la garde de l'artillerie à des Corses qui ne sont pas assez froids et disciplinés pour de pareilles missions?

Le départ fut si précipité qu'on oublia de prévenir la deuxième compagnie des grenadiers du 52° régiment qui se trouvait sur un point éloigné. Mais, sur l'ordre de Cesari, des felouques allèrent la chercher à l'île Saint-Étienne et la conduire à bord de la corvette. Dans l'une de ces felouques, commandée par le capitaine Gibba, était l'adjudant-major du

2e bataillon des volontaires corses, Pierre Peretti, qui fit embarquer les grenadiers l'un après l'autre en leur donnant à chacun la main.

Les bâtiments du convoi atteignirent rapidement le golfe de Santa Manza. Mais la corvette fut arrêtée par le vent contraire. Dans la nuit, les matelots enivrèrent la compagnie des grenadiers et lui persuadèrent qu'ils l'avaient sauvée et que, sans eux, les Corses l'auraient sacrifiée. Furieux, les grenadiers crièrent qu'il fallait pendre Cesari. Le colonel, averti, leur dénonça la lâcheté de l'équipage. Tous, marins et soldats, hébétés par le vin, gardèrent le silence.

L'expédition se termina par des compliments mutuels. Lorsque la corvette arriva dans le golfe de Santa Manza, Goyetche et ses officiers, lieutenant, maître, contremaître, firent à Cesari une visite de corps et le prièrent de ne pas perdre des hommes qui n'avaient eu d'autre tort que d'être impuissants contre l'émeute. Cesari promit de leur rendre justice et, dans son rapport, ne chargea que l'équipage de la corvette. Tous les officiers, ceux de la *Fauvette*, ceux du bataillon corse, ceux du 52e, louèrent ses efforts et lui délivrèrent un certificat de bonne conduite.

Bonaparte a signé, le 28 février, comme ses camarades, l'attestation des volontaires qui reconnaissent le zèle et le patriotisme de Cesari. Mais il ne cachait pas sa douleur et sa colère. Le 2 mars, dans un mémoire que le quartier-maître-trésorier Robaglia et les capitaines Ottavi et Gabrielli signèrent avec lui, il écrivait au ministre de la guerre que les volontaires corses avaient manqué des choses nécessaires, de tentes, d'habits, de capotes, de train d'artillerie, mais que leur courage avait suppléé à tout, qu'ils avaient été constamment soutenus par leur bonne volonté et l'espérance du succès, qu'ils auraient réussi sans l'infâme abandon de la corvette, que l'intérêt et la gloire de la République exigeaient le châtiment des lâches et des traîtres qui faisaient échouer si honteusement l'entreprise.

Y eut-il alors sur la *Fauvette* une scène violente entre Cesari et son lieutenant? Bonaparte aurait-il accusé Cesari de faiblesse et d'impéritie? Aurait-il dit, en se tournant vers ses compagnons : *Il ne me comprend pas*, et Cesari lui aurait-il répondu : *Vous êtes un insolent*? Les marins, prenant le parti du colonel, auraient-ils failli jeter Napoléon par-dessus bord? Mais Bonaparte était, ainsi que Quenza, sur un des bâtiments de convoi, et non sur la corvette.

Ce qu'on peut affirmer avec certitude, c'est la tentative d'assassinat qui fut commise sur Napoléon. Quelques jours après le débarquement, à Bonifacio, sur la place Doria, non loin du corps de garde et de la caserne, des marins de la *Fauvette* assaillirent Bonaparte en criant : « L'aristocrate à la lanterne! » Mais des volontaires de Bocognano vinrent au secours de leur lieutenant-colonel et ils auraient massacré les matelots si Napoléon n'était à son tour intervenu. On raconte toutefois qu'un homme de Bastelica, le sergent Brignoli, dit Marinaro, frappa l'un de ces enragés d'un coup de poignard et lui ouvrit le ventre.

Cette humiliante reculade du 25 février n'avait pas découragé Bonaparte. De retour à Bonifacio, il rédigeait deux projets d'attaque et un mémoire sur la nécessité d'occuper les îles de la Madeleine. Il déclarait que l'honneur commandait de reprendre ce point de la Sardaigne septentrionale, qu'il fallait réparer l'affront que les armes de la République avaient essuyé, arborer le drapeau tricolore sur les fortins de la Madeleine, ressaisir l'artillerie perdue, laver aux yeux de l'Italie entière la tache que la journée du 25 février 1793 avait imprimée au 2ᵉ bataillon de volontaires corses. Aidé de sa connaissance des lieux, instruit par l'expérience, il traçait un plan complet d'opérations. Une corvette et une frégate protégeraient le convoi. Deux chaloupes canonnières intercepteraient les communications entre les îles et la Sardaigne; deux autres iraient chercher les deux demi-galères sardes, les combattre ou les capturer. On emploierait pour le transport des troupes, non plus de gros bâtiments, mais des gondoles et de légères embarcations à la rame. Un équipage d'artillerie de campagne servi par une demi-compagnie de canonniers et un équipage d'artillerie de siège capable de démonter les batteries sardes, seraient attachés à l'expédition. 500 hommes d'infanterie régulière et 500 volontaires formeraient la petite armée de débarquement ; 200 aborderaient à Saint-Étienne et 800 à la Madeleine en deux endroits différents. Une batterie de quatre pièces, établie en face de la Sardaigne, jetterait force mitraille et de temps à autre des obus pour amuser l'ennemi ou le « faire danser ». Enfin, le commandant serait un bon officier qui aurait exploré le terrain et saurait mettre en usage les diverses forces dont il disposerait. Bonaparte comptait être ce commandant. Mais le Conseil exécutif provisoire avait décidé de renoncer à toute entreprise contre la Sardaigne.

Telle fut la contre-attaque de la Madeleine. Le colonel Cesari, qui l'avait dirigée, tomba dans un profond discrédit. Vainement en son *Saggio* ou Essai sur sa conduite qu'il publia dans les deux langues, il assurait qu'il avait « volé à la gloire de la conquête » avec transport, mais que l'insurrection des marins avait « tranché le fil de la victoire déjà saisie et étreinte », et il se représentait, fort dramatiquement, seul sur le pont de la corvette au milieu d'une troupe de séditieux « préoccupés de sinistres desseins ». Les soldats ne se souvinrent que des larmes qu'il versait en implorant l'équipage ; ils le surnommèrent le *pleureur*, et Saliceti l'appelait ironiquement le héros de la Madeleine.

Mais aux yeux de la plupart des contemporains, le grand coupable était Paoli. On accusait le général de trahison et lui reprochait d'avoir causé par des mesures insidieuses le double échec de la Madeleine et de Cagliari. On prétendait qu'il avait, par ses perfides combinaisons, semé la discorde entre les Corses et les Français ; que, s'il avait envoyé les volontaires de l'île à l'amiral Truguet, l'armée de débarquement, plus nombreuse, aurait emporté Cagliari ; qu'il avait chargé Cesari de faire avorter la contre-attaque de la Madeleine. « Souviens-toi, aurait-il dit au colonel, que la Sardaigne est l'alliée naturelle de notre île, qu'elle nous a secourus de vivres et de munitions en toute circonstance, que son roi fut constamment l'ami des Corses ; tâche donc que cette entreprise s'en aille en fumée. » On ajoutait qu'il nommait volontiers le roi de Sardaigne le « bon roi » et le « bienfaiteur » de la Corse et qu'il plaignait cette « pauvre Sardaigne » que la Corse devait regarder comme une sœur. Et, réellement, en 1796, il regrettait — ses lettres en témoignent — que l'invasion du Piémont fût dirigée par le Corse Bonaparte ; il écrivait alors que le roi de Sardaigne avait été le seul, en 1768, à faire aux Corses visage d'ami, à leur donner quelque appui et à remontrer aux puissances étrangères qu'elles avaient intérêt à les défendre. Mais dans l'expédition de 1793 il servit la France avec une entière loyauté et, comme il s'exprime, avec bon zèle, *buon zelo*. Il aida sincèrement Truguet. Dès qu'il fut requis de rassembler dans la ville d'Ajaccio les troupes que la Corse pouvait fournir, il mit à la disposition de l'amiral plus du tiers des forces militaires de sa division. « J'ai donné, disait-il, plus qu'on m'a demandé[1]. » Son seul tort — était-ce un tort ? — fut de prévoir le désastre : il devina dès le début que la chose ne saurait réussir sans un « miracle de la sainte liberté » ; il comprit qu'il n'y avait ni concert, ni intelligence, que les Français ne feraient tout au plus que « molester » la Sardaigne, que la saison était trop avancée pour que la flotte pût tenir la mer. Il a rendu compte de l'insuccès de Cesari au ministre de la guerre, et son rapport est la vérité même : « La défection de l'équipage de la *Fauvette* a mis les gardes nationales corses dans la nécessité de se retirer au moment où elles étaient décidées à tenter avec courage la prise définitive des îles. Cesari est aussi brave que patriote, et sans la captivité à laquelle l'équipage l'avait réduit, il aurait péri avant d'abandonner le champ de bataille. » Et il désirait que des actes si marqués d'insu-

---

1. Son neveu Leonetti n'écrit-il pas le 10 février dans une lettre confidentielle à Cesari qu'il lui « souhaitait bon succès » et qu'il était « anxieux d'avoir bientôt d'agréables nouvelles » ?

bordination et de lâcheté fussent sévèrement châtiés, que le gouvernement fit d'éclatants exemples.

On croit d'ordinaire que Napoléon conserva de sa première campagne un pénible souvenir et qu'il ne fit jamais aucune allusion à cet épisode de sa jeunesse. Pourtant, en 1794, dans l'état de ses services, il n'oublie pas de dire qu'il « commandait un bataillon à la prise de l'île de la Madeleine », et, au début de ses *Mémoires* sur la guerre d'Italie, il a mentionné brièvement la contre-attaque opérée au nord de la Sardaigne par 800 hommes qui partirent de Bonifacio sous les ordres du colonel Colonna Cesari et avec l'escorte d'une corvette. Mais il n'a jamais parlé du rôle qu'il joua dans cette malheureuse expédition.

On a dit aussi qu'il tint rancune à son compagnon d'armes, le capitaine Moydier, qui commandait le génie. Moydier, nommé chef de bataillon l'année suivante par le représentant Lacombe-Saint-Michel, ne devint colonel qu'en 1801 et n'eut que sous la Restauration le grade de maréchal de camp honoraire : « Il est inconcevable, écrivait Marmont, que ses droits de toute nature ne l'aient pas fait faire depuis longtemps officier général. » Mais Bonaparte n'avait pas le moindre ressentiment contre Moydier. Général en chef de l'armée d'Italie, il appelait Moydier à Milan et voulait le loger au palais ou tout près ; il l'employait dans la division Masséna ; il lui demandait un mémoire sur le fort de la Chiusa. « Moydier, disait alors Chasseloup-Laubat, est un officier intelligent, attaché à ses devoirs ; c'est le général en chef qui lui a donné l'ordre de venir à l'armée, il l'avait connu avantageusement en Corse. » Peut-être l'empereur fut-il prévenu contre Moydier par ses compatriotes ; en 1805, des notables d'Ajaccio offrirent de conduire les eaux dans la ville à condition que Moydier, directeur du génie, reçût une autre destination ; Napoléon décida que Moydier serait remplacé par un officier plus âgé. Mais, loin d'être disgracié, Moydier remplit aux armées de Dalmatie et d'Italie les fonctions de chef d'état-major du génie. Désintéressé, modeste, ne sollicitant personne, Moydier reconnaissait en 1814 que la principale cause du passe-droit qu'il essuyait était « le défaut d'une recommandation particulière ».

Si Napoléon avait vu d'un œil défavorable ses camarades de la Madeleine, aurait-il fait général le capitaine Ricard, qui commandait dans l'expédition de 1793 la compagnie des grenadiers du Limousin? A la vérité, Ricard fut réformé en 1810. Mais il avait appuyé les prétentions de Soult au trône de Portugal, et les soldats disaient justement que l'empereur frappait Soult sur le dos de Ricard. Il fut bientôt remis en activité et nommé général de division.

L'attention de Bonaparte fut rappelée plus tard à différentes reprises sur les îles de la Madeleine, sa première école de guerre. L'escadre de Nelson venait y mouiller fréquemment, et le grand marin déclarait que le port de la Madeleine était le plus important des ports de la Sardaigne, que cette rade valait celle de Trinquemale et n'était qu'à vingt-quatre heures de Toulon. C'était là que se réfugiaient les Corses condamnés ou frappés de mandat d'arrêt, là que se formaient les bandes destinées à grossir les régiments corses qui s'organisaient à Malte, là que se donnaient rendez-vous les émigrés, espions ou embaucheurs qui nouaient des intelligences avec les mécontents du Golo et du Liamone.

Napoléon eut donc plusieurs fois l'idée d'une expédition en Sardaigne.

Il se bornait, en 1801, à dépêcher de Toulon à Bonifacio une corvette spécialement chargée de combattre les demi-galères sardes.

Mais, au mois de janvier 1800, il projetait d'envoyer en Sardaigne ses deux anciens compagnons de Corse, Cervoni et Saliceti : il comptait, disait-il, sur les talents militaires du général et sur l'activité du commissaire civil qui connaissait la contrée; six bataillons, levés extraordinairement en Corse, quatre bataillons de la 23ᵉ demi-brigade d'infanterie légère et de la 86ᵉ demi-brigade de bataille, la moitié de la gendarmerie et une compagnie d'artillerie s'embarqueraient à Bonifacio sur tous les bâtiments qui mouillaient dans les ports de Corse ; les transports seraient protégés par une flottille composée de trois tartanes canonnières, de deux chebecs et de deux gros bricks ; on attaquerait d'abord les îles de la Madeleine, qui seraient occupées par deux compagnies franches de Bonifacio, puis Sassari et Porto-Conte, enfin Cagliari. Napoléon croyait que l'expédition serait manquée si elle s'ébruitait, et il voulait qu'elle fût préparée dans le plus grand secret : les ministres de la guerre et des finances ignoraient le but de l'entreprise et pensaient que les troupes corses iraient renforcer l'armée d'Italie ; Saliceti devait partir incognito et dire à Toulon qu'il prenait sa retraite et en Corse qu'il venait approvisionner Malte. L'opération n'eut pas lieu. Mais Napoléon ne perdait pas de vue la Sardaigne. Au mois de novembre 1803, il chargeait Talleyrand, alors ministre des relations extérieures, de lui remettre les meilleures cartes de l'île et des renseignements exacts sur les fortifications et les garnisons du pays.

En 1806 il concevait de nouveau le dessein de conquérir la Sardaigne, et derechef prescrivait le secret et la promptitude, recommandait d'embarquer 6 000 soldats à Toulon et de les jeter à Porto-Conte avec du biscuit pour trois mois, de s'emparer en vingt-quatre heures de Sassari et de tout le nord de l'île, d'emporter Cagliari peu de jours après ; « une fois ce noyau passé, la Corse fournirait, s'il le faut, plus de dix mille hommes. »

Ce plan fut repris en 1807 et en 1811. Au mois de septembre 1807 Napoléon demandait à son ministre de la marine Decrès un rapport sur une expédition qui partirait de Toulon avant le vent de l'équinoxe pour enlever Cagliari. Au mois d'août 1811 il revenait sur le même sujet, désirait connaître tous les points de la Sardaigne où pouvait se réfugier une escadre, et quel endroit, Porto-Conte ou Oristano, serait le plus favorable au débarquement des troupes françaises.

CHAPITRE XIII

Paoli.

Situation de la Corse. — Rapport de Monestier. — Fautes du Directoire. — Sentiments de Paoli. — Élections de décembre 1792. — Pozzo di Borgo. — Saliceti. — Barthélemy Arena. — Gentili. — Volney. — Les Bonaparte et Paoli. — Défiances dont le général est l'objet. — Clavière, Pache, les commissaires. — Décrets du 28 janvier et du 5 février 1793. — Saliceti, Delcher, Lacombe-Saint-Michel. — Dispositions de Paoli et du Conseil général. — Arrivée des trois représentants à Bastia (6 avril). — Conflit entre eux et le Directoire du département. — Saliceti à Corte (13 avril). — Lucien Bonaparte au club de Toulon. — Son adresse à la Convention. — Décret du 2 avril contre Paoli et Pozzo. — Indignation des Corses. — Tumultes. — Protestations. — Rôle de Napoléon. — Rapport du décret. — Lutte inévitable entre Paoli et Saliceti. — Destitution du Conseil général. — Napoléon à Ajaccio. — Sa fuite. — Journées des 30 mai et 1er juin. — Consulta de Corte. — Départ des Bonaparte. — Mémoire de Napoléon contre Paoli. — Triomphe de Saliceti. — Sort de Paoli, Pozzo, etc.

A la fin de 1790, un Français se plaignait des désordres dont la Corse était le théâtre. Les vols et les assassinats fréquents ; les propriétés troublées ; les citoyens rançonnés au milieu des villes ; les troupes attaquées de jour et de nuit ; les Français et les Corses dont on connaissait l'attachement à la France, arrêtés sans qu'on leur dît pourquoi ; les paysans vendant leurs effets les plus utiles pour avoir un fusil et abandonnant la culture pour vivre de brigandage et satisfaire leurs haines ; les amis et adhérents de Paoli manifestant une insupportable insolence, méprisant les décrets et violant les lois, vexant et emprisonnant leurs adversaires, chassant les employés français bien que mariés et vieillis dans le service et les réduisant à la mendicité : tel était le tableau que le commissaire des guerres, Vaudricourt, camarade de Mirabeau à l'institution de l'abbé Choquart, traçait au grand orateur.

L'Assemblée constituante finit par s'émouvoir et, après l'insurrection de Bastia, décida d'envoyer dans l'île deux commissaires civils. Buttafoco et Peretti présentaient soit l'ancien intendant La Guillaumye, soit deux membres du club des Jacobins de Paris, Godard et Lafisse, qui s'étaient acquittés des mêmes fonctions, l'un dans le Lot, l'autre dans les Bouches-du-Rhône. Certains proposaient même Paoli, Paoli, président du département, Paoli, commandant général de la milice, qui serait ainsi juge dans le procès où il était partie. Un décret du 18 juin 1791 nomma Monestier, le futur conventionnel, et l'abbé Andrei. Mais Andrei était l'ami de Paoli qu'il avait accompagné sur la terre d'exil; il ne pouvait incriminer ses compatriotes; il ne fut que le truchement de son collègue qui, seul, rédigea et signa le rapport.

A peine les deux commissaires débarquaient-ils à Saint-Florent qu'ils étaient assaillis de plaintes contre le Directoire du département et, à chaque pas, de Bastia à Corte, sur un trajet de vingt lieues, des habitants leur dénonçaient la conduite oppressive et vexatoire de l'administration : infractions aux décrets, malversations de deniers, accaparement de places et d'emplois. Quiconque s'était enhardi à demander la venue des commissaires, avait reçu de fortes réprimandes ou essuyé de véritables persécutions. Lorsque Monestier et Andrei se rendirent à Corte, le Directoire ne dissimula pas sa gêne et sa contrariété : il leur fit, comme à des intrus, un accueil glacial et s'efforça de leur ôter les moyens de renseignement, de saisir leur correspondance. Pendant leur séjour, qui dura neuf mois, ils furent sans cesse épiés, isolés, resserrés, et comme recélés, privés de toute information.

Ils résolurent de publier une circulaire : le Directoire déclara qu'il prendrait lui-même un arrêté pour annoncer aux districts et municipalités l'arrivée des commissaires. Monestier et Andrei devaient, d'après le décret qui les avait nommés, agir de concert avec le Directoire; ils cédèrent, et l'arrêté fut pris. Mais, un mois plus tard, leur présence était encore ignorée d'un grand nombre d'électeurs et de plusieurs fonctionnaires. Ils remirent au Directoire les pièces qui prouvaient les attentats de quelques communes contre les Grecs de Cargese ; le Directoire refusa de les restituer. Ils voulurent mettre sous presse une lettre qui rappelait les magistrats à la pratique de leurs devoirs et les citoyens à la paix, au respect des propriétés et à l'usage raisonnable de la liberté. Des deux imprimeurs de Corte, l'un jura qu'il était accablé de travail par le Directoire; l'autre, après avoir promis et manqué de parole, tira la lettre à la dérobée, sur les vives instances de Monestier. La pièce, d'ailleurs courte, fut expédiée. Seul, le district de Corte en accusa réception. Les huit autres districts ne répondirent que sur une seconde missive des commissaires; quatre d'entre eux alléguèrent différents prétextes; un cinquième chargea sa réponse pour la rendre plus sûre; les trois autres protestèrent qu'ils avaient répondu, et l'un d'eux affirma qu'il avait écrit par la voie du Directoire.

Mais le Directoire n'osait-il pas dénoncer au ministre de l'intérieur cette circulaire comme offensante pour l'honneur des Corses? Ne prétendait-il pas que les deux commissaires avaient excédé leurs pouvoirs en envoyant la circulaire à des corps inférieurs, subordonnés au Directoire? Ne disait-il pas, lorsque la Constituante eut proclamé l'amnistie, qu'ils n'avaient plus aucune autorité, et, lorsque le district de Corte leur signalait des illégalités dans la formation des bataillons de volontaires, que c'était une grande faute de s'adresser à des hommes dont les fonctions avaient cessé? « Le Directoire, conclut Monestier, n'a pu contester nos pouvoirs, mais il en a éludé l'action, et sitôt qu'il a pu élever le moindre doute, il les a niés et invalidés. »

Le récit de Monestier ainsi que les documents de l'époque montrent la Corse en proie à l'anarchie. Les élections offraient le plus étrange spectacle. Les insulaires y portaient, comme dit Monestier, une passion forcenée, nourrie par leurs haines, par leur esprit de faction, par leur oisiveté. Ils obéissaient servilement, aveuglément à dix ou douze chefs qui se liguaient, se brouillaient, se réconciliaient et, selon le mot de Napoléon en 1796, se livraient à un « petit tripotage de connivences particulières », pour obtenir les places et les traitements. Ils venaient en armes au lieu de l'élection, et, souvent, avec les cris les plus violents, se tiraient des coups de fusil, et fondaient les uns sur les autres, le stylet au poing. Leurs voix étaient quémandées, achetées, calculées comme une marchandise, et non seulement les voix de la réunion présente, mais celles de la réunion future.

Pas de justice. Dans plusieurs cantons l'élection des juges de paix avait causé de tels troubles qu'on les nommait des juges de guerre. De tous côtés ils étaient accusés de négliger leurs fonctions et de ne favoriser dans leurs sentences que les personnages influents. La gendarmerie rendait de grands services, mais elle se plaignait des tribunaux qui relâchaient les coupables sans procédure ni jugement. Au mois d'avril 1792, à l'Isle-Rousse, durant huit jours, après un meurtre, personne ne vint faire d'enquête, recevoir les dépositions, dresser de procès-verbal : la gendarmerie avait informé le Directoire du district, le tribunal, la municipalité ; tous disaient que l'affaire ne les regardait pas, et la municipalité refusait d'avertir le juge de paix pour ne pas montrer qu'elle dépendait de ce magistrat. La vendetta sévissait impunie. Les guets-apens se multipliaient. En dix-huit mois, dans les quatre districts de Corte, d'Ajaccio, de Cervione et de Tallano, trente-neuf individus étaient assassinés et six, blessés grièvement. Encore ne faut-il pas comprendre dans ce nombre les victimes des assemblées électorales. Plus de cent trente homicides avaient été commis depuis trois ans. Et combien y avait-il eu d'exécutions judiciaires ? Une seule.

Pas d'agriculture. Le bétail vagabond ravageait sans cesse les propriétés. La campagne n'était pas sûre. Le paysan, même lorsqu'il labourait, ne se séparait pas de son fusil. Un représentant du peuple devait proposer en 1793 le désarmement général des Corses : sans quoi, disait-il, les terres ne seraient plus cultivées.

Les chemins étaient défoncés, dégradés. La route de Bastia à Corte avait été pendant l'hiver de 1791 à 1792 impraticable à plusieurs reprises. L'administration ne faisait de réparations d'aucune espèce, et les travaux publics de l'année 1791 n'avaient coûté que la somme dérisoire de 384 livres. Aussi prétendait-on que Paoli, qui voyait loin, était, dans l'intérêt même de la liberté corse, hostile aux routes carrossables. « Elles seront faites plus tard, aurait-il dit; si nous les avions eues, les Génois nous auraient battus, et les Français plus facilement conquis », et il se moquait de ces chemins où ne passaient que les voitures d'approvisionnements militaires, de ces chemins inutiles à une nation pauvre qui n'a pas de marchandises à exporter : « Un cultivateur qui ferait des caves avant de planter des vignes n'est pas plus ridicule [1]. »

Les forêts étaient dévastées. Nul ne les surveillait depuis deux ans, et les bergers brûlaient de superbes sapins pour avoir un peu de cendre qui servait d'engrais et récolter quelques boisseaux d'orge.

Les 80 000 francs donnés par le ministre de l'intérieur pour le dessèchement des marais de Saint-Florent et d'Aleria avaient été détournés de leur destination.

Les finances étaient livrées au plus affreux gaspillage. « Que de corruption et d'avidité! » s'écriait Andrei. Au mois d'avril 1792 il n'y avait pas encore de registre ouvert pour aucune sorte d'impôts. Les contributions foncières et mobilières, diminuées d'un tiers en 1790 par le Conseil général, étaient au mois de mars 1793 arriérées de trois ans. Le trésor ne recouvrait rien de tout l'argent que rapportait la vente des biens nationaux. Nul compte de finance n'était publié. Le seul que le Directoire avait fait imprimer — pour l'année 1791 — ne présentait, suivant l'expression de Volney, qu'un chaos de chiffres sans résultat, et l'on y cherchait vainement la solde

---

1. Lucien, *Mém.*, I, 41, 69; Boswell, I, 43; lettre de Paoli.

des gardes de Paoli[1] et l'emploi de certains fonds. La plupart des fonctionnaires ne recevaient que des acomptes. Pendant huit mois les juges du tribunal de Bastia n'eurent pas un sol de leurs appointements. Les Doctrinaires du collège de Bastia ne purent durant dix-huit mois toucher les rentes qui leur étaient affectées; ils obtenaient de temps en temps des mandats, grâce à leurs réclamations instantes et réitérées; mais il n'y avait jamais de fonds pour les solder. La Corse avait alors 927 moines qui devaient avoir chacun sept cents livres par an; ils furent payés à partir du mois d'août 1791 et non, comme l'avaient prescrit les décrets, à partir du 1er janvier. Mais, toutes les fois qu'il fallait indemniser les administrateurs des nombreuses commissions qu'ils se conféraient à eux-mêmes, l'argent ne manquait pas. Le Directoire du département se saisissait de tous les revenus. Il percevait les douanes, qu'il avait diminuées de moitié, et n'employait leur produit qu'à la rétribution des employés, ses parents et amis.

Les quatre bataillons de gardes nationales soldées coûtaient chacun 16 000 livres par mois et, bien que payés au complet, ne comptaient pas vingt à vingt-cinq hommes par compagnie. Les capitaines, avouait Paoli, font grasse marmite, *pignatta grassa*, et Monestier assurait que la comptabilité des corps de volontaires était dans un désordre effrayant[2].

Ajoutez que les assignats, tombés à 80 pour 100 de perte, n'avaient pas cours dans l'île. Le boucher, le boulanger, l'épi-

---

1. Au mois d'octobre 1790 le Conseil général — qui payait en outre 50 hommes pour sa propre garde et 30 pour celle de Paoli — levait une garde nationale soldée de 450 hommes, à raison de 50 par district; la moitié de ce corps fut réformée au mois de mai 1791, mais il ne cessa d'exister qu'à la fin de décembre 1791.
2. Cf. notre t. II, p. 244. Dès la fin de 1791 le commissaire des guerres Potier de Raynan avait dit que ces bataillons exigeraient une surveillance perpétuelle parce qu'il était impossible de trouver en Corse des personnes en état de remplir les places de quartier-maître. Un clubiste de Bastia, dans un mémoire de décembre 1792, écrit que les compagnies n'ont que le tiers de l'effectif, que les capitaines présentent aux revues du commissaire des figurants ou passe-volants, que le soldat est d'ailleurs sans discipline et l'officier sans zèle, que l'un sert par misère et fainéantise, l'autre, par orgueil et intérêt,

cier, le marchand de vin les refusaient absolument. On les changeait à Toulon et à Marseille contre du numéraire qui se dissipait en Italie ou s'enfouissait à Corte.

Rien d'étonnant que le représentant Lacombe-Saint-Michel se soit écrié dans un instant d'exaspération en septembre 1793 qu'il n'y avait pas eu de révolution en Corse, que la France faisait un jeu de dupe, que les partis s'unissaient pour la piller, et que ses amis, si elle en avait, ne pensaient qu'à leur avantage particulier : « Tous les trésors de la France, disait Lacombe, n'assouviraient pas les Corses. Et que donnent-ils à la France? Rien. »

Deux Directoires du département s'étaient succédé depuis l'organisation de 1790. On pourrait leur donner le nom de leur procureur général syndic et les appeler le premier le Directoire d'Arena, et le second le Directoire de Saliceti. Dans le premier Directoire, ou Directoire d'Arena, siégeaient Arena, Mattei, Gentili, Pompei Paoli, Moltedo, Taddei, Joseph-Marie Pietri et Pozzo di Borgo [1].

Dans le second, ou Directoire de Saliceti, siégeaient Mattei, Gentili, Pompei Paoli, Jacques-Marie Pietri, Joseph Bonaparte, Barthélemy Arrighi, Ange Chiappe et Antoine-Louis Poli.

Les deux Directoires avaient commis les mêmes fautes, les mêmes dilapidations, les mêmes excès de pouvoir. Non seulement leurs membres étaient, comme l'avouait Saliceti, partiaux, *un poco parziali*, préoccupés avant tout de leurs intérêts et de ceux de leur faction. Non seulement ils se croyaient soustraits à la responsabilité par trois cents lieues de distance et se disaient que dans le département le plus lointain de la République il était loisible d'abuser de l'autorité. Mais c'étaient des hommes absolument neufs. Vifs, hardis, pré-

---

[1]. Durant leur séjour à Paris (cf. notre t. II, p. 131 et 136), Gentili et Pozzo furent suppléés par Raphaël Casabianca et Vincentello Colonna-Leca. Lorsque Taddei, fatigué, Moltedo, devenu vicaire de l'évêque, Arena et Pozzo, élus à la Législative, donnèrent leur démission, ils eurent pour successeurs J.-B. Leoni, Louis Ciavaldini et Vincentello Colonna-Leca.

somptueux, persuadés que leur imagination suffirait à tout, ils virent trop tard, lorsqu'ils furent aux prises avec les difficultés, que l'expérience leur faisait défaut, et ils n'osèrent confesser leur embarras : ils laissèrent les questions en suspens, au lieu de les résoudre, et les affaires s'accumulèrent sans être expédiées.

Bien que président du Conseil général, Paoli ne prenait presque aucune part à l'administration du département. Il répétait qu'il ne voulait pas être soupçonné de l'ambition du commandement; qu'il ne devait ni ne pouvait avoir la main à l'œuvre; que la machine était montée; que de sa retraite de Rostino, il ne donnerait que des avis et lorsqu'on les lui demanderait; qu'il ne désirait ni se montrer le complice des résolutions de la majorité, ni se mêler à des débats parfois orageux où il jouerait le rôle d'un maître d'école au milieu de ses élèves, ni se mettre dans le cas d'encourir le blâme d'un ministre. « J'abandonnai à d'autres, dit-il en 1793 dans une proclamation aux Corses, l'exercice de l'autorité; ma voix ne s'employait qu'à exhorter ceux que vous aviez honorés de votre confiance à agir avec justice et impartialité; je m'intéressai souvent pour la veuve et l'orphelin, et j'exposai la préférence que le mérite, au service de la patrie, doit obtenir sur les considérations privées. »

Mais, s'il reconnaissait le talent des membres du Directoire, leurs qualités personnelles, leur zèle pour la constitution, il trouvait qu'ils étaient trop jeunes, trop portés à des « ébullitions dangereuses », qu'ils manquaient de modération, de prudence, qu'ils ne cachaient pas assez leur mauvaise humeur, qu'ils devaient avoir plus d'adresse, plus de *disinvoltura*. Il ne cesse dans ses lettres intimes de les critiquer. Tantôt il leur reproche d'être insensibles à des remontrances méritées; tantôt il les taxe d'inaction et de léthargie, les accuse de ne pas s'opposer aux progrès d'une épidémie qui sévit à Ghisoni et y enlève quarante personnes; tantôt il assure qu'ils sèment la discorde dans les districts. Cabales et divisions, votes donnés à celui qui paye le plus, *che più paga*, nul respect des lois, nul équilibre entre les divers corps administratifs, nulle répression, des ministres qui sont trop loin et qui, pour guérir le mal, écrivent des lettres oratoires sans effet sur des âmes pétries d'ignorance et de cupidité, voilà le douloureux spectacle que Paoli déploie aux yeux de ses correspondants, et le grand coupable, selon lui, c'est le Directoire.

Ses ennemis prétendaient qu'il voyait avec une joie maligne les erreurs de l'administration et qu'il accueillait complaisamment les plaintes qui s'amassaient contre le Directoire : lui seul restait, de la sorte, l'espoir et la ressource des Corses ; en disant que les choses n'allaient pas bien, il donnait à entendre qu'elles iraient mieux, s'il était l'unique maître.

On se trompait. Devenu Français de cœur et d'âme [1], Paoli ne visait pas au pouvoir absolu. Sans doute — et ce sont les propres termes dont il se servait — il se rappelait volontiers l'époque où l'île était presque entièrement délivrée d'ennemis extérieurs et intérieurs, où la constitution qu'il avait établie méritait les applaudissements de l'Europe, où le commerce et l'agriculture florissaient, en même temps que les vertus patriotiques, sous les auspices de la liberté reconquise. Mais il s'était fait, comme disait Alfieri, le compagnon des nouveaux Français qui le regardaient comme leur guide et leur maître :

> De' nuovi Francesi
> Fattosi compagno e maestro.

Il déclarait que le gouvernement français était le plus adapté à la situation de ses compatriotes et le plus propre à les rendre heureux, que la nation française était celle à qui la possession de l'île convenait le mieux, que la Corse aurait plus de profit à espérer de la France que d'aucun autre peuple, que les insulaires avaient le droit de participer à tous les avantages et à tous les honneurs, ainsi que les Français du continent. Il protestait avec indignation contre les suggestions de Buttafoco et de Gaffori qui l'accusaient de « chercher par le doux nom de

---

1. Cf. *La Révolution*, p. 96.

liberté à séparer la Corse de la France ». Au mois d'avril 1792, il jurait sincèrement que les Corses voulaient, comme lui, être français et rester unis à leurs frères de la terre ferme. Même en 1793, même à la veille de sa rébellion, il conservait à la France l'attachement qu'il avait solennellement promis. Il engageait le 9 avril les gardes nationaux d'Ajaccio à se montrer dignes de l'estime et de la fraternité des Français, en ajoutant que lui-même souhaitait de prouver en toute occasion sa loyale affection pour le grand pays dont dépendait son petit pays. Son plus vif désir, écrivait-il le 12 avril à Andrei, était de voir le bien de la patrie corse combiné avec celui de la république française. Lorsqu'il lut la fameuse lettre du 12 mars où Dumouriez reprochait à la Convention d'opprimer et d'exaspérer les Belges, il regretta ce « mauvais exemple qui pouvait avoir de mauvaises conséquences » et sitôt qu'il apprit que le vaincu de Neerwinden projetait de marcher sur Paris pour restaurer la monarchie, « j'espère, s'écriait-il, que Dumouriez ne réussira pas dans son dessein ».

Ses adversaires assuraient qu'il méditait, dans des vues de domination personnelle, de s'emparer des forteresses corses en y mettant les volontaires du département. Mais au mois de juin 1791, ne demandait-il pas au ministre un quatrième régiment d'infanterie régulière et des frégates qui paraîtraient de temps à autre devant les ports de l'île? Et s'il désirait, après la déclaration de guerre, que les volontaires eussent la garde des présides, n'avait-il pas raison de se défier des troupes de ligne, ou, comme il disait, des troupes mercenaires qui jalousaient les bataillons corses? N'avait-il pas des motifs de croire que, si les coalisés étaient vainqueurs, elles leur ouvriraient les portes des citadelles? Pouvait-il compter sur leur obéissance et leur esprit de discipline? Ne voyait-il pas à Bastia le régiment de Bresse ou 26° régiment se livrer à l'insubordination et les mutins menacer de la lanterne cinq ou six officiers d'ancienne date pour avoir de l'avancement? Le régiment de Limousin ou 42° régiment n'avait-il pas, au moment de s'embarquer pour la Sardaigne, élu son colonel et les autres officiers sous les yeux de Casabianca et de Truguet, qui durent s'avouer impuissants? Et, au retour de l'expédition de Cagliari, de son propre chef et sans attendre l'ordre du ministre, ce même 42ᵉ ne regagnait-il pas la Provence en disant qu'il était rassasié de la Corse, où il tenait garnison depuis neuf ans? Ces vieux régiments pourraient-ils d'ailleurs, sans l'assistance des milices corses, défendre les places? Ne seraient-ils pas rappelés sur le continent si la France, envahie par les Austro-Prussiens, subissait quelque grand désastre? Les membres du Directoire de 1792, Gentili, Chiappe, Joseph Bonaparte, le procureur général syndic Saliceti, ne cherchaient-ils pas, malgré les alarmes des commandants et de la population, à introduire les volontaires dans les villes maritimes?

A vrai dire, Paoli était constitutionnel, et après la suspension du roi, il faisait biffer dans l'adresse du Département à l'Assemblée nationale cette phrase du secrétaire général Panattieri, que Louis XVI « minait l'édifice de la liberté » et « tournait contre la Constitution les armes qu'elle lui avait mises dans les mains ». Toutefois il n'aimait pas la royauté. Il disait que personne plus que lui n'avait à se plaindre de la dynastie des Bourbons, et il remarquait après l'exécution de Louis XVI que les Français auraient peut-être encore des rois, parce qu'ils sont mobiles, mais que le 21 janvier avait fermé l'ère de la monarchie absolue.

Il aimait la Révolution. « Mes sentiments pour la liberté, écrivait-il, sont héréditaires et habituels; si la France retourne en servitude, je dis adieu pour toujours à toute espérance de liberté, spécialement pour les petits états », et il ajoutait que si les despotes triomphaient de la France et lui imposaient un gouvernement arbitraire, il n'y aurait plus en Europe que des esclaves. Un jour qu'il entendait dire à des Bastiais qu'ils voulaient à tout événement vivre sous la monarchie, même si la monarchie ruinait la liberté : « O nation née pour la servitude, s'écriait-il, *O gentem ad servitutem natam!* Ah! combien me pèse le sang de tant de martyrs répandu sous mes ordres pour donner la liberté à ce peuple qui en est si indigne! »

Il accueillit sans tristesse ni surprise la nouvelle de la journée du 10 août : il mandait à la Législative, par la plume de Panattieri, que l'assemblée faisait bien de « convoquer le Souverain », que le peuple corse répétait avec passion le serment gravé sur ses roches en caractères de sang, le serment de maintenir la liberté et l'égalité, et il annonçait aux insulaires que Louis XVI était suspendu, mais que le pouvoir de la loi existait toujours, que le monarque avait fui naguère sans que la France s'émût, que tel était le premier bienfait de la Constitution que la présence ou l'absence d'un individu ne changeait rien à la vie de la nation, qu'une autre assemblée allait se réunir, investie d'une autorité supérieure et capable de surmonter les dangers de la patrie, capable de vaincre non seulement les ennemis extérieurs, mais les ennemis du dedans qui demandaient le retour de l'ancien régime, souhaitaient le démembrement de l'empire et « parlaient d'indépendance et d'isolement, comme si la force de la Corse ne venait pas de son intime union avec la France ».

Aussi, jusqu'aux derniers jours de 1792, personne ou presque personne ne doutait de l'attachement de Paoli à la France et au système populaire. Lorsque Rossi, dégoûté de la lutte contre le Directoire, désireux de se mettre en évidence sur un autre théâtre, se rendit à l'armée du Midi, Paoli fut — le 11 septembre — nommé par le Conseil exécutif provisoire lieutenant général et commandant de la 23ᵉ division. Or, il était encore président de l'administration départementale. La République lui confiait donc tous les pouvoirs civils et militaires. Il semblait gouverner la Corse comme avant la conquête, mais au nom de la France.

Il avait hésité quelque temps à accepter sa commission de lieutenant général. Mais le congrès électoral du département le pria de sacrifier son repos personnel à la sécurité publique, et Paoli écrivit au Conseil exécutif qu'il avait prêté le serment prescrit par la loi; qu'il voyait avec une joie extrême les efforts généreux de la France pour la liberté, cette « divinité qu'il avait toujours cherchée »; que la Convention pouvait être assurée de son entier dévouement pour la plus noble des causes.

Bientôt le Directoire du département fut à sa dévotion. Aux élections législatives de 1792 comme à celles de 1791, une guerre sourde avait eu lieu entre le général et le Directoire. Fatigués de la sujétion où les tenait Paoli, lassés de ses remontrances, les membres du Directoire et le procureur général syndic Saliceti s'étaient résolus à le combattre. Paoli avait habilement mandé le colonel Cesari et le logeait auprès de lui, à Corte, dans le couvent de Saint-François. Ils dirent confidentiellement à Cesari que la situation devenait intolérable, que Paoli mutinait contre eux tous les esprits, voulait être le tyran du pays, et ils prièrent le colonel de quitter son logement, de demeurer dans la ville, où ils lui avaient préparé un appartement, et de montrer ainsi qu'il se rangeait du côté de l'administration et refusait de vivre avec le *babbo*. Mais Cesari était ami de Paoli et il jugeait les membres du Directoire « un peu intrigants ». Il répondit à Saliceti qu'il aimait Paoli et ne pouvait l'abandonner, que ce serait une honte pour les Corses d'avoir rappelé de Londres un septuagénaire pour l'humilier et le trahir. Saliceti parut touché de ces réflexions et fit semblant de les approuver.

Sans se soucier du décret de la Législative, Paoli et le Directoire avaient convoqué les électeurs, non pas à Oletta, mais à Corte. Le *babbo* disait hautement qu'aucun membre du Directoire ne méritait la députation, hormis le procureur général syndic Saliceti, et dans ses entretiens avec ses plus intimes affidés, il souhaitait que Saliceti eût pour collègues Cesari, Masseria, Andrei, Bozio et Panattieri. Il fut nommé président de l'assemblée à l'unanimité. Mais il eut une fièvre putride et ne put diriger les opérations du congrès. Saliceti, vice-président, remplaça Paoli et profita de son absence pour peser sur le vote. Il fut élu premier député par près de 300 voix sur 400 et fit choisir trois de ses amis, un adversaire décidé de Paoli, Luce Casabianca, l'officier de marine qui devait succomber glorieusement à la bataille d'Aboukir, et deux membres du Directoire, Ange Chiappe et le vicaire épiscopal Moltedo.

La lutte fut chaude, et le Directoire eut, rapporte un contemporain, une peine immense à triompher. Chiappe n'avait que 17 voix de majorité; Casabianca et Moltedo ne furent proclamés, l'un qu'après deux, l'autre qu'après trois tours de scrutin. Mais, sur six députés, deux seulement, le quatrième et le cinquième, l'abbé Andrei et l'obscur Bozio, qui l'année d'auparavant avait mis Arena en échec, étaient partisans de Paoli, et Cesari, Masseria, Panattieri avaient échoué. Aussi les paolistes protestaient-ils contre les élections : ils assuraient que le Directoire avait surpris l'opinion, que Saliceti avait acheté les suffrages à prix d'argent et, dans ce dessein, changé 80 000 livres d'assignats en 45 000 livres de numéraire et ils voulaient annuler le vote qui, selon l'expression d'Andrei, s'obtenait avec tant de brigues et par des moyens peu convenables à l'honnête homme.

Paoli se rétablit et ne tarda pas à prendre sa revanche. La Convention avait décrété le 22 septembre que tous les corps administratifs, municipaux et judiciaires seraient soumis à la réélection. « Toutes les fonctions civiles, mandait Napoléon à Costa, vont être renouvelées, ainsi que les administrations et les municipalités. » Les candidats s'empressèrent. « Grande agitation pour les emplois, écrivait Paoli, ils ne dorment plus leurs nuits. » Cette fois, il triompha. Aucun des membres du Directoire, Mattei, Gentili, Pompei Paoli, Joseph Bonaparte, ne fut réélu, et, dit Cesari, ils rentrèrent chez eux bien mystifiés. La liste des sujets qui devaient former le Conseil général du département, était dressée d'avance, et le neveu du *babbo*, Leonetti, la colportait bruyamment dès la veille du scrutin. Tous les militaires électeurs, et entre autres le brigadier de gendarmerie d'Ajaccio, Martinetti, sur qui les paolistes ne pouvaient compter, avaient eu défense de se présenter, et, malgré les décrets, une trentaine de prêtres insermentés prirent part aux opérations de l'assemblée. Les votants se souvenaient du terrible discours prononcé naguère par l'abbé Bertola contre « Nos seigneurs du Directoire », contre ces hommes qui voulaient sans rougir s'éterniser dans leurs fonctions et qui n'écoutaient en toutes choses que les électeurs influents. « Ah! s'était écrié Bertola, si vous vous étiez trouvé une seule fois dans un coin de la salle du Département et si vous aviez vu la différence que ces messieurs faisaient entre les chefs de parti et ceux qui ne l'étaient pas! Que d'employés seraient encore sans emploi, que d'officiers de gardes nationales ne porteraient pas l'épaulette s'ils n'avaient pas eu de nombreuses voix à la disposition de ces messieurs! », et, en traits rapides, Bertola avait tracé le tableau de ce gouvernement qu'il qualifiait d'indigne et de despotique : ici une municipalité suspendue pour avoir rigoureusement observé les décrets, là des membres de district convaincus de mille délits et scandaleusement maintenus; ici des curés chassés de leur cure pour n'avoir pas voulu jurer, là d'autres gardant leur place, quoique réfractaires; ici une municipalité non encore organisée, là un juge de paix non encore installé; ici un Directoire injustement cassé, là un juge de district restant sur son siège malgré ses fourberies; ici des citoyens d'un patriotisme douteux recevant des fusils aux frais de la nation, là un canton de patriotes très zélés entièrement désarmé. « Le sacrifice de ces messieurs, avait conclu Bertola, est nécessaire à notre liberté! »

Le sacrifice eut lieu. Le Conseil général ne se composa que de paolistes avérés, Marc-Antoine Ferrandi, Franceschi, Ordioni, Nobili Savelli, etc. Galeazzi fut élu président et Muselli, secrétaire. Pozzo di Borgo était procureur général syndic et avait pour substitut Panattieri.

Pozzo venait aider et soutenir Paoli. Non que le général fût aussi infirme qu'il le disait; non qu'il fût, comme assurait Volney, un fantôme et un prête-nom. S'il ne pouvait plus monter à cheval ni faire un mille à pied sur le meilleur des chemins, il gardait toutes les ressources d'un esprit sagace et subtil. Une anecdote que Napoléon aimait à raconter, prouve que le vieux chef avait toujours sa vigilance, son adresse et sa ruse. Un paysan, chargé d'un message pour Corte par les adversaires de Paoli, est arrêté de poste en poste; mais il a de méchants haillons, il assure qu'il est pauvre et ne vit que d'aumônes, il se laisse fouiller, pose sa gourde à terre, excite, facilite les recherches. A Corte, les gendarmes décousent ses habits, défoncent son chapeau, ouvrent jusqu'à la semelle de ses souliers. Enfin, on avise Paoli. « Qu'a-t-il sur lui? demande le général. — Une gourde. — Qu'on la casse. » On la casse, on y trouve le message. « Paoli, dit Napoléon, n'était pas un homme facile à surprendre. »

Toutefois Paoli avait besoin d'un lieutenant jeune, actif et discret. Ce lieutenant fut Charles-André Pozzo di Borgo. Sa famille, bien que noble, n'avait ni fortune, ni renom, ni influence, et les Ajacciens ne la considéraient pas. Mais Pozzo, par son intelligence et grâce aux études juridiques qu'il avait faites à l'université de Pise, conquit la première place au barreau d'Ajaccio. Il savait plaire : lady Elliot le jugea fort agréable et le regardait comme le seul Corse qui fût réellement distingué. Secrétaire, par droit de jeunesse, du bureau de la noblesse corse, il rédigea presque seul le cahier des vœux et doléances de son ordre. Envoyé à Paris, avec Gentili, pour dénoncer Buttafoco et Peretti à la Constituante, il s'acquitta brillamment de sa mission, et Saliceti le recommandait vivement aux électeurs de 1791, en déclarant qu'il unissait aux lumières un patriotisme pur et qu'il avait durant son séjour à Paris servi la patrie dans l'assemblée plus utilement que tout autre. Paoli le fit élire troisième député à la Législative, lorsque Pozzo eut, pour le flatter, proposé dans le congrès de ne pas relâcher les prisonniers bastiais à cause de leur égoïsme.

Sur les bancs de la Législative, Pozzo se signala de nouveau et ce petit homme montra, comme disait un de ses collègues, autant de finesse dans l'esprit que dans la taille. Membre du Comité diplomatique, il provoqua par son rapport le décret de l'assemblée qui refusait de reconnaître la neutralité de l'Empire germanique. En même temps il ne négligeait pas ses intérêts personnels : il obtenait une indemnité de six mille livres pour un domaine national où il n'avait pas dépensé un sol, et il faisait nommer son frère secrétaire-interprète à la légation française de Toscane, commis aux bureaux du Directoire et aide de camp de Cesari.

Pozzo se plaignait d'abord de trouver dans la correspondance du général une sécheresse qui touchait à la défiance. Il le caressa, l'assura de sa reconnaissance, de sa vénération, de son amour, l'assura qu'il avait cette chaleur de patriotisme que le héros corse avait en 1769, et ce fut à Pozzo que Paoli dut son brevet de lieutenant général. Le député, ami du ministre Servan, avait remontré que ce grade était nécessaire au *babbo* qui « unirait ainsi la direction des troupes à son influence sur les Corses et serait à l'abri de toutes les intrigues qui se tairaient en sa présence ».

Peu à peu Pozzo s'empara de l'esprit de Paoli; il mena, dirigea tout, et Volney le nommait le *moteur principal*. « Paoli, a dit Pozzo plus tard, était la tête, et j'étais la main; *egli capo, io mano*. »

Un homme s'opposait au *babbo*, un homme en qui Paoli et Pozzo trouvèrent un rude jouteur. C'était Saliceti, un des personnages les plus remarquables de la Révolution, et l'un des plus ignorés. Il s'observait toujours et avait pris l'habitude de ne dire que des choses insignifiantes; sa conversation n'offrait rien de saillant, et, de prime abord, il semblait vulgaire de ton et d'expression. Mais il avait de grands moyens et une haute capacité. Ministre de la police à Naples, sous le règne de Murat, il joua sur-le-champ le premier rôle, non seulement par son origine corse qui le faisait regarder comme un compatriote par les Napolitains, mais par ses aptitudes éminentes et, malgré son orgueil de conventionnel et le dédain qui perçait dans ses manières pour les dynasties nouvelles, par la souplesse merveilleuse de son esprit, par sa finesse, par sa sagacité, par la vigueur décisive qu'il déployait à l'occasion. S'il eût vécu, il aurait modifié le cours des événements en Italie, ne fût-ce qu'en empêchant Murat de s'unir aux alliés. « Vous ne savez pas, écrivait Napoléon à son beau-frère lorsqu'il apprit la mort de Saliceti, vous ne savez pas ce que vous avez perdu, et de quelle ressource cet homme pouvait être dans un temps difficile; il était de ceux qui réussissent toujours. » Peu scrupuleux d'ailleurs, aimant, comme disait Joseph, l'argent avant tout, virant en chaque circonstance vers le plus fort, bon et sensible dans la vie privée et aimé de ses entours, froid et impitoyable dans la vie publique. C'est lui qui, à la veille du 18 brumaire, allait trouver Bonaparte en disant qu'il voulait organiser la résistance dans le Conseil des Cinq-Cents, mais qu'il reconnaissait la lutte impossible et venait s'offrir. C'est lui qui, se promenant avec Napoléon sur une chaussée étroite de la rivière de Gênes, avait l'idée de précipiter son compagnon dans la mer : « Nous étions seuls, racontait-il, et dix fois me vint la pensée de le jeter à l'eau; un coup de poing, et le monde était changé. » A Corse, Corse et demi : Napoléon, empereur, éloigna Saliceti, tout en se servant de lui [1].

Élu député du tiers état lorsqu'il n'était qu'assesseur du tribunal de Sartène, Saliceti avait été en 1789 le chef des patriotes. De Paris, il suscitait l'insurrection bastiaise, et il obtenait le retour de Paoli qu'il défendait chaudement contre les attaques de Buttafoco : Paoli, disait-il, avait créé jadis un esprit public, un gouvernement régulier et une constitution qui était un *roman* au milieu de la servitude de l'Europe. Il n'éprouvait pour Paoli que respect et admiration. « La volonté de Votre Excellence, lui écrivait-il à la fin de la session, sera ma loi. » Et, de son côté, Paoli déclarait qu'il aimait Saliceti comme un fils, louait publiquement son zèle, le félicitait d'avoir si ardemment « couru la lice de la liberté », le remerciait d'avoir déployé tant de dévouement et d'activité pour assurer à sa patrie les bienfaits d'une heureuse révolution. Il

---

1. Cf. *Mémoires d'une inconnue*, 258-261, et *Mém.* du roi Joseph, V, 384.

consentit à protéger de son influence Arena, Pozzo di Borgo, Boerio que Saliceti nommait les députés de son cœur et les plus capables de servir la bonne cause. Il le fit élire procureur général syndic du département par 371 suffrages sur 377. Après Paoli, Saliceti était alors l'homme le plus populaire de son pays. Il passait pour un héros et pour un autre Paoli ; on l'appelait le second libérateur de la contrée ; on répétait qu'il avait su donner une grande idée des Corses et montrer qu'ils étaient dignes d'être Français et libres, que, sans lui, sans son mépris superbe des menaces et des flatteries de l'aristocratie, l'île n'aurait pas eu de l'Assemblée nationale la justice qu'elle méritait.

Il était français, aussi français que Paoli. Au mois de juin 1791, après la fuite du roi, il partageait les émotions patriotiques de Paris et jugeait que la nation manifestait « une énergie et une fermeté au-delà de toute croyance », qu'elle n'était plus faite pour porter les fers du despotisme et qu'en cas de guerre, l'Europe reculerait devant elle. Il avait avec autant de force que de justesse exposé les avantages que la Corse tirait de son union avec la France. Si la Corse, disait-il, était isolée et indépendante, elle serait fatalement livrée aux factions, aux querelles passionnées, aux désordres de l'anarchie, aux interventions et invasions de l'étranger ; elle devrait établir un état militaire, une marine, une administration, une justice ; elle succomberait sous tant de dépenses ; elle serait ruinée dès la moindre guerre, et elle était aux portes de Tunis, d'Alger et de Gênes. Ne valait-il pas mieux, ajoutait Saliceti, s'unir franchement à la France et jouir de sa puissance, s'associer à un empire dont « la masse donnerait à la Corse de la consistance », à un peuple qui pouvait par ses flottes protéger les côtes et par son pavillon assurer le commerce de l'île ? Et il applaudissait à la formation des bataillons de volontaires : deux mille citoyens corses recevant leur solde de la France, quoi de plus profitable ?

Mais pendant qu'il était procureur général syndic du département, Saliceti fut blâmé par Paoli. Le général critiqua parfois sa fougue, sa violence. Saliceti agissait, en effet, selon ses propres termes, avec toute vigueur, *con tutto il vigore*. Mettre au besoin la loi en poche, procéder sans aucune formalité contre quiconque levait la tête, faire des exemples, telles étaient ses maximes, et dans sa correspondance de ce temps reviennent des expressions qui peignent son humeur autoritaire : en imposer aux gens, verser de l'eau dans leur vin, leur parler ferme et sec.

Il finit par souffrir impatiemment la toute-puissance du général. Lui aussi voulait dominer l'île, et Volney, ce grand connaisseur des choses et des hommes de la Corse, le nommait nettement le rival de Paoli. Vainqueur en septembre 1792 aux élections législatives, grâce à la maladie du *babbo*, il fut vaincu en décembre au renouvellement des administrations et il en conçut un vif dépit. Ses amis avaient échoué ; ses collègues du Directoire n'étaient pas réélus ; son beau-père Boerio n'obtenait pas la présidence du tribunal criminel. Enfin, il se sentait menacé. Le tout récent *Governo* qui se piquait de probité et se déclarait fièrement composé d'honnêtes gens, *di buona gente*, accusait l'ancien de malversations et de dilapidations. Saliceti savait qu'on lui reprocherait d'avoir cumulé trois traitements, comme Constituant, comme procureur général syndic et comme assesseur du tribunal de Sartène. Il savait qu'on lui reprocherait d'avoir acheté le domaine d'Aleria, un des plus riches de la Corse, pour 70 000 livres, bien au-dessous de sa valeur réelle, en éloignant les acquéreurs et en venant lui-même au jour de la vente avec la force armée. Il savait — et les paolistes n'y faillirent pas quelques mois plus tard — qu'on l'accuserait d'avoir « tout bouleversé et diverti de la manière la plus désordonnée ». Vainement Andrei, le juste, le sage Andrei, mandait de Paris aux membres du Conseil général qu'ils devaient parler de leurs prédécesseurs avec moins d'acrimonie, que plusieurs d'entre eux avaient siégé dans la précédente administration, qu'après avoir approuvé les comptes, ils ne pouvaient aujourd'hui les censurer ni les reviser avec rigueur. Pozzo s'indignait bruyamment contre le second Directoire ou Directoire de Saliceti qui s'était endetté de sommes immenses et n'avait ni laissé de fonds, ni réparti les impositions. « Nous vérifierons l'état des choses, disait-il sur le ton de la menace, nous ne déguiserons rien et, s'il le faut, nous défendrons le peuple des mauvaises impressions que l'inconduite des administrateurs aurait pu faire naître à Paris. » Nobili Savelli s'écriait que chacun frémissait d'horreur à la vue des négligences de l'ancien Conseil : l'argent public dissipé à profusion, des lettres de grande importance restées depuis plusieurs mois sans réponse, les emplois des bureaux plus chèrement rétribués qu'au temps de l'intendant ; « quand tous les faits seront connus, le peuple ouvrira les yeux sur le mérite de certains prétendus aigles de génie et sur leur désintéressement affecté ! » Paoli proclamait le contentement que lui inspirait la nouvelle administration : elle recueillait les applaudissements du peuple, agissait avec une extrême impartialité, expédiait les affaires aussi promptement que possible, obligeait les autres corps administratifs à la même exactitude et à la même diligence.

Saliceti devait donc pour sa propre sûreté combattre Paoli, Pozzo et les nouveaux administrateurs, et il avait résolu de les combattre énergiquement. De Paris, il écrivait à Napoléon qu'il regardait les dernières élections comme une véritable contre-révolution, mais qu'il n'était pas effrayé, qu'à quelque chose malheur est bon, que les résultats seraient heureux pour la liberté du pays, que dans trois ou quatre mois les nuages qui couvraient l'horizon se dissiperaient entièrement.

Il avait un puissant auxiliaire et allié, un homme habile et très souple, déterminé à tout, l'avocat Barthélemy Arena, son suppléant aux États-Généraux, le même qui s'était, avec audace et aux applaudissements de Napoléon, emparé de l'Isle-Rousse à la fin de 1789. Secrétaire de l'assemblée électorale d'Orezza, Arena s'était signalé dans ce congrès par les adulations qu'il prodiguait à Paoli : il proposait de lui ériger une statue au chef-lieu de la Corse, et lorsque le général objectait que sa carrière n'était pas terminée et qu'il pourrait exciter plus tard des sentiments fort différents, Arena déclarait que la gloire du *babbo* ne serait en aucun temps obscurcie et qu'un si grand citoyen ne variait pas dans ses principes. Aussi fut-il élu administrateur du département, membre du Directoire, procureur général syndic provisoire en l'absence de Saliceti, et ce dernier le recommandait de Paris en 1791 au choix des électeurs : Arena, disait-il, avait trop d'ennemis en Corse, et, s'il y restait, il ne serait pas aussi utile qu'à la Législative. Arena fut nommé, mais il croyait obtenir le premier siège et assurait qu'il aurait quarante voix de majorité; il échoua contre le neveu de Paoli, Leonetti, et il dut s'estimer heureux de passer le cinquième sur six, au deuxième tour de scrutin, après avoir humblement sollicité le général.

Au fond, Paoli le méprisait. « J'ai eu pour l'avocat, avouait-il, une injuste partialité, mais je n'avais pas au milieu des circonstances difficiles de la patrie toute liberté dans le choix des sujets. » Il savait qu'Arena, maître de l'Isle-Rousse et des magasins publics de la ville, n'avait jamais rendu compte de soixante mille francs qu'il avait eus en main, que nombre de Corses l'accusaient de précipiter la Révolution parce qu'elle lui promettait à la fois quittance et récompense, qu'il avait provoqué par ses insolences l'insurrection de Bastia, qu'il se conduisait ainsi que ses frères à l'Isle-Rousse et dans le pays d'alentour de la façon la plus insultante et la plus despotique : « la Balagne, écrit le général, ne peut souffrir les Arena. »

L'affaire du 29 février et du 1ᵉʳ mars 1792 fit éclater la brouille. Un frère de Barthélemy, Philippe-Antoine, était maire de l'Isle-Rousse et les Arena dominaient la municipalité de l'endroit. Mais aux Arena s'opposaient les Savelli, dont l'un était procureur-syndic et l'autre administrateur du district. La municipalité avait arrêté que les hommes armés n'entreraient pas dans la ville. Un certain Franceschini, commis du Directoire, qui portait un fusil, voulut franchir la barrière; Philippe-Antoine lui représenta qu'il violait les règlements de police. Le commis riposta par des injures et fut incarcéré. Le

Directoire ordonna de le relâcher. Philippe-Antoine répondit qu'il consulterait la municipalité. Mais la résolution des municipaux tarda trop longtemps au gré du Directoire : il décida l'arrestation du maire et requit des gardes nationales du district qui vinrent entourer l'habitation des Arena et tirèrent sur les fenêtres. Philippe-Antoine se soumit. Pendant qu'on le conduit en prison, le peuple envahit sa maison et la pille. Deux Arena, poursuivis par des coups de feu, trouvent heureusement sur le rivage un bateau qui les transporte à Calvi. Leur mère et leur nièce se réfugient chez un juge du tribunal. Les murs de la ville sont démolis : plus d'enceinte, s'écrie la foule, et à bas ce *recinto* où les Arena s'abritaient pour cabaler à l'aise et exercer impunément leurs monopoles et leurs trafics lucratifs !

Barthélemy Arena s'éleva, de Paris, contre cette « énorme prévarication » et il obtint gain de cause. Saliceti et le Directoire du département suspendirent les administrateurs du district de l'Isle-Rousse, et leur arrêté fut confirmé par une proclamation du roi et par un décret de la Législative. Mais, si Paoli, alors à Monticello, avait envoyé de la garde nationale qui rétablit l'ordre et dissipa l'attroupement, les Arena l'accusaient d'avoir trop tardé, et sûrement Paoli n'était pas fâché de la leçon qu'ils avaient reçue : « Ils se fiaient à la protection de Corte, disait-il, et ils ont connu leur néant. » Exaspéré, Barthélemy Arena jura de se venger. Il écrivit à Paoli que les Arena avaient toujours bien mérité de la patrie, que les Savelli foulaient aux pieds les lois les plus sacrées de l'empire français, et que le général, en laissant commettre sous ses yeux l' « atroce attentat » de l'Isle-Rousse, avait à jamais terni sa gloire.

Il devint dès lors l'ennemi mortel de Paoli. Il le combattit avec la même chaleur qu'il le défendait naguère. Il rompit avec ses collègues de la Législative, Pozzo, Peraldi, Boerio, Pietri, Leonetti, et lorsque ces cinq députés de la Corse prièrent Servan, au mois de juin 1792, d'employer Cesari comme maréchal de camp sous les ordres de Rossi et d'engager

Rossi à se concerter dans toutes les grandes mesures avec Paoli, qui était « investi de la confiance la plus méritée », Arena refusa de signer ce mémoire. Il prit à tâche de diffamer Paoli, de le représenter comme un traître au ministre de la guerre et aux jacobins de Paris. « Je suis jacobin, mandait-il à Cesari, et cela suffit pour vous convaincre que j'ai bien des partisans pour soutenir quelque motion. » Au retour de l'expédition de Sardaigne, il rejeta faussement sur Paoli les fautes des chefs et des soldats. Pourquoi Paoli avait-il empêché les volontaires corses de se rendre en Sardaigne ? Si ces bataillons avaient rejoint l'armée, les troupes de débarquement, plus nombreuses, n'auraient-elles pas emporté Cagliari ? Et il courut la côte de Provence, pérorant dans les clubs, insérant des articles dans les journaux de Marseille et d'Avignon. « Oui, c'est moi, disait-il dans une lettre imprimée et adressée à ses compatriotes, c'est moi qui ai dénoncé Pascal Paoli de Rostino à la Convention nationale, au Conseil exécutif et aux sociétés populaires de France. » Il ne cessait de dire que Paoli semblait plus un pacha qu'un général constitutionnel, que Paoli entretenait auprès de sa personne une compagnie de gardes nationales soldées ou plutôt de gardes du corps dont il se servait pour imposer au peuple et commettre impunément des violences envers les particuliers, que Paoli voulait introduire dans les citadelles de Corse une force supérieure de garde nationale, et qu'il fallait déjouer ce funeste projet en appelant à l'armée du Midi les deux meilleurs bataillons de volontaires corses qui seraient remplacés dans l'île par des bataillons du continent.

Ses frères se mêlaient activement à la querelle. Joseph Arena, lieutenant-colonel du 4e bataillon corse, déclamait publiquement contre Paoli, et, au mois de novembre 1792, le général le mettait aux arrêts, l'envoyait à l'armée du Midi en disant que cet officier avait peu d'expérience dans le service et tâcherait sans doute d'effacer ses torts par quelque belle action contre les ennemis. Mais Joseph Arena, autorisé par Brunet à participer à l'expédition de Sardaigne, venait à Calvi pour lever des volontaires, et lorsque Paoli commandait de l'appréhender au corps, lorsque Achille Murati se présentait pour exécuter l'ordre de Paoli, Joseph et ses amis tiraient l'épée et regagnaient leur vaisseau en criant à la tyrannie.

Gentili, ce Gentili que Napoléon chargeait plus tard de reconquérir la Corse et qu'il regardait comme un homme sage, prudent, estimé des habitants de l'intérieur et investi de la confiance des montagnards, Gentili se joignait à la faction que Pozzo appelait la faction Arena-Saliceti, la *fazzione Arena-Salicetaria*. Il aimait Paoli; il l'avait accompagné sur la terre d'exil; il était son secrétaire, son confident, son intime ami, et à la fin de 1789 il s'abouchait avec les ministres de Louis XVI pour obtenir son retour. Comme Paoli, il avait acquis la conviction que son île natale ne pouvait prospérer sans s'unir à la France; « c'est de la France, disait-il, que les Corses doivent attendre le bien de leur patrie ». Jusqu'au dernier moment, il crut à la loyauté de Paoli. Il écrivait le 28 février 1793 à Andrei que le *babbo* avait l'âme trop grande pour trahir et « gardait les mêmes sentiments pour l'intérêt et la connexion que les Corses devaient avoir avec la France ». Mais, comme membre de l'ancien Directoire, il était violemment attaqué par la nouvelle administration, et il regrettait que Paoli se fût engagé dans un « mauvais pas » et laissé séduire par des « pervers » qui l'entouraient. Lorsqu'il eut été nommé par Saliceti lieutenant-colonel en premier d'un bataillon de chasseurs, il s'éloigna pour toujours du général.

Un Français de grand renom se faisait l'allié de Gentili, d'Arena, de Saliceti, ou du moins se liguait avec eux pour combattre Paoli. C'était Volney. Il comptait obtenir en Corse une fonction importante, être élu soit président du Conseil général, où l'intérêt national, disait-il, lui ordonnait d'arriver, soit procureur général syndic du département, et il prétendait être élu à l'unanimité des suffrages. Il échoua, parce qu'il passait pour hérétique comme auteur des *Ruines* et pour observateur dangereux à titre de Français. Cet échec le blessa profondément. « Parlez-moi d'Ajaccio, écrivait-il une année auparavant ; Ajaccio a fait ma conquête ; le terrain ondulé de la commune de la Mezzana, les vastes pentes des montagnes de Bastelica, les collines de la Confina et cette belle plage maritime sont dignes des plus belles contrées de la France, et désormais il ne dépendra plus de moi d'être Corse entièrement et pour la vie ! » Cet enthousiasme s'était dissipé. Inutilement Paoli essaya de le consoler, de le rapaiser en lui offrant une place dans un Comité qui rechercherait les moyens d'exécuter dans l'île les décrets de la Convention. Volney ne voulut rien entendre. Il quitta son domaine de la Confina, ses « petites Indes » aux sites si divers et, au mois de février 1793, regagna la France, brouillé avec la plupart des personnages considérables du pays et notamment avec Masseria, qui le qualifiait de « vilain petit accoucheur » et « d'âme de boue », rebuté de la Corse et des Corses, disant pis que pendre du pays et des gens, assurant qu'il n'avait pu même goûter quelques instants de bonheur champêtre. « Il est enragé, *arrabbiato*, mandait Paoli à Andrei, et veut qu'on dise de lui *genus irritabile vatum*. »

Saliceti était en route pour la Corse lorsque Volney revint à Paris. Le philosophe exprima son avis sur les affaires de Corse sans ménager personne, pas même Saliceti.

Il se rendit le 22 février à la séance du Conseil exécutif provisoire pour y communiquer ses vues sur la situation de l'île et particulièrement sur les dispositions de Paoli.

Le 1er mars, dans les couloirs de la Convention, il déblatérait contre le général en présence des députés corses et de plusieurs autres. « Je ne souffrirai pas, lui dit Andrei, que vous calomniiez et ma patrie et un homme à qui nous devons tant. » Luce Casabianca et Moltedo approuvaient Volney, le premier nettement, le second d'une façon embarrassée. Toutefois Casabianca remarquait que sans Paoli la Corse eût été en feu. Volney s'emporta. Il déclara que Paoli gouvernait l'île despotiquement. « Paoli, conclut-il, n'a fait que brouiller ;

c'est un tergiversateur; il n'a jamais aimé la France et il n'aime pas notre République; c'est un franc égoïste qui se f... de moi, de vous et de tout le monde! »

Volney alla plus loin. Il publia dans le *Moniteur* des 20 et 21 mars un *Précis de l'état de la Corse*, pour « présenter à la nation entière un tableau de cette portion d'elle-même ». Il attaquait Saliceti autant que Paoli : Saliceti, disait-il soit hautement, soit à mots couverts, avait avec les députés et le Directoire du département dissimulé les choses, avait concentré les places et les traitements dans les mains de quelques-uns, avait soutiré au trésor français un argent immense, avait porté les dépenses de l'île au décuple de sa contribution. Mais Volney accusait en même temps le *babbo* et assurait qu'un « machiavélisme astucieux »[1] opprimait la liberté du peuple corse et dévorait la fortune du peuple français, que Paoli avait une garde de cinquante hommes et se faisait appeler Excellence, qu'il flattait la vanité de ses compatriotes et les exhortait à l'indépendance.

Comme Volney, comme Arena, comme Saliceti, Napoléon devait se prononcer contre Paoli. Mais s'il aimait Volney et goûtait ses écrits, il blâmait le revirement d'opinion qui s'était fait dans l'âme du philosophe : « Vous savez, disait-il à Quenza, que nous n'avons pas lieu de nous louer de Volney. » Il avait glorifié l'ardeur révolutionnaire d'Arena et en 1792, à Paris, il écoutait complaisamment les doléances du législateur jacobin; mais il le connaissait cupide, rapace, dénué de scrupules, et il s'en souvint toujours. L'homme sur lequel il se réglait et qu'il avait résolu de suivre était Saliceti.

Il avait dans la fougue de sa jeunesse voué au député du tiers une vive admiration. Lorsque Saliceti publia sa *Réponse*

---

1. Le mot que Volney emploie déjà dans une lettre à Cesari, fit fortune. Lacombe-Saint-Michel nomma Paoli « le rusé et machiavéliste roi de Corte », et Joseph Bonaparte le qualifia de « vieillard machiavéliste ». Saint-Martin parla de la politique « machiavélisque » des rebelles, et Orbecchi Pietri, « du crédit que Paoli a su se maintenir par des artifices tirés du machiavélisme le plus constant ».

au libelle et aux délations de Buttafoco contre Paoli et les patriotes corses, Bonaparte la lut avidement. Il l'avait sous les yeux en composant sa *Lettre à Buttafoco*, et ce factum servit de canevas à sa diatribe. C'est d'après Saliceti qu'il trace son rapide tableau de la vie de Buttafoco. Comme Saliceti, Napoléon raconte que Buttafoco eut de Paoli une mission de confiance à Versailles, qu'il accompagna l'expédition de Chauvelin, sans se soucier du généreux refus de Royal-Corse, et qu'il reçut le prix de sa trahison. Comme Saliceti, Napoléon rappelle que Buttafoco, appuyé de Narbonne-Fritzlar, fit envoyer dans l'île son beau-père Gaffori, mais que Bastia se révolta et qu'Arena courut en Balagne. « Vous transplantiez en Corse, dit Saliceti à Buttafoco, le régime féodal de France », et Napoléon répète avec Saliceti : « Vous vouliez assujettir la patrie à l'absurde régime féodal. »

Le *Discours* de Lyon porte également la trace de cette *Réponse* de Saliceti à Buttafoco. Le général Paoli, écrivait Saliceti, « osa espérer de faire renaître parmi les Corses les beaux jours de Sparte et d'Athènes ». Napoléon prend cette phrase à Saliceti : « Paoli fit un moment renaître au milieu de la Méditerranée les beaux jours de Sparte et d'Athènes. »

« La forme du gouvernement national, lisons-nous encore dans la *Réponse* de Saliceti, se rapproche à certains égards de la constitution française décrétée en 1789. » Napoléon dit pareillement dans le *Discours* de Lyon que Paoli établit une constitution fondée sur les mêmes principes que l'actuelle.

Les deux hommes firent connaissance. Ils se virent tantôt à Ajaccio où Saliceti vint au mois de mars 1792 installer les compagnies de volontaires, tantôt à Corte. Lorsqu'il gagna le continent pour siéger à la Convention, Saliceti eut avec Napoléon un sérieux entretien, et l'officier d'artillerie, dit un contemporain, noua, pour être au courant de tout et comme à jour, « *per essere al giorno di tutto* », une correspondance avec Saliceti. Le 9 janvier 1793 le conventionnel mandait les événements à Bonaparte, lui donnait des avis qui « serviraient de guide à sa conduite », lui promettait que la Convention « sévirait en Corse même plus que partout ailleurs contre ceux qui s'écarteraient de la ligne étroite de la loi », que la liberté serait bientôt consolidée dans l'île, que les hommes qui comptaient sur la dissolution de la République seraient « engloutis dans l'abîme qui se creusait sous leurs pas ». Il priait Napoléon de se fier à lui : « Je désire, mon cher ami, que vous me fournissiez l'occasion de vous prouver combien j'ai à cœur de vous donner une marque d'amitié. Vous pouvez ici compter entièrement sur moi, et peut-être je ne serai pas tout à fait inutile. Adieu, je vous embrasse avec votre frère et toute votre famille. »

De même que Saliceti et sous son influence, Napoléon se persuada que la Corse ne pouvait, ne devait pas être indépendante, et, selon le mot de Lucien, ses idées de fortune et d'ambition se tournèrent à jamais du côté de la France. Vainement une loi du 2 septembre 1792, rendue pendant son séjour à Paris, avait révoqué le bail emphytéotique de la maison Boldrini et du bien de Milelli et restitué à la nation ces deux domaines qui appartenaient à l'instruction publique avant que le roi les eût en 1785 concédés aux enfants mineurs de Charles Bonaparte. En toute circonstance, Napoléon manifestait son attachement à la France. Elle était la « mère patrie »; elle était, comme il dira plus tard à Sainte-Hélène, son étoile polaire. Il parlait avec enthousiasme des victoires que les républicains français, les *nôtres*, remportaient sur le Rhin et la Sambre. « Nous repousserons, écrivait-il un jour, les efforts de l'Europe entière. » Quoiqu'il ne fût pas délégué, il assistait aux élections de Corte qui renouvelèrent au mois de décembre 1792 l'administration du département. Plusieurs membres du corps électoral prétendirent que les lois du continent ne convenaient pas à la Corse : « Nous ne voulons donc pas être Français, s'écria Napoléon, *Dunque non vogliamo esser Francesi!* » — « Nous ne pouvons, lui répondit-on, approuver certains décrets. » — « Quoi, reprit le jeune homme, nous ne serons donc pas Français, *Dunque non saremo Francesi!* », et il prononça ces paroles d'un ton ferme et décidé qui fit impression sur ses auditeurs. Dès qu'il sut l'exécution de Louis XVI, il devina que nombre de Corses se détacheraient de la République : Paoli ne disait-il pas dans ses conversations que les Corses devaient être les ennemis des rois, mais non leurs bourreaux, et Muselli, dans son oraison funèbre de Clément Paoli, que le détestable régicide excita l'indignation des insulaires et fut à la fois le principe et la conséquence des horreurs révolutionnaires? Napoléon tint alors ce langage à Sémonville : « J'ai bien réfléchi sur notre situation; la Convention a sans doute commis un grand crime et je le déplore plus que personne; mais, quoi qu'il arrive, la Corse doit toujours être unie à la France; elle ne peut avoir d'existence qu'à cette condition; moi et les miens, nous défendrons, je vous en avertis, la cause de l'union [1]. »

Paoli n'avait rien fait pour le retenir. Il avait semblé de prime abord éprouver pour Napoléon sympathie et amitié. Il le louait avec effusion, et se souvenant peut-être d'une phrase de Boswell, se rappelant que le voyageur anglais le comparait à ces hommes qu'on ne trouve que dans les *Vies* de Plutarque, « Napoléon, aurait-il dit, tu n'as rien de moderne et tu n'es pas de ce siècle; tes sentiments sont ceux d'un héros de Plutarque; courage, tu prendras ton essor! »

Mais peu à peu ses dispositions favorables avaient changé, et il donnait des signes de mauvais vouloir. Peut-être avait-il sur le cœur un mot cruel du jeune Bonaparte. Il lui montrait à Ponte-Novo les positions qu'il occupait dans la journée du 9 mai 1769 qui fut la dernière de l'indépendance corse, et son compagnon n'avait pu s'empêcher de remarquer : « Le résultat a été ce qu'il devait être. » Peut-être reprochait-il à Napoléon un acte de désobéissance, sinon de rébellion. On raconte qu'à Corte, devant l'avocat Tiberi et trois officiers du 4⁰ bataillon de volontaires corses, Grimaldi, Colonna-Leca et Rocca, une vive explication eut lieu entre Paoli et Napoléon. Le général aurait sommé Bonaparte de rejoindre le 4ᵉ régiment

---

1. Rossi, 405; Pasquier, II, 73.

d'artillerie; Napoléon aurait, dans un accès d'emportement, répondu qu'il était lieutenant-colonel du 2⁰ bataillon des gardes nationales soldées et qu'il entendait le rester. Si Paoli refusait de reconnaître ses droits, aurait-il ajouté, il partirait pour Ajaccio, et de là se plaindrait à Paris; sur quoi le *babbo* lui aurait répliqué avec calme : « Vous pouvez partir, si vous le voulez [1]. »

Sûrement, Paoli se défiait des fils de Charles Bonaparte. Napoléon et ses frères avaient beau dire que leur père s'était toujours attaché au bon parti; ils avaient beau s'élever avec force contre les traîtres qui s'étaient laissé corrompre — comme écrit Napoléon dans sa lettre à Paoli du 12 juin 1789 — par l'amour d'un gain sordide; ils avaient beau prodiguer les assurances de leur patriotisme corse. Le souvenir de Charles, qui, après avoir servi Paoli, avait accepté, recherché les faveurs de l'intendant et du commandant en chef, se dressait contre eux. L'inscription latine qui rappelait à Bastia sur le palais des Douze les « sentiments d'amour » de tous les ordres de la nation pour Marbeuf, avait été au mois de décembre 1789 effacée par les officiers de la milice bourgeoise et ainsi remplacée : « Ce monument que le vil mensonge et la vénale adulation ont dédié au tyran de la Corse gémissante, la vérité libre et la vraie liberté de toute la Corse aujourd'hui riante l'ont détruit. » Vil mensonge et vénale adulation, *vile mendacium* et *venalis adulatio*, ces deux mots ne s'appliquaient-ils pas à Charles Bonaparte? Vainement, dans ses écrits, Napoléon vouait à l'exécration soit Narbonne Fritzlar, soit Sionville, et, par prudence autant que par reconnaissance, ne prononçait pas le nom de Marbeuf. Français et Corses savaient dans l'île que les Bonaparte avaient été les protégés du gouverneur, et, comme disait La Ferandière, que le roi les avait comblés de bienfaits. Leurs manèges, leurs intrigues, leurs liaisons avec Buonarroti et Arena, l'opposition violente qu'ils firent à Marius Peraldi, tout acheva de leur nuire et de les discréditer.

1. Cf. Nasica, 288; mais tous ces récits de Nasica sentent la légende.

Dans une lettre à Cesari, du 8 mai 1792, sous l'émotion que lui causait la nouvelle des fusillades de Pâques, Peraldi ne s'écriait-il pas : « Cette famille qui n'eut jamais sous les divers gouvernements d'autre mérite que l'espionnage, la trahison, le vice, l'impudence et la prostitution, a, par ces seules qualités singulières et non enviables, prétendu s'élever une fortune dans la Révolution présente, et ces Bonaparte ont voulu jouer un rôle lorsqu'ils avaient tant d'obstacles à surmonter, lorsqu'ils devaient détruire les impressions de l'opinion, effacer le souvenir des récentes actions de leurs pères, anéantir entièrement la défiance naturelle que le peuple conçoit d'ordinaire à l'aspect des méfaits du passé ! »

Comme Peraldi, Paoli se mit en garde contre ces Bonaparte inquiets, remuants, dévorés d'ambition. Après les congratulations de la première heure, il les traita froidement. Il remercia Lucien, qui désirait être son secrétaire; il reconnaissait les talents du jeune homme, mais, disait-il sans aucune réticence, il ne voulait pas « s'amalgamer » avec les Bonaparte. Il ne cacha pas le mécontentement que lui inspirait l'attitude de Joseph dans le Directoire du département; il le qualifiait de blanc-bec, le rangeait parmi ces *giovinetti* « qui n'ont pas la moindre expérience des affaires » et qui « avaient sucé les maximes de la politique auprès des commis de l'ancien despotisme », l'accusait de prétendre au pouvoir du sultan et à l'infaillibilité du pape. Joseph s'efforça de calmer Paoli et défendit aux siens de venir à Corte, de lui faire des visites qui donneraient lieu à de méchantes interprétations; il aimait mieux aller à Bocognano et y passer cinq ou six jours avec Letizia; « l'apparition de maman ici, écrivait-il, ne serait pas dans nos intérêts ». Mais il lui arriva de prendre des mesures que Paoli désapprouva très vivement; le général se fâcha, et Masseria rapporte qu'il fit après cette malencontreuse querelle les plus infructueux efforts pour réconcilier Joseph et le *babbo*.

Quant à Napoléon, quoi qu'ait affirmé le *Mémorial*, Paoli ne voyait en lui, comme dans Joseph et Lucien, qu'un petit garçon inexpérimenté, *ragazzone inesperto*. Il le comparait peut-être à un homme de Plutarque, mais sans croire un mot de ce compliment. Il disait à Napoléon qu'il lui serait toujours obligé, *sempre tenuto*, lorsqu'il recevait du jeune pamphlétaire plusieurs exemplaires de la *Lettre à Buttafoco*; mais ses remerciements étaient brefs et polis, sans chaleur ni empressement. Quand Napoléon lui demandait des documents pour continuer l'histoire de la Corse, il répondait sèchement que l'histoire ne s'écrit pas dans les années de jeunesse et qu'il n'avait pas le temps d'ouvrir ses caisses et de faire copier ses papiers. Enfin, il tenait Napoléon à l'écart dans une circonstance mémorable. Le général mandait alors au ministre de la guerre qu'il n'avait pas d'aide de camp, que beaucoup d'officiers de mérite lui proposaient leurs services, qu'il prendrait sans doute un Corse des gardes nationales civiques qui connût bien le pays et la langue, mais qu'il ne s'était pas encore déterminé et que s'il n'avait aucune incertitude sur Marius Peraldi, qui serait son adjudant général, il voulait examiner avec soin le caractère et les talents des autres. Ne peut-on croire que Napoléon fut un de ces officiers de mérite qui s'offrirent à Paoli? Mais le *babbo* refusa de l'attacher à sa personne. Il choisit pour aide de camp le capitaine d'Autay, du régiment de Bresse[1], et Sémonville a depuis cité ce mot de Paoli sur Napoléon : « Voyez-vous ce petit homme? Il y a en lui deux Marius et un Sylla[2]. »

Pozzo di Borgo, de retour en Corse, ne manqua pas d'entretenir ces sentiments hostiles. « Les Bonaparte, mes ennemis, écrivait-il à la fin de la Législative, se prévalent de mon absence pour faire des vendettes et semer la division jusque dans mon propre village; ce sont des fous, parce que ma présence les fera rentrer dans le néant, comme je l'ai prouvé par l'expérience. » Lorsqu'eut lieu l'expédition de Sardaigne, il avertit Cesari, le pria de ne pas emmener Napoléon, qui gâterait tout : « Les Bonaparte, mandait-il au colonel, sont,

---

1. D'Autay des Roches n'a pas laissé de trace; on sait seulement qu'il donna sa démission de capitaine au 26ᵉ régiment le 22 avril 1793.
2. Pasquier, *Mém.*, II, 73; D'Hérisson, *Souvenirs du baron Mounier*, 41.

comme vous savez, nos ennemis-nés; ne vous associez pas ce coquin, ce *birbo* de Napoléon; il y a façon de l'éloigner; autrement, vous aurez toujours avec vous un homme dangereux ou méchant, intéressé à vous prévenir dans toutes les relations que vous donnerez à Paris et peut-être à vous calomnier. »

Dès son arrivée à Paris, Saliceti s'était mis en évidence. L'habile homme se présenta très tard, et ses ennemis l'accusaient d'avoir laissé couler plusieurs semaines pour attendre les événements : « Son grand art, disaient-ils, est de s'en servir quand ils lui sont avantageux. » Mais il passa par Nice, et le 24 novembre il déclarait aux applaudissements de la Convention que l'armée républicaine observait une sévère discipline et que la canaille niçarde commettait les horreurs que certains journaux reprochaient aux soldats français.

Il fut, au procès de Louis XVI, un des plus ardents contre le roi, et il se félicitait d'être arrivé à temps pour « faire tomber la tête du tyran ». Andrei, Bozio, Casabianca, Chiappe, Moltedo votèrent la détention du monarque; seul des députés de la Corse, Saliceti vota la mort : Louis, assurait-il, était coupable de conspiration et le code pénal prononçait la peine de mort contre les conspirateurs.

Fort de sa réputation de montagnard et de régicide, il se rendit aux séances du Conseil exécutif et du Comité de défense générale. Le Conseil exécutif lui disait que les Corses faisaient de bien faibles efforts pour concourir à la défense commune, qu'ils ne payaient pas les impôts, que leurs bataillons de volontaires ne paraissaient pas sur le continent, que la justice languissait dans l'île, que tout y était dans le désordre et l'anarchie. Saliceti convenait que le Conseil exécutif avait des « idées assez justes » de la Corse; mais il ajoutait que Paoli était l'instrument de « desseins désastreux » et se laissait diriger par des hommes aux « perfides intentions ».

Il avait beau jeu. Le 1er février 1793 la Convention déclarait la guerre à la Grande-Bretagne. Or nul n'ignorait que

Paoli avait passé vingt ans à Londres et vécu d'une pension du roi Georges. Il n'avait pas caché qu'il se souviendrait toujours de l'honorable hospitalité des Anglais et il ne parlait qu'avec reconnaissance de cette « puissante et généreuse nation », de ce « peuple libre et grand » qui avait adouci les amertumes de son exil. On rappela ces propos de Paoli. On le qualifia de stipendié du cabinet britannique. On l'accusa de viser à l'indépendance. Les inquiétudes qu'il inspirait à certains esprits au commencement de la Révolution, se réveillèrent avec force. « Est-il raisonnable de croire, avait écrit dès le mois d'avril 1790 le commissaire des guerres Vaudricourt, que Paoli ne préférera pas les Anglais qui l'ont secouru et au milieu desquels il a vécu, à nous qui l'avons dépouillé d'une autorité acquise au prix de tant de risques et de peines? » Et, en ce même mois d'avril 1790, Monteynard n'avait-il pas écrit que la Corse était perdue pour la France, qu'elle allait se former en république libre?

Le 7 février, paraissait un *Compte rendu* du ministre des finances Clavière; on y lisait que la Corse était de tous les départements celui qui versait le moins au trésor, que les insulaires repoussaient les assignats, protégeaient les prêtres fanatiques, empêchaient la vente des biens nationaux, et qu'un *perfide intermédiaire* abusait de son ascendant pour satisfaire son intérêt personnel ou servir des intérêts opposés à ceux de la République.

Le ministre de la guerre Pache était plus prudent, plus circonspect que Clavière dans ses assertions. Mais il redoutait que l'état d'hostilité avec l'Angleterre n' « eût quelque influence sur les sentiments de Paoli ».

Les commissaires de la Convention sur les côtes de la Méditerranée, Brunel, Rouyer et Le Tourneur, avaient les mêmes alarmes et les mêmes défiances : ils prêtaient l'oreille aux haineuses suggestions de Barthélemy Arena, et dans les mois de février et de mars ils écrivaient de Toulon au Comité de défense générale que Paoli était dangereux et par son opinion et par les forces dont il disposait, qu'il était suspect à tous les bons citoyens, qu'il était contre-révolutionnaire, qu'il livrerait la Corse à la première escadre anglaise qui se présenterait, et pour « s'assurer de sa personne » et surtout pour l' « éloigner du foyer de ses intrigues », ils l'appelèrent à Toulon : ils n'avaient pas, lui mandaient-ils, le temps d'aller le voir, mais ils l'attendaient avec la plus grande impatience, et ils le priaient de s'embarquer à Saint-Florent sur la corvette la *Flèche* qui lui portait leur invitation.

Le Comité de défense générale approuva les commissaires. Il craignait d'agir trop vite en publiant les inculpations qui s'élevaient contre Paoli et en l'accusant de trahison ; mais il croyait fermement — et telles étaient ses expressions — que, tant que le général serait au milieu des Corses, la République n'aurait pas une garantie suffisante de leur fidélité, et il était d'avis que les commissaires devaient attirer Paoli hors de l'île : « Cette mesure nous a paru très sage ; la Corse est assurée à la République si elle réussit. »

Paoli flaira le piège. Il répondit que son âge, ses infirmités, le mal de mer, la périlleuse situation du pays qui resterait sans général, lui interdisaient un long déplacement.

Pache ne fut pas plus heureux. Par un arrêté du 17 janvier il avait mis Paoli sous les ordres de Biron en rattachant la division de Bastia ou 23ᵉ division militaire à l'armée du Var ou d'Italie. Lorsque Biron demanda s'il fallait laisser Paoli en Corse ou l'appeler à Nice, Pache lui répondit — le 3 février — de faire venir Paoli et de l'employer. Au nom du Conseil exécutif, Biron ordonna à Paoli de se rendre à l'armée d'Italie. Lui aussi se défiait du *babbo*, l'accusait de perfidie et pensait qu'on devait l'écarter de la Corse à quelque prix que ce fût. Cette fois encore, Paoli objecta qu'il était vieux et malade.

Saliceti prévoyait ce refus, et sur son avis le Comité de défense générale avait déjà résolu de renoncer aux moyens de douceur et de conciliation pour employer la force et l'autorité.

Le 28 janvier, après avoir conféré avec les membres du Comité, et notamment avec le Marseillais Barbaroux, Saliceti montait à la tribune et priait la Convention de pourvoir à la défense de la Corse. Il rappelait que l'île protégeait par sa position les côtes méridionales de la France, qu'elle fournissait à la république des bois de construction et approvisionnait sa marine de mâtures. Les habitants, ajoutait-il, étaient Français par intérêt autant que par inclination; mais il fallait les diriger, les éclairer, les garer des pièges qui leur étaient tendus par les intrigants et les prêtres fanatiques. Aussitôt, sur la motion de Goupilleau, l'assemblée décrétait que les prêtres réfractaires de Corse qui, selon Saliceti, méditaient une insurrection, seraient déportés conformément à la loi. C'était un premier coup dirigé contre Paoli. Il y avait encore dans l'île nombre de prêtres insermentés, et des confréries de pénitents gardaient comme aumôniers des moines qui traitaient la Convention d'Antechrist et accusaient la République de tous les maux. Or, prêtres et moines mettaient leur espoir dans le *babbo*.

Le 5 février, Saliceti revenait à la charge. Au nom du Comité de défense générale, il faisait adopter par la Convention la suppression des quatre bataillons de volontaires corses, qui seraient remplacés par quatre bataillons de chasseurs. Le gouvernement, disait Saliceti, pouvait-il envoyer sur le continent des citoyens-soldats mariés pour la plupart? Ne payait-il pas au complet des bataillons qui ne se composaient chacun que de trois cents hommes? Ne serait-il pas mieux de former des troupes légères où les Corses, très aptes à la petite guerre, se présenteraient à l'envi? Deux des nouveaux bataillons resteraient dans l'île; les deux autres iraient renforcer l'armée des Alpes ou celle du Var.

Sur ce point, Paoli était d'accord avec Saliceti. Le général avait écrit et au ministre et au député que les volontaires étaient presque tous des propriétaires et pères de famille qu'on ne saurait arracher à leurs villages et à leur train de culture sans produire la famine, qu'il serait impossible de les envoyer aux camps du Midi, qu'il fallait refondre entièrement ces *maudits* bataillons, et puisqu'une réforme partielle exciterait des jalousies, « faire main basse sur tous ». Saliceti saisit adroitement l'occasion de placer des gens de son bord. Il obtint que les officiers des quatre bataillons d'infanterie légère seraient nommés par le Conseil exécutif, et lui-même, de concert avec les autres députés de la Corse, choisit les lieutenants-colonels, les capitaines, les lieutenants, tous, assurait-il, propres à leurs fonctions par leur civisme, leur attachement à la République et leur influence locale[1]. Paoli ne protesta pas. Il se contenta d'écrire confidentiellement à ses amis que plusieurs des nouveaux officiers devaient leurs grades à la faveur, que ces promotions faisaient un effet fâcheux, qu'il eût mieux valu réorganiser les bataillons de volontaires.

Ce n'était pas assez. Saliceti se fit déléguer dans son pays natal comme commissaire de la Convention. Le 30 janvier, il venait au Comité de défense générale pour demander que les ports de Corse fussent mis en état de sûreté et, après une longue discussion, le Comité décidait de l'envoyer dans l'île. Le 1er, puis le 5 février, la Convention confirmait cet arrêté et lui donnait deux collègues, le légiste Delcher et un membre du Comité, l'ancien capitaine d'artillerie Lacombe-Saint-Michel, chargé spécialement d'examiner les places fortes et, ainsi qu'on s'exprimait alors, de visiter la frontière de Corse; les trois représentants étaient revêtus de pouvoirs illimités.

Paoli attendait de pied ferme les représentants de l'Assemblée. Il les souhaitait depuis longtemps et comptait sur leur impartialité. « On m'appelle tyran, disait-il au mois de février 1793; eh bien, je provoquerai la venue des commissaires en Corse pour faire connaître que mon prétendu despotisme n'existe pas ou qu'il est fondé sur de telles bases qu'il

---

1. Dès le 8 février, il proposait pour lieutenants-colonels en premier Jean-Baptiste Ristori, ancien capitaine du régiment provincial; Antoine Gentili, commandant de la garde nationale de Saint-Florent; Jacques Pô, commandant de la garde nationale d'Ajaccio; Jean-Charles Catoni, commandant de la garde nationale de Rostino, pour lieutenants-colonels en second Barthélemy Arrighi, Louis Ciavaldini, Dominique-Marie Moltedo, Jules Rocca Serra, et pour capitaines Antoine-François Saliceti, Paul Morati, Benoit Casalta, Antoine-Louis Poli, Jean-Baptiste Guasco, Bonelli, etc.

serait à désirer qu'il y eût dans chaque département des gens qui l'exerceraient dans mon style; ceux qui me qualifient de despote me craignent comme un obstacle à leurs projets ambitieux, intéressés et injustes. » Mais il n'imaginait pas que Saliceti serait un de ces commissaires et que le Comité ferait la faute d'opposer un Corse à un Corse. Volney, plus perspicace, jugea la guerre civile inévitable et déclara que Saliceti serait le guide de la commission dont il avait été le promoteur, qu'il disposait des nouveaux bataillons puisqu'il avait presque seul nommé tous les officiers, qu'avec cette force il devait renverser Paoli.

Le *babbo* n'était pas satisfait du gouvernement. Depuis le mois de novembre 1792 il trouvait qu'on « avait de la défiance », qu'on voulait l' « inquiéter », qu'on le traitait avec trop d'insouciance et de sans-gêne. Truguet lui avait demandé des secours, sans entrer avec lui dans le détail de l'expédition et sans que le ministre de la guerre et le Conseil exécutif lui eussent envoyé la moindre instruction. Pache n'avait répondu que par le silence aux lettres où il sollicitait le grade de maréchal de camp pour Cesari, l'emploi d'adjudant général pour Marius Peraldi et le brevet d'aide de camp pour le capitaine d'Autay. Anselme lui avait écrit sur un ton leste et cavalier qu'il commandait supérieurement en Corse, et Paoli s'étonnait qu'Anselme ne lui eût pas donné copie de la commission du Conseil exécutif et que le Conseil ne l'eût pas prévenu. Allait-il être le subordonné d'un Anselme, subir ses remontrances, lui rendre compte des menues circonstances du service? N'était-ce pas une mesure imprudente, impolitique? Comment se concerter avec le général de l'armée d'Italie lorsque la correspondance entre le continent et l'île était si incertaine, si difficile, si longue? Dans le cas où les ennemis, maîtres de la Méditerranée, attaqueraient la Corse en différents points, comment la France se maintiendrait-elle sans la confiance du peuple et des vrais patriotes? La République ne savait-elle pas qu'il lui suffisait d'avoir l'affection des insulaires, que l'adversaire, quel qu'il fût, bombarderait les présides, mais ne pourrait s'y établir?

Les injures d'Arena ne l'émurent pas d'abord. Fier de son passé, fier d'une vie entièrement dévouée au bonheur du peuple, il méprisait les révolutionnaires de l'acabit d'Arena qu'il nommait des patriotes de quatre jours, et il disait volontiers qu'aucun d'eux n'avait, comme lui, sucé les maximes de la liberté avec le lait, que la solidité de leurs sentiments était sujette à l'influence des circonstances et des événements extérieurs. « Notre patriotisme de soixante-cinq ans, s'écriait-il avec orgueil, ne se soumet pas à la censure des esclaves qui ne sont émancipés que depuis trois années ! »

Mais lorsqu'il vit les conséquences de la campagne entreprise par Arena dans les journaux et les clubs du Midi, lorsqu'il vit naître la méfiance entre les Provençaux et les Corses, il s'éleva contre la « cabale ouverte » qui jetait ces semences de discorde. Il avertit Pache des fausses imputations dont il était l'objet. Les journaux de Marseille et d'Avignon, écrivait-il, étaient « salis des impostures les plus atroces », et il comptait que ces « absurdités » qui faisaient peut-être impression sur l'esprit facile de la multitude ne parviendraient pas jusqu'au Conseil exécutif, que la bassesse et l'intrigue n'auraient jamais accès auprès des ministres de la République, qu'ils sauraient apprécier les viles menées de ses diffamateurs.

Le Conseil général de la Corse appuyait Paoli. Il jurait de démasquer les calomniateurs, et il dénonçait au ministre de la guerre les hommes « profondément méchants » qui répandaient dans les départements des Bouches-du-Rhône et du Var de révoltants soupçons contre le plus zélé défenseur du peuple; il dénonçait aux frères et amis du Midi ce Barthélemy Arena, « vraiment immoral, connu seulement par sa rapacité et la versatilité de son caractère, esclave jadis d'un intendant », et les engageait au nom de la nation française, à chasser loin d'eux un « vagabond » qui décriait Paoli avec la mauvaise foi la plus indigne et décréditait son pays natal en lui faisant l'outrage de le supposer parjure.

Mais les populations de la Provence s'obstinaient dans leurs « dispositions sinistres ». Lorsque leurs gardes nationaux relâchèrent en Corse avant de se diriger sur la Sardaigne, ils ne se bornèrent pas à commettre des cruautés et des horreurs qui laissèrent, de l'aveu du Conseil général, une impression de dégoût dans l'âme des insulaires. Ils voulurent s'emparer de Bastia et, comme disait Paoli, jouer le rôle de conquérants, opérer une nouvelle révolution dans l'île : ils criaient qu'ils venaient garder les forteresses corses, et qu'on ne pouvait abandonner les présides à la discrétion de gens qui n'aimaient pas la liberté et d'un général ami de Louis XVI. Outrés, Paoli et le Conseil général du département se plaignirent au ministre de la guerre. Paoli écrivait que de mauvais citoyens, et entre autres Arena qui mésusait de son mandat de commissaire du pouvoir exécutif, avaient égaré les volontaires du Midi, que la Corse serait exposée à de grands désordres si le gouvernement employait comme agents des personnages que l'opinion méprisait, et, de son côté, le Conseil général pria le ministre d'éloigner de l'île ces troupes du Var et des Bouches-du-Rhône qui ne feraient qu'exciter des troubles et que nuire à la chose publique à cause des préventions que des hommes pervers leur avaient inspirées : tous les soldats du continent, volontaires et ligne, seraient accueillis en Corse comme des concitoyens et des amis, excepté ceux-là.

Vint l'équipée lamentable de Sardaigne. Les Marseillais répétèrent sur tous les tons que Paoli les avait délaissés et trahis. L'hostilité des Provençaux contre lui fut bientôt au comble. Le club de Toulon invitait le club de Bastia à veiller sur la conduite du *babbo*. Le 13 mars, au club de Marseille, sur le faux bruit que Paoli accusé d'usurper la dictature de la Corse et d'appeler les Anglais à son secours, venait d'être mis en arrestation par les patriotes et embarqué pour la France où il subirait le châtiment, un cri de fureur éclatait dans la salle, et le portrait du général, encore suspendu au-dessus de la tribune, était brûlé au milieu des applaudissements[1].

1. Lettre de Pozzo à Cesari, 13 février; *Journal des départements méridio-*

Paoli n'apprit sans doute cette manifestation du club marseillais que tardivement et en haussant les épaules. Mais son indignation, comme celle des Corses, éclata lorsque parut l'imprudent rapport de Clavière. Le fougueux Masseria, les députés Bozio et Andrei, le Directoire du département, Paoli répondirent au ministre des finances.

Masseria s'irritait que ce « maltôtier », ce « petit courtier genevois » osât calomnier un héros estimé de tous les vrais républicains.

Bozio et Andrei lui affirmaient que Paoli était au-dessus du soupçon et n'avait jamais démenti son serment à la liberté, son attachement à la France et son amour pour ses concitoyens qui devaient à ses soins et à sa sagesse la tranquillité de leur pays.

Le Directoire du département lui reprochait de traiter de la façon la plus injuste et la plus injurieuse ces Corses qui combattaient pour la liberté lorsque les nations les plus puissantes croupissaient dans l'esclavage, et de qualifier de *perfide* l'homme qui, à une époque de servitude presque universelle, avait fondé le plus démocratique des gouvernements et qui, depuis 1789, employait son influence et son crédit à soutenir dans l'île les maximes de la Révolution.

Paoli, en une adresse « aux Corses libres et français », protestait chaleureusement contre l'outrage que sa loyauté et celle de ses compatriotes recevaient d'un ministre, d'un membre du gouvernement, et avec une fière éloquence il rappelait qu'il était venu à Paris en 1790 et qu'il avait pris l'engagement de consolider l'union de la Corse et de la France, qu'il pouvait alors se vendre à l'Angleterre en un temps où les sublimes principes des Constituants leur faisaient un devoir de reconnaître l'indépendance des peuples et de déclarer la conquête illégitime et nulle, en un temps où la gratitude nationale n'avait encore pu s'enraciner dans l'île, où le souvenir de l'oppression était encore trop récent, où les bienfaits de la

naux et des débats des amis de la liberté et de l'égalité de Marseille, rédigé par Pierre Micoulin, n° 162; *Courrier d'Avignon*, n° du 24 mars.

France nouvelle qui désirait expier les torts de la tyrannie, ne s'accumulaient pas encore sur la Corse. « Quand on a, ajoutait-il noblement, un nom, un caractère, et une âme capable d'en sentir le prix, quand on a fait l'apprentissage de la vertu dans l'adversité, quand on a vieilli dans la carrière de l'honneur et dans la résistance aux séductions ainsi qu'aux menaces des despotes, on peut affronter la calomnie avec calme et la braver sans crainte. »

Fatigué des attaques dirigées contre lui, fatigué, comme il disait, de faire le général de quatre mauvais bataillons et d'assumer une responsabilité sous des ministres qui se méfiaient de lui et le désignaient à la méfiance populaire, Paoli voulut donner sa démission. Mais n'était-ce pas exaucer le vœu de ses adversaires qui comptaient « irriter sa délicatesse » et le « dégoûter de ses fonctions »? Les Français n'auraient-ils pas dit qu'il désapprouvait la guerre contre la Grande-Bretagne? Les Corses n'auraient-ils pas crié d'une voix presque unanime qu'ils étaient perdus? Les administrateurs le supplièrent de sacrifier quelque temps encore son repos à la sécurité de l'île. Qui pourrait rallier le peuple et le mener au combat si les ennemis se présentaient? Quel homme, dans cette crise violente, inspirait la confiance? « La démission de Paoli, écrivait le Conseil général au ministre de l'intérieur, serait une calamité publique : le cri impérieux de la loi ne peut se faire entendre sur nos montagnes et dans nos maquis; seule, l'autorité de l'opinion et de l'influence peut pénétrer dans ses asiles », et il assurait que, si Paoli se retirait, tous les efforts de l'administration ne pourraient « réparer l'absence de ce puissant ressort dans la machine compliquée du département ».

Encouragé, secondé par le Conseil général, Paoli décida de rester à son poste et, comme il s'exprime, de ne pas laisser ses compatriotes en proie à la cabale. « Il ne s'est jamais mieux porté, écrivait Terrami à Andrei, et il se trouve au milieu d'amis qui respectent ses conseils et veulent lui conserver son crédit mérité. » Énergiques, déterminés à lutter jusqu'au bout contre Saliceti et Arena, les nouveaux administrateurs affirmaient, comme Paoli, qu'ils se conduiraient toujours en Français et en républicains, qu'ils étaient comme lui attachés aux principes de la Révolution, qu'ils avaient comme lui juré la liberté et l'égalité, qu'ils ne cesseraient comme lui de combattre avec une inébranlable fermeté l'aristocratie et le fanatisme, mais qu'ils ne souffriraient aucun genre d'oppression. Ils prenaient en face du gouvernement un ton résolu. Ils informaient le ministre de l'intérieur que Barthélemy Arena avait beau exhiber sa commission du pouvoir exécutif, qu'ils useraient envers lui de la rigueur des lois et le regarderaient comme tout autre citoyen, le puniraient comme tout autre perturbateur de la paix publique. Ils s'étonnaient, dans leur réponse à Clavière, que la nomination des officiers des quatre bataillons de chasseurs eût été soumise à la volonté du Conseil exécutif et à la discrétion de quelques particuliers, que les Corses n'eussent plus comme les autres Français le droit d'élire leurs chefs, et que parmi ces chefs il y eût des hommes d'une « conduite anticivique ou indifférente ». Ils mandaient aux députés Bozio et Andrei que cette façon d'organiser les bataillons était plus que despotique, qu'on voyait sortir de terre les colonels et les capitaines, que Saliceti, désirant « accaparer le crédit », avait agi sans souci de l'opinion, sans déférence pour Paoli. « Forts de notre conscience et de l'amour du peuple, disaient-ils, nous ferons notre devoir. Qu'on soit convaincu à Paris que nous sentons nos droits et que nous repousserons la calomnie érigée en système à notre égard. Des intrigants pervers veulent se faire un fort sur les ruines de leur pays (sic). Ils se trompent étrangement s'ils espèrent despotiser en Corse! » Et ils ajoutaient que l'administration générale jouissait de la confiance absolue des insulaires qui louaient son patriotisme et son impartialité, que les anciens administrateurs, aujourd'hui députés — Saliceti, Chiappe, Moltedo — l'accusaient d'enfreindre les lois, mais qu'eux seuls étaient responsables de tout le mal et que le nouveau *governo* rendrait bientôt compte de leurs actes.

« Sauvez votre pays, concluaient-ils, en dévoilant la cabale dans toute sa turpitude, rompez les ménagements incompatibles avec la nature des choses, soyez inflexibles contre ceux qui ont intérêt de nous vouloir coupables! »

Ils osaient même, dans une lettre du 20 mars aux trois commissaires de la Convention, tenir un langage menaçant qui fit sûrement réfléchir Saliceti. Ils déclaraient qu'il n'y avait pas en Corse de parti contraire à la France, que cette faction n'existait que dans l'imagination de certains hommes qui projetaient d'exercer des vengeances particulières et de fonder leur fortune personnelle sur les malheurs de leur patrie, que les autorités constituées étaient animées du patriotisme le plus pur et le plus français. « Venez, disait le Directoire aux commissaires, venez, et nous prenons l'engagement solennel de faire rougir nos calomniateurs et de vous dévoiler ceux qui ont occasionné les retards de tous les objets d'administration que nous, dans le court espace de notre gestion, nous avons suivis avec toute l'activité possible; venez, et vous verrez le peuple français non parce qu'on distribue des patentes et qu'on offre des emplois, mais parce que les Français sont libres et que les Corses veulent l'être avec eux! »

Telles étaient les dispositions des administrateurs du département et de Paoli. Fidèles à la France et à la République, sans aucune arrière-pensée d'indépendance et de soumission aux Anglais, ils n'entendaient pas subir la loi des Arena et autres qu'ils nommaient des factieux et fauteurs de désordres. « Nous sommes, écrivait Pozzo, en état de nous faire respecter », et il exhortait son entourage à se moquer des menaces de *Saliceti et compagnie*. « Nous sommes frères, et non sujets, répétait Paoli, si notre loyauté est à toute épreuve, les commissaires ne doivent pas en mésuser; nous ne souffrirons pas l'arbitraire et les abus d'autorité sous une constitution républicaine; notre peuple est irréconciliable avec le despotisme. » Ne rappelait-il pas dès le 4 février au ministre de l'intérieur que les Corses n'étaient pas habitués à supporter l'injustice et la persécution avec un silence d'esclave?

Déjà le Directoire, empiétant sur les pouvoirs du Conseil exécutif, prenait une mesure hardie et vigoureuse. Saliceti avait fait nommer payeur général provisoire des dépenses du département de Corse, à la place de La Bouillerie suspendu, Philippe-Antoine Arena, l'ancien maire de l'Isle-Rousse. Or cet Arena — qui résidait à Bastia — était jadis adjudicataire du vingtième et devait à la caisse publique trente mille livres qu'il avait soustraites à la faveur des troubles de la Révolution. Le Directoire lui enjoignit de payer les deniers dont il était débiteur à la nation, et, par deux fois, lui ordonna de déposer à Corte, chef-lieu de l'île et siège de l'administration, les fonds de la guerre et du clergé. Arena fit la sourde oreille. Il distribua l'argent dans les forteresses de Corse, et à la fin de mars, après avoir assuré pour deux mois l'existence des troupes, il disparut : il craignait, disait-il, d'être assassiné par les gendarmes que le Directoire enverrait pour l'arrêter, et il aimait mieux se cacher jusqu'à l'arrivée des représentants du peuple.

Le Directoire le dénonça sur-le-champ aux commissaires de la Convention, le remplaça par le receveur du district de Bastia et dans une proclamation que Paoli fit lire sur le front des bataillons, avertit les « citoyens soldats » que l'immoral Arena avait enlevé la caisse de la guerre et du clergé, mais que de nouveaux fonds allaient être versés et qu'un homme plus zélé en serait le dépositaire. « Déjouez, écrivait Paoli au lieutenant-colonel Giampetri, déjouez les mauvais desseins que les ennemis de la discipline et du bon ordre se sont peut-être proposés par l'évasion du payeur Arena et faites connaître votre énergie en cette occasion. »

Cependant les commissaires de la Convention, Saliceti, Delcher, Lacombe-Saint-Michel, s'étaient mis en route. Ils avaient quitté Paris le 12 février. Le 27, à Marseille, au club, après avoir prouvé tous trois qu'ils avaient voté la mort de Louis XVI, ils obtenaient un diplôme des jacobins de la ville et Lacombe-Saint-Michel jurait que la Montagne avait sauvé la France, qu'aucun d'eux n'aurait accepté pour compagnon de voyage un ennemi du bien public. Le 2 mars ils arrivaient à Toulon, où ils devaient s'embarquer.

Là, comme à Marseille, Paoli était l'objet de l'animadversion populaire. Toutes les personnes qui venaient de Corse s'accordaient à dire mille horreurs du général, à le qualifier de traître, à demander qu'on fît contre lui une expédition de quinze à vingt mille hommes; il avait, assurait-on, remplacé dans la citadelle de Bastia les canonniers français par des insulaires; il voulait détenir à Corte le trésor de guerre et y transporter toutes les munitions de Bastia. « Je crains, écrivait Saliceti, de trouver le pays en état de rebellion : toutes les mesures qu'on y adopte semblent prises exprès pour donner corps à toutes les impostures que répandent les ennemis de Paoli. »

Une autre nouvelle avait déconcerté Saliceti, l'avait, selon sa propre expression, abattu et jeté dans le plus grand embarras. Il apprenait que ses collègues de la Convention, les commissaires Brunel, Rouyer et Le Tourneur, avaient, avec l'approbation du Comité de défense générale, invité Paoli à se rendre auprès d'eux sur une frégate qu'ils lui dépêchaient. Saliceti devina sur-le-champ que Paoli ne viendrait pas : *Il general non obbedirà*, s'écriait-il, « le général n'obéira pas ». Mais à son tour avec la promptitude et la décision qui lui étaient ordinaires, il envoya sans retard un bâtiment en Corse; il écrivit à Paoli, il écrivit à Gentili. « Peut-être, disait-il, réussirai-je à sauver le général du précipice où il est comme tombé. J'ai encore un moyen, un seul, de sauver sa gloire, de faire le bien de la Corse et de soutenir efficacement les intérêts de la République. Je suggérerai ce moyen à Paoli; s'il ne l'adopte pas, il est perdu; ce n'est pas le temps de la petite politique et des vues mesquines. »

Les vents étaient contraires. Les conventionnels qui montaient la corvette la *Belette*, restèrent quinze jours en mer et durent par trois fois regagner la côte de Provence. Ils étaient le 31 mars dans le golfe Jouan et de là ils mandèrent au Conseil exécutif qu'ils avaient appris la fuite de Philippe-Antoine Arena, mais qu'ils suspendaient leur jugement, à cause de l'esprit de parti et des haines de famille qui régnaient en Corse, qu'ils recueilleraient à leur arrivée dans l'île les renseignements les plus exacts, dépouillés de toute prévention, de toute passion personnelle.

Le 5 avril ils débarquaient à Saint-Florent. Le lendemain ils étaient à Bastia. La population de cette ville, toujours dévouée au gouvernement, les reçut avec des démonstrations de joie. Tribunal, district, municipalité vinrent au-devant d'eux à la distance d'une lieue. Le club tint une séance en leur honneur, et ils trouvèrent le club très nombreux, animé d'une sage énergie, et la séance calme, brillante, digne des jacobins de Paris. Ils firent une proclamation pour appeler le peuple à la défense du territoire. Ils invitèrent Paoli à venir les joindre, et lorsque le *babbo* leur eut répondu qu'une fluxion de poitrine l'empêchait de monter à cheval, ils gardèrent auprès d'eux Raphaël Casabianca qui commandait en second dans le département et que Lacombe-Saint-Michel déclarait homme de bien et le plus honnête des Corses. Mais aussitôt s'engageait la lutte avec le Directoire.

Les commissaires se plaignaient de n'avoir reçu des administrateurs qu'une lettre très sèche de bienvenue et ils restaient provisoirement à Bastia, à cause des bonnes dispositions de la population et des facilités que leur offrait la correspondance habituelle de la ville avec le continent et les différentes parties de l'île. Mais, de leur côté, les administrateurs disaient que les représentants devaient s'annoncer au Conseil général et lui exhiber leurs pouvoirs, que les municipaux de Bastia n'étaient pas les premiers fonctionnaires publics ni les seuls qui dussent vérifier l'identité des commissaires, que les envoyés de la Convention étaient tenus de visiter le pays et non de se renfermer dans un préside.

La présence de Barthélemy Arena avait surtout irrité le Directoire. L'adversaire le plus acharné de Paoli, l'homme qui ne cessait depuis plusieurs mois d'ameuter la Provence contre le général, avait accompagné les commissaires à Bastia. « Le bruit s'est répandu, écrivait Paoli au ministre de la guerre, que des personnes très accréditées auprès des commissaires menacent d'exciter en Corse des troubles et des désastres. »

Sans hésiter, le Directoire enjoignit d'arrêter Barthélemy Arena, et, sous les yeux des commissaires, en conséquence de cet ordre dont ils n'eurent pas communication, Arena fut arrêté. Déjà le colonel du 52e régiment et commandant de la place, Don-Grazio Rossi, prescrivait de le conduire, sous l'escorte de cinquante grenadiers, au château de Corte. Mais incontinent Arena porta plainte devant les conventionnels. Ils examinèrent l'ordre qui leur parut contraire à la loi, et, après avoir entendu le juge de paix, le maire et les officiers municipaux, décidèrent qu'Arena serait provisoirement élargi et envoyé sous caution à Saint-Florent. La nouvelle exaspéra le Directoire. Quoi! dès leurs premiers pas, les commissaires l'empêchaient de faire appréhender au corps l'infâme Barthélemy Arena, le déprédateur des fonds publics, le calomniateur des Corses les plus vertueux, un des principaux moteurs de l'agitation qui menaçait l'île, ce « sectaire qui ne connaissait d'autre dieu que l'or »! Et les frères de Barthélemy Arena venaient en Corse, comme leur aîné, et se montraient impunément dans les rues de Bastia : Philippe-Antoine, le payeur général fugitif; François-Antoine, aide de camp de Raphaël Casabianca; Joseph, capitaine dans un des futurs bataillons de chasseurs!

Les commissaires rendaient ainsi coup pour coup. Ils avaient ramené de Toulon trente-six gendarmes corses; le Directoire, sans consulter les trois conventionnels, ordonna que les gendarmes iraient à Corte; mais, à leur tour, les représentants arrêtèrent que cette troupe resterait auprès d'eux pour porter leurs ordres dans le département.

Le Directoire croyait encore que Saliceti et ses deux collègues n'oseraient exécuter le décret du 5 février sur la formation de quatre bataillons d'infanterie légère : ne disaient-ils pas dans leur proclamation qu'ils conserveraient les bataillons de volontaires dont les sentiments étaient le plus fortement prononcés pour la Révolution? Mais bientôt le Directoire apprenait que les commissaires licenciaient pour le 18 et le 20 avril tous les bataillons de gardes nationales soldées, le premier qui était à Bastia, le deuxième qui était à Bonifacio, le troisième qui était à Calvi, le quatrième qui était à Ajaccio. Il apprenait que les trois conventionnels achevaient de nommer les officiers des nouveaux bataillons de chasseurs, et les choisissaient parmi les ennemis de Paoli.

De jour en jour le conflit s'aggravait. Il y avait à Bastia une commission du département chargée de surveiller les opérations du district. Elle s'était emparée des draps destinés à l'habillement des troupes et les distribuait aux volontaires malgré le décret de la Convention. Les représentants lui ordonnèrent de cesser cette distribution, qui coûtait à la nation quatre-vingt mille livres en pure perte.

La même commission avait décidé que les deux felouques venues avec les représentants quitteraient Bastia pour croiser à l'autre extrémité de l'île. Les conventionnels prescrivirent aux commandants des felouques de demeurer à Bastia, et ils s'indignaient que cette commission ne se fût pas présentée devant eux et que le département l'eût établie contrairement à la loi et comme pour annihiler les administrations inférieures.

Une proclamation du Directoire mit le comble à l'irritation des conventionnels. Le Directoire annonçait l'arrivée des commissaires et, comme eux, il appelait aux armes les insulaires, les exhortait à se ranger sous le drapeau tricolore pour combattre les despotes, à se sacrifier pour la patrie, à graver dans les annales de la République victorieuse les noms des Corses français et libres. Mais il ajoutait que des perfides, désireux d'exciter des divisions pour satisfaire leur soif de vengeance, avaient osé supposer à la « mission auguste » des trois représentants un caractère de violence qu'elle ne pouvait avoir.

Dès le 14 avril, les deux membres français de la commission, Delcher et Lacombe-Saint-Michel, dénonçaient au Comité de salut public les actes arbitraires du Directoire, l'accusaient de virements et de dilapidations : le Directoire, assuraient-ils, ne rendait pas de comptes; il voulait avoir à Corte les fonds militaires et destituer le payeur Philippe-Antoine Arena, qui, étant l'homme de la trésorerie nationale, n'était nullement sous la direction et l'inspection des administrateurs; il substituait des assignats au numéraire des caisses. « Le peuple, concluaient-ils, est trompé, travaillé, et de longtemps on ne parviendra pas à détruire l'esprit de parti et les haines qui divisent le département. »

Les trois conventionnels étaient donc inquiets, perplexes et envisageaient la position comme critique. Paoli leur avait écrit à deux reprises pour protester de sa franchise et de sa loyauté, de son attachement à la République française, et il les engageait à aller lentement, leur disait qu'avant toute démarche, ils devaient s'étudier à connaître le peuple corse. Mais la prévention était telle contre le général qu'ils le soupçonnaient de trahison. Ils prétendaient que Paoli avait pris ses sûretés et qu'en ne faisant que des dispositions de service ordinaire, il avait eu la précaution de disperser dans l'île les troupes continentales et de mettre dans les places les milices dont les chefs lui étaient dévoués. Ils remarquaient qu'à Bastia les volontaires corses gardaient seuls le dépôt de munitions et les batteries, que les canons du donjon étaient braqués sur la ville, et le capitaine Villantroys, camarade de Bonaparte au 4ᵉ régiment, mandait à Paris qu'il avait dû laisser dans la partie la plus forte de la citadelle une simple escouade et se retirer avec le reste de ses hommes dans l'enceinte, où ils étaient désarmés et inutiles.

Saliceti résolut avec une singulière hardiesse de « sonder l'intérieur » et de s'aboucher une dernière fois avec Paoli. Sous prétexte de voir sa famille, il se rendit à Corte. Il rencontra sur son chemin un si grand nombre d'exprès dépêchés de tous côtés par le Département qu'il écrivit aussitôt à ses deux collègues de se mettre sur leurs gardes parce que tout annonçait des desseins hostiles.

Le 13 avril, il était à Corte. Il s'entretint longtemps avec Paoli. On ne sait guère de cette conférence que ce qu'il a raconté dans ses lettres. Il tâcha de prouver au général que de « mauvais sujets » l'entouraient et que « leur adulation préparait sa perte »; il lui « fit voir le précipice où le menaient ces hommes sans caractère »; il le pria de venir à Bastia pour agir de concert avec les commissaires de la Convention, lui montra que ce serait la plus belle époque de sa vie, le moyen de « sauver son honneur et de conserver sa gloire », et Paoli, ajoute Saliceti, entendit la vérité avec cette joie qui marque une âme grande, assura que dès qu'il aurait recouvré ses forces, il irait à Bastia pour se réunir à la commission et prendre avec elle les mesures nécessaires à la défense extérieure de l'île et au rétablissement de la tranquillité intérieure.

Dans le cours de la conversation, Saliceti conseilla même au *babbo* de quitter la scène politique et de se retirer à Rostino pour jouir du repos. Il l'engageait à faire le voyage de Paris : le général, affirmait-il, n'avait rien à craindre; sa venue serait un témoignage de confiance qui toucherait l'assemblée, et il était aux yeux de bien des conventionnels le héros de l'indépendance et le plus célèbre représentant des idées de liberté et d'égalité. Paoli répondit à Saliceti en son langage vif et imagé qu'il ne se fiait pas à l'enthousiasme des Français qui n'était qu'une vapeur légère; l'article d'un gazetier, le discours d'un clubiste, l'adresse de quelques fanatiques suffisaient à renverser l'autel élevé par l'engouement d'un jour; la guirlande de fleurs dont le peuple décorait le piédestal de ses idoles, cachait souvent la corde qui lui servait à les pendre; la lanterne n'était pas loin du Panthéon, et Franklin, dont la France avait raffolé, dont Paris avait admiré les souliers sans boucles et les culottes à boucles de cuivre, Franklin que l'élégante société de la capitale saluait du nom de Lycurgue et d'Epaminondas, Franklin serait aujourd'hui, malgré la simplicité démocratique de son habit noir, lanterné comme un aristocrate et aurait affaire, non pas aux belles dames de Versailles, mais aux mégères des faubourgs.

Le 16 avril, Saliceti était de retour auprès de ses deux collègues. Le Département, leur dit-il, avait des intentions perfides, et Paoli, devenu très faible, Paoli qui n'était plus le Paoli de 1768, subissait l'influence de Pozzo et de quelques autres, croyait que les commissaires voulaient sa tête ; mais son crédit était immense et il pouvait, sinon « consommer une trahison », du moins faire beaucoup de mal : il fallait donc agir avec prudence, se rappeler que le moral de la Corse ne ressemble nullement à celui de la France, témoigner au général la plus grande confiance et le mettre entièrement dans son tort. Sur-le-champ les trois commissaires écrivirent à Paoli une lettre affectueuse et le prièrent de venir à Bastia pour les aider dans leur œuvre de conciliation et de paix.

Mais le surlendemain éclatait dans l'île une terrible nouvelle. La Convention avait ordonné l'arrestation de Paoli et de Pozzo !

Le coup partait de Lucien Bonaparte. Le *fratello* de Napoléon avait alors dix-huit ans. Plein d'une confiance superbe en lui-même, fier des aptitudes que lui reconnaissaient ses amis, fier de son petit talent littéraire, de sa facilité et, comme il s'exprimait, de son étonnante vélocité, fier, disait-il encore, des idées qui le hantaient et qui l'agitaient tellement qu'il lui fallait dans l'instant les jeter sur le papier, couchant par écrit ses visions et ses rêves, laissant voler sa plume et ne corrigeant, n'effaçant que très peu, refusant d'observer les règles qui bornent le génie, n'acceptant d'autre modèle que Young qui « pénétrait son âme de mille traits », composant dans le goût des *Nuits* un poème sur Brutus, avouant néanmoins qu'il ne faisait rien de bon, mais comptant qu'« à force de chiffonner », il produirait une grande œuvre, Lucien n'agissait qu'à sa guise. Il dédaignait ses frères et se moquait de leurs remontrances. Avec aplomb et sur un ton tranchant il jugeait de toutes choses. A l'entendre, il ne cessait de méditer, de « s'interner en lui-même », et il était convaincu que son caractère mûrissait, se développait « d'une manière bien fortement prononcée ». Bref, il était déjà ce Lucien dont Napoléon disait trois ans plus tard qu'il joignait à quelque esprit une très mauvaise tête et qu'il avait la fureur de se mêler de politique. Secrétaire du club patriotique d'Ajaccio, où il traduisait en italien les discours de Sémonville, affilié à la Société qui s'était formée à Corte sous le nom de Société des amis du peuple, il affichait le plus fervent jacobinisme et se proclamait le vigoureux haïsseur des rois. « Vous ne pouvez pas vous imaginer, lisons-nous dans une de ses lettres à Joseph, avec quelle profondeur mon esprit est enthousiaste; je me sens le courage d'être tyrannicide, et si les méchants nous enveloppent de nouveau de chaînes, je mourrai un poignard à la main. »

Il a raconté qu'il avait été secrétaire de Paoli durant six mois et il se plaît à décrire un vieux couvent où le général avait fixé sa demeure, la noble simplicité de sa vie, la frugalité de ses repas, la superbe forêt de châtaigniers qui s'étendait autour de l'habitation, les chèvres gardées par des bergers qui se couchaient à l'ombre des arbres et chantaient alternativement, en se répondant d'une colline à l'autre, les plus beaux et les plus populaires passages de la *Jérusalem délivrée*. Lucien ajoute que Paoli l'avait pris pour confident, que le *babbo* comptait sur lui comme sur Joseph et Napoléon, que « l'énergique et magnifique vieillard » l'avait entièrement subjugué, que le « grand homme », sur le point de se révolter, le chargea de se rendre à Ajaccio et de ramener ses deux frères : « Les fils de Charles Bonaparte, avait dit Paoli, ne peuvent penser différemment de moi. »

Et, là-dessus, le romanesque et romantique Lucien, s'abandonnant à son imagination, déroule une suite de tableaux tantôt gracieux, tantôt tragiques. Les portes d'Ajaccio sont closes lorsqu'il arrive, et il entend le bruit des tambours et de la fusillade des gardes nationaux qui tirent à la cible. Joseph vient lui ouvrir, le prend par le bras, le prie à voix basse de se taire, et le *signor Lucciano* entre, saluant de la main ses nombreux amis. Le voilà à la maison : sa mère travaille à côté d'Elisa ; Pauline et Jérôme folâtrent ensemble ; Louis barbouille des bamboches ; Napoléon, vêtu de son beau costume de lieutenant-colonel, est assis dans l'embrasure d'une fenêtre et tient sur ses genoux Caroline qui joue avec les breloques de sa montre. Les enfants s'éloignent. Lucien annonce que Paoli s'insurge et a dit : « Malheur à qui se prononcera pour les brigands ! Je ne connaîtrai plus personne, pas même les fils de Charles ! » A ces mots, Letizia, Napoléon, Joseph arpentent la chambre à grands pas en s'exclamant. « C'est un peu fort, s'écrie Napoléon. Ah ! le compère Pascal nous fait la guerre ! C'est bon ; nous ferons la guerre ! » Et l'on décide de résister à Paoli, de défendre Ajaccio contre les montagnards. Seul, Lucien déclare qu'il a donné sa parole de revenir et qu'il rejoindra Paoli, qu'il ne peut délaisser, trahir l'ami de Charles Bonaparte, qu'il ne sera pas un Vittolo. Mais Joseph et Letizia lui commandent de se soumettre à la volonté de sa mère, à la volonté de son aîné, et d'écrire à Paoli qu'il ne retournera pas à Corte. Il se résigne, tout en sanglotant, et copie une lettre que Letizia, Joseph et Napoléon ont rédigée de concert : il a dû, dit-il, céder à sa famille, mais il conservera toujours le souvenir de Paoli. Il remet le billet au montagnard Lucchesi, qu'il charge secrètement de baiser pour lui la main du général.

Or, quelques jours avant cette scène, Lucien s'était de son chef déclaré contre Paoli. « J'ai déjà, avait-il écrit à Joseph, un cœur trop formé pour suivre toute autre impulsion que la mienne. » Il s'était attaché à Sémonville qui lui promettait de l'emmener en Turquie, et il pensait faire fortune dans la diplomatie. Mais Sémonville ne fut pas agréé par le Grand Seigneur, et une lettre de Talon à Louis XVI, trouvée dans les papiers des Tuileries, le représentait comme un homme qui, malgré sa couleur jacobine, avait l'âme royaliste. Rappelé par le ministre des affaires étrangères, il revint sur le continent. Lucien le suivit en Provence, et au club de Toulon plaida la cause de l'ambassadeur patriote, affirma que son patron avait prôné constamment la doctrine de l'égalité et contribué de tout son pouvoir à l'expédition de Sardaigne, que les Corses l'estimaient et l'avaient vu, écouté avec plaisir, que sa mission à Constantinople était « intéressante pour la République ».

Mais Lucien brûlait de se signaler à ses frères et amis du littoral par une action d'éclat. Il dénonça Paoli à la Société républicaine de Toulon. Plus tard, dans ses *Mémoires*, il assurait qu'il n'était monté à la tribune du club que pour retracer la détresse de la Corse et demander des secours, qu'entraîné par les cris et les trépignements de l'assistance, il avait parlé à tort et à travers, accusé Paoli, bafoué les Anglais, et qu'au sortir de la séance, après avoir reçu des félicitations et embrassades parfumées d'ail, il eut des remords, regretta de tout son cœur cette harangue ardente et nullement préméditée. Quoi qu'il en dise, son intention ne fut pas de ménager Paoli. Il était mû contre le général par les ressentiments d'une ambition déçue et d'un orgueil blessé. Non seulement Paoli avait refusé ses services : mais Lucien croyait que le général avait, en violant le secret des postes, déterminé le rappel de Sémonville : selon le jeune Bonaparte, Paoli décachetait les lettres, les gardait, et cette « infraction atroce » avait ralenti la correspondance de l'ambassadeur et suspendu son départ.

Il fit réellement aux jacobins toulonnais le plus noir portrait de Paoli. Paoli, disait-il, était le tyran et non le défenseur du peuple ; Paoli soldait avec l'argent de la France un régiment suisse qui lui était dévoué ; Paoli voulait régner sur la Corse, exerçait tout le despotisme d'un souverain, tenait l'île sous l'oppression la plus affligeante, commettait des actes arbitraires et barbares, méconnaissait la « loi salutaire de la procédure des jurés »[1], jetait des citoyens dans les cachots, engloutissait des malheureux en sa bastille de Corte[2]. Ne fallait-il pas, concluait Lucien, « remédier à tant d'atrocités », destituer Paoli sans délai, le livrer au glaive de la loi ?

---

1. On sent qu'il a lu et peut-être copié le manuscrit du *Discours* de Lyon ; cf. *La Révolution*, 223.
2. Lucien a pris ce trait dans le *Précis* de Volney qui disait que « la citadelle de Corte est une Bastille ».

Le club accueillit avec enthousiasme la dénonciation de Lucien. Elle fut transformée sur-le-champ en adresse à la Convention. Un député du Var, Escudier, naguère juge de paix à Toulon, la lut le 2 avril à cette assemblée ardente, fiévreuse, qui venait d'apprendre la défection de Dumouriez et voyait des traîtres partout. Escudier approuva la lettre, la confirma, la commenta : il accusa Paoli de tyrannie et de trahison, lui attribua l'insuccès de l'expédition de Sardaigne, lui reprocha ses liaisons avec l'Angleterre, proposa de le traduire à la barre ainsi que Pozzo di Borgo. Vainement Andrei pria la Convention d'attendre le rapport de ses commissaires, protesta que Paoli était attaché à la République, qu'il avait organisé la Corse, qu'il l'avait sauvée. La Source, Marat, Cambon, Barère appuyèrent Escudier : La Source prétendait que Paoli s'asseyait quelquefois sur un trône pour s'essayer à la royauté ; Marat annonçait que ce « lâche intrigant » livrerait la Corse à ses hôtes et amis les Anglais ; Barère disait que le cœur de Paoli était devenu britannique et que Pitt convoitait l'île. Sur la motion de Cambon, l'assemblée décréta que ses commissaires se saisiraient de Paoli et de Pozzo par tous les moyens possibles.

C'est ainsi que Lucien avait mis le feu aux poudres. Il exultait, et sur un ton triomphant il écrivait à ses frères qu'il avait porté le coup fatal aux ennemis : « Vous ne vous y attendiez pas ! » Son billet fut intercepté. « Quel *bricconcello* ! Quel petit vaurien ! s'écria Paoli, il est capable de tout ! Voyez quels sujets peuvent mettre en doute l'honnêteté des caractères vieillis au service de la patrie ! » Il publia la lettre en ajoutant qu'il conservait l'original pour vouer le nom de l'auteur à une perpétuelle infamie, que les Bonaparte, jadis nourris et élevés avec l'argent de Marbœuf, étaient maintenant les ressorts principaux de la conspiration contre le peuple.

Le décret du 2 avril consterna les trois commissaires de l'assemblée, et Paoli, toujours bien renseigné, mandait à ses amis que les représentants « prenaient mal sa suspension ».

Saliceti fut un instant en proie au désespoir. « On a, disait-il, induit la Convention en erreur; sans ce décret, tout était accommodé, et les affaires de Corse se seraient très bien passées. » Cependant, pour la forme, il exécuta le décret. « Ma position, marquait-il à Andrei, est terrible; je vois d'un cœur affligé l'humiliation du général, mais mon serment me prescrit l'exécution du décret quoiqu'elle soit moralement impossible. » Les commissaires chargèrent donc Raphaël Casabianca de commander par intérim la 23e division militaire et ils ordonnèrent à la municipalité de Corte de mettre Paoli et Pozzo di Borgo en arrestation. La municipalité ne daigna même pas leur répondre, et le gendarme qu'ils avaient envoyé, revint leur annoncer que le peuple avait voulu le pendre. Pouvait-on arrêter Paoli? N'était-il pas aux yeux des Corses le génie tutélaire et comme le symbole de la patrie? Lacombe-Saint-Michel ne reconnaissait-il pas que les insulaires, incapables de concevoir un principe abstrait, confondaient Paoli avec la liberté?

A la nouvelle du décret les Corses s'étaient indignés. « Toute la nation, disait Paoli, me justifie, et je suis obligé à mes détracteurs qui m'ont fait toucher des mains sa sincère affection. » Un grand nombre d'habitants accoururent en armes à Corte pour s'opposer à l'arrestation du général. Durant plusieurs jours les paysans affluèrent dans la ville, et le rassemblement ne se dissipa que sur les prières de Paoli qui déclara qu'un tel concours de monde avait le caractère d'un attroupement séditieux et ferait tort à son innocence. Mais les paysans avaient menacé d'abattre l'arbre de la liberté, forcé des citoyens de Corte à jeter la cocarde nationale, et, pour nourrir cette multitude, les administrateurs s'étaient emparés des farines de la nation, malgré la résistance du garde-magasin.

Comme auparavant, le Directoire regimbait, ripostait. Il faisait imprimer en langue italienne le compte rendu de la séance du 2 avril, la diatribe du club toulonnais, le discours d'Escudier, et y joignait une réfutation. La Convention, assurait le Directoire, avait cru les choses les plus absurdes. On accusait Paoli d'enchaîner la liberté corse : qui avait combattu et « sué » comme lui pour établir la liberté? On l'accusait de méconnaître la procédure des jurés : n'était-elle pas en pleine activité? D'emprisonner les bons citoyens dans une bastille : si des ordres arbitraires avaient été donnés depuis trois ans, ce n'était ni par Paoli, qui les blâmait, ni par l'administration actuelle, qui n'existait pas alors. De solder un régiment suisse : comme si ces Suisses qui voulaient servir la patrie, étaient esclaves ou bourreaux! D'avoir fait échouer l'expédition de Sardaigne : comme si Paoli avait dû répondre de la lâcheté de soldats qu'il ne commandait pas! Bref, concluait le Directoire, il n'y avait dans ces incriminations que méchancetés et mensonges; mais les Corses allaient s'armer pour soutenir leurs droits : « montrez que ceux qui combattirent avec Sampiero et qui furent libres avec Paoli, savent être fidèles à leurs promesses et terribles à qui voudrait les opprimer! »

Le Directoire passait déjà des paroles aux actes. Un de ses membres, Panattieri, nommé commissaire dans le district de l'Isle-Rousse, soulevait la Balagne. Avec trois à quatre cents paysans, il se présenta devant Calvi, mais il trouva les portes fermées, et le peuple entier, dit Saliceti, lui cria qu'il voulait rester français. Il se rejeta sur l'Isle-Rousse, désarma les neuf soldats de ligne qui formaient la garnison, incendia la demeure des Arena, ravagea leur domaine et, secondé par l'administration et les municipalités du district, par les gardes civiques, par la gendarmerie, par le garde-magasin de l'artillerie Orticoni, qui, le poignard en main, marchait à la tête des habitants, mit la place en état de défense. Deux compagnies des volontaires des Bouches-du-Rhône, envoyées de Saint-Florent par les commissaires de la Convention, se dirigèrent vers l'Isle-Rousse. Panattieri courut à leur rencontre; elles se retirèrent à Belgodere, puis à Calvi, et les maisons de Belgodere où elles avaient logé furent livrées aux flammes.

Même tumulte à Cervione. Il y avait là une compagnie de grenadiers du 26º régiment que les commissaires firent relever par une compagnie d'infanterie légère corse. La population s'ameuta. La municipalité et le district retinrent les grenadiers et refusèrent de recevoir les chasseurs. Les commissaires durent ordonner que les grenadiers et les chasseurs reviendraient ensemble à Bastia, et ils prirent des mesures pour que la retraite de cette troupe fût, en cas de besoin, protégée par du canon qu'il était facile de transporter dans la plaine de Mariana. Personne ne bougea. Mais le maire de Cervione et le procureur-syndic, mandés à Bastia par les conventionnels pour rendre compte de leur conduite, ne comparurent pas, et l'on sut bientôt que les gens du village avaient abattu l'arbre de la liberté, arraché des chapeaux la cocarde nationale et brûlé en effigie plusieurs jacobins bastiais, notamment Aurèle Varèse.

Le mouvement le plus grave eut lieu à Calvi. Depuis quelques jours, le maire, l'abbé Sivori, grand ami de Paoli, insultait le commandant Maudet, et le lieutenant-colonel du 3ᵉ bataillon corse, Achille Murati, enfermé dans le palais avec ses volontaires, s'emportait en menaces ; — c'était le Murati que Napoléon avait exalté si singulièrement en 1790 [1], et Barthélemy Arena le dénonçait comme un homme entièrement dévoué à Paoli et qui au premier signal exécuterait les ordres du *babbo* au préjudice de la France. Le vieux Maudet dépendait encore de Paoli et n'osait rien dire. Mais le 19 avril au soir, les commissaires de la Convention lui apprenaient la destitution de Paoli et l'autorisaient à user de tous les moyens pour s'assurer de Calvi. Le lendemain, au matin, il recevait son brevet de général de division. Il assembla sur-le-champ les municipaux, les chefs de corps, les principaux fonctionnaires et citoyens qui lui promirent leur appui. Le même jour, à trois heures de l'après-midi, l'abbé Sivori le consignait hardiment dans son domicile. De sa fenêtre, Maudet appela des soldats à son secours. Un peloton du 26ᵉ régiment chassa les gens du maire. Aidé des habitants, des équipages de la

---

1. *La Révolution*, 143.

Perle et de la *Prosélyte*, le général braqua contre le palais un canon chargé à mitraille. Murati, cerné, se rendit le lendemain avec son bataillon ; les volontaires furent désarmés et conduits hors de la ville à l'exception de la compagnie Fabiani, la seule qui fût hostile à Paoli ; lui-même et son fils, ainsi que l'abbé Sivori, furent arrêtés, mais purent s'esquiver.

Les commissaires de la Convention tenaient donc Calvi et ils n'eurent pas de peine à garder Saint-Florent et Bastia. Mais Bonifacio et Ajaccio leur échappèrent. A Ajaccio, Vincentello Colonna-Leca, lieutenant-colonel du 4ᵉ bataillon corse, s'enfermait dans la citadelle en jurant qu'il la conserverait à Paoli. A Bonifacio, Jean-Baptiste Quenza, lieutenant-colonel du 2ᵉ bataillon, sommé de n'exécuter d'autres ordres que les ordres de Raphaël Casabianca, déclarait qu'il restait fidèle à Paoli et saisissait la caisse militaire, forçait le garde d'artillerie à lui ouvrir les magasins d'armes et de munitions. Seule de toutes les compagnies du bataillon, la compagnie Bonelli, formée surtout des gens de Bocognano et de Bastelica, désapprouvait le premier lieutenant-colonel et s'éloignait de la ville avec l'adjudant-major Pierre Peretti et le deuxième bataillon du 52ᵉ régiment qui maudissait l'*infâme* Quenza, ce « vil agent » de Paoli, et les Corses « lâches déserteurs d'une cause sacrée ».

De toutes parts s'élevaient des protestations contre le décret du 2 avril. Le général Brunet mandait de Provence au ministre de la guerre que le pouvoir exécutif avait méconnu le génie des insulaires en donnant sa confiance à Saliceti et à Arena, que l'esprit de parti entraînait ces deux patriotes au delà des bornes de la prudence, que le Corse est capable de tout sacrifier pour se venger de ses ennemis particuliers, que les paolistes, craignant d'être écrasés par les adhérents d'Arena et de Saliceti, allaient s'insurger et tenir la montagne où il faudrait envoyer une armée aussi nombreuse que celle du maréchal de Vaux, qu'il vaudrait infiniment mieux employer les moyens de douceur avant de recourir à la force.

Saint-Martin, qui remplaçait Raphaël Casabianca dans le commandement des troupes, écrivait pareillement qu'il n'envisageait de succès que dans une conciliation, que la France devait ménager un peuple dont tous les individus étaient soldats, traiter avec soin des chefs dont les Corses subissaient volontiers l'influence, faire abattre par les indigènes mêmes la faction qui les égarait, sinon qu'il faudrait entreprendre avec des moyens considérables une nouvelle conquête comme en 1769, et il ajoutait très justement que cette rébellion extraordinaire ne visait que les représentants, que les habitants de l'intérieur voulaient toujours être et rester français, mais qu'ils avaient une prévention contre les trois commissaires, qu'il suffirait donc pour apaiser les troubles d' « écarter les sujets de cette prévention », que toutes les difficultés disparaîtraient si les commissions et les premières places militaires étaient déléguées à des Français du continent.

Dans l'île même les Corses partisans de la France et adversaires de Paoli jugeaient que la Convention s'était trop pressée. Le 20 avril, deux députés de la Société bastiaise des amis de la liberté et de l'égalité, Marsili et un sous-lieutenant du 52e régiment, Paul Zerbi, se présentaient à Corte au Directoire du département, et Marsili flétrissait les calomniateurs de Paoli et de Pozzo, priait le Directoire de s'unir aux jacobins de Bastia pour exposer aux yeux de la Convention la vie publique de Paoli, le « père commun » qui n'avait commis d'autre crime que de confondre les intrigues, de démasquer l'hypocrisie et de vouloir l'exécution de la loi. Et le Directoire félicitait les patriotes bastiais, leur déclarait qu'il fallait en effet éclairer la Convention sur le véritable état des choses, obtenir la révocation du décret, dénoncer les imposteurs qui méditaient de « perpétuer en Corse les abus de l'autorité » et de « couvrir d'un voile profond le maniement des deniers publics et la confusion désastreuse dans laquelle ils étaient parvenus à jeter toutes les parties de l'administration ». A leur retour, il est vrai, Marsili et Zerbi étaient unanimement désapprouvés par le club bastiais qui leur reprochait d'avoir outrepassé leurs pouvoirs. Mais la Société écrivait à la Convention que le décret d'arrestation l'avait profondément affligée, qu'elle ne comprenait pas les motifs de cet « acte foudroyant » contre le plus célèbre des Corses, contre l'homme qui jouissait jusqu'alors de l'estime de l'Europe entière et qui maintenait dans l'île l'ordre et la paix par le respect qu'inspirait son grand caractère. Elle députait à Paris son président Aurèle Varèse, le parent des Bonaparte, et Varèse n'hésitait pas à dire que la Convention aurait dû attendre le rapport de ses commissaires, que les choses semblaient près de s'accommoder, que Paoli promettait déjà de se rendre à Bastia, que le décret prématuré du 2 avril avait déjoué les sages calculs des représentants.

Les Bonaparte, usant de politique, plaidaient, eux aussi, en cette circonstance la cause du général. Joseph, qui s'était hâté de quitter Ajaccio pour venir au-devant de son ami Saliceti, partageait l'avis des jacobins bastiais. Le décret, disait-il, était digne de la majesté de la République qui devait constamment se montrer à découvert; mais il était précipité, il forçait les commissaires de la Convention qui projetaient de temporiser et de ruiner peu à peu le crédit de Paoli, à ne plus garder aucune mesure.

Napoléon avait la même opinion. Il se trouvait alors à Ajaccio et, de là, suivait les événements, se tenait comme toujours au courant. Joseph lui avait appris le voyage de Saliceti à Corte, et le 19 avril, Napoléon écrivait à Quenza qu'il irait le lendemain à Bastia pour obtenir que son bataillon fût décidément conservé : « Il doit, mandait-il à Quenza, y avoir deux bataillons de supprimés : j'espère que le nôtre restera en pied; j'avais travaillé pour cet effet avec toute la chaleur dont je suis capable. » Il croyait que les affaires s'arrangeraient et que les commissaires de la Convention sauraient s'accorder avec Paoli. Le décret du 2 avril l'étonna, le troubla.

Il comprit sur-le-champ que la guerre allait éclater entre la Corse et la République, que Paoli qui « était à la tête de la partie militaire » l'emporterait au moins dans le commencement de la lutte, que ses adversaires seraient proscrits et dépouillés de leurs biens. Il comprit que les paolistes vainqueurs n'épargneraient pas les Bonaparte et leurs propriétés. « Si l'archidiacre Lucien vivait encore, s'écriait-il, son cœur saignerait à l'idée du péril de ses moutons, de ses chèvres, de ses bœufs, et sa prudence ne manquerait pas de conjurer l'orage. » Il craignait pour sa famille. Ne faudrait-il pas fuir? Et où emmener, où établir Letizia et ses enfants? Quelle serait leur existence loin d'Ajaccio et peut-être loin de la Corse?

Sous l'empire de ces douloureuses pensées il saisit la plume, et rapidement, fiévreusement, jeta sur le papier une adresse à la Convention. Cette adresse, qu'il voulait lire au club, priait les législateurs de rapporter le décret du 2 avril. Elle est habile et vigoureuse à la fois, remarquable surtout par sa concision, semée d'interrogations et d'exclamations qui donnent au style quelque chose de vif et de pressant. La Convention, dit-il, rendait des lois dont chacune était un bienfait. Mais le décret qui mandait à la barre l'infirme et septuagénaire Paoli, avait contristé tout Ajaccio. Paoli était-il un conspirateur ou un ambitieux? Pourquoi eût-il conspiré? Pour se venger des Bourbons! Ils l'avaient exilé, et ses ressentiments, s'il en avait encore, étaient « assouvis dans le sang de Louis ». Pour rétablir l'aristocratie nobiliaire et sacerdotale? Il l'avait toujours combattue, et il était trente années auparavant l'adversaire de Rome. Pour livrer la Corse à l'Angleterre? Il l'avait refusée à la France, et que gagnerait-il à vivre dans la fange de Londres? S'il n'était pas conspirateur, il était donc ambitieux! Mais que pouvait-il désirer? Il était le patriarche de la liberté, le précurseur de la République française; les Corses l'aimaient et l'entouraient de leur confiance, lui accordaient tout parce qu'ils lui devaient tout, jusqu'au bonheur d'être français et républicains. « Faites, concluait Napoléon, faites taire la calomnie et les hommes profondément pervers qui l'emploient; rapportez votre décret du 2 avril; rendez à tout ce peuple la joie, écoutez son cri de douleur [1]! »

---

1. Cf. Masson, II, 429. Ce plaidoyer de Napoléon en faveur de Paoli a été connu des contemporains. Salgues (*Mém. pour servir à l'hist. de France*, 80) et

Toutefois il ne suffisait pas d'écrire à la Convention au nom du club. Il fallait provoquer une imposante manifestation des corps administratifs de la ville. Masseria, saisissant l'occasion de réconcilier les Bonaparte avec Paoli, engagea Napoléon à faire une pétition aux municipaux d'Ajaccio. De nouveau Napoléon prit la plume et traça l'ébauche de cette seconde adresse. Il disait que les circonstances étaient critiques, que la guerre civile comme la guerre étrangère menaçait la Corse, que la ville était malheureusement divisée et que l'union seule pouvait la sauver, que la Société populaire se ralliait autour de la loi, autour des magistrats, de ceux auxquels était confié le salut public. Il priait la municipalité de « s'élever à la hauteur des événements » et de convoquer une assemblée où tous les citoyens prêteraient le serment de mourir républicains français : ce serment solennel, qui ne laisserait aucun doute sur les sentiments d'Ajaccio, ferait pâlir les ennemis de la République.

Mais les Bonaparte n'exerçaient pas dans la ville la même influence que jadis. Leur parent Jean-Jérôme Levie n'était plus maire, et un fervent paoliste, un ami et correspondant du général, Vincent Guitera, lui avait succédé. Ajaccio se souvenait des Pâques de 1792, et depuis cette funeste journée, lorsque les officiers municipaux demandaient au Directoire un renfort de troupes, ils avaient soin d'exclure à l'avance le bataillon Quenza-Bonaparte, « dont les habitants se défiaient grandement ».

Il est vrai que le club patriotique existait encore, bruyant, audacieux, violent, approuvant le compte rendu de Clavière, la venue des commissaires de la Convention et les décrets de l'Assemblée sur la déportation du clergé réfractaire et sur la formation des bataillons de chasseurs corses, déclamant contre les moines, les prêtres insermentés et le maire Guitera

Arnault (*Vie de Bonaparte*, I, 27) disent que Bonaparte afficha de ses mains sur les murs d'Ajaccio la réponse « par laquelle la municipalité de cette ville réfutait les bases du décret lancé par la Convention contre Paoli », et ils ont pris ce trait dans la traduction française (1798) de l'ouvrage paru en 1797 sous le titre *Biographical anecdotes of the founders of the French republic.*

qui s'était mis l'année précédente à la tête d'un attroupement pour conserver le couvent des Capucins, accusant les Corses de manquer à leurs promesses et d'être peu affectionnés à la cause de la liberté, assurant que Paoli trompait la confiance publique et allait lever l'étendard de la révolte. Joseph et Napoléon exhalaient dans ce club leur rancune contre le général, le premier, dépité de n'être que juge de paix et de ne plus siéger dans le Directoire du département, le second, irrité de l'échec de la Madeleine, tous deux proclamant leur liaison avec Saliceti qui, maître de l'île, leur donnerait leur part légitime d'influence et de pouvoir, s'efforçant de nuire par des insinuations ou de franches attaques à Paoli qui les humiliait et les laissait de côté, le taxant « d'ambition inquisitoriale », prétendant qu'il avait « perverti l'opinion », qu'il n'aimait pas la France, qu'il ne cessait de louer les Anglais, leur richesse, leur générosité, leur philosophie, qu'il avait tout fait pour causer l'insuccès de l'expédition de Sardaigne, ralenti le zèle de Peraldi, empêché les Corses de participer à l'entreprise, envoyé le 42e régiment devant Cagliari pour le tirer d'Ajaccio qu'il livrait aux volontaires. Le club patriotique applaudissait les deux frères. Au mois de mars, lorsque Lucien partit avec Sémonville, Bonaventure et Joseph Barbieri, Antoine Costa, Thomas Sari, Étienne Pò, Étienne Conti et Pierre-Antoine Lanfranchi l'accompagnèrent pour dénoncer aux jacobins de Marseille et de Toulon la conduite de Paoli et ils assistèrent à la séance du club marseillais où le portrait du héros corse fut jeté aux flammes.

Mais l'adversaire des Bonaparte, Marius Peraldi, avait résolu, avec les amis du *babbo*, le maire Guitera, les officiers municipaux Casalonga, Maestroni, Colonna Bozi et une foule d'Ajacciens, de fonder un club qui combattrait au besoin le club patriotique. Il fit d'abord réorganiser la garde nationale, qui l'élut de nouveau colonel et choisit pour officiers des paolistes sincères. Puis, le 1er avril, il ouvrit le club. Ce club, qui se donna le nom de Société des Amis incorruptibles du peuple, de la loi, de la liberté et de l'égalité, siégeait aux casernes. Il comptait cinq cents membres et avait pour président Moresco et pour secrétaires Favella, Natali et Antoine-François Peraldi. Son premier soin fut de proposer au club patriotique la fusion des deux sociétés. Mais ses offres et, comme il dit, ses invitations les plus sensibles et les plus honnêtes furent repoussées par les principaux orateurs du club patriotique, Napoléon Bonaparte, le vicaire Fesch, François Levie dit le difforme, Michel-Ange Ornano et Nicolas Paravicini.

Les paolistes d'Ajaccio n'avaient plus de ménagements à garder, et dans la journée du 5 avril ils prirent de grandes mesures. Les officiers de la garde nationale s'assemblèrent pour rédiger une adresse où ils assuraient Paoli du dévouement des milices civiques d'Ajaccio et de l'indignation que leur inspiraient ses détracteurs. Les membres de la Société des Amis décidèrent de protester avec éclat contre les écrits et discours diffamatoires qui, sur le continent et notamment à Marseille, déchiraient le *babbo* et la Corse : toutes les municipalités, toutes les sociétés populaires devaient invoquer le Directoire du département comme centre d'union, lui exprimer leur inviolable attachement à la France, leur confiance en Paoli et leur horreur pour les intrigants et imposteurs qui voulaient courber le pays sous le despotisme. La Société des Amis insistait sur ce dernier point. Elle avait appris que dans la matinée même les députés du club patriotique, revenant de Provence, avaient débarqué dans le port d'Ajaccio, à l'exception de Lucien Bonaparte qui restait évidemment sur le littoral *per cabalare*, pour cabaler. Ne fallait-il pas « atterrer » ces dénonciateurs ou adhérents des dénonciateurs, ces malintentionnés qui ne cherchaient qu'à troubler la tranquillité, ces brouillons et ces boutefeux, ces « séditieux » et « incendiaires » qui, comme Napoléon, s'étaient opposés à la réunion des deux sociétés, ces hommes indignes du nom de Corses qui avaient publiquement accusé de rébellion les habitants de l'île? Trois jours plus tard, des délégués de la Société des Amis, Laurent Cervotti, François et Pierre

Carbone, se présentaient à Corte devant le Directoire et lui déclaraient qu'Ajaccio démentait hautement les calomnies débitées contre le peuple corse, contre l'administration que ce peuple avait justement choisie et contre le général Paoli. « La ville, disaient-ils, abandonne à l'exécration publique ces égarés ou perfides qui ont machiné le plus noir projet, et elle chasse de son sein ces fils indignes qui ont toujours été pour elle une maladie destructrice au temps du despotisme comme au temps de la liberté et qui n'ont jamais cherché qu'à prodiguer le sang et l'argent du peuple au prix du déshonneur et du crime! »

Napoléon n'ignorait pas ces manifestations de la Société des Amis. Et pourtant, malgré l'hostilité de ses compatriotes, il ne désespérait pas de se concerter avec eux et de leur servir de porte-parole, comme autrefois au 30 octobre 1789 et au 25 juin 1790. A la nouvelle du décret porté par la Convention contre Paoli, il s'écria : *Nous périssons si nous nous heurtons*[1]*!* et il proposa au club patriotique de se fondre dans la Société des Amis. C'était au nom de la Société des Amis qu'il rédigeait son adresse à la Convention et sa pétition à la municipalité. Mais le désaccord était trop profond ; des paroles irréparables avaient été prononcées; les Amis du peuple refusèrent d'entendre Bonaparte, et les deux pièces restèrent dans ses papiers. Sans se rebuter, il se tourna vers Paoli. Il pria Masseria d'écrire au général. « Paoli, dit-il à Masseria, me suspecte; demandez-lui ce que je dois faire pour lui prouver mon attachement. » Mais Paoli venait d'intercepter le billet où Lucien le vouait à la guillotine ; il connaissait ses Bonaparte et les réprouvait pour toujours, les rangeait dorénavant parmi ceux qu'il nommait les ennemis implacables de son pays. Il montra la lettre de Masseria à son entourage en remarquant qu'il se souciait peu de l'amitié de Napoléon, *poco mi preme di sua amicizia*, et dans sa réponse à Masseria, il ne parla même pas de l'officier. « La conduite des Bonaparte, écrivait-il

---

1. Voir sur ce mot *La Révolution*, p. 40.

le 13 mai à Guitera, semblerait mystérieuse si l'on ne savait qu'ils dépendent entièrement de la volonté de Saliceti. »

A Paris, comme dans l'île, les amis de Paoli s'agitaient. Deux insulaires, le remuant Constantini et le lieutenant-colonel Ferrandi, chargés des pouvoirs du Conseil général qui les avait nommés ses députés extraordinaires, paraissaient devant le Comité de Salut public et à la barre de la Convention pour déclarer que les Corses voulaient être républicains français et que Paoli avait toujours combattu pour la liberté. Ils s'entretenaient avec Barère, lui représentaient qu'il fallait surseoir à un décret désastreux et choisir d'autres commissaires, « pacificateurs et non dictatoriaux », l'assuraient qu'en rendant la paix à la Corse, il aurait autant de gloire que Mirabeau faisant proclamer l'île partie intégrante de l'empire français.

Paoli protestait de son côté. Il ne se bornait pas à publier une circulaire où, selon l'expression de Napoléon, il prêchait la concorde à ses compatriotes et leur promettait que la Convention, mieux informée, reviendrait bientôt de son erreur involontaire. Le 26 avril, il écrivait à l'assemblée une très belle lettre sur un ton modéré, sans colère, ni violence de langage. Il alléguait que son âge et ses incommodités l'empêchaient de passer la mer et de franchir trois cents lieues de distance pour se présenter à la Convention et confondre ses accusateurs. Mais il affirmait qu'il voulait être aimé de la France, posséder l'estime et la bienveillance de cette généreuse nation, rester fidèle aux engagements qui le liaient à la cause de la liberté. Si sa présence, disait-il, était un sujet de méfiance ou de haine, il s'éloignerait de la Corse sans murmure, s'exilerait sans murmure pour la seconde fois, et fort de sa conscience irréprochable, fier de l'affection et des regrets des Corses, il se sacrifierait pour la seconde fois à la Patrie et à la Révolution.

Cette lettre détermina le revirement de l'opinion. Nombre de gens comprenaient déjà que le décret du 2 avril avait été rendu d'une façon irréfléchie, dans un instant d'aveugle irritation.

Cinq jours avant cette décision, le 27 mars, le ministre de l'intérieur n'écrivait-il pas que les troubles causés en Corse par les Marseillais l'avaient convaincu de l'amour de Paoli pour la liberté, que le Conseil exécutif était très satisfait de la conduite du général, et l'exhortait à donner encore des preuves d'un patriotisme aussi pur qu'éclairé et à réprimer comme précédemment les perturbateurs?

La Convention, le Conseil exécutif, le Comité de Salut public, émus des nouvelles qui venaient de Corse, craignant de pousser les insulaires au désespoir, résolurent de rapporter le décret du 2 avril. Le 16 mai, le jour où la lettre de Paoli était lue à l'Assemblée, le Comité écrivait aux représentants qu'ils devaient tenter toutes les voies de douceur, traiter le général avec ménagement et modération, n'user qu'à la dernière extrémité des mesures rigoureuses et des procédés tranchants. Le 23 mai, Barère déclarait à la tribune que la République n'imiterait pas la cour de Versailles, que les hommes libres savaient écouter la raison, recourir à la médiation, et la Convention arrêtait aussitôt d'envoyer en Corse deux commissaires qui se joindraient aux trois autres et seraient des Français du continent, plus propres à maîtriser les partis et à faire prévaloir l'intérêt général de la France. La Convention nomma ces deux commissaires le 30 mai — ce furent Antiboul et Bo — et le 5 juin, elle décidait, sur la proposition de Barère, de surseoir au décret rendu le 2 avril contre le commandant en chef et le procureur général syndic de la Corse jusqu'au rapport de Bo et d'Antiboul : les Espagnols, avait dit Barère, paraissaient menacer la Corse, et il fallait rappeler Paoli à son devoir par la conciliation.

Il était trop tard. Antiboul et Bo furent arrêtés à Marseille par les sections révoltées, et l'insurrection des départements, éclatant après la journée du 31 mai, ne fit qu'affermir Paoli dans sa rébellion : les Girondins, s'écriait-il, étaient les meilleurs de l'Assemblée et la Convention allait « ruiner et perdre tout! » Mais quand les deux commissaires auraient abordé dans l'île, il ne les eût pas écoutés. Il pensait que la suspension du décret était une souricière, une *trappola*, qu'on ne ramènerait pas la paix et la confiance. « Ils voudraient peut-être, disait-il, que je demande pitié à deux genoux ; ils feignent d'être persuadés de mon innocence ; mais il entre dans leur plan de se débarrasser de moi. » Et il ajoutait qu'il n'attendait aucune justice des trois représentants Saliceti, Delcher et Lacombe-Saint-Michel que la Convention avait maintenus, qu'il n'y avait pas d'espérance de faire le bien si ces trois personnages intervenaient encore, que l'adjonction d'Antiboul et de Bo ne changerait rien aux dispositions du peuple qui ne pouvait reconnaître pour ses juges des hommes qu'il avait dénoncés.

Pourtant il avait tenté d'agir sur Delcher et Lacombe-Saint-Michel, de les séparer de Saliceti. Le Conseil général du département écrivit à ces deux continentaux pour les mettre en garde contre leur collègue corse : Saliceti, disaient les administrateurs, le corrompu Saliceti avait causé tout le mal ; il avait trompé le ministre des finances en assurant que les matrices des rôles existaient lorsqu'il savait le contraire ; il avait accusé l'administration actuelle des retards dont il était le premier responsable ; il venait se créer un parti, s'ériger en *régulateur* de l'île ; il faisait casser les bataillons de volontaires et former des bataillons de chasseurs pour donner à ses amis des brevets d'officier ; il nommait Philippe-Antoine Arena payeur général pour manier les fonds publics ; il s'entourait dès son arrivée des Bonaparte, des Pompei et « autres de cette trempe dont la basse intrigue était connue » ; il dirigeait la faction qui avait provoqué le décret contre Paoli et Pozzo. Les deux commissaires Delcher et Lacombe-Saint-Michel ne pouvaient-ils éloigner Saliceti, écarter les vils transfuges et obtenir de la Convention l'annulation du décret du 2 avril ?

Mais Delcher et Lacombe-Saint-Michel vivaient dans le meilleur accord avec Saliceti. Bientôt les paolistes, renonçant à leur tactique, avaient enveloppé les deux députés du continent dans la même réprobation que Saliceti, et Paoli disait à ses intimes que les commissaires avaient l'allure orgueilleuse et menaçante des Génois ou des intendants du despotisme, qu'ils venaient peut-être traiter avec Gênes qui céderait à la France le golfe de la Spezzia en échange de la Corse, que Volney et d'autres n'avaient pas impunément conseillé de se défaire d'un pays qui coûtait tant de sommes inutiles. Un manifeste du Conseil général dépeignait Saliceti et ses deux collègues comme des agents de Gênes qui, pour recouvrer sa souveraineté sur la Corse, avait compté cent mille écus à chacun d'eux et vingt-cinq millions à la Convention. Des placards affichés en nombre d'endroits prétendaient que des commissaires de l'Assemblée avaient voulu massacrer les meilleurs patriotes de Marseille pour délivrer le duc d'Orléans et le proclamer roi, mais qu'ils avaient été chassés, que Saliceti, Delcher et Lacombe-Saint-Michel venaient en Corse avec les mêmes projets et qu'il fallait les chasser également. D'autres *cartels* dénonçaient le club de Bastia, composé d'adulateurs des représentants, et notamment le président de cette Société, Aurèle Varèse, qu'ils appelaient un excrément de l'antique despotisme et un homme sans caractère et sans religion. Les actes de rébellion ouverte se succédaient. Le Conseil général défendait au receveur de Corte d'obéir à un arrêté des commissaires et d'envoyer au payeur général à Bastia un fonds de cinq cent mille francs. On essayait d'intimider les Corses qui désiraient entrer dans les bataillons de chasseurs. On insinuait que les nouvelles troupes devaient faire la guerre dans leur île et contre Paoli. On menaçait de brûler les maisons des officiers promus par Saliceti. On annonçait l'arrivée de secours anglais ou espagnols et la chute de la liberté française.

Excités par de pareils discours, les paysans tracassaient, vexaient quiconque n'était pas du parti du *babbo*. Ils couraient la campagne au cri de *Vive le général Paoli*, et à Alesani, à Campoloro, à Tavagna, à Mariani, à Casinca toutes les familles dont les membres avaient un grade dans les bataillons de chasseurs, voyaient leurs maisons pillées ou occupées par des gens qui s'y installaient des jours entiers pour manger et pour boire. Une sorte de blocus s'établissait autour des forteresses et déjà les vivres n'entraient plus dans Bastia que par voie de mer.

Craignant d'être taxés de faiblesse, perdant patience, les trois représentants déployèrent l'autorité dont la Convention les avait investis et déclarèrent dans une proclamation qu'ils jugeaient le moment venu d'employer les moyens coercitifs et de faire marcher la force armée. Ils envoyèrent des troupes à Borgo, à Lucciana, à Furiani. Ils cassèrent le Conseil général et remplacèrent le Directoire par un nouveau Directoire composé de neuf membres pris chacun dans un des neuf districts de la Corse. Ils transportèrent le chef-lieu du département à Bastia. Ils destituèrent le lieutenant-colonel de la gendarmerie Leonetti qui n'avait pas rendu compte des désordres de l'Isle-Rousse et refusèrent la démission qu'il offrait. Ils destituèrent Quenza. Ils condamnèrent publiquement Paoli. N'était-il pas, disaient-ils, et bien qu'il eût soin de ne pas se montrer, le « moteur secret » de bien des événements? Pourquoi tolérait-il les excès qui se commettaient en son nom ou pour la défense de sa personne? Pourquoi favorisait-il les actes d'un Département qui violait la loi à chaque instant? Pourquoi prenait-il sous sa protection ce Pozzo, décrété comme lui et peut-être plus coupable que lui? Pourquoi résidait-il toujours à Corte, entouré d'une garde de quarante à cinquante paysans? Pourquoi souffrait-il dans sa maison les plus indignes propos contre les trois commissaires chargés de faire reconnaître dans l'île entière le pouvoir suprême de la nation française?

A ce moment — aux derniers jours d'avril — Napoléon était encore dans sa ville natale. Il essaya, dit-on, de la reprendre par tous les moyens, par la ruse, par la force. Au nom des commissaires de la Convention, il offrait à Colonna-Leca le commandement de la place et le brevet de général sous condition que la citadelle ouvrirait ses portes, mais le lieutenant-colonel faisait la sourde oreille. Il lui proposait de porter à la citadelle les canons du vaisseau le *Vengeur* naguère échoué à l'entrée du port, et il comptait pénétrer dans le donjon à l'instant où s'abaisserait le pont-levis; mais Colonna répondit que les pièces de marine lui seraient inutiles. Napoléon imagina de placer ces canons durant la nuit derrière un rempart de tas de sable et de bombarder ainsi la forteresse; mais ses amis objectèrent que cette artillerie ne pourrait être installée sans bruit et que le bombardement de la citadelle entraînerait le bombardement de la ville. Alors Napoléon tenta de gagner un détachement de garde; mais si les sous-officiers et les soldats accueillirent favorablement ses avances, il ne réussit pas à séduire le capitaine Rocca, mari de son amie d'enfance, Marianne Ternano. Beaucoup de gens d'Ajaccio, avoue Masseria, se seraient rangés du côté des conventionnels, qui leur imposaient par leur titre de représentants du peuple et leur avaient promis ou donné des grades dans les bataillons de chasseurs; mais les paolistes avaient l'avantage du nombre. « Napoléon Bonaparte, écrit Paoli, à la date du 5 mai, Abbatucci et, je crois, Meuron et quelques autres de leurs amis ont essayé dans ces derniers jours d'expulser de la citadelle d'Ajaccio la garde nationale, comme si les forteresses étaient plus sûres pour la République dans la main des troupes de ligne, qu'au pouvoir des volontaires corses. »

Napoléon avait donc tenu pied dans Ajaccio tant qu'il l'avait pu. Mais la lettre où Lucien annonçait à ses frères qu'il avait rédigé l'adresse du club toulonnais à la Convention, était connue dans toute l'île, et nul n'ignorait que Joseph se trouvait à Bastia auprès des commissaires et qu'il était de ces affidés de Saliceti que le Conseil général dénonçait comme des « ennemis déclarés de la liberté », comme des « hommes avides et ambitieux, prompts à se vendre à une autorité quelconque pour un peu d'or ou pour un emploi supérieur ». A Ajaccio ainsi qu'à Corte les habitants se répétaient que le décret porté par la Convention contre Paoli et Pozzo avait été sollicité par la *fazione*, par la faction de Saliceti, par les Bonaparte, et que l'administration générale avait les preuves certaines de cette conjuration.

L'officier d'artillerie résolut de quitter enfin Ajaccio et de rejoindre les représentants à Bastia.

On a prétendu qu'il avait cherché refuge aux îles Sanguinaires où le père des deux Bonelli, l'ancien bandit Zampaglino, lui avait trouvé un abri, et c'est de là que le berger Marmotta aurait porté à Letizia un billet que Napoléon écrivit avec une branche d'arbousier et de la suie délayée dans de l'eau. La vérité est plus dramatique que cette légende.

Il partit à pied avec un de ses bergers, Nicolas Frate de Bocognano — au fils duquel il légua dix mille francs par un paragraphe de son codicille secret. Entre Vivario et le pont de Vecchio il acquit la certitude que s'il poussait plus loin, il serait immanquablement arrêté. Mieux valait rebrousser chemin, regagner secrètement Ajaccio et aller par mer à Bastia. Il revint à Bocognano,.... pour se jeter dans la gueule du loup. Des paysans, excités par Marius Peraldi qui l'avait rencontré, le saisirent et l'enfermèrent dans une chambre au rez-de-chaussée. Heureusement, une fenêtre de la pièce donnait sur la route. Au soir, à la faveur des ténèbres, Napoléon saute au dehors sans être aperçu et s'éloigne vivement, accompagné de deux de ses partisans, Félix Tusoli — auquel il témoigna sa reconnaissance au mois de mars 1805 en lui faisant don d'une terre du prix de trente mille francs — et de Marcaggi — qu'il revit plus tard à l'île d'Elbe maréchal des logis de gendarmerie et qu'il nomma lieutenant, décora et gratifia d'une somme de dix mille francs. Il court à Ucciani, où le maire de l'endroit, Poggioli — auquel il légua pareillement trente mille francs — lui donne conseil et appui. Mais il fait jour. Napoléon n'ose rentrer à Ajaccio. Il se cache dans le faubourg chez son oncle Nicolas Paravicini, en une grotte du jardin Saint-François, et à la nuit, il se rend chez son cousin Jean-Jérôme Levie, l'ancien maire de la ville. Levie avait garni sa maison de gens dévoués. Napoléon parut étonné et, comme s'il ne redoutait aucun péril, s'entretint avec la femme de Lévie, Mamminina, que son mari nommait familièrement sa Génoise parce qu'elle était originaire de Gênes. Pourtant, le lendemain, il sembla soucieux et inquiet du destin des siens; Levie le calma, et après avoir bavardé longuement avec Mamminina, Napoléon se coucha et, de même que la veille, dormit avec tranquillité. Le jour suivant, il passa le temps à lire Rollin. Mais, le soir, Levie sut de source certaine que les gendarmes viendraient dans la nuit faire une perquisition. Il prépara sur-le-champ le départ de son hôte, et le jeune Bonaparte se disposait à gagner le rivage et à s'embarquer dans une gondole lorsqu'on frappa violemment à la porte. Une servante annonça qu'elle avait vu la gendarmerie. Les hommes que Levie avait chez lui et qui couchaient sur des matelas dans la grande salle, s'étaient levés incontinent et jetés sur leurs armes. Napoléon voulait résister, repousser la force par la force. Levie répliqua qu'il fallait agir avec prudence et brûler la poudre à la dernière extrémité. Il envoya Napoléon dans sa chambre, enferma ses gens dans une autre pièce et ouvrit la porte. Le brigadier de gendarmerie entra seul. Il aperçut les matelas que Levie avait oublié d'ôter, et ne fit aucune remarque. Sans changer de visage, Levie lui demanda ce qu'il désirait. « Je cherche Napoléon Bonaparte, dit-il, et j'ai été requis de faire perquisition dans votre maison. » Sa voix tremblait; il craignait évidemment de tomber dans un guet-apens. D'un ton ferme Levie répondit que de pareils procédés l'offensaient, qu'il était un citoyen paisible et qu'il avait été maire de la ville, mais qu'il devait plus que tout autre respecter l'autorité, qu'on pouvait visiter sa demeure du haut en bas, que toutes les recherches seraient inutiles. Aussitôt, d'une mine plus assurée et avec un air de satisfaction, comme s'il était soulagé d'un grand poids, le brigadier déclara que la parole de Levie lui suffisait. Il but un coup et se retira, non sans présenter ses excuses très humbles. La servante l'éclairait et l'accompagna jusqu'à la porte qu'elle ferma sur lui. Levie ne respira que lorsqu'il eut entendu les gendarmes s'éloigner vers la ville. Mais ils pouvaient se raviser ou, sur de nouveaux ordres, fouiller la maison. « Il faut, déclara Levie, partir sans perdre une minute. » Napoléon, qui gardait toujours son sang-froid, prit congé de Mamminina. On descendit un escalier, on traversa la cave, puis le jardin, puis l'écurie, et on déboucha sur la plage. Levie et Napoléon montèrent dans une petite barque qui les conduisit à la gondole. Les matelots attendaient Bonaparte avec impatience et avaient déjà peur qu'il ne fût arrêté. Levie souhaita bon voyage et meilleur succès à son compagnon et revint à Ajaccio jouir de la colère impuissante de ses ennemis : « Je ne les crains pas, disait-il, et saurai leur montrer les dents [1]. » Napoléon aborda à Macinaggio et, de là, se rendit à Bastia par Rogliano, où il vit une belle maison peinte à la génoise, par Tomino, par Porticciolo. Il eut toutes les peines du monde à trouver un cheval et un homme qui voulût le mener par ces sentiers escarpés. Encore la bête était-elle un véritable squelette qui se tenait difficilement sur ses jambes, mais elle avait l'habitude des chemins; « elle me fut extrêmement utile, raconte Napoléon, j'étais content de mon guide, il le fut aussi de moi. »

Napoléon se concerta sur-le-champ avec les commissaires. On a dit qu'ils le nommèrent chef directeur de l'artillerie et lui firent compter par le payeur général deux mille livres, dont douze cents en numéraire pour installer des batteries sur les côtes où l'ennemi pourrait opérer une descente. Mais il y avait alors à Bastia, — outre un directeur d'artillerie, Catellan, le lieutenant-colonel du 4ᵉ régiment que Bonaparte

---

1. Cf. la lettre de Levie (Marcaggi, *Une genèse*, 333 et, Masson, II, 434). Napoléon fut reconnaissant envers Levie; il lui envoyait le 28 mai 1799 une montre à répétition qu'il le priait d'accepter « comme une petite marque d'estime et d'amitié »; il regrettait (Levie ne savait pas le français) de ne pouvoir l'appeler à la préfecture du Liamone ou au Sénat, mais il le nommait conservateur des forêts (23 février 1801). Après la mort de Levie qui eut lieu en 1803, deux de ses fils furent élevés dans un lycée de Paris; l'un d'eux, entré à l'Ecole polytechnique en 1807, devint en 1809 premier lieutenant à la 21ᵉ compagnie du 4ᵉ régiment d'artillerie à pied, fut promu au grade de capitaine en second le 15 juin 1812, employé à l'état-major d'artillerie de la grande armée, et disparut dans la retraite de Russie. Par le premier codicille de son testament, Napoléon légua cent mille francs à Levie ou à sa veuve, enfants ou petits-enfants.

avait connu deux années auparavant à Valence — un vieux soldat, promu récemment général de brigade, César-Mathieu Petriconi, l'ancien Douze et député de la noblesse, commandant de la garde nationale du district d'Oletta. Ce fut Petriconi que les représentants chargèrent d'inspecter les batteries et les côtes, et il assure dans une lettre du 23 juillet qu'il a fait mettre des canons dans le golfe de Saint-Florent.

Toutefois Napoléon appela l'attention des commissaires sur Saint-Florent. Dans un mémoire qu'il leur soumit, il proposait de réparer les remparts de la petite ville, d'élever sur la colline de Saint-François un fort, et hors de l'enceinte du fort, un peu sur la droite, une batterie de côte, d'établir sur le sommet d'Acrito une redoute de campagne flanquée pareillement d'une batterie de côte, de construire du fort Saint-François à la redoute d'Acrito des lignes à crémaillère, de placer trois batteries à Fornali. Il fallait, suivant lui, ne fortifier en Corse qu'un seul golfe, mais le bien choisir, le pourvoir des ressources de l'art et, en cas d'attaque, y concentrer la résistance. Or, ce golfe, tout proche de la France et capable de contenir une flotte, c'était Saint-Florent; c'était à Saint-Florent, pensait Napoléon, que le gouvernement français aurait dû employer l'argent qu'il avait jeté à Bastia, à Ajaccio et à Bonifacio.

Ce fut d'ailleurs un de ses projets favoris et qu'il soutint plus tard avec vigueur, notamment en 1797. Selon lui, les cinq ou six forteresses de l'île étaient aussi faibles qu'inutiles. Seul, le poste de Saint-Florent était intéressant, essentiel, et l'on devait, après avoir desséché le marais qui rendait l'air insalubre, y centraliser toutes les forces de l'île, y faire une fortification permanente et consacrer à ces ouvrages les sommes que coûtait l'entretien d'Ajaccio, de Bastia, de Bonifacio, de Calvi où suffisaient des batteries de côte.

Il ne changea guère d'opinion sur ce point. S'il abandonna le dessein de convertir Saint-Florent en un camp retranché, il ne renonça pas à l'idée de ramasser en une seule ville la puissance militaire de l'île. Il disait en 1815 qu'aucune des places de Corse n'était tenable, que Saint-Florent et Ajaccio seules pouvaient recevoir des escadres, mais que Saint-Florent n'était qu'un petit bourg où régnait un air malsain et qu'il fallait trois ans et six cent mille francs pour fortifier les hauteurs d'Ajaccio, qu'il valait mieux — puisque le temps pressait — porter tout l'effort de la défense à Calvi, y former un approvisionnement de siège, y envoyer tous les fusils, y mettre l'artillerie inutile des autres parties de l'île : c'était à Calvi qu'après avoir disputé le terrain pied à pied, on se renfermerait pour lutter à outrance et jusqu'au dernier souffle.

Désireux de prendre sa revanche, Napoléon assurait aux commissaires qu'on pouvait s'emparer d'Ajaccio, qu'à l'exception du parti dirigé par Marius Peraldi, toute la cité tenait pour la France. Le 11 mai, après une conversation avec Bonaparte, Lacombe-Saint-Michel écrivait au ministre Bouchotte : « Le peuple d'Ajaccio est pour nous, mais il est opprimé par la garnison corse », et il exposait un plan d'attaque contre la place : des détachements du régiment suisse de Salis-Grisons qui se trouvaient encore à Sartène, à Vico et à Corte, recevraient l'ordre de se rendre à Ajaccio et de s'embarquer pour le continent; une fois dans la ville, ces Suisses tâcheraient de s'en saisir avec l'aide des compagnies du 52e que les représentants allaient dépêcher par mer.

Le 23 mai, au milieu de la nuit, dans le plus grand secret, Lacombe-Saint-Michel et Saliceti, accompagnés de Napoléon et de Joseph Bonaparte, quittaient le golfe de Saint-Florent. Ils emmenaient quatre cents hommes tirés du 52e, du 26e et des bataillons d'infanterie légère, plusieurs canonniers et une poignée de gendarmes nationaux. L'artillerie, commandée, de même que dans l'expédition de la Madeleine, par Napoléon, comptait deux mortiers et les canons que portaient la corvette la *Belette*, le brick le *Hasard* et quelques gabarres. Les commissaires ne se dissimulaient pas qu'ils avaient trop peu de troupes; mais il fallait par un coup d'audace étonner les Corses.

Ils eurent mauvais temps et durent rester sept jours en mer. Enfin, le 31 mai, ils débouchaient dans le golfe d'Ajaccio. L'étendard de la République flottait sur la citadelle. Mais Vincentello Colonna-Leca lança deux boulets rouges sur le brick le *Hasard*, le premier bâtiment qui fût à portée de son canon, et l'escadre vint jeter l'ancre dans la partie opposée du golfe, près de la vieille tour de Capitello que Napoléon désignait aux commissaires comme le meilleur point d'atterrissement. Pendant la nuit une gabarre du fort, la *Lamproie*, coupa ses câbles et sous le feu de la citadelle gagna le mouillage de la flottille française. On croyait que la garnison imiterait l'équipage de la gabarre, et Napoléon, ainsi que Joseph, ne cessait d'assurer qu'il y avait dans Ajaccio mille bons patriotes pour le moins, 250 Suisses, 100 hommes du 42e régiment, 50 du 52e régiment et les marins du *Vengeur*.

Le 1er juin, les républicains débarquèrent et soit par des cris de ralliement soit par des volées d'artillerie annoncèrent, comme ils disaient, leur présence à leurs frères du continent. Mais il n'y eut que 23 Suisses de Salis-Grisons et 6 soldats du 52e qui passèrent de leur côté avec quelques particuliers, dont le procureur-syndic du district, l'abbé Coti, l'ami des Bonaparte. Les commissaires envoyèrent une lettre impérieuse à la municipalité. Elle répondit à la sommation des représentants que la ville était, comme toutes les communes du département, attachée à la République française, mais qu'elle ne pouvait donner asile aux commissaires, et une adresse des soldats et des marins invita les conventionnels à se retirer parce que « leurs efforts ne portaient que le caractère de la personnalité » et que tous les Corses, républicains français, se soumettaient aux « lois de la Convention en ne rejetant que la présence et la partialité de Saliceti ».

Les troupes bivouaquèrent à la tour de Capitello et y passèrent la journée du 2 juin. Le soir, elles se rembarquèrent paisiblement. Lacombe-Saint-Michel déclare dans une lettre au ministre qu'elles se sont conduites avec valeur et même un peu de témérité, qu'elles ont tué quelques Corses et mis en fuite des nuées de rebelles. En réalité, il se contenta de tirer plusieurs coups de canon pour avertir et comme pour héler les Français fidèles qui désiraient le joindre. Mais il avait appris par Coti qu'il ne pouvait attendre aucun secours des habitants, que Colonna-Leca avait désarmé la plupart des Ajacciens et braqué ses pièces sur les maisons des patriotes, que vingt adhérents du parti français revenus exprès de Bastia pour faciliter la surprise de la ville avaient été arrêtés sur leur gondole, que le Conseil général du département avait chargé deux commissaires, Jean-Baptiste Tortaroli et le capitaine de gendarmerie Hugues Peretti, d'animer la résistance et de poursuivre quiconque se prononcerait contre le *babbo*. Enfin les paolistes recevaient à chaque instant des renforts; toute la garde nationale des cantons voisins était arrivée à leur aide, et notamment celle du canton de Sampiero commandée par un Peraldi qui se vantait plus tard, pour obtenir la croix de Saint-Louis, de s'être battu vigoureusement durant deux jours et deux nuits sur la plage d'Orbitello et d'avoir fait contre Bonaparte et Saliceti la campagne de 1793 [1] !

La canonnade d'Ajaccio n'était qu'une vaine démonstration. Lacombe-Saint-Michel n'avait fait qu'un prisonnier, qui portait gravé sur ses armes le nom de Paoli avec une croix, et le seul incident remarquable de cette échauffourée fut peut-être le comique épisode que Napoléon racontait plus tard à Antomarchi. Des insurgés, juchés sur des arbres, accablaient de reproches l'officier ajaccien et s'indignaient qu'il combattît pour la France. Il chargea un coup à boulet et ajusta; la branche sur laquelle un de ces insulaires était perché fut tranchée net, l'homme tomba, et la cohue, riant aux éclats, se dispersa.

1. Ce Peraldi (Antoine-François-Ignace), élu le 25 mars 1793 commandant en second de la garde nationale de Sampiero, fut successivement, sous le régime anglais, membre du parlement corse, assesseur au tribunal d'Ajaccio et avocat du roi. Après une détention de huit mois, il émigra (1798). Il ne rentra qu'en 1814, se réfugia durant les Cent-Jours en Toscane et devint sous la Restauration sous-préfet de l'arrondissement de Sartène (22 février 1816) et membre de la Chambre des députés (6 mars 1824).

C'était toutefois la véritable guerre qui commençait. Dès le lendemain, Leonetti s'emparait des hauteurs qui dominent Calvi et attaquait la ville en criant aux soldats du 26⁰ régiment et aux volontaires des Bouches-du-Rhône qu'ils paieraient chèrement le sang de leur roi. Il dut reculer. « Les rebelles, écrit Napoléon, avaient tenté de ravager le territoire de Calvi; ils ont été repoussés et ont perdu quarante hommes. »

Les Corses n'étaient plus en effet, aux yeux de Napoléon et des commissaires, que des rebelles. Paoli, jugeant qu'il était temps de passer à une défense nécessaire, *necessaria difesa*, avait déjà fait le dernier pas, et les administrateurs du département, résolus, comme lui, à soutenir une lutte légitime plutôt que de souffrir le despotisme, sous quelque forme qu'il parût, écrivaient aux trois députés Andrei, Bozio et Chiappe que les menaces des commissaires provoquaient et justifiaient la résistance, que Saliceti et ses deux collègues « travaillaient à terrasser les Corses sous la tyrannie et à leur imposer le joug d'une faction coupable ».

Le 16 mai, le Conseil général convoquait à Corte une consulte des mandataires du peuple corse. Il fallait, écrivait-il à toutes les communes, prendre de grandes mesures : les commissaires de la Convention refusaient de correspondre avec lui, de s'associer à lui; ils n'écoutaient, n'employaient que des intrigants; ils protégeaient un Arena; ils osaient dire qu'il serait avantageux de céder la Corse aux Génois!

Le 27, la consulte, composée de mille neuf délégués des communes, ouvrait ses séances à Corte dans le couvent de Saint-François. C'était la plus nombreuse que l'île eût jamais vue. Plus de deux mille Corses, venus des différents points du pays, attendaient sur la place du couvent la décision de l'assemblée et beaucoup avaient grimpé sur les branches des chênes verts. Paoli et Pozzo ne parurent pas d'abord, mais une députation alla les chercher et ils entrèrent dans la salle au milieu des bruits de l'artillerie, des vivats du peuple et des applaudissements du congrès. Paoli lut la lettre qu'il avait envoyée à la Convention et affirma son inébranlable attachement à la République française. La consulte le proclama le père de la patrie, en ajoutant que les accusations qui avaient provoqué le décret du 2 avril étaient un monument de perfidie et de mensonge, que Pozzo avait bien mérité de la chose publique par son civisme et son talent, que le Conseil général avait su défendre l'honneur corse avec courage. Le lendemain, Galeazzi s'éleva contre le « système atroce » que des hommes pervers pratiquaient sur le continent et voulaient pratiquer dans l'île : laisserait-on les ennemis de la Corse traiter de rebelles les vrais patriotes et de patriotes les anarchistes, les laisserait-on « préparer le fer homicide pour le faire tomber sur la tête des meilleurs citoyens », et ne fallait-il pas frapper sans pitié ces hypocrites qui ne s'arrogeaient un pouvoir de circonstance que pour donner satisfaction à leurs passions personnelles? Entraînée par les paroles de Galeazzi et par un véhément discours de Pozzo, la consulte déclara que le peuple corse, fidèle à ses serments, persistait dans son union avec la République française; mais que Saliceti, d'intelligence avec Casabianca, Moltedo et quelques autres Corses responsables de malversations et d'abus de pouvoir, avait projeté de s'assurer la domination exclusive de l'île, qu'il avait excité les plus injustes méfiances contre la Corse dans la Convention, le Conseil exécutif et les sociétés populaires, qu'il avait fait créer les bataillons de chasseurs pour les soumettre à son influence propre, qu'il avait conféré les grades avec une prodigalité scandaleuse aux parents et aux amis de sa faction, qu'il avait arraché le décret du 2 avril à la bonne foi de la Convention : Saliceti et ses deux collègues, Delcher et Lacombe-Saint-Michel, ne seraient donc pas reconnus comme commissaires et nul n'obéirait à leurs ordres ou réquisitions; les bataillons de chasseurs rentreraient sous quatre jours dans leurs foyers; Paoli, ce vertueux citoyen à qui les Corses avaient à jamais voué leur gratitude et leur vénération, Paoli, l'ami du peuple, le vengeur des lois, le plus ferme soutien de la liberté française, continuerait à veiller sur son pays et une adresse serait faite à la Convention pour que l'Assemblée mieux informée rapportât le décret du 2 avril ; Pozzo, calomnié par la haine et la cabale, reprendrait ses fonctions de procureur-syndic; les membres du Conseil général, destitués par un acte d'injustice et de despotisme, resteraient à leur poste, où leur conduite avait été si sage et si énergique en de si dangereuses circonstances ; tous les citoyens que les commissaires avaient destitués garderaient leur grade et leur emploi ; Saliceti, Moltedo et Luce Casabianca qui représentaient la Corse à la Convention, seraient déchus de leur mandat parce qu'ils avaient trahi leurs devoirs et perdu toute confiance.

Vint le tour des Bonaparte. Le 29 mai, dans la dernière séance de la consulte, plusieurs orateurs s'élevèrent contre les traîtres ou, comme ils disaient, contre les désorganisateurs du système de liberté, contre les perturbateurs de la tranquillité et les agents et vils satellites de la faction tyrannique. Ils citèrent les familles Arena et Bonaparte. Ils rappelèrent que Barthélemy Arena avait dilapidé les fonds publics, qu'il avait, le premier, osé diffamer par les plus grossières et les plus affreuses calomnies le peuple corse, l'administration du département et le général Paoli, que ses frères l'avaient secondé dans ses desseins et ses délits par leur malignité naturelle. Ils dirent aussi que les Bonaparte, « nés dans la fange du despotisme, nourris et élevés sous les yeux et aux frais d'un pacha luxurieux qui commandait dans l'île, avaient développé les mêmes sentiments et tenu dans une sphère plus circonscrite la même conduite que les Arena » ; que les trois frères, Joseph, Napoléon, Lucien, s'étaient « faits avec le plus ardent empressement les zélés coopérateurs et les perfides agents de Saliceti » ; qu' « après avoir tenté de séduire l'esprit de leurs concitoyens par leurs discours, l'un d'eux s'était rendu dans les départements voisins pour soutenir les calomnies dont eux-mêmes savaient le secret et les motifs » ; qu'ils s'étaient « réunis, comme les Arena, aux commissaires de la Convention députés en Corse pour détruire la liberté du peuple de ce département et vendre leurs coupables services aux oppresseurs de la nation, ainsi qu'il résultait d'une lettre desdits Bonaparte dénoncée au public par la voie de l'impression. » Ces faits étaient notoires; toute la Corse les connaissait pleinement; pourquoi donc n'infligerait-on pas aux individus qui composaient les deux familles Arena et Bonaparte une tache éternelle qui ferait détester des patriotes du département leur nom et leur mémoire? L'assemblée applaudit à ces propositions et prit la résolution suivante :

« Considérant que les Arena, après avoir au commencement de la Révolution porté le masque imposant du patriotisme, ne s'en sont revêtus que pour servir plus efficacement leurs passions et leur ambition particulière;

« Considérant que Barthélemy Arena s'est rendu coupable de félonie en calomniant sa patrie et ses compatriotes auprès de la France et de ses législateurs;

« Considérant que les frères et son fils ont tous été complices de la conspiration liberticide de Barthélemy;

« Considérant que Arena, payeur général provisoire, a, par l'infidélité de son service, compromis la tranquillité de ce département et interrompu l'activité de l'administration;

« Considérant que ses frères Bonaparte ont secondé tous les efforts et appuyé les impostures des Arena en se réunissant aux commissaires de la Convention qui désespèrent de nous soumettre à leur faction tyrannique et menacent de nous vendre aux Génois;

« Considérant d'autre part qu'il n'est pas de la dignité du peuple corse de s'occuper des deux familles Arena et Bonaparte, les abandonne à leurs remords intimes et à l'opinion publique qui d'ores et déjà les a condamnés à une perpétuelle exécration et infamie. »

La population d'Ajaccio n'eut pas le même dédain que la junte de Corte. La maison des Bonaparte fut pillée et mise à sac, ainsi que celle des Moltedo, celle des Meuron et de plusieurs autres patriotes. Letizia avait été, quelques jours auparavant, avertie par Napoléon. « *Preparatevi*, écrivait-il à sa mère, *questo paese non è per noi*; préparez-vous à partir, ce pays n'est pas pour nous. » Elle eut le temps de se rendre avec ses enfants et Fesch au domaine de Milelli qu'elle possédait encore malgré le décret de la Convention. L'abbé Coti et plusieurs hommes de Bocognano et de Bastelica, entre autres le brave lieutenant Nunzio Costa, l'avaient suivie. Elle voulait d'abord fuir à Sagone par la chapelle de Saint-Antoine et la montagne. Mais le projet parut impraticable et ses compagnons décidèrent qu'il valait mieux gagner Aspreto et, par le Campo dell'Oro, la tour de Capitello : ils savaient que l'escadre française allait venir. On partit à la nuit close. L'obscurité était profonde. Pas une étoile ne brillait au ciel. On n'entendait que le cri des oiseaux de proie et le bruissement de la mer qui brisait au loin sur la plage. Après avoir marché tantôt par des sentiers étroits et tortueux, tantôt par les broussailles et les ronces, les fugitifs arrivèrent à minuit sur les hauteurs d'Aspreto. Ils firent halte pendant une heure, puis traversèrent la plaine de Campo dell'Oro, franchirent, sur un cheval qu'ils montèrent tour à tour, le torrent de Capitello et, à l'aube, par des chemins connus de Costa, allèrent se cacher dans les maquis le long de la côte. C'était le 31 mai, et ce jour-là même, Napoléon entrait avec les commissaires de la Convention dans le golfe d'Ajaccio. Il voit sur le rivage des gens qui font des signes ; il se jette dans une chaloupe avec Joseph ; il reconnaît sa mère et ses sœurs qui lui tendent les mains ; il les conduit à bord de l'escadre. Le 3 juin, Napoléon et tous les siens étaient à Calvi chez les Giubega.

La rupture de Bonaparte avec Paoli était consommée. Outré de colère, Napoléon rédigea sur-le-champ un violent mémoire contre Paoli. Effronterie, désir démesuré du pouvoir, déloyauté, tels sont les méfaits dont il charge son idole de naguère. Paoli, dit-il, semblait le martyr de la liberté, et tous les partisans de la Révolution avaient ardemment souhaité son retour. En réalité, il fallait ne voir que par ses yeux et ne juger que par sa conscience. Dès le 10 août, il eût donné sans doute « un coup de pied » à la France sans les victoires de

Dumouriez et le brevet de lieutenant général qu'il reçut du Conseil exécutif. Mais il ne reculait que pour mieux sauter, et il annonça bientôt ses projets criminels. N'avait-il pas placé dans les forteresses maritimes les gardes nationales corses dont il se croyait sûr? N'avait-il pas créé quatre compagnies de canonniers dont les officiers avaient perdu leur père dans la campagne de 1768 et devaient dès lors, selon l'usage des insulaires, exercer leur vengeance contre les Français? N'avait-il pas désigné Pozzo di Borgo comme procureur-syndic au choix des électeurs et composé d'*ignares* le reste du département? N'avait-il pas nommé son neveu Leonetti commandant de la gendarmerie et confié la caisse militaire à une de ses créatures? N'avait-il pas empêché les Corses de se rendre à l'armée du Midi et de conquérir la Sardaigne? Ne disait-il pas en des moments d'impatience que le roi de Sardaigne était le plus cher allié des Corses, le seul qui les avait secourus autrefois? Et depuis les hostilités entre la France et l'Angleterre, ne mettait-il pas une sorte d'affectation à louer la puissance et la générosité britanniques? Paoli était donc un traître, et il avait commis la plus odieuse des trahisons; il plongeait sa patrie dans la guerre civile; au lieu d'associer ses concitoyens à la seule nation qui pût faire leur bonheur, il les soulevait contre elle; il abusait indignement de la confiance de la République; il combattait les Français avec leurs propres armes, leurs propres deniers. « Tant de perfidie, ajoutait Napoléon, entre donc dans le cœur humain! Et quelle fatale ambition égare un vieillard de soixante-huit ans! C'est que Paoli a sur la physionomie la bonté et la douceur, et la haine, la vengeance dans le cœur; il a l'onction du sentiment dans les yeux et le fiel dans l'âme! » L'officier exposait la situation. Selon lui, le parti des indépendants, absolument dévoué à Paoli, était très petit, mais devenait nombreux en s'unissant aux aristocrates. Le parti de la République aurait été le plus fort s'il n'avait eu entre les mains de Paoli plus de cinq cents otages. Bonaparte décrivait à sa façon, avec finesse et vivacité, la tactique du général et la conduite des Corses : « Il caresse, il menace, il brûle, il permet le pillage. Dans le même temps, il persuade que les commissaires sont abandonnés de la France, qu'ils ne recevront aucun secours, que la Convention a changé d'esprit. En tout cas, il assure que la France est perdue, que bientôt il aura du secours de l'Angleterre. Dans tant d'idées, parmi tant de perspectives différentes, le bon se trouble et gémit; le douteux devient mauvais. D'ailleurs, l'esprit d'activité, d'inquiétude, naturel aux Corses, s'en mêle. Il faut être d'un parti; autant être de celui qui triomphe, de celui qui dévaste, pille, brûle; dans l'alternative, il vaut mieux être mangeur que mangé. » Il appréciait rapidement les chefs : Paoli montait difficilement à cheval et n'avait jamais eu l'humeur guerrière; Leonetti manquait de courage, d'esprit, de réputation; Pozzo, intelligent, actif, passait pour vénal et taré; Cesari n'avait de guerrier que l'extérieur; pas d'officiers; tous les Corses qui possédaient quelques connaissances militaires, politiques ou administratives, se détachaient de Paoli. Le mémoire se terminait par un plan d'opérations : suivant Napoléon, il fallait incontinent, dans les mois de juin et de juillet, en pleine récolte, accabler les insurgés; il suffisait d'envoyer cinq mille hommes; on prendrait Ajaccio sans tirer même un coup de fusil, et l'on rejetterait Paoli dans la montagne.

Joseph Bonaparte, accompagné de Meuron, porta ce mémoire à Paris et, le 9 juillet, le remit, retouché et augmenté en quelques endroits, au Conseil exécutif provisoire. Il avait fait route avec Saliceti. Après l'expédition d'Ajaccio, les représentants avaient décidé que deux d'entre eux, Saliceti et Delcher, iraient en France demander d'indispensables renforts pendant que Lacombe-Saint-Michel resterait en Corse pour défendre les places [1].

Comme Napoléon, et dans les mêmes termes que Napoléon, Saliceti assura de nouveau que Paoli était un homme astucieux, que Paoli trahissait la France, que Paoli s'entourait de contre-

---

1. Saliceti mit à la voile le 21 juin et arriva le 5 juillet à Paris.

révolutionnaires, que Paoli entassait à Corte des munitions de guerre, que Paoli avait empêché les volontaires corses d'aller en Sardaigne. De nouveau Constantini et Ferrandi protestèrent. Ils écrivaient au Comité de Salut public et au président de la Convention que les trois commissaires se comportaient en tyrans et en despotes, qu'ils avaient outrepassé leurs pouvoirs en cassant le Conseil général et le Directoire sans entendre l'un et l'autre, qu'ils attentaient à la déclaration des droits, faisaient un abus « énorme » de leur autorité, tenaient le langage des dictateurs les plus audacieux. Bombarder Ajaccio, disaient Constantini et Ferrandi, n'était-ce pas pousser les habitants à quelque démarche désespérée? Quoi! au lieu d'agir « comme de bons pères de famille », les représentants employaient la rigueur! Voulaient-ils donc séparer la Corse de la République française? Et les deux insulaires proposaient de rappeler Saliceti, Lacombe et Delcher, et d'annuler tous les actes de ce triumvirat qu'ils qualifiaient d'oppresseur.

Le 17 juillet, sur le rapport de Delcher et Barère, à l'instigation de Saliceti, — à qui son collègue Bozio reproche en cette occasion un « excès de vendette » — la Convention décrétait que Paoli était déclaré traître à la République française et mis hors la loi, qu'il y avait lieu à accusation contre Pozzo di Borgo, procureur général syndic, contre Negroni, Peretti, et Tortaroli, commissaires du département de Corse à Bastia et à Ajaccio, contre Gigli, Gaffajoli, Marc-Antoine Ferrandi, Giacomoni, Ordioni, Benedetti, Balestrino, Mucchielli, Manfredi, Anziani, Franceschi, Nobili Savelli, Filippi, Viggiani, Cottoni, Campana, Panattieri, Antoni et Muselli, membres du Directoire et du Conseil général, contre Colonna-Leca et le maire d'Ajaccio Guitera.

Avec un noble courage, Ange Chiappe exprima sa surprise et sa douleur. Il se plaignit de la conduite de l'assemblée qui commençait par décréter l'arrestation de Paoli sans consulter les commissaires ni les députés de l'île, puis suspendait l'exécution du décret, puis déclarait Paoli hors la loi. Le général et ceux que la Convention avait condamnés, objectait Ange

Chiappe, entraîneraient avec eux leurs parents, leurs amis, c'est-à-dire un parti considérable qui n'aurait peut-être d'autre ressource que de se livrer à l'ennemi ; il valait mieux décider par un amendement que tous les Corses désignés dans le décret avaient le droit de se rendre dans la quinzaine en pays neutre ou sur le continent français pour y rester sans être inquiétés jusqu'à ce que l'ordre fût rétabli dans leur patrie. Mais Chiappe ne fut pas écouté.

Saliceti triomphait. Il poursuivit, témoigne Bozio, tous ceux qui voulaient élever la voix contre sa tyrannie [1]. Marsili, qui portait à la Convention des dépêches du Conseil général de Corse, fut arrêté aux îles d'Hyères et emprisonné à Toulon. Constantini et Ferrandi furent incarcérés à Paris. Andrei fut décrété d'accusation comme Girondin, et, après s'être caché seize mois en divers endroits, reparut affaibli, méconnaissable.

Napoléon fut pareillement implacable. Après la reconquête de l'île, il fit accorder par Gentili un pardon général à tous ceux qui n'avaient été qu'égarés. Mais il prescrivit d'arrêter et de traduire devant une commission militaire les quatre députés que la Consulte avait chargés d'offrir la couronne de Corse au roi d'Angleterre, Cesari, Nobili Savelli, François-Marie Pietri et Galeazzi, d'arrêter les personnages qui formaient le conseil d'état du vice-roi, d'arrêter les meneurs de l' « infâme trahison », Pozzo di Borgo, Marius Peraldi, Tortaroli, Bertolacci, Stephanopoli, Balestrino, Filippi, et les chefs de bataillon convaincus d'avoir porté les armes contre la République.

Parmi ces chef de bataillon était Jean-Baptiste Quenza. Il s'obstina dans la résistance. En 1800, il était à la tête des communes insurgées du Liamone et le premier consul ordonnait de brûler sa maison. Enfin, Quenza se soumit. Il écrivit à son lieutenant et ami d'autrefois une lettre particulière : il assurait qu'il avait d'abord, et très hautement, manifesté son obéissance aux lois, mais qu'il avait dû reprendre les armes

---

1. Cf. ce mot de Petriconi (lettre du 18 août 1793) : « Paoli d'un côté, Saliceti de l'autre, vont occasionner la ruine de la Corse. »

pour se venger des vexations et des violences de l'administration. Sa soumission fut accueillie : il avait un grand crédit dans les pièves du Liamone et le gouvernement comptait se servir de son influence pour les pacifier entièrement. L'ancien chef du 2ᵉ bataillon des volontaires corses vivait en 1837 à Bonifacio, et Valery rapporte dans son *Voyage* qu'il possédait une intéressante collection de vieux manuscrits sur l'histoire de l'île.

On sait ce que devinrent les principaux ennemis de Napoléon, Marius Peraldi, Tortaroli, Panattieri, Pozzo di Borgo et Paoli,

Marius Peraldi tenta de soulever la Corse pour la donner au tsar Paul Iᵉʳ, et mourut en Sicile.

Tortaroli demeura longtemps en Angleterre, et le général Morand prétendait en 1809 que, de Londres, l'ancien podestat d'Ajaccio « combinait encore des mouvements sur la Corse ».

Panattieri, membre du Conseil d'État et du Tribunal suprême sous le gouvernement anglais, destitué de ses deux places par Elliot parce qu'il était enragé paoliste, revint de Londres en 1796 et trouva quelque temps un asile à Livourne chez le général Gentili. Averti, Bonaparte enjoignit de l'arrêter dans le plus grand secret et de saisir tous ses papiers. Panattieri échappa, se réfugia dans l'île de la Madeleine, puis à Port-Mahon, et alla mourir en Egypte sous le drapeau anglais.

Pozzo devint tout-puissant lorsque les Anglais furent maîtres de l'île; président du conseil d'État et désigné par Paoli comme l'homme le plus capable de remplir cet office, confident et favori du vice-roi Elliot, qui le tenait pour indispensable, il nomma tous les fonctionnaires et employés. Paoli, qu'il avait supplanté, se plaignait un jour de ses intrigues. « C'est pourtant vous, dit Elliot, qui me l'avez donné. — C'est vrai, répondit Paoli, je vous l'ai donné comme un bon rasoir qui dans les mains d'un habile barbier coupe la barbe et dans les mains d'un singe coupe la gorge. » Pozzo dut quitter la Corse avec Elliot et se mettre à la solde de la diplomatie russe. Mais il resta l'adversaire de Napoléon, le combattit sans cesse et finit par le vaincre. Vainement Napoléon le poursuivit, le déclara condamné à mort par contumace comme « ayant trahi la France en faveur des Anglais », le fit expulser de la monarchie autrichienne où Pozzo était venu, parce que la guinée, selon le mot mordant de Paoli, valait beaucoup plus à Vienne qu'à Londres. Pozzo regagna l'Angleterre en passant par Constantinople, tant était grande l'impression de terreur que l'empereur exerçait sur le continent, et, au témoignage de lord Holland, ce fut lui, ce fut ce Corse insinuant et persuasif qui rendit Napoléon et Alexandre irréconciliables. Il accompagna le tsar en 1814 et dirigea les coups de la coalition, exprimant en toute circonstance sa haine pour son compatriote et la certitude de sa chute prochaine, excitant l'Autriche à la guerre, rédigeant et faisant signer à Schwarzenberg la proclamation qui séparait la cause de Napoléon de celle de Paris, engageant les alliés à tout oser et les poussant sur la capitale sans se soucier de la manœuvre qui menaçait leurs derrières.

Paoli avait dû, pour se défendre contre la Convention, se jeter dans les bras des Anglais. Il s'imaginait qu'il obtiendrait du ministère britannique le titre de vice-roi. Le vice-roi fut Elliot, et sir Gilbert Elliot, dominé par Pozzo, se débarrassa de Paoli. Dans des lettres piquantes, très curieuses, parfois justes et plus souvent inexactes, il écrivait à Londres que le général voulait exercer le pouvoir et grâce aux troupes et à l'argent qu'il recevait d'Angleterre, être le véritable roi de Corse, le *roi Pasquale*, que ses habitudes, comme celles des Corses, exigeaient qu'il fût ou César ou rien, *aut Caesar aut nullus*, qu'il se disait malade, jaloux de son repos et fort désireux de quitter l'île dont le climat ne convenait plus à sa santé, mais que par ses manœuvres adroites il semblait distribuer les places et les faveurs, que tous les mécontents se tournaient vers lui. Un jour, Elliot, poussé à bout, l'avait pressé, sommé de s'expliquer franchement. Pourquoi faisait-il de l'opposition? Et Paoli, prenant un « ton d'acteur », avait affirmé son attachement au roi et à la Corse, déclaré qu'il avait le droit d'éclairer ses concitoyens, déploré la méfiance qu'il excitait, rappelé son amour pour la liberté, et, durant deux heures, parlé sans articuler rien de précis, en termes vagues et obscurs, mêlant à tout ce qu'il disait des tirades déclamatoires sur son honneur et son patriotisme. Finalement, Elliot accusa Paoli de se livrer contre lui à une propagande continuelle, l'accusa d'ameuter le peuple, d'exhorter les insulaires à tenir toujours leurs fusils chargés. Paoli, assurait Elliot, était le plus déloyal des hommes, un intrigant fieffé, un « vieux serpent »; il craignait presque que Paoli ne le fît pendre comme rebelle ou prétendant, et il concluait que si Paoli s'éloignait, la Corse serait anglaise. Paoli s'éloigna,.... et les Anglais perdirent la Corse.

De Londres, où il termina ses jours, le vieillard suivit d'un regard attentif les destins de Napoléon, de celui qu'il nommait *il nostro patriotto, il nostro nazionale*. Il se réjouit en 1796 que Bonaparte eût renversé l'oligarchie superbe de Gênes : « C'est de la main d'un Corse, s'écriait-il, qu'elle a reçu le coup de grâce! » Il se félicita que son île eût, grâce à Napoléon, obtenu de concert avec la France la liberté et de bonnes lois. « La liberté, ne cessait-il de répéter, fut l'objet de nos révolutions; les Corses la possèdent aujourd'hui, et qu'importe de quelles mains elle vienne! Nous avons le bonheur de l'avoir obtenue par un de nos compatriotes qui, avec tant d'honneur et de gloire, a vengé la patrie des injures que presque toutes les nations lui avaient faites. Je l'aime parce qu'il a montré que les habitants de cette île opprimée et méprisée, dès qu'ils sont délivrés des froides mains d'un gouvernement tyrannique, savent se distinguer dans toutes les carrières. Il a exercé nos vendettes contre tous ceux qui ont été la cause de notre avilissement. Le nom corse n'est plus maintenant dédaigné, et nous verrons d'autres de ses fils figurer sur le grand théâtre de l'Europe, car ils auront des talents, une noble ambition et le lumineux exemple de Bonaparte. »

Napoléon connut ces généreuses paroles de Paoli et elles le

touchèrent. Il ne parlait du *babbo* qu'avec respect et, de même que Joseph, de même que Lucien, il a dit en mainte occasion que Paoli était un grand homme sur un petit théâtre, un de ces rares génies qui sont propres à régénérer les peuples avilis. Mais les Bonaparte se sentaient coupables envers lui, et, comme s'ils avaient honte de leur conduite et voulaient pallier leurs torts, ils ont prétendu dans leurs Mémoires, contre toute vérité, que l'adhésion de Paoli à la Révolution n'était pas sincère et qu'avant le décret du 2 avril, il préférait ouvertement la monarchie à la République, l'Angleterre à la France, et les seigneurs de la Chambre Haute aux meneurs de la Convention. Rien de ce qu'ils ont écrit sur Paoli n'est digne de foi. Napoléon racontait dans sa captivité que Paoli les chérissait, qu'il désirait se les attacher à jamais, qu'il les rappela, leur tendit les bras, les menaça s'ils étaient sourds à ses conseils et insensibles à ses offres, mais qu'il avait épousé la cause des Anglais, que les Bonaparte devaient rompre avec lui et lui répondirent fièrement qu'ils ne trahissaient pas la France. Mensonge et légende! Les Bonaparte excitèrent toujours la défiance de Paoli et, s'ils rompirent avec lui, ce fut pour suivre Saliceti : à l'époque de cette rupture, Paoli, comme Saliceti, comme les Bonaparte, avait le cœur français. Toutefois, dans le dessein de ne pas nuire à leur gloire, les Bonaparte n'ont cessé d'afficher pour lui vénération et amour; à les entendre, ils auraient eu peine à se séparer de lui; ils n'auraient pas discontinué de le regretter, et Napoléon affirmait à Sainte-Hélène qu'il avait eu l'intention de le tirer d'Angleterre, de le mander près de lui, de lui donner une part au pouvoir; « c'eût été, ajoutait-il, une grande jouissance pour moi, un vrai trophée. » Comme si les dénonciations de 1793 n'avaient pas mis un abîme entre les Bonaparte et Paoli!

CHAPITRE XIV

Le « Souper de Beaucaire ».

Départ des Bonaparte. — Napoléon à Nice. — Mission pour Avignon. — Réfutation de la tradition avignonnaise. — Témoignages de Michel, de Dommartin, de Doppet, de Carteaux, de Napoléon. — Demande d'aller à l'armée du Rhin. — Le *Souper de Beaucaire*. — Bonaparte montagnard. — Sa partialité. — Sa circonspection. — Axiomes militaires. — Style. — Influence de l'ouvrage.

Les Bonaparte, chassés d'Ajaccio, avaient trouvé refuge à Calvi chez les Giubega. Le parrain de Napoléon, l'ancien greffier des États, Laurent Giubega, était là. Il revenait de Paris, où il avait dit tout haut, le 18 mars, que Paoli n'obéirait pas aux ordres des commissaires. Français de cœur, il aimait la monarchie qu'il avait servie durant vingt années et il proposait en 1789, à Versailles, de ne mettre dans le Comité permanent de Corse que des sujets attachés au roi : l'exécution de Louis XVI le troubla si profondément que, lorsque les Bonaparte le revirent, il avait perdu la raison.

Le frère de Laurent, le médecin Damien Giubega, la femme de Damien, sa fille Annette, son fils Xavier, qui commandait depuis quelques jours une compagnie franche de volontaires dite compagnie de Giubega, offrirent aux proscrits l'hospitalité la plus cordiale. Les filles de Mme Letizia allaient tour à tour à la cuisine pour faire le plat doux du dîner, et Joseph Bonaparte courtisait Annette Giubega.

Mais nos Ajacciens ne pouvaient plus rester en Corse. Se fixer à Calvi, à Saint-Florent, à Bastia, c'était courir de grands risques : ces trois places, les seules qui demeuraient françaises, seraient sûrement assiégées par les paolistes. Et comment vivre? Joseph n'avait pas d'emploi; Napoléon n'était plus lieutenant-colonel de volontaires, et, comme capitaine d'artillerie, ne pouvait entrer dans les nouveaux bataillons d'infanterie légère. Il fallait donc profiter des chances de la Révolution, il fallait gagner le continent : là, Mme Letizia rejoindrait Lucien, ce terrible Lucien dont le discours avait allumé dans l'île l'incendie de la guerre civile; là, Joseph aurait, grâce à Saliceti, une charge d'agent ou de commissaire civil, et le madré personnage avait déjà résolu de pousser à Paris, à la suite du conventionnel, pour exposer au Conseil exécutif la situation de la Corse; là, Napoléon, réintégré au 4e régiment d'artillerie, toucherait ses appointements de capitaine. « Tout avait plié, disait-il plus tard, ma présence n'était bonne à rien, je quittai la Corse. »

A la fin du mois de juin 1793, la famille Bonaparte s'établit aux portes de Toulon dans le petit village de la Valette, qu'elle dut abandonner bientôt pour s'installer à Marseille. Pendant ce temps, Napoléon se rendait à Nice. Le dépôt de son régiment se trouvait à Grenoble; mais cinq compagnies tenaient garnison à Nice, et Dujard, promu récemment colonel, dirigeait dans cette ville le parc de l'armée d'Italie.

L'avancement était si rapide que Bonaparte eut, à son arrivée, son brevet de capitaine-commandant [1]. Le règlement nommait sa compagnie la compagnie n° 12. Mais ses canonniers l'appelaient, selon l'usage de l'ancien régime, la compagnie Buonaparte. C'était la compagnie de bombardiers commandée naguère par Saint-Vincent et ensuite par Gouvion : après Bonaparte, elle eut pour capitaine Muiron, puis Emourgeon.

Napoléon avait trouvé à Nice comme général d'artillerie de

---

1. Capitaine de 5e classe le 6 février 1792, il fut nommé capitaine de 4e classe le 11 septembre de la même année (voir sa feuille de solde, Iung, II, 494). On ignore les dates de ses promotions suivantes. Il était, en tout cas, capitaine-commandant avant le 29 juillet 1793 (cf. la lettre de ce jour où il se qualifie capitaine-commandant dans Du Teil, 118).

l'armée d'Italie un homme qui le connaissait, Jean, chevalier Du Teil, frère de ce baron Jean-Pierre Du Teil, qui pressentait à Auxonne les talents militaires du jeune Corse. Jean Du Teil venait de parcourir les bords de la Méditerranée et d'esquisser un plan de défense du littoral. Il attacha le capitaine au service des batteries de côte, et le 3 juillet Bonaparte demandait, au nom de du Teil, à Rhodes de Barras, directeur de l'arsenal de Toulon, et à Bouchotte, ministre de la guerre, un modèle de fourneau à rougir les boulets : l'artillerie, disait-il, s'était contentée jusqu'alors d'une simple grille avec un soufflet de forge; mieux valait pour « brûler les navires des despotes », établir des fours à réverbère près des batteries de côte.

Quelques jours plus tard, il recevait une nouvelle mission, non pas, comme on l'a dit, de Faultrier — puisque François de Faultrier, capitaine d'une compagnie d'ouvriers, ne pouvait donner d'ordres à Bonaparte — mais du général Du Teil : il devait se rendre à Avignon pour y organiser des convois de poudre qu'il ferait passer à l'armée d'Italie.

Il partit. Mais il tombait en pleine guerre. Les Marseillais soulevés occupaient Avignon, et une armée conduite par Carteaux marchait à leur rencontre par Pont-Saint-Esprit et Orange.

On a prétendu que Bonaparte assistait à cette expédition [1]. Il serait arrivé le 15 juillet au Pontet en même temps que Carteaux et, plusieurs jours après, lorsqu'un détachement, mené par l'adjudant général Dours, se dirigeait sur Avignon par la rive droite du Rhône, il aurait suivi cette colonne volante qui comptait seize canonniers et traînait avec elle deux canons. Le 25 juillet, Carteaux attaquait Avignon; il fut repoussé et regagna le Pontet. Mais au soir, la femme du gazetier Sabin Tournal accourait au camp républicain et annonçait que les Marseillais abandonnaient Avignon. C'était Bonaparte qui les

---

1. Tous les historiens avignonnais sont de cet avis, et se réfèrent au manuscrit du notaire Chambaud qui se trouve à la bibliothèque de la ville. Mais Chambaud est si peu exact qu'il place l'attaque de Carteaux au 26 juillet et l'entrée du général dans Avignon au 27! Après lui, Joudou prétend que Bonaparte était à Avignon dès la fin de juin!!

avait obligés à la retraite. Ses deux pièces placées sur le rocher de Villeneuve ou rocher de la Justice avaient pris à revers les canonniers marseillais établis sur le rocher des Doms.

Cette tradition avignonnaise ne mérite pas créance. Aucun document contemporain ne rapporte l'installation des deux canons de la colonne Dours sur le rocher de la Justice et l'effet décisif qu'ils auraient produit. Ni la correspondance de Carteaux ni celle des représentants du peuple Albitte, Poultier, Rovère, ni les lettres de Dommartin, ni les souvenirs de Doppet ne mentionnent Bonaparte, et sûrement Dommartin qui parle volontiers de ses camarades, Doppet qui retrace avec complaisance les débuts du « héros d'Italie » au siège de Toulon, n'auraient pas manqué de citer le nom de notre Corse. Carteaux se vantait plus tard de ses relations d'antan avec Bonaparte, et en 1804, dans un billet au général Sanson, il raconte qu'il eut devant Toulon, au mois d'octobre, l'honneur de recevoir chef de bataillon le premier consul, qui n'était alors que capitaine : pourquoi n'a-t-il jamais dit qu'il mit — ou vit — Napoléon à la tête de l'artillerie de la colonne de Dours? Dans le *Souper de Beaucaire*, dans ses conversations, dans ses Mémoires, Napoléon ne fait pas la moindre allusion au rôle qu'il aurait joué devant Avignon, et dans sa pétition de 1795 au Comité de salut public, ainsi que dans son état de services de 1794, il garde le silence sur les événements du 25 juillet 1793.

Ouvrons l'*Histoire de l'armée départementale* que Michel publiait en 1797. L'auteur assure qu'après l'attaque de Carteaux, un conseil de guerre s'assembla dans Avignon, mais que les commissaires civils avaient peur, qu'ils comprenaient que leur mission n'était pas une partie de plaisir, qu'ils désiraient se tirer d'Avignon. Aussi leur suffit-il pour ordonner la retraite de lire les instructions du comité général de Marseille qu'apportait un courrier : « Dans le cas où vous vous verriez forcés d'abandonner Avignon, ce qui ne nous paraît pas présumable, vous vous replieriez sur la rive gauche de la Durance. » Le commissaire qui lut ces mots fit incontinent cette réflexion : « Voilà que le comité général de Marseille nous ordonne de nous replier sur la Durance. » Dans le même instant le bruit se répandit que l'armée allait se replier sur la Durance ; tout le monde courut au bac de Barbentane. « L'armée départementale, conclut Michel, au lieu de poursuivre sa victoire, alla délibérer, et délibéra sa retraite. »

Ouvrons les Mémoires de Doppet : il dit que la résistance des Avignonnais fut vigoureuse et qu'ils tuèrent du monde aux conventionnels, mais qu'à l'activité de Carteaux et à la fermeté de ses troupes les ennemis finirent par n'opposer que la fuite qu'il leur fut d'autant plus facile d'exécuter que la ville n'était pas entièrement cernée.

Lisons la lettre où Dommartin, qui commandait l'artillerie, retrace à sa mère « les faits véritables » : il écrit que les défenseurs d'Avignon avaient beaucoup plus de canons et, dans le nombre, des pièces de 24 et de 18, qu'il envoya quelques bombes avec une pièce de 8 démontée qu'on ne pouvait autrement employer, qu'on dut après un feu continu de plusieurs heures faire retraite en assez bon ordre, mais que la garnison, affaiblie et craignant un second assaut, quitta la ville.

Résumons la relation de Carteaux. Il attaque le 25 juillet, dès une heure du matin, les quatre portes d'Avignon du Rhône à la Durance. Mais, ajoute le général, les fédéralistes lui répondent par un feu très vif et très soutenu d'artillerie et de mousqueterie, et Carteaux, après avoir consulté tous les chefs, juge impossible de forcer avec ses pièces de 4 des postes aussi bien gardés. A dix heures du matin, les troupes ont regagné leur camp. A quatre heures de l'après-midi, une députation d'Avignon vient annoncer que les portes sont ouvertes, que les habitants attendent l'armée conventionnelle avec impatience, que les Marseillais ont évacué la ville dans le plus grand désordre. A neuf heures du soir, Carteaux entre au milieu des acclamations du peuple dans Avignon illuminé.

Analysons les lettres des représentants Rovère et Albitte. Rovère écrit le 24 juillet qu'Avignon est presque entièrement cerné, que Villeneuve appartient aux républicains, qu'il ne reste aux Marseillais qu'une seule issue, le bac de Barbentane, et, quelques jours plus tard, il rapporte que Carteaux, bien qu'avec des forces inférieures et une moins bonne artillerie, assaillit Avignon le 25, de très grand matin, non pour enlever la ville, mais pour attirer les assiégés hors des murs, et que, dans la soirée, les rebelles, effrayés par cette petite attaque, ont repassé précipitamment la Durance. Quant à Albitte, il rappelle dans un mémoire postérieur que l'artillerie ne put battre en brèche Avignon, que les portes résistèrent aux petits boulets des républicains, que les rebelles disposaient de pièces de 18 et de 24 qui balayaient les environs et qu'ils avaient les moyens de faire repentir l'armée conventionnelle de son audace, mais que cette attaque plus vigoureuse que réfléchie les épouvanta : « Ils n'étaient pas aussi sûrs de leur conscience que de notre courage. »

Invoquons enfin le témoignage de Napoléon. Que dit-il dans le *Souper de Beaucaire*? S'il n'était pas présent[1], s'il se trouvait sans doute le 25 juillet assez loin d'Avignon et du Pontet, il n'ignore pas ce qui s'est passé dans cette journée. Il raconte que la petite armée de Carteaux, composée de 4 000 hommes, « n'a fait aucune attaque en forme », qu'elle a « voltigé » autour de la place et tenté de pénétrer en attachant des pétards aux portes, qu'elle a lâché quelques volées, et « essayé la contenance de la garnison », qu'elle s'est retirée dans son camp, et qu'une attaque était combinée pour la nuit d'après, lorsque les Marseillais ont évacué la ville : Carteaux, maître du Rhône, maître de Villeneuve où étaient les Allobroges, maître de la campagne, allait intercepter toutes les communications, et c'est ainsi, s'écrie Bonaparte, qu'une seule colonne de l'armée conventionnelle, dépourvue d'artillerie de siège, a pris Avignon en vingt-quatre heures[2] !

---

1. « Je ne veux pas vous le contester, dit le Marseillais au militaire, puisque vous étiez présent »; mais ce n'est là qu'une figure de rhétorique.
2. Qu'on remarque ces mots : *une seule colonne*. C'est évidemment la colonne où est Carteaux, et non la colonne Dours. Si Bonaparte avait appartenu à la colonne Dours, il n'aurait donc pas, de son propre aveu, coopéré à la prise d'Avignon.

Napoléon a donc suivi d'un regard très attentif cette petite guerre du Midi. Il sait que les habitants de Lisle ont tué le parlementaire [1] ; il sait que la cavalerie a pourchassé les Marseillais dans leur retraite, leur a fait des prisonniers et capturé deux canons. Mais il commet une légère erreur, et cette erreur seule démontre qu'il n'eut aucune part à la prise d'Avignon. Les Allobroges, dit-il, étaient à Villeneuve. Or, Villeneuve fut occupé par la colonne Dours [2] qui longeait la rive droite du Rhône et ne comptait pas un Allobroge dans ses rangs [3]. La relation de Carteaux et les mémoires de Doppet nous apprennent que les Allobroges appartenaient au corps principal et campaient au Pontet, que vingt de leurs dragons étaient de l'avant-garde qui fit le 25 juillet au soir son entrée dans Avignon, que cent autres dragons allobroges partis du Pontet rejoignirent cette troupe et enlevèrent deux pièces aux Marseillais fugitifs, que la légion allobroge qui n'avait pas d'artillerie, demanda et obtint ces deux canons. Les Allobroges n'étaient donc pas à Villeneuve, et Bonaparte, en prétendant qu'ils y étaient, prouve que lui-même n'y était pas.

Tandis que l'armée de Carteaux marchait sur Marseille et balayait les sectionnaires, qui, selon Dommartin, disparaissaient devant elle comme des ombres chinoises, Bonaparte organisait ses convois de poudre à Avignon. Il eut alors, ce semble, un accès de découragement. Son camarade Dommartin entrait avec joie à Marseille et se félicitait de courir bientôt à la frontière des Alpes « avec le plus joli équipage de guerre qu'on pût voir » pour vaincre les ennemis du dehors, après

---

1. Il semblerait que Doppet, en relatant dans ses *Mémoires* le sac de la petite ville de Lisle sur Sorgue, ait eu sous les yeux le *Souper de Beaucaire*. « *Le soldat*, dit Napoléon, est *entré* au milieu du feu et des morts; il n'a plus été possible de le *contenir*; *l'indignation* a fait le reste. » « La porte, écrit Doppet, fut brûlée, et *j'entrai*; tous les officiers virent mes efforts pour *arrêter* le pillage; mais *le soldat* était *indigné*. »
2. Dans une lettre que nous possédons, Dours écrit à Rovère : « Tu n'ignores pas ce que j'ai fait à l'armée du Midi, soit pour la reddition du Saint-Esprit, de Villeneuve-lez-Avignon, du passage de la Durance... »
3. La colonne Dours se composait de 300 hommes du 59°, de deux compagnies de gardes nationaux de la Drôme et de seize canonniers.

avoir vaincu ceux du dedans. Bonaparte craignait de rester inactif et de passer le temps à dresser des inventaires ou à placer des batteries qui ne joueraient jamais. Il écrivit à Paris, et le 28 août le ministre Bouchotte recevait une lettre du capitaine Bonaparte qui lui demandait le grade de lieutenant-colonel et la permission de servir à l'armée du Rhin. Bouchotte ne répondit pas au jeune Corse ; mais il pria les représentants de voir le citoyen Bonaparte : la proposition de cet officier, disait le ministre, était celle d'un patriote, et si Bonaparte avait des moyens, on devait lui donner l'avancement qu'il méritait. Mais déjà Napoléon avait attiré sur lui l'attention des commissaires.

Il avait eu l'idée de publier sur la défaite du fédéralisme un dialogue à la façon de ces dialogues de Platon qu'il avait lus dans la traduction de l'abbé Grou. L'œuvre parut d'abord en seize pages aux frais de l'auteur chez l'imprimeur du *Courier d'Avignon*, Sabin Tournal, avec les mêmes caractères et sur le même papier que le journal, sous ce titre un peu long : *Souper de Beaucaire ou Dialogue entre un militaire de l'armée de Carteaux, un Marseillais, un Nîmois et un fabricant de Montpellier, sur les événements qui sont arrivés dans le ci-devant Comtat à l'arrivée des Marseillais* ; puis, en vingt pages et aux frais de la nation, sous le titre simple et bref de *Souper de Beaucaire*, chez l'imprimeur de l'armée Marc Aurel[1].

Comme l'indique le titre, la brochure met en scène cinq personnages, un Nîmois, un fabricant de Montpellier, deux négociants marseillais et un militaire qui n'est autre que Napoléon. C'est le dernier jour de la foire de Beaucaire, et pendant le souper les convives s'entretiennent de la situation. Le fabricant de Montpellier et le Nîmois ne parlent que rarement, l'un deux, l'autre trois fois, pour se joindre au militaire et appuyer ses raisonnements. Des deux Marseillais, un seul prend part à la conversation, et il assure que les insurgés rentreront dans Avi-

---

1. Cf. sur Marc Aurel notre t. II, 161 et 317. Il avait été nommé imprimeur de l'armée révolutionnaire le 19 juillet 1793 et le représentant Boisset exemptait, le 2 octobre suivant, de toute réquisition les ouvriers attachés à son imprimerie.

gnon ou resteront maîtres de la Durance, qu'ils ont des ressources, des généraux, des bataillons, des pièces de 24.

Le militaire le réfute. Marseille est sans doute la plus belle ville de France, le centre du négoce de tout le Levant, l'entrepôt de l'Europe; enrichie par ses économies et ses spéculations, elle tient la balance commerciale de la Méditerranée; elle a rendu des services éclatants à la liberté; elle a fait de grands sacrifices à la chose publique; elle s'est prodiguée dans chaque circonstance; elle a envoyé dix-huit mille hommes à la frontière; bref, elle a le mieux mérité des patriotes. Mais son amour-propre, sa vanité que d'incapables meneurs ont exaltée, l'orgueil de son opulence, une confiance excessive dans le nombre de ses habitants, tout cela cause et causera sa défaite. Elle croyait donner le ton à la France, et dès ses premiers pas elle a subi des revers. Elle croyait que le Midi se lèverait, et elle s'est trouvée délaissée. Elle croit ressaisir l'avantage : elle sera battue; son armée, nullement aguerrie, nullement organisée, manque d'ensemble et d'unité. Qu'elle cesse donc de résister à la nation entière comme si la République, qui dicte la loi à l'Europe, pouvait la recevoir d'une seule ville! Qu'elle reprenne des principes plus sains. Qu'elle ne prétende pas imiter ces pays pauvres, le Vivarais, les Cévennes, la Corse, qui luttent jusqu'à la dernière extrémité et s'exposent sans crainte à l'issue d'une action. Qu'elle ne risque pas une bataille qui, tournant en déroute, jette en proie au soldat le fruit de mille années de peines et de fatigues. Qu'elle secoue le joug des hommes qui l'entraînent dans leur ruine parce qu'ils n'ont plus rien à ménager. Qu'elle restaure les autorités, accepte la constitution de 1793, délivre les représentants captifs, qui ne manqueront pas d'intercéder pour elle.

Le Marseillais, convaincu, avoue qu'il a été trompé. Mais il ajoute « avec une profonde affliction » que les chefs de l'insurrection marseillaise agissent en désespérés; qu'une partie du peuple est aveuglée, fanatisée; que l'autre est désarmée, humiliée, suspecte. Le militaire le console, lui promet que les représentants épargneront le sang français et rétabliront l'accord en dépêchant à Marseille un homme aussi habile que loyal, et le Marseillais, se résignant à l'inévitable échec des fédéralistes, paie de bon cœur à ses commensaux plusieurs bouteilles de champagne.

Ce n'est pas que ce Marseillais n'ait quelquefois raison dans son plaidoyer. Bonaparte lui prête par instants des arguments très forts. Les Girondins, dit le Marseillais, ne sont et ne peuvent être aristocrates puisqu'ils ont renversé le roi, fondé la République, défendu la patrie dans la périlleuse campagne de 1792. Ils veulent une Convention qui soit libre et une constitution donnée par des représentants qu'ils estiment; pas d'anarchie, pas de clubs, pas d'assemblées primaires trop fréquentes, tels sont leurs vœux. Et Bonaparte concède qu'ils ont, en de nombreuses occasions, montré du zèle et du civisme.

Il reconnaît même que les montagnards furent un moment les plus faibles, que la commotion paraissait générale, et qu'unis à tout le Midi, à l'Eure, au Calvados, les Marseillais avaient une « masse imposante de forces » et une « probabilité de succès ». Mais quoi! les Girondins ont été mous; ils se sont divisés; leur résistance est incertaine, décousue : nulle vigueur, nulle suite, nul ensemble dans leurs desseins. L'officier se range du côté des plus énergiques, du côté de ceux qui par leur décision, par leur attitude résolue, par l'audace et la rapidité de leurs actes, par ce qu'ils ont en eux d'âpre et d'inébranlable, rassurent la France contre le triomphe des étrangers. Et pour qui le républicain corse, chassé, persécuté par Paoli, prendrait-il parti, sinon pour les montagnards, qui lui promettent la reconquête de son pays natal?

Il pallie donc et tâche de justifier les excès de la Montagne. Le Marseillais s'épouvante à la pensée du succès définitif de la Convention; il voit les Allobroges, chargés des dépouilles de Lisle, entrer à Marseille; il voit Albitte et Dubois-Crancé, ces hommes « altérés de sang que les malheurs des circonstances ont placés au timon des affaires », dominer en maîtres absolus dans la ville; il voit la soldatesque envahir et piller les propriétés, les meilleurs citoyens « périr par le crime », le club « relever sa tête monstrueuse ». Bonaparte le calme, le réconforte : « Les Allobroges, que croyez-vous que ce soient? Des Africains, des habitants de la Sibérie? Eh! point du tout, ce sont vos compatriotes, des Provençaux, des Dauphinois, des Savoyards ; on les croit barbares parce que leur nom est étranger ! » Il est vrai qu'ils ont saccagé Lisle, mais « les Lislois ont tué le trompette qu'on leur avait envoyé ; ils ont résisté sans espérance de succès ; ils ont été pris d'assaut ; le soldat est entré au milieu du feu et des morts ; il n'a plus été possible de le contenir ; l'indignation a fait le reste. » Quant aux représentants Dubois-Crancé[1] et Albitte, ce sont de purs et constants amis du peuple qui n'ont jamais dévié de la ligne droite et ne sont scélérats qu'aux yeux des méchants : « il vous semble qu'ils ne gardent aucune mesure avec vous, et au contraire, ils vous traitent en enfants égarés. »

Vainement le Marseillais vante le patriotisme de Brissot, de Barbaroux, de Condorcet, de Vergniaud, de Guadet. Qu'ils soient coupables ou non, objecte Bonaparte, qu'ils aient ou n'aient pas conspiré contre le peuple, que la Montagne se soit portée sur eux aux dernières extrémités par esprit de parti et non par esprit républicain, qu'elle les ait calomniés, ils ne devaient pas faire la guerre civile. S'ils avaient mérité leur première réputation, ils auraient jeté les armes à l'aspect de la constitution, sacrifié leur intérêt particulier au bien général ; ils auraient oublié les *jérémiades* de Rabaut et « pardonné quelques irrégularités à la Montagne » pour ne penser qu'à vaincre l'Europe et à sauver la République naissante que la pire des coalitions menaçait d'étouffer au berceau : « mais il est plus facile de citer Decius que de l'imiter : ils se sont rendus coupables du plus grand de tous les crimes ; ils ont par leur conduite justifié leur décret ; le sang qu'ils ont fait répandre a effacé les vrais services qu'ils avaient rendus. » Et Bonaparte demande si l'on est dans le siècle où l'on se battait pour les

---

1. Nouvelle preuve que Bonaparte n'a pas coopéré à la prise d'Avignon. Les représentants qui suivaient l'armée de Carteaux étaient Albitte, Rovère et Poultier. Quant à Dubois-Crancé, il était alors à Grenoble.

personnes et dans les temps de barbarie où l'Angleterre et la France luttaient l'une pour les familles de Lancastre et d'York, l'autre pour les Lorrains et les Bourbons.

Vainement le Marseillais proteste que ses compatriotes sont de vrais républicains attachés à l'ordre et aux lois, armés uniquement contre les anarchistes, arborant, non le drapeau blanc, comme les Vendéens, mais le drapeau tricolore. Bonaparte répond que Paoli, lui aussi, arborait en Corse les trois couleurs, et cependant Paoli tirait contre les vaisseaux de la République, chassait des forteresses les troupes de la République, pillait et vendait les magasins de la République, confisquait les biens des familles dévouées à la République! Comme Paoli, les Marseillais sont des contre-révolutionnaires ou ils le deviendront avec le temps. Leurs chefs disent qu'ils veulent la République, mais, — remarque Napoléon en usant d'une comparaison frappante dans le goût de Camille Desmoulins, — à la faveur d'un rideau qu'ils rendent plus transparent chaque jour, ils accoutument leurs soldats à voir peu à peu la contre-révolution toute nue, et déjà le voile qui la couvre n'est plus de gaze. N'ont-ils pas failli perdre la République en arrêtant les convois et en retardant les opérations de ses armées contre l'étranger? Ne semblent-ils pas payés par l'Espagnol et l'Autrichien, qui ne peuvent souhaiter de plus heureuses diversions? Ne se laissent-ils pas conduire par des aristocrates avérés? N'ont-ils pas mis des émigrés comme Somis à la tête de leurs sections? Leurs bataillons ne sont-ils pas remplis d'ennemis de la Révolution? Tous ceux qui détestent le nouveau régime, ne suivent-ils pas leurs succès avec sollicitude et avec joie?

Vainement le Marseillais assure qu'il défend les lois outragées. Bonaparte lui répond que les Marseillais ont au contraire renversé toutes les lois. De quel droit, sinon du droit de la force, ont-ils destitué le Conseil général, parcouru les districts, envahi Avignon et le sol de la Drôme? De quel droit ont-ils établi un tribunal populaire et soumis tout leur département à ce tribunal, qui n'est que le tribunal d'une faction? De quel droit leur comité des sections a-t-il violé la division territoriale en exerçant des actes d'administration sur les communes du Var? De quel droit a-t-il reconnu des affiliations qui ne sont autres que des clubs? De quel droit les Marseillais ont-ils emprisonné, assassiné des Avignonnais et « renouvelé les scènes dont ils exagèrent l'horreur »? N'ont-ils pas profané la statue de la liberté? Ne l'ont-ils pas traînée dans la boue, couverte d'avanies, lacérée de leurs sabres? Est-ce ainsi qu'ils veulent la République? Et ne devraient-ils pas regarder la Convention comme le vrai souverain, comme le centre d'unité, comme l'unique point de ralliement? Ne devraient-ils pas, loin de se tourner contre leurs frères, marcher à la rencontre des coalisés, des envahisseurs de la France? « Ne sentez-vous pas que c'est un combat à mort que celui des patriotes et des despotes de l'Europe? »

Les défauts du *Souper de Beaucaire* sautent aux yeux. La partialité de l'auteur est évidente. Il tombe dans le vice qu'il reproche aux Marseillais et il exagère, par exemple, la valeur des soldats de Carteaux. Qu'il loue le régiment de Bourgogne, soit. Mais, à l'entendre, l'armée qui s'avance contre les insurgés, est une armée invincible qui comprend de vieilles milices, encouragées par leurs succès et « cent fois teintes du sang du furibond aristocrate ou du féroce Prussien » : l' « excellente » troupe légère des Allobroges, un « bon » régiment de cavalerie, le « brave » bataillon de la Côte d'Or, qui a vu « cent fois la victoire le précéder dans les combats »! Il élève jusqu'aux nues la discipline de ces hommes que le Marseillais traite de brigands et il assure hardiment que leur réputation est au-dessus de la calomnie.

Faut-il dire aussi que le Bonaparte circonspect et avisé qui s'était révélé durant son séjour à Paris en 1792, l'homme qui se garde et peut, suivant le mot de Lucien, « volter casaque », reparaît dans le *Souper de Beaucaire*? Napoléon ne se compromet pas entièrement, ne défend pas aveuglément la cause d'Albitte et de Carteaux; il se donne des airs d'homme juste, libre de préventions et de préjugés; il parle des Girondins en termes tels que s'ils avaient regagné le dessus, ils n'auraient pu lui en vouloir. Au fond, il se prononce en faveur de la Montagne parce qu'elle est victorieuse. Pour notre officier, le succès absout tout, même les coups de violence. Accepter les faits accomplis et se mettre avec les plus forts, voilà sa pensée. Il est de l'opinion de ces Corses qu'il représentait dans son mémoire du mois de juin sur la situation de l'île : « S'il faut être d'un parti, autant être de celui qui triomphe ; mieux vaut être mangeur que mangé. » D'un bout à l'autre de ce petit ouvrage se manifeste le révolutionnaire, le politique qui n'a plus d'illusions ni de scrupules, qui ne se laisse plus entraîner par de juvéniles enthousiasmes, qui ne se détermine que par les calculs d'une âme ambitieuse, et qui, selon l'expression même de Bonaparte dans cette brochure, a depuis quatre ans de troubles perfectionné son tact naturel.

Ce qu'il y a de plus remarquable dans le *Souper de Beaucaire*, ce sont les mots qui dénotent l'homme du métier, les axiomes militaires qui témoignent du coup d'œil de Napoléon et de sa connaissance déjà profonde des choses de la guerre. Pourquoi les Marseillais ont-ils repassé la Durance, bien que leur artillerie eût un plus fort calibre et la supériorité numérique ? « C'est qu'il n'appartient qu'à de vieilles troupes de résister aux incertitudes d'un siège. » Pourquoi ont-ils évacué Avignon ? C'est qu'ils craignaient d'être cernés et n'avaient plus qu'une seule voie de retraite. Pourquoi leurs généraux ne pourront-ils rien faire, si adroits et entreprenants qu'ils soient ? C'est qu'ils seront absorbés par les détails et ne trouveront aucune aide dans les subalternes. Pourquoi leur artillerie aura-t-elle le dessous ? Parce que leurs canonniers de nouvelle levée céderont sûrement aux artilleurs de ligne « qui sont dans leur art les maîtres de l'Europe ». Pourquoi les pièces de 18 et de 24 dont ils disposent, seront-elles impuissantes ? Parce que de bonnes pièces de 4 et de 8 font autant d'effet dans la guerre de campagne que les canons de gros calibre et leur sont même préférables ; parce que « dans les pays coupés, par la vivacité des mouvements, par l'exactitude du service, par la justesse de l'évaluation des distances, le bon artilleur a la supériorité » ; parce que Carteaux tombera sur les Marseillais quand et où il voudra, et qu' « une armée qui protège une ville, n'est pas maîtresse du point d'attaque ». Pourquoi les Marseillais sont-ils perdus s'ils se concentrent à Aix? Parce que « celui qui reste dans ses retranchements, est battu » ; parce que les murailles d'Aix, d'ailleurs trop étendues et entourées de maisons qui sont à portée de pistolet, ne valent pas les plus mauvaises fortifications passagères.

L'auteur emploie par instants le parler de 1793 et se sert des locutions républicaines à la mode [1]. Mais il a le style vif, entraînant. Soit qu'il retrace l'attaque d'Avignon, soit qu'il développe les causes de la retraite des Marseillais, il s'exprime avec une concision pleine de force, et déjà, comme dans ses proclamations et ses bulletins, procède par traits rapides, par interrogations vigoureuses, par répétitions énergiques, par oppositions saisissantes, et, si l'on peut dire, par sauts et par bonds, sans que pourtant la suite du discours s'interrompe un seul instant, sans que se brise la chaîne du raisonnement. « L'on vous a dit que vous traverseriez la France, et vos premiers pas ont été des échecs; l'on vous a dit que quatre mille Lyonnais étaient en marche pour vous secourir, et les Lyonnais négocient leur accommodement. » Et encore : « Vous avez des richesses et une population considérable, l'on vous les exagère; vous avez rendu des services éclatants à la liberté, l'on vous les rappelle sans faire attention que le génie de la République était avec vous alors, au lieu qu'il vous abandonne aujourd'hui. » Quelle éloquence dans les exclamations de douleur qui s'échappent des lèvres du Marseillais lorsqu'il voit son parti perdu sans remède et n'imagine plus d'autre ressource que de se livrer aux ennemis! Quel frémissement de désespoir et quel accent tragique! « Nous appellerons les Espagnols. Il n'y a point de peuple dont le caractère soit moins compatible avec le nôtre, il n'y en a pas de plus haïssable.

---

1. « Faire danser la car.magnole à l'ennemi. »

Jugez par le sacrifice que nous ferons de la méchanceté des hommes que nous craignons ! »

Le *Souper de Beaucaire* n'a d'ailleurs produit aucune sensation. C'était un de ces écrits de circonstance que l'avant-garde de Carteaux répandait sur sa route pour ramener les esprits et que les commissaires de la Convention opposaient aux brochures des commissaires de l'armée départementale. Le passage des troupes révolutionnaires, leurs cris d'enthousiasme, la terreur qui les suivait, faisaient plus que cette « petite guerre de plume » pour le triomphe de la Montagne.

CHAPITRE XV

Toulon.

Blessure de Dommartin au combat d'Ollioules (7 septembre 1793). — Bonaparte au Beausset (16 septembre). — Saliceti et Gasparin. — Fortifications de Toulon. — État de l'armée assiégeante. — La Salette. — Bonaparte chef de bataillon au 2e régiment et commandant de l'artillerie. — Le point d'attaque. — Carteaux. — Première tentative sur l'Eguillette (22 septembre). — Le fort Mulgrave ou Petit-Gibraltar. — Activité de Napoléon. — Équipage de siège. — Personnel de l'artillerie. — Gassendi. — Demandes de poudre. — Lutte avec les régisseurs des vivres. — Courage de Bonaparte. — Batteries. — La Poype au Faron (1er octobre). — Surprise des Sablettes (8-9 octobre). — Sortie du 14 octobre. — La Poype au cap Brun (15 octobre). — Indiscipline des assiégeants. — Doléances des représentants. — Mésintelligence des généraux. — Plaintes de Bonaparte. — Remplacement de Carteaux. — Doppet. — Affaire du 15 novembre. — Dugommier. — Du Teil. — Marescot. — Conseil de guerre du 25 novembre. — Les treize batteries. — La batterie des Hommes-sans-Peur et le sergent Pétout. — La batterie de la Convention. — Sortie du 30 novembre. — Capture d'O'Hara. — Inquiétudes. — Lettre de Barras et de Fréron (1er décembre). — Nouveau conseil de guerre (11 décembre). — Prise de la redoute anglaise (17 décembre). — Entrée des républicains dans Toulon. — Rôle de Bonaparte. — Réfutation des dires de Barras. — Reconnaissance de Napoléon envers Dugommier et sa famille. — Dangemont, Chevrigny, Dumoutier. — Saliceti, Gasparin, Du Teil, Carteaux. — Taisand, Dintroz, Talin, Ragois, Mouchon. — La Poype, Delaborde, Dugua, Mouret, Micas, Garnier, Despinoy, Guillot. — Arena et Cervoni. — Les Savoyards, Paethod, Boinod. — Marescot. — Leclerc. — Alméras. — Saint-Hilaire. — Grillon. — Argod. — Suchet. — Lalance. — Marmont. — Junot. — Muiron. — Chauvet. — Caractère français.

Bonaparte regagnait Nice et, le 15 septembre, de Marseille, il requérait les administrateurs du Vaucluse de fournir cinq voitures destinées au transport des poudres : il fallait, disait-il, approvisionner avec la plus grande promptitude non seulement les côtes, mais l'armée d'Italie, qui, dans ce moment, était aux prises avec le *tyran de Turin*.

Un de ces hasards qui lui inspiraient une confiance aveugle dans son étoile l'appela, le fixa devant Toulon. Cette ville, révoltée contre la Convention, s'était livrée aux Anglais, et nul mieux que l'auteur du *Souper de Beaucaire* n'a décrit les sentiments qui déterminèrent les Toulonnais. « On est bien fort, dit le Marseillais que Bonaparte met en scène dans sa brochure, lorsqu'on est résolu à mourir, et nous le sommes, plutôt que de reprendre le joug de ces hommes de sang qui gouvernent l'Etat. Nous avons tous pris part à la nouvelle Révolution, tous nous serions sacrifiés par la vengeance. Mais un homme qui se noie s'accroche à toutes les branches. Aussi, plutôt que de nous laisser égorger, plutôt que de nous soumettre à de pareilles gens, nous nous porterons à la dernière extrémité, nous nous donnerons aux ennemis! »

L'armée que menait Carteaux et qu'on nommait l'armée révolutionnaire, avait ordre de réduire la cité rebelle. Le 7 septembre, elle s'emparait d'Ollioules et des gorges où passe la seule route carrossable qui relie Marseille à Toulon. Un homme périt dans le combat; deux autres furent blessés, dont le chef de bataillon Dommartin, commandant de l'artillerie. C'est le Dommartin qui devint général et succomba dans la campagne d'Orient, officier sérieux et réfléchi, ne connaissant d'abord que son roi lorsqu'éclata la Révolution, mais se jurant après l'événement de Varennes de ne plus lire les journaux, demeurant à l'armée où était, selon lui, la place de tous les gens de bien, ne pensant qu'à défendre la France contre l'étranger et jusqu'à 1796 ne rêvant que de la maison paternelle et de la culture de ses champs, puis parce qu'il est soldat et qu'il aime la guerre, restant sous le drapeau, admirant Bonaparte, et assistant Augereau dans la journée du 18 fructidor. Il était le 36ᵉ des cinquante-huit lieutenants en second dans cette promotion de 1785 où Napoléon était le 42ᵉ. Bonaparte, qui l'apprécia dans la campagne d'Italie et qui louait à Castiglione son courage autant que son talent, le fit nommer en 1798 membre de la commission de l'armement des côtes de la Méditerranée, lui confia le commandement de l'artillerie en Égypte et en Syrie, le promut général de division de son arme après la bataille des Pyramides.

Dommartin avait, à l'affaire d'Ollioules, reçu une balle dans l'épaule gauche au moment où il pointait un canon de huit. « Mon général, dit-il en tombant à Carteaux, surveillez vos pièces. » Carteaux ému pria les représentants de nommer Dommartin chef de brigade et de lui donner, lorsqu'il serait rétabli, une gratification de cent louis. Il le fit transporter dans une chambre à côté de la sienne, et sa femme servit de garde-malade au blessé. « Toute la Faculté de l'armée, écrivait Dommartin, est disposée à me secourir. » Mais, après avoir cru que sa plaie se fermerait bientôt et qu'il pourrait sous peu de jours reprendre ses fonctions, Dommartin dut se faire mettre en litière et porter à Marseille.

Il fallait le remplacer, et le remplacer par un homme qui fût, comme lui, selon l'expression des représentants, un sujet distingué et rempli de talents. On a dit — et ce témoignage est considérable, car il vient de deux personnages, de Miot et de Pelet de la Lozère — que Cervoni avait fait choisir Bonaparte. Chargé par les commissaires de la Convention Gasparin et Saliceti de demander à Marseille un officier d'artillerie, Cervoni rencontra Joseph Bonaparte dans la rue. Les deux Corses allèrent chercher Napoléon qui se trouvait au club, le menèrent dans un café, et ce fut là, tout en buvant du punch, que le jeune capitaine accepta la succession de Dommartin, non sans peine, parce qu'il avait une mauvaise opinion de Carteaux. Mais Cervoni l'entraîna. Malgré lui, Napoléon se rendit à ce siège qui commença sa fortune.

A ces témoignages s'opposent ceux de Bonaparte, de Saliceti et de Gasparin, des deux représentants du peuple qui marchaient avec Carteaux contre Toulon. Le 16 septembre[1], Bonaparte,

---

[1]. On ignorait jusqu'ici le jour où Bonaparte arriva devant Toulon. Ses mémoires disent tantôt le 12 septembre, tantôt douze à quinze jours après la prise d'Ollioules, du 19 au 22 septembre. Mais il est sûrement le 15 à Marseille

regagnant Nice, passait au quartier général du Beausset et, naturellement, faisait visite à Saliceti, son compatriote, son ami, son protecteur[1]. Le conventionnel lui offrit la place de Dommartin et Bonaparte l'accepta. « Les représentants, dit-il, dans une lettre du 14 novembre, m'ont retenu à l'armée devant Toulon. » — « Dommartin blessé, écrit Saliceti, nous avait laissés sans chef d'artillerie : le hasard nous servit à merveille ; nous arrêtâmes le citoyen Bonaparte, capitaine instruit qui allait à l'armée d'Italie et nous lui ordonnâmes de remplacer Dommartin. » — « Le citoyen Bonaparte, capitaine d'artillerie, mande pareillement Gasparin, était destiné pour l'armée de Nice ; mais la blessure de Dommartin nous a obligés de le retenir ici. »

Napoléon a donc été arrêté, retenu, requis par les représentants, et Cervoni n'est pas allé le chercher exprès. D'ailleurs, Joseph Bonaparte, nommé le 4 septembre commissaire des guerres par Saliceti, était alors au quartier général de l'armée révolutionnaire, et Napoléon n'a pu le voir à Marseille. Mais il est possible que Joseph, averti par Cervoni, ait informé son cadet que Dommartin était blessé et la place du chef de l'artillerie vacante.

C'était une chance pour Napoléon que les deux représentants qui suivaient de concert les opérations du siège de Toulon, fussent Saliceti et Gasparin. Tous deux s'acquittaient de leur tâche avec un zèle extrême et déployaient autant de bravoure que d'activité, parcourant le front des postes, encourageant le soldat, et dès que se tirait un coup de fusil contre l'ennemi, se mettant à la tête des troupes. Ils vivaient dans la meilleure

---

(cf. pièce LXIX, 1), et, suivant une lettre de Saliceti, il fait le 17 à Ollioules les préparatifs d'une attaque ; il est donc arrivé le 16 au quartier général du Beausset. N'écrit-il pas d'ailleurs pendant le siège que « les batteries furent établies trois jours après son arrivée » ? Or, la batterie de la Montagne date du 19 septembre.

1. Confirmé, avec Lacombe-Saint-Michel, dans sa mission de Corse par un décret du 19 juillet, Saliceti avait de nouveau quitté Paris pour se joindre aux commissaires que la Convention avait envoyés en Provence, et, comme il disait, pour suivre les opérations de ses collègues et partager leurs dangers jusqu'au moment où il pourrait passer en Corse avec des renforts.

intelligence, et la recommandation de Saliceti suffit pour que Gasparin prît Bonaparte en amitié. Gasparin aimait les Corses et sa famille se prétendait originaire de l'île; il était, dit Napoléon, sage, instruit, éclairé; il servait naguère dans l'armée royale comme capitaine au 2e régiment d'infanterie, ci-devant Picardie, et il avait dans l'armée républicaine le grade d'adjudant-général lieutenant-colonel; il apprécia sur-le-champ le nouveau commandant de l'artillerie et le soutint résolument en toute circonstance.

Toulon passait alors pour un des camps retranchés les plus vastes et les plus redoutables du monde, et le chevalier Du Teil assurait peu de mois auparavant que la situation imposante des fortifications rendait cette ville imprenable. Le fort Le Malgue barrait l'accès de sa grande rade. La Grosse Tour, et à l'opposé de la Grosse Tour, les forts de Balaguier et de l'Eguillette, élevés sur le promontoire de Caire, fermaient l'entrée de sa petite rade. Du côté de la terre, la ville était couverte par des fortifications à la Vauban et par des ouvrages qui couronnaient de hautes collines; à l'ouest par le fort Malbousquet, qui n'était, au jugement de Bonaparte, qu'un ouvrage de campagne, mais qui tirait sa force de sa situation; au nord, par le fort des Pommets, par la redoute Saint-André et par les deux Saint-Antoine, fort Blanc et fort Rouge; à l'est, par les forts appuyés au massif du Mont Faron, le fort d'Artigues et le fort Sainte-Catherine ainsi que par le fort La Malgue, un des forts, dit Napoléon, qui avaient été bâtis avec le plus de soin.

Les alliés augmentèrent encore cet ensemble de défenses. Ils tâchèrent de rendre inaccessibles la plupart des points d'où l'assiégeant pourrait inquiéter leur flotte. Pour protéger la grande rade, ils construisirent une redoute sur la hauteur du cap Brun et dressèrent un camp pourvu d'artillerie dans l'isthme très étroit des Sablettes qui sépare la terre ferme de la Croix des Signaux, au Lazaret et à Saint-Elme. Pour protéger la petite rade, ils établirent un autre camp sur le promontoire de Caire au-dessus des forts de Balaguier et de l'Eguillette, qui n'étaient, à vrai dire, que des batteries de côte. Mêmes travaux du côté de la terre. Ils mirent le fort Malbousquet à l'abri d'un coup de main par un chemin couvert entouré de chevaux de frise et d'abatis. Ils firent des batteries derrière Malbousquet sur les deux hauteurs de Missiessy. Ils garantirent Saint-Antoine par un retranchement en murs de pierres sèches. Ils élevèrent à la Croix de Faron une redoute ouverte à la gorge et placèrent un détachement au Pas de Leydet ou de la Masque, endroit extrêmement difficile par la nature du terrain et la raideur de la pente, défilé très scabreux, comme on disait, où l'ennemi ne pouvait arriver sans être vu et entendu.

Carteaux, nommé par les représentants général en chef de l'armée assiégante, avait mis son quartier à Ollioules et commandait directement la division de l'ouest, ou division de droite, qui s'installa de Faubrégas jusqu'au Baou-de-Quatre-Heures. La Poype, détaché de l'armée d'Italie, plaça son quartier à Solliès-Farlède et commanda la division de l'est ou division de gauche, qui s'étendait de Sainte-Marguerite à La Valette. Ces deux corps étaient d'abord séparés par le Faron. Mais le 18 septembre, le surlendemain de l'arrivée de Bonaparte, Carteaux chassait l'adversaire du vallon de Favières, s'emparait du château de Dardennes, de la fonderie et des moulins qui alimentent Toulon, coupait la prise d'eau du Las. Les deux divisions se reliaient dès lors et resserraient l'assiégé. Les communications de Toulon avec la terre étaient interceptées. La ville n'avait d'issue que par les gorges d'Ollioules et de La Valette.

Toutefois, malgré ce succès, l'armée révolutionnaire était pour l'instant impuissante. Au 18 septembre, elle ne comptait que 10 000 combattants. Elle ne cessa durant le siège de recevoir des renforts. Mais tantôt les bataillons n'étaient pas armés, tantôt ils ne savaient se servir de leurs armes ni ménager leur poudre. S'il y avait de bonnes troupes, si les régiments du Maine et de Bourgogne, 28e et 59e, le 2e bataillon de la Côte-d'Or, le 2⁰ bataillon du Mont-Blanc, le 3⁰ bataillon de l'Isère, la légion des Allobroges ont donné devant Toulon des preuves de courage, la plupart des hommes de cette armée appartenaient à la réquisition, et ils ne prenaient de la guerre que le bon côté, ne pensant qu'à jouir du beau pays de Provence, cueillant à l'envi les fruits des vergers, les figues et les raisins, s'amusant à faire des feux de bivouac avec les portes et les fenêtres des bastides, passant gaiement les nuits dans des baraques, dans des tonneaux défoncés, sur les grosses branches des oliviers et fuyant dès que paraissait l'ennemi.

L'artillerie était nulle. Quelques pièces de campagne, deux canons de 24, deux de 16 et deux mortiers, voilà ce que Bonaparte trouvait au camp d'Ollioules. Pas de munitions et d'outils, pas d'ordre de service. Un parc qui n'existait que de nom. Pas d'officiers de ligne, car le peu que Carteaux avait avec lui étaient blessés ou souffrants, et le capitaine Rozé, malade, avait cédé le commandement du soi-disant parc à un simple sergent. Quelques compagnies de canonniers volontaires, mais des hommes inexpérimentés et des chefs de médiocre savoir, de mince capacité. Pas de commandement, ou plutôt tout le monde, du général jusqu'au dernier aide de camp, commandait, dirigeait, changeait à son gré les dispositions.

Le premier soin de Bonaparte fut de rendre à l'artillerie cette considération, comme il dit, et cette indépendance sans laquelle elle ne peut servir utilement. Il assurait qu'il fallait avant toutes choses faire venir un général de l'arme qui pût, ne fût-ce que par son grade, imposer aux ignorants de l'état-major. Ce général avait été nommé le 24 septembre par le ministre Bouchotte. C'était un camarade et ami de Bonaparte, ancien capitaine au 4⁰ régiment, La Salette, devenu général de brigade et chef de l'état-major de l'artillerie à l'armée des Pyrénées-Orientales. Mais la lettre que Jourdeuil, adjoint du ministre, lui écrivit le 29 septembre au nom du Conseil exécutif, lui fut adressée par erreur à l'armée d'Italie; La Salette ne la reçut que dans les derniers jours de novembre, et lorsqu'il arriva devant Toulon, la ville était prise.

En attendant la venue d'un général, Bonaparte déclara qu'il était le commandant de l'artillerie. « Faites votre métier », répétait-il aux uns et aux autres, « et laissez-moi faire le mien », et il ajoutait que c'est l'artillerie qui prend les places, et que l'infanterie y prête son aide. Il établit un parc ; il y mit un ordre de service ; il employa les sous-officiers qu'il avait sous la main. Trois jours après son arrivée, l'armée possédait une artillerie : quatorze canons, quatre mortiers et tout l'attirail indispensable à la construction de plusieurs batteries. Le 29 septembre, les représentants, désireux de récompenser son zèle et de lui donner de l'autorité sur les autres capitaines de l'arme, le proposèrent au ministre pour le grade supérieur, et le 18 octobre, Bonaparte recevait sa nomination de chef de bataillon au 2ᵉ régiment d'artillerie, ci-devant régiment de Metz, où d'ailleurs il ne parut jamais.

Quel devait être le point principal d'attaque? Napoléon comprenait sans peine que le meilleur, l'unique moyen de réduire Toulon, c'était de chasser ou de détruire la flotte qui tenait les deux rades et appuyait de son canon le canon des forts. Ce plan s'imposait à tous les esprits. Le Comité de salut public l'avait aussitôt envoyé de Paris. Généraux et représentants l'avaient conçu dès le début de l'investissement et même avant la marche de l'armée révolutionnaire sur Ollioules. Le 4 septembre, Gasparin mande à son collègue et ami Granet que les troupes se postent au Beausset pour attendre l'occasion d'incendier l'escadre et la ville. Le 9, Albitte écrit qu'on peut, en occupant La Seyne, battre le port de Toulon et la flotte qui y mouille. Le même jour, Saliceti, Gasparin, Escudier, La Poype, Carteaux, réunis en conseil de guerre, conviennent de prendre des mesures pour brûler les vaisseaux anglais ou les obliger à la retraite, et, à cet effet, de disposer sur la côte des forges et des grils. Le 13, Saliceti et Gasparin informent le Comité qu'ils se garderont bien de faire un siège en règle, qu'ils agiront par « la crainte de l'incendie », qu'ils vont prochainement jeter des boulets rouges sur les navires des alliés, et, ajoutent les commissaires, « nous verrons alors si nous ne sommes pas maîtres de Toulon ».

Bonaparte partageait l'avis des représentants. Il connaissait Toulon, ses défenses, ses environs. En 1804, à Mayence, lorsque le prince héréditaire de Bade racontait qu'il avait passé son temps à se promener par les rues de la ville : « Vous avez eu tort, disait l'empereur, il fallait faire le tour des fortifications et les bien examiner. Que savez-vous? peut-être devrez-vous un jour assiéger Mayence. Quand j'étais simple officier d'artillerie, je me suis promené dans Toulon; qui m'eût dit que la destinée m'appellerait un jour à reprendre cette ville? »

Dès son arrivée, avec une merveilleuse justesse de coup d'œil, il indiqua le moyen de mener rapidement l'opération. On devait, disait-il, se saisir de l'Éguillette qui domine la grande et la petite rade de Toulon. L'armée révolutionnaire était faible et dépourvue de ressources; il fallait un temps considérable pour préparer un équipage de siège; mais la garnison n'avait pas encore reçu de renforts. En s'établissant au promontoire de Caire, les républicains rendaient les rades intenables, et la flotte une fois chassée, Toulon était pris. L'ennemi, étonné, dépossédé du port, menacé d'ailleurs par les batteries dressées contre les forts Malbousquet et d'Artigues, bloqué en un mot et isolé, coupé de ses communications avec la pleine mer, se voyant la retraite absolument fermée, craignant de tomber d'un moment à l'autre au pouvoir de l'assiégeant, aimerait mieux s'éloigner après avoir brûlé les vaisseaux français et les magasins de la marine.

Cette idée simple et géniale frappa vivement Saliceti et particulièrement Gasparin, qui conçut pour Bonaparte une estime infinie. Gasparin, lui aussi, avait dit dès le 4 septembre qu'on devait tout risquer pour hâter la prise de Toulon et que si les Anglais se retiraient, ils ne manqueraient pas de brûler l'arsenal et les vaisseaux français qu'ils ne pourraient emmener.

Les représentants et Bonaparte avaient compté sans Carteaux. Fils d'un maréchal des logis qui eut la jambe emportée dans la guerre de Hanovre et mourut aux Invalides, enfant de troupe ou *enfant du corps* au régiment de son père, Carteaux aimait à dire qu'il avait endossé l'uniforme dès l'âge de neuf ans. Tour à tour dragon et fantassin, il s'était fait, au sortir du service, en 1779, peintre de batailles et portraitiste : un tableau qui représentait Louis XVI à cheval, lui valut en 1791 une somme de six mille livres. Il prit part aux grandes journées de la Révolution. Le 14 juillet 1789, il était aide de camp de La Salle, qui commandait la milice parisienne, et Lafayette attestait qu'il avait été parfaitement content de son civisme et de son zèle. Nommé lieutenant de la gendarmerie nationale, Carteaux entraîna ses camarades le 10 août 1792 à défendre la cause populaire. Aussi fut-il promu par Servan adjoint aux adjudants généraux du camp de Meaux et par Pache adjudant général lieutenant-colonel. Envoyé à l'armée des Alpes comme adjudant général chef de brigade, chargé d'agir comme général de brigade contre les fédéralistes, qu'il dispersa facilement, il assurait avec fierté que s'il n'avait pas empêché la jonction des Marseillais et des Lyonnais, le Midi se fût détaché de la France. Cette victoire aisée qui lui valut le grade de général de division avait fait sa réputation. Son nom inspirait l'effroi, et au dernier jour du siège, lorsqu'il ne commendait plus les républicains, Toulon épouvanté criait : « Voici Carteaux ! » En réalité, il n'était pas intelligent et n'entendait rien au métier de la guerre. Vêtu d'une redingote bleue à la polonaise et doré sur toutes les coutures, rejetant la tête en arrière, caressant volontiers sa large moustache noire qui seyait du reste à son teint blanc et à sa belle figure, il n'avait d'autres mérites que sa prestance et son jacobinisme. Hoche qui l'eut un instant sous ses ordres, lui donnait cette seule note : « général sans-culotte », et de quelles épithètes l'accable le chevalier de Revel : sot, vaniteux, brutal, ivrogne, sauvage, spadassin, fier-à-bras ! C'était trop dire. Au demeurant, Carteaux fut un brave homme. Il n'usa pas de rigueur envers les Marseillais vaincus, et Poultier le félicite d'avoir ramené les esprits par un mélange de douceur et de sévérité. Dommartin le nomme « son cher général Carteaux » et souhaite de courir avec lui de nouveaux périls. Napoléon écrit dans le *Souper de Beaucaire* qu'il a « les plus grandes sollicitudes pour l'ordre et la discipline ».

Mais Carteaux, enorgueilli de sa brillante fortune et plein d'une aveugle confiance en lui-même, ne consentait pas à reconnaître l'importance de l'Éguillette, et, sans se soucier d'un plan, ne voulait employer ses canons qu'à sa fantaisie, au hasard et sans but, ici et là, tantôt contre les ouvrages et la flotte, tantôt contre la ville. Il regrettait le départ de Dommartin : « C'est une grande perte pour moi, disait-il, que d'être privé de ses talents »; mais il ajoutait superbement qu'il attaquerait les assiégés sur cinq points différents et prendrait tous les forts de Toulon à l'arme blanche. L'*arme blanche*, tel était son grand moyen. Après avoir chassé l'adversaire des gorges d'Ollioules, qu'il qualifiait de terribles, il avait dû, écrivait-il, occuper vingt-deux lieues de terrain pour tenir en échec trois nations ennemies, Anglais, Espagnols, Napolitains; mais, dès qu'il serait assez fort en infanterie et qu'il aurait reçu les bataillons marseillais qui garniraient et garderaient ses derrières, il se porterait en avant avec sa poignée de braves et enlèverait les redoutes toulonnaises à la baïonnette !

Il consentit pourtant, sur l'ordre des représentants, à occuper le promontoire de Caire et, comme disait Saliceti, les sommités d'où les Français pourraient fulminer l'escadre anglo-espagnole. Avant tout, il fallait s'emparer du village de La Seyne. Le 17 septembre, au soir, Bonaparte avait réuni la grosse artillerie dont il disposait. Durant la nuit du 17 au 18, il dressa sur la hauteur de la Garenne une batterie qui fut appelée la batterie de la Montagne, et dans la journée du 19 il chassait des parages de La Seyne une frégate et deux pontons qui barraient aux républicains le passage de l'isthme; c'était, mande un délégué du Comité, la foudroyante attaque qui commençait. Puis, dans la nuit du 19 au 20, Bonaparte établissait à la pointe de Brégaillon, au pied de la chapelle, sur le rivage de la mer, une deuxième batterie dite des Sans-

Culottes. Tous les vaisseaux de l'escadre anglaise vinrent tour à tour la saluer et lui lâcher leurs bordées. Mais Bonaparte leur répondit par un feu d'enfer. Il avait déjà cette maxime qu'on doit tirer sans se décourager et qu'après cent coups inutiles, le cent unième porte et fait effet. La batterie tint à distance les bâtiments ennemis. « Vous vous souvenez, écrivait Napoléon en 1798 à Marmont, de nos batteries de Toulon; l'artillerie à boulets rouges, servie de sang-froid, est terrible contre les vaisseaux. »

Dès lors, rien n'empêchait l'assiégeant de passer par La Seyne et d'établir sur les hauteurs de Caire une batterie qui balaierait toute la rade. « Prenez l'Éguillette, disait Napoléon à Carteaux, et avant huit jours vous entrerez à Toulon. » Le 21 septembre, l'adjudant général Delaborde occupait La Seyne. Le 22, à cinq heures du soir, après n'avoir fait pendant le jour aucun mouvement, il marchait sur l'Éguillette. Mais Carteaux ne lui avait donné que 400 hommes et ne lui envoya pas de secours. Comme son général, Delaborde ne comprit pas l'importance de l'entreprise. Il vit des renforts arriver aux Anglais; il attaqua mollement et après le premier choc, au bout de quelques minutes, recula. « Les Anglais — lisons-nous dans une lettre de Saliceti qui sent furieusement son Bonaparte — ont débarqué du monde, et se sont emparés des hauteurs, et ont placé des pontons dans la grande rade pour s'appuyer. Il était encore temps ce soir-là de les débusquer; ils avaient des projets de batteries qui n'étaient point exécutés; c'était une affaire de poste qu'il fallait brusquer et enlever de vive force, coûte que coûte; cela ne fut senti ni du général ni du colonel qui commandait l'expédition; on mena peu de monde, qui se rebuta bientôt; l'Anglais résista. »

L'Anglais ne se borna pas à résister. Il se hâta de fortifier sa position et d'élever une redoute sur le point culminant, à l'endroit où est aujourd'hui le fort Caire ou Napoléon. Cette redoute, qui reçut le nom du commandant des troupes britanniques, fut appelée le fort Mulgrave; les Français la baptisèrent le *Petit Gibraltar*, comme à la même époque, d'autres

Français baptisaient le *Petit Luxembourg* une redoute que les Autrichiens avaient construite devant Maubeuge. Trois autres redoutes servirent d'appui et de soutien au fort Mulgrave : la redoute de Grasse au-dessus de l'Eguillette, un ouvrage situé sur un mamelon en arrière à l'est du fort Mulgrave, un troisième ouvrage sur la hauteur Sauvaire au-dessus de Balaguier.

A la vue des travaux que les Anglais exécutaient dans la presqu'île, Napoléon fut saisi de fureur. « Les ennemis, s'écriait-il, ont compris l'insuffisance de l'artillerie navale ; ils ont risqué le tout pour le tout ; ils ont fait une descente qui leur a réussi, et les voilà qui ont du canon, un chemin couvert et des palissades ; ils vont recevoir des secours considérables, il faut se résoudre à un siège ! »

Mais il ne démordait pas de son idée. Prendre l'Éguillette, disait-il, voilà le seul moyen de prendre Toulon ; c'est expulser les Anglais des rades, et, si l'on attaque dans le même temps le Mont Faron, on produit une « commotion générale ». On doit donc éteindre le feu des batteries de l'Éguillette, et une fois ce feu éteint par nos boulets, que l'infanterie se présente avec vigueur et enlève la redoute anglaise ! Il se peut que la garnison ennemie veuille soutenir un siège ; mais qu'on ait assez de canons et de mortiers ; qu'on bombarde la ville ; qu'on ruine les défenses de Malbousquet, ses glacis, ses palissades, et qu'on l'emporte d'assaut ; qu'on canonne très vivement le fort d'Artigues ; qu'on fasse brèche au front de l'enceinte, au bastion du Marais, au bastion de l'Arsenal, et Toulon est à nous !

Il n'épargna rien, comme il dit, pour préparer l'attaque de l'Éguillette et rassembler le grand équipage de siège. Du premier au dernier jour, son activité fut prodigieuse. Il envoyait ordres sur ordres et réquisitions sur réquisitions, exigeant des villes avoisinantes tout ce qu'il pouvait, prenant à Martigues huit pièces de bronze qu'il remplaçait par huit pièces de fer, tirant des deux citadelles d'Antibes et de Monaco les bouches à feu qu'il regardait comme inutiles à leur défense, enlevant de La Seyne et de La Ciotat tous les bois et madriers nécessaires à la confection des plates-formes de canons et de mortiers, appelant les sans-culottes du Midi à prouver de nouveau leur républicanisme et à prodiguer leurs ressources, requérant dans tous les départements, de Nice jusqu'à Montpellier, des bœufs et des bêtes d'attelage qu'il promettait de nourrir et de payer de même que des chevaux d'artillerie, écrivant au commissaire des guerres Sucy, son ami de Valence, de se concerter avec l'administration de la Drôme et de former des brigades de charretiers, obtenant quotidiennement de Marseille cinq mille sacs à terre, employant à façonner des gabions les ouvriers du district du Beausset qui fabriquaient des paniers et des dames-jeannes, créant à Ollioules un arsenal où se réunissaient 80 forgerons, charrons et charpentiers, une salle d'armes où tous les fusils étaient réparés, et une salle d'artifices où se faisaient des fascines goudronnées et des boulets incendiaires, pressant les travaux du parc qui le fournissait de claies, de saucissons et de fagots de sape, rétablissant la fonderie de Dardennes qui lui donnait mitraille et projectiles.

Il demandait, soit en son nom, soit au nom du général et des représentants, le personnel qui lui manquait, car jusqu'à la fin du siège l'armée révolutionnaire fut, selon l'expression de Dugommier, pauvre en artilleurs. Il réorganisait la compagnie de Dommartin, chargeait le capitaine en second, Perrier, devenu capitaine-commandant et d'ailleurs « excellent officier », de diriger l'arsenal de Marseille [1], nommait capitaine en second le lieutenant en premier Desprez, lieutenant en premier le lieutenant en second Echelain et lieu-

---

1. On a dit que Bonaparte craignit d'appeler Perrier devant Toulon et de céder le commandement à son aîné; mais Perrier ne fut nommé capitaine-commandant que le 30 septembre, et la veille les représentants avaient fait Bonaparte chef de bataillon provisoire. On a dit également que Napoléon s'était gardé d'appeler Gassendi, dont il était le cadet; mais Gassendi était suspect, et pourquoi, en plein siège, les représentants auraient-ils remplacé Bonaparte dont ils étaient contents? Il faut dire au contraire que Napoléon s'est efforcé de mettre Gassendi en évidence.

tenant en second le sergent Villerment. Il prenait comme chef d'état-major le capitaine Muiron et comme adjudants-majors Talin et Junot, l'un capitaine de la compagnie d'artillerie du 2ᵉ bataillon de la Drôme et naguère canonnier au régiment de Strasbourg, l'autre premier sergent de grenadiers au 2ᵉ bataillon de la Côte-d'Or. Il donnait à Muiron comme adjudant-major un lieutenant d'artillerie du 1ᵉʳ bataillon de la Lozère, Favas, qui devint chef de bataillon provisoire de l'arme et finit, comme Talin, dans la gendarmerie. Il faisait conducteur en chef des charrois un sergent-major de sa compagnie, Dintroz, élu tout récemment lieutenant en second. Il appelait de Marseille un ancien caporal-fourrier du 4ᵉ régiment, capitaine des canonniers de la compagnie des Allobroges, Constantin, et lui enjoignait en même temps de restituer sans retard deux chevaux des équipages, sous peine des « plus grandes rigueurs ». Il appelait le capitaine Pellegrin qu'il avait connu sergent à Valence. Il appelait le chef de bataillon Gassendi, son ami du régiment de La Fère, et le priait de se rendre en toute diligence à Marseille et d'y former un équipage de siège.

Mais Gassendi détestait la Révolution et déplorait dans ses vers les excès du nouveau régime. Il ne parlait qu'avec émotion de ses camarades emprisonnés, exécutés ou condamnés à vivre dans l'exil :

> O céleste amitié, qui me rendra tes charmes?
> Que sont-ils devenus, tous mes compagnons d'armes?
> Par de lâches bourreaux les uns assassinés,
> Sur des bords étrangers les autres entraînés,
> Je les ai perdus tous, et jusqu'à l'espérance
> De voir jamais finir leurs maux et leur absence.

Il se moquait des personnages que la Terreur portait aux plus hauts grades et qu'il voyait aller et venir

> Les cheveux courts et gras, le ton rogue et brutal,
> Pantalon bien tendu, botte courte et luisante,
> Nez au vent, œil hagard, moustache bien pendante,
> Sabre long et traînant.

Il se plaignait d'être laissé de côté :

> Trente ans pour mon pays j'ai servi dans les camps,
> Et trente ans mon pays me laisse aux derniers rangs,
> Lorsque mon perruquier et mon maître de danse,
> Ignorants, méprisés même des ignorants,
> Deviennent généraux à force d'impudence.

Les sentiments de Gassendi étaient-ils connus? Les fit-il imprudemment éclater dans ses conversations? Fut-il dénoncé comme noble ou comme suspect? Quoi qu'il en soit, Bonaparte apprit soudain, non sans déplaisir, qu' « une scène était arrivée », que son camarade avait été dans de grands embarras, et que les commissaires de la Convention avaient dû le désavouer. Il se rendit aussitôt à Marseille. Il ne trouva plus Gassendi, mais il s'entretint avec les représentants : « Ils ne sont point du tout mécontents, écrivait-il à son ami, ils croient seulement avoir dû céder à la politique; la conduite que vous avez tenue est très louable, et fait l'éloge de vos principes. » A son retour au quartier général d'Ollioules, il obtint de Gasparin et de Saliceti un arrêté qui donnait à Gassendi une autre mission : Gassendi devait aller dans les villes où il croyait trouver les approvisionnements nécessaires à l'équipage de siège, et il aurait avec Bonaparte une correspondance suivie sur cet objet. Le 4 novembre, Napoléon le chargeait de prendre à Grenoble, à Briançon, à Saint-Etienne, à Lyon des pièces de rechange pour les fusils, des bombes de dix pouces, des fusées de signaux, des tire-bourre et des sabres, des outils de pionniers, des haches, des pioches, et un petit équipage de pontons pour le passage des marais qui se forment dans les temps pluvieux.

C'était surtout la poudre qui manquait. Le 22 octobre, Napoléon n'en avait que cent douze milliers et en demandait quinze cents. Pouvait-on, disait-il, commencer la première batterie sans avoir au moins six cents milliers de poudre? « Eussions-nous, ajoutait-il, tout l'équipage de siège complet, toutes les pièces de canon nécessaires, tant que nous ne nous serons pas procuré plus de poudre, il nous sera impossible de commencer nos opérations devant Toulon. » A plusieurs reprises, il s'élève contre les officiers insouciants qui laissent leurs hommes prodiguer la poudre. Il s'indigne que les soldats jonchent le sol de leurs cartouches parce qu'ils n'ont pas de gibernes. Il désire qu'ils n'aient chacun que deux cents cartouches, que personne ne l'oblige à en fournir davantage, que les généraux cessent de l'obséder de leurs plaintes et de leurs exigences. « On ne peut pas lutter seul contre tous et sur tous les objets, écrit-il aux représentants. Si l'on continue à gaspiller les cartouches et à ne pas vouloir suivre les règles prescrites par la loi, à crier plus fort que les soldats du moment que l'on retardera la livraison ou qu'on la refusera parce que les différents corps ne seront pas en règle, si j'ai à la fois à combattre les officiers, les commandants des ailes et encore le grand état-major de l'armée, si tous ceux qui sont d'un grade supérieur peuvent me dire *je veux*, concevez qu'il faudra quatre cents cartouches par tête, c'est-à-dire cent quatre-vingts millions de poudre de plus que nous n'en avons. Vous voyez d'après ceci les sollicitudes que vous devez vous donner pour organiser cette armée et pour maintenir toutes les armes dans leurs fonctions. Je le soutiendrai toujours ; si la loi n'avait pas accordé à l'artillerie cette responsabilité séparée, si elle ne lui avait pas donné une existence directe d'elle au pouvoir exécutif, il faudrait la lui donner pour le siège de Toulon. »

Il luttait avec la même vigueur contre les régisseurs des vivres et les directeurs des subsistances, leur reprochait de réquisitionner les voitures des transports militaires avant qu'elles eussent déchargé bombes et poudre, de prendre en cas de besoin les chevaux d'artillerie pour les remplacer par d'autres, de racoler les charretiers, hommes très poltrons que les officiers de l'armée traitaient nécessairement avec une grande sévérité pour obtenir d'eux une grande précision et qui passaient volontiers de l'artillerie dans les vivres. Personne, disait Bonaparte, n'avait le droit de disposer des chevaux de l'artillerie : ils étaient et devaient être les meilleurs de l'armée puisqu'il fallait une éducation pour les accoutumer au feu, ainsi que les conducteurs ; il valait mieux perdre des canonniers que des charretiers ; admettre dans le service des vivres des hommes qui faisaient métier de traîner les pièces et les caissons, c'était empêcher le recrutement et encourir les peines prononcées contre ceux qui débauchaient le soldat.

Sa bravoure égalait son activité. Jamais Napoléon ne fut plus intrépide qu'au siège de Toulon. Sous le feu le plus vif, il parcourait les batteries, les animait de son ardeur. Impassible au milieu des projectiles, gardant la même attitude, ne donnant aucun signe d'émotion, il disait froidement à ses compagnons : « Gare ! voilà une bombe qui nous arrive ! » Un jour, il prit la place d'un canonnier qui venait de tomber, saisit le refouloir et aida à charger dix à douze coups. Le canonnier avait la gale. Napoléon, absorbé par d'autres soins, se contenta d'un léger traitement. Le mal sembla disparaître, mais devait longtemps affecter sa santé.

Cependant peu à peu la grosse artillerie arrivait de Marseille et le nombre des batteries s'augmentait. Bonaparte donnait ordre à chaque commandant de faire des magasins qui contiendraient au moins cent coups par pièce, de les garnir de toile cirée pour les garantir de la pluie. Il avait achevé la construction de la batterie des Sans-Culottes. Deux autres batteries, l'une dite du Bréguart et située au-dessus de Faubrégas, l'autre dite de la Grande Rade, devaient écarter à droite de l'Éguillette les frégates anglaises qui, selon le mot des républicains, faisaient les péronnelles. Deux autres encore s'établissaient aux Quatre-Moulins et aux Sablettes, en face du Petit Gibraltar.

Les batteries du Bréguart et de la Grande Rade firent leur effet et chassèrent les pontons et bombardes des Anglais à droite du promontoire. Mais la batterie des Sans-Culottes était la plus puissante. Elle avait la fameuse couleuvrine de 44 qui venait de l'arsenal de Marseille. On attribuait à cet engin des propriétés merveilleuses et l'on assurait sur la Cannebière qu'elle portait au moins à deux lieues, qu'elle faisait un ravage considérable dans la flotte anglo-espagnole, que les royalistes de Toulon avaient fait dire une messe solennelle pour qu'elle crevât. Ce n'était en réalité qu'une antiquaille, un objet de curiosité; elle ne rendit aucun service et ne tira que quelques boulets. Mais la batterie avait en outre une pièce de 36, quatre pièces de 24 et un mortier de 12. Elle combattit vigoureusement le tir des vaisseaux ennemis, et si elle ne fit que leur enlever des mâts, elle les contraignit à évacuer la partie occidentale de la Grande Rade. Désormais l'escadre des alliés se tint au large et, comme dit Bonaparte, à distance raisonnable. Le bulletin des batteries françaises relate chaque jour qu'elle est hors de portée.

Il eût fallu que l'artillerie de La Poype, dirigée par un camarade de Napoléon au 4° régiment, le capitaine Sugny, vînt battre en même temps la Grande Rade. La Poype avait promis à Carteaux de s'emparer du cap Brun. Mais soutenu par son beau-frère le représentant Fréron, ce général ne pensait qu'à contrecarrer Carteaux et à le supplanter. Il déclara qu'au lieu d'aborder la montagne du cap Brun, il attaquerait le Faron à la baïonnette, qu'une fois maître du Faron, il ne serait séparé de Carteaux que par la rade et que Toulon tomberait dans huit jours et peut-être moins. Déjà ses troupes se disposaient à se concentrer aux environs de La Valette et à quitter Tourris et Revest, qui reliaient leur droite au reste de l'armée révolutionnaire. Carteaux se fâcha, lui enjoignit de conserver ses positions. La Poype obéit, mais le 1ᵉʳ octobre, sans même informer Carteaux, il attaquait le Faron : il comptait l'emporter par un brusque assaut et pensait que cette action d'éclat lui vaudrait le commandement en chef.

Il réussit. A la pointe du jour, il surprenait une centaine d'Espagnols qui gardaient le Pas de la Masque, entrait dans la redoute de la Croix Faron abandonnée par ses défenseurs, et, sur-le-champ, il écrivait au crayon, derrière un assignat de dix livres, ces lignes triomphantes à Carteaux : « Les troupes de la République viennent d'enlever la montagne de Faron, ses retranchements et ses redoutes. » Mais s'il était parvenu, comme par magie, selon le mot d'un assiégé, sur la crête du mont, il avait encore devant lui le fort Faron et il n'eut pas le temps de hisser un mortier et deux pièces de 4. A dix heures du matin, lord Mulgrave et l'Espagnol Gravina débouchaient, l'un par Saint-Antoine, l'autre par le Valbourdin, pour lui couper la retraite. Il essuya, de son propre aveu, une déroute complète. Ses bataillons s'enfuirent au cri de *Sauve qui peut*. Plus de 200 Français se tuèrent en tombant des rochers qui dominent La Valette. A trois heures de l'après-midi, les Toulonnais voyaient flotter sur le Faron le pavillon blanc qui, depuis le matin, remplaçait partout sur les remparts, les forts et les vaisseaux le drapeau tricolore. Ils offrirent le lendemain à chacun des généraux alliés une couronne de lauriers.

Ce succès enhardit les assiégés, et, s'ils avaient établi l'unité de commandement, s'ils avaient eu pour chef un homme énergique, résolu, un Bonaparte qui tint toutes leurs troupes sous son autorité, ils auraient culbuté l'assiégeant. Leurs sorties ne furent que des reconnaissances. Dans la nuit du 8 au 9 octobre, ils surprenaient le poste des Sablettes, enclouaient les canons et mortiers de la batterie, sciaient les affûts, faisaient plusieurs prisonniers, dont un lieutenant d'artillerie. Cet officier écrivit le surlendemain à Bonaparte qu'il était très bien traité, ne manquait de rien, n'avait qu'à se louer de la conduite des Anglais envers lui. Le *Journal d'Avignon* publia la lettre. C'est la première fois que le nom de Napoléon paraît dans une gazette politique.

La sortie du 14 octobre fut plus importante. A quatre heures de l'après-midi, 3 000 hommes se réunissent autour de Malbousquet; ils passent le Las; ils refoulent aisément l'avant-garde républicaine qui fêtait la prise de Lyon; ils atteignent le plateau des Arènes, le plateau des Gaux, le plateau de la Goubran. Mais Bonaparte accourut avec Alméras, aide de camp de Carteaux, et des réserves. Les soldats avaient mis leur confiance dans le commandant de l'artillerie et lui demandèrent des ordres, sitôt qu'ils l'aperçurent. Grâce à Napoléon et à son compagnon d'armes Alméras, les assiégés furent repoussés et les batteries sauvées. Bonaparte se fit dans cet engagement son opinion sur les coalisés : il reconnut que les Anglais se battaient bien et que les Napolitains étaient mauvais, peu entreprenants. « Toute cette canaille, Napolitains, Siciliens, — disait-il plus tard à son frère Joseph, — sont bien peu de chose. »

Les Français s'étaient laissé assaillir le 14 octobre. Le lendemain, ils se faisaient assaillants. La Poype, que Carteaux avait, après l'échec du Faron, remplacé par La Barre, avait été réintégré dans son commandement par les commissaires de la Convention. Le 15 octobre, à la tête de 400 hommes, et après un combat où Joseph Bonaparte fut, paraît-il, légèrement blessé, il enlevait la hauteur du cap Brun défendue par le régiment émigré de Royal-Louis. Déjà Saliceti, exultant de joie, mandait à Paris que La Poype aurait raison des batteries de La Malgue et deviendrait maître d'un des points les plus importants des environs de Toulon. Mais derechef, comme le 1er octobre au mont Faron, La Poype fut chassé de ce poste par deux colonnes qui menacèrent de l'envelopper.

Telle était la situation des assiégeants au 15 octobre. « Cela va lentement », disait Bonaparte, et le commandant de l'artillerie regrettait l' « insuffisance », l' « inactivité » de l'arsenal de Marseille, et se plaignait de son « mince équipage provisionnel » : il n'avait encore que 24 canons et 4 mortiers ! Les représentants se décourageaient. Ils se défiaient des troupes qu'ils jugeaient incertaines encore et indisciplinées. Les volontaires de l'Ardèche n'avaient pas la moindre expérience et un de leurs lieutenants priait le général de les placer en seconde ligne, pour leur donner le temps d'apprendre à charger leurs fusils. Les grenadiers des Bouches-du-Rhône se livraient à l'insubordination et, malgré le règlement, malgré la défense réitérée de s'éloigner du camp, allaient se divertir à Ollioules. La plupart des officiers se rendaient à Marseille sans permission pour s'amuser et, comme on disait, courir les muscadines. Carteaux assurait que les hommes ne quittaient qu'à regret leurs foyers, qu'un grand nombre étaient dénués de tout équipement et ne faisaient que consommer les subsistances.

Vainement Saliceti et Gasparin chargeaient Albitte d'aller à Paris exposer leurs doléances. Vainement ils déclaraient au Comité de salut public que les besoins de l'armée révolutionnaire étaient immenses. Le Comité ne leur répondait pas, et lorsqu'ils demandèrent à Doppet, qui venait de prendre Lyon, des renforts considérables en hommes, en armes, en engins, en munitions, Doppet leur répliqua qu'il leur envoyait du canon et leur enverrait journellement quelque chose, mais qu'on le sollicitait de toutes parts, qu'il devait voir, qu'il voyait la République entière. Désespérés, les deux représentants annoncèrent que si le Comité ne se décidait pas à leur donner aide et assistance, Toulon serait bientôt pour la France ce qu'était Gibraltar pour l'Espagne, et qu'il faudrait garder continuellement une armée devant cette ville, devant cette nouvelle Vendée, d'autant plus dangereuse qu'elle recevait par la Méditerranée des secours de toute sorte.

Le pis, c'était le manque de concert, c'était la mésintelligence des généraux qui se détestaient et cherchaient à se nuire. La Poype se moquait de Carteaux et ne tenait nul compte de ses ordres; Carteaux accusait son lieutenant d'affecter l'indépendance et de lui « lier les bras », le taxait d'ignorance et d'orgueil, rappelait avec une joie maligne les échecs du Faron et du cap Brun que les journaux d'Avignon vantaient comme de grands exploits et qui n'avaient pour résultat que des enterrements. La Poype avait dit cavalièrement, après sa déroute du 1er octobre, qu'il voudrait avoir une telle affaire tous les huit jours : Carteaux lui reprochait ce propos, son ton léger, son air de persiflage, ses façons de ci-devant, et le qualifiait de « général de toilette ». Les représentants éloignèrent La Poype, qui se rendit à Lyon pour surveiller l'envoi des renforts. Carteaux ne se radoucit pas; il restait mécontent, dégoûté, et bien qu'il se plût, assurait-il, à être sous la férule de la Convention, il trouvait que Gasparin et

Saliceti n'avaient pas pour lui les mêmes égards que le « brave » Albitte; il écrivait à Paris que les commissaires palliaient les torts de La Poype; il s'indignait qu'un vrai sans-culotte, comme lui, subît tant de « tracasseries et de jalousies ». Qu'un général plus capable se présente, ajoutait-il, et il céderait avec reconnaissance un fardeau qui, par suite de « la trahison plus noire », devenait insupportable.

Mais depuis l'arrivée de Bonaparte les commissaires étaient convaincus de l'impéritie de Carteaux. Il est, avouaient-ils le 30 septembre, « incapable de saisir les opérations d'une armée assiégeante ».

Le commandant de l'artillerie leur avait fait voir les sottises du général. Pourquoi, après avoir pris Marseille, Carteaux n'avait-il pas précipité sa marche sur Toulon? Dans le *Souper de Beaucaire*, le Marseillais que Bonaparte met en scène menaçait le militaire de se donner aux Espagnols qui croisaient devant le port. « Nous ne vous en laisserons pas le temps », répondait l'officier. Carteaux, disait Bonaparte aux représentants, avait laissé le temps aux Toulonnais de se donner à l'Angleterre, et les représentants convenaient avec lui que le général avait manqué d'audace.

Bonaparte se plaignait de l'état-major de Carteaux, qui voulait tout diriger. « Faudrait-il donc toujours, s'écriait-il, lutter contre l'ignorance et les basses passions qu'elle engendre, dogmatiser et capituler avec un tas d'*ignorantacci*, pour détruire leurs préjugés et exécuter ce que la théorie et l'expérience démontrent comme des axiomes à tout officier d'artillerie? » Et, avec Bonaparte, Gasparin et Saliceti répétaient que Carteaux s'entourait de gens encore plus ignares et entêtés que lui, qui ne connaissaient pas « les hommes, les machines militaires et leurs effets ».

Bonaparte rappelait que Carteaux, craignant de s'étendre sur la droite, avait refusé d'occuper solidement la position de Caire, de renforcer Delaborde, d'écraser les Anglais à l'Éguillette. Avec Bonaparte, les conventionnels assuraient que le général n'avait pas compris le seul projet qui fût possible, qu'il avait commis une « faute bien cruelle », que l'expédition de Toulon, qui pouvait aboutir avec un peu d'intelligence et de rapidité, traînait en longueur et ne réussirait plus que par le temps et par le nombre.

Les paroles mêmes de Bonaparte semblaient s'introduire et se glisser dans la correspondance des commissaires. « Le plan que j'ai présenté, disait Napoléon, est le seul praticable ; mais les Anglais débarquèrent à l'Éguillette ; peu de jours après, ils y eurent des pièces de 24 ; je compris que l'affaire de Toulon était manquée. » Sous l'impression de ses entretiens avec Bonaparte et comme sous sa dictée, Saliceti écrivait : « Le plan que nous avions adopté était le seul profitable ; mais les Anglais ont débarqué du monde ; le lendemain ils ont formé des batteries, monté des pièces de 24 ; nous regardons notre plan comme manqué. »

Fort de l'appui des représentants, fort de l'ascendant qu'il avait sur eux et dont rien, témoigne Marmont, ne peut donner l'idée, Bonaparte critiquait impitoyablement le général en chef. Devant Saliceti, devant Gasparin, il rappelait ses vantardises. « Nous n'avons plus besoin de rien, lui avait dit Carteaux à la première entrevue, et vous aurez le plaisir de brûler Toulon demain sans en avoir la fatigue. » Et le jour suivant, il conduisait Napoléon à une batterie qu'il avait établie pour incendier l'escadre anglaise. Placée au débouché des gorges d'Ollioules, un peu à droite de la route, sur une hauteur à 800 toises de la mer, la batterie devait agir contre des vaisseaux qui mouillaient à 400 toises du rivage, et les grenadiers du régiment de Bourgogne et du 2ᵉ bataillon de la Côte-d'Or, répandus dans les bastides des environs, chauffaient des boulets avec des soufflets de cuisine! Ou bien Bonaparte montrait le billet naïf que Carteaux lui adressait le 19 septembre : « Je vous conseille, écrivait le général, de bien placer vos batteries et d'attendre, pour les faire jouer, que le vent soit bon, car ce serait perdre votre temps ; faites bien rougir et établir votre forge, pour que les boulets soient bien chauffés. » Ou bien encore il racontait que lorsqu'il avait dit en désignant l'Éguillette sur la carte : *Toulon est là*, Carteaux poussait son voisin du coude et remarquait niaisement : « Voilà un mâtin qui n'est guère ferré sur la géographie. »

Bonaparte finit par désobéir formellement à Carteaux. Un jour, le général le mena sur une hauteur et lui proposa d'y installer une batterie qui battrait à la fois le fort Malbousquet et les forts Rouge et Blanc. Napoléon lui représenta qu'il fallait au contraire placer trois ou quatre batteries contre un seul fort et faire converger leurs feux, qu'une faible batterie construite en terre et à la hâte ne pouvait l'emporter sur des batteries patiemment établies avec le relief de la fortification permanente, qu'en un quart d'heure l'ennemi la raserait et mettrait tous les canonniers hors de combat. Carteaux insista, et Bonaparte ne dressa pas la batterie. Une autre fois, Carteaux ordonna d'élever une batterie sur une terrasse en avant d'une bastide, en un endroit où les pièces n'avaient pas de recul; Bonaparte n'en fit rien. Mais le commandant de l'artillerie dut s'éloigner pour vingt-quatre heures et se rendre à l'arsenal de Marseille; Carteaux en profita pour prescrire l'évacuation d'une batterie sous prétexte que le feu des assiégés y tuait ou y blessait les canonniers; Bonaparte revint à temps pour s'opposer à cette mesure. Fatigué, excédé de ces contrariétés, Napoléon pria le général de lui communiquer son plan : Carteaux répondit que l'artillerie devait chauffer Toulon pendant trois jours, et qu'ensuite il attaquerait la ville en trois colonnes. Outré, Napoléon dit à Gasparin qu'il ne pouvait plus servir sous un homme qui n'avait pas les plus simples notions du métier militaire.

Carteaux n'ignorait pas les critiques violentes dont il était l'objet. Mais sa femme, qui ne manquait pas de bon sens et que Dommartin nomme une brave et digne personne, l'engageait à se taire. « Laisse faire ce jeune homme, disait-elle à son mari, il en sait plus que toi; il ne te demande rien; il te rend compte, la gloire te reste, et, s'il commet des fautes, elles seront pour lui. » Carteaux dévora son dépit et se contenta de déclarer que *le capitaine Canon*, comme il appelait railleusement Bonaparte, répondait sur sa tête des dispositions prises. Toutefois, il écrivit au ministre que tous les officiers de l'état-major de l'armée étaient « bien neufs » et avaient de la bonne volonté, au lieu de talent; il ne cita qu'Alméras dans la lettre où il annonçait le combat du 14 octobre; enfin, il ne put s'empêcher, en s'entretenant avec une députation des jacobins de Marseille, d'exhaler des plaintes. « L'artillerie, dit-il, ne m'est pas soumise, et son chef Bonaparte fait tout en sens contraire; il y a quelque dessous de cartes que je n'ai pas encore découvert; mais attaquer le chef de l'artillerie, c'est attaquer les représentants eux-mêmes. »

Il fut rappelé. Dès le 26 septembre Saliceti mandait au Comité que l'*absence* de Carteaux donnerait peut-être à l'armée un général et des officiers supérieurs qui sentiraient mieux l'importance de la position de Caire. Pas une lettre de Gasparin et de Saliceti qui ne contînt des griefs contre Carteaux. Carteaux, disaient-ils, n'avait que de la réputation; Carteaux manquait à la fois de moyens personnels et de bonne volonté; Carteaux n'était pas à la hauteur de sa mission; il leur fallait un homme qui fût disposé à se battre tout autrement que Carteaux. Ils songèrent un instant à le remplacer par La Poype. Mais La Poype avait sa femme et sa fille dans Toulon, et, bien qu'il fût patriote et qu'il eût, comme on disait, effacé quelques restes de noblesse par ses services et ses alliances avec la sans-culotterie, l'armée croirait-elle qu'il agissait franchement et sans-arrière-pensée? « Il a sous les yeux, écrivait l'amiral Truguet à Barère, une ville qui renferme ce qu'il a de plus cher; peut-il toujours se défendre d'un mouvement de sensibilité? » Gasparin et Saliceti se résignèrent donc à conserver Carteaux, et pour mieux le conduire et le gouverner, ils demandèrent au Comité de salut public un savant ingénieur.

Mais les représentants à l'armée d'Italie, Barras, Fréron, Ricord, Augustin Robespierre, joignirent leurs plaintes à celles de leurs collègues. Barras et Fréron déclaraient que Carteaux ne possédait aucune connaissance militaire, qu'il avait déjà perdu deux mois et qu'il échouerait certainement. Augustin

Robespierre affirmait que l'éloignement de Carteaux serait une victoire. Ricord se rendit à Paris : il dit aux Jacobins, à la Convention, au Comité que s'il fallait, selon l'expression de Dubois-Crancé, attaquer Toulon par un déluge de feu, l'entreprise devait être confiée à un général aussi énergique et intelligent que patriote, à un homme qui réunît à sa réputation guerrière un grand caractère.

Le 23 octobre une lettre du ministre prescrivait à Carteaux d'aller à Nice au quartier général de l'armée d'Italie qui passait dans ses mains. « Les difficultés survenues dans le commandement, lui écrivait Bouchotte, rendent cette position pénible pour la chose publique et pour vous-même. » Il se lamenta, se désola. On lui ôtait donc l'honneur de terminer une opération qu'il avait commencée avec si peu de ressources et poursuivie si obstinément ! On l'arrachait à ce siège de Toulon dont il s'était si courageusement chargé et qu'il comptait mener à bonne fin ! Pourquoi ne pas déférer à son vœu, ne pas lui permettre d'achever l'œuvre entamée ? Il ne désirait, ne demandait qu'une chose : battre les Anglais et prendre Toulon. Toulon pris, il aurait sa récompense, et il donnerait sa démission pour n'être plus rien, rien qu'un simple volontaire. Mais l'ordre du ministère était précis : Carteaux devait se rendre à Nice, et après avoir triomphé des Marseillais, triompher des Piémontais. Il partit le 7 novembre, disant pis que pendre de Doppet, qui lui succédait, et de La Poype, qui restait à l'armée, assurant que Doppet manquait de talents militaires et que La Poype avait montré du doigt aux Anglais les deux points essentiels d'attaque, Faron et le cap Brun, gémissant de céder la place, non à de plus habiles, mais à de plus heureux qui profiteraient de ses labeurs et qui n'auraient aucune peine à vaincre lorsqu'afflueraient les moyens d'agir. Il n'emportait le regret de personne; s'il fût demeuré, disait-on dans le camp, il eût tout désorganisé.

Doppet ne parut que le 12 novembre, et ce retard arrêta naturellement les opérations. Durant plusieurs jours, Carteaux n'avait pas dissimulé son humeur, et Saliceti se plaignait amèrement que l'armée fût si longtemps exposée au hasard de la patience et de la fidélité d'un pareil homme.

La Poype, le plus ancien général, commanda par intérim du 7 au 12 novembre, et, s'il se tint sur la défensive, selon l'ordre de Doppet, il mérita du moins, remarque Napoléon, l'estime du soldat. Mais le véritable chef de l'armée était Saliceti, c'est-à-dire Bonaparte. Abandonné par Gasparin, qui succombait à la fatigue et allait mourir à Orange, Saliceti décidait de toutes choses, et il est d'ailleurs le seul des représentants du peuple qui soit resté devant Toulon du commencement à la fin du siège. Bonaparte avait conservé son ascendant sur lui. Les deux Corses allaient ensemble aux postes avancés. Un soir, le 7 novembre, avec Varèse, ils visitèrent l'emplacement d'une batterie que Bonaparte projetait de diriger contre le fort Malbousquet. Au retour, Saliceti tomba de cheval et se fit deux contusions, l'une à la tête, l'autre à la jambe. Bonaparte et Varèse eurent peine à le ramener ; les balles sifflaient à leurs oreilles, et ils étaient tout près de l'ennemi ; « nous pouvions, rapporte Varèse, être facilement enlevés par une patrouille ».

Enfin Doppet arriva. C'était un Savoyard, naguère médecin à Chambéry, et depuis 1789 homme de lettres à Paris, rédacteur des *Annales patriotiques*, auteur de romans et de ces *Mémoires* apocryphes de M*me* de Warens que le lieutenant Bonaparte lisait à Valence en 1786. Il devait son avancement aux circonstances et non à l'intrigue. Élu chef de brigade de la légion des Allobroges, et le seul chef de brigade qui fût dans l'armée de Carteaux durant la campagne du Midi, il avait été nommé général et, pour avoir montré à la tête de l'avant-garde quelque célérité, chargé de commander l'armée des Alpes et de brusquer la prise de Lyon. Les Lyonnais vaincus, il fut appelé devant Toulon parce qu'on pensait qu'il enverrait sous les murs de la ville assiégée toutes les forces dont il pouvait disposer. Il avait plus d'esprit que Carteaux, mais bien qu'il eût servi dans sa jeunesse au régiment de Commissaire-Général cavalerie et aux gardes françaises, il entendait aussi peu que Carteaux le métier de la guerre. Lorsqu'une bombe partie de Toulon mit le feu au magasin de poudre de la batterie de la Montagne, il dit sérieusement à Bonaparte que cet incendie était l'œuvre des aristocrates de l'armée. Il eut toutefois le mérite de se rendre justice. « Le siège de Toulon, écrivait-il, exige un rassemblement de talents militaires et de combinaisons qu'on me suppose je ne sais pourquoi », et il déclara qu'il n'accepterait pas la direction de l'entreprise et ne resterait devant Toulon que sous les ordres de son successeur.

Il faillit, pourtant, sans l'avoir voulu, s'emparer de la place ou du moins enlever un des ouvrages les plus importants. Le 15 novembre, le bataillon de la Côte-d'Or, posté en face du fort Mulgrave, vit un prisonnier français que des Espagnols maltraitaient. Indigné, il courut aux armes et marcha droit sur le fort. Le régiment de Bourgogne le suivit, puis d'autres bataillons, puis toute une division. Un feu violent, épouvantable, de mousqueterie et d'artillerie éclata des deux parts. Doppet et Bonaparte se hâtèrent de se rendre sur le lieu de l'action. « Le vin est tiré, dit Napoléon, il faut le boire », et il ajouta que mieux valait s'engager à fond que de reculer. Doppet lui permit de diriger le combat. Bonaparte se mit à la tête des tirailleurs qui couvraient tout le promontoire et forma deux compagnies de grenadiers en colonne pour pénétrer par la gorge dans le fort Mulgrave. Mais O'Hara, gouverneur de Toulon, qui du bord de la *Victory* voyait le combat, vint au Petit Gibraltar pour stimuler les troupes, et une sortie qu'il exécuta fut vigoureusement appuyée par la canonnade des remparts et des vaisseaux. Doppet vit un de ses aides de camp tomber à ses côtés. Il fit battre la retraite. Napoléon frémissait de rage, et le visage ensanglanté par une légère blessure qu'il avait reçue au front, il galopa vers Doppet : « Toulon est manqué, s'écriait-il, et un j... f..... a fait battre la retraite! » Les soldats partageaient sa colère et menaçaient le général en chef : « Aurons-nous toujours, disaient-ils, des peintres et des médecins pour nous commander? »

Mais sur les instances de Ricord, le Comité de salut public avait décidé le 1ᵉʳ novembre de réunir toutes les forces du Midi contre Toulon, et, le 3 novembre, d'envoyer Doppet à l'armée des Pyrénées-Orientales, de placer Carteaux à l'armée des Alpes et de donner l'armée d'Italie à Dugommier qui serait spécialement chargé de diriger le siège de Toulon.

Le 16 novembre, Dugommier était à Ollioules. Deux heures après Dugommier, arrivait Du Teil cadet qu'Albitte et Doppet avaient appelé de Grenoble pour lui confier l'artillerie. Huit jours plus tard, le 24 novembre, se présentait le chef de bataillon Marescot, envoyé par son camarade et ami Carnot pour diriger le génie. Ces choix prouvaient que le Comité de salut public avait résolu d'imprimer aux opérations du siège une décisive impulsion. Les secours se montraient enfin : hommes, canons, munitions. Sept bataillons venaient de Lyon, et dix-sept autres de l'armée des Alpes. De Besançon, de Lyon et des places du Dauphiné, soit par le Rhône, soit par les routes, débouchait un matériel considérable.

Né à la Basse-Terre en 1738, Jacques Coquille du Gommier avait alors cinquante-cinq ans. Cadet à la compagnie des cadets-gentilshommes des colonies établie à Rochefort, officier des batteries de la marine, enseigne d'une compagnie franche d'infanterie, il s'était distingué par sa bravoure dans la guerre de Sept Ans aux sièges de La Guadeloupe et de La Martinique et pendant la guerre de l'indépendance américaine, où il commandait les volontaires de son île, à l'attaque de Sainte-Lucie. Aussi avait-il reçu la croix de Saint-Louis. Il vivait sur son bien lorsqu'éclata la Révolution. De nouveau commandant des volontaires de La Guadeloupe, il s'efforça d'étayer, comme il dit, la régénération française à La Martinique. Mais, combattu par les autorités de La Guadeloupe, endetté, presque ruiné, contraint de vendre la propriété dont il portait le nom, chargé de plaider à Paris la cause des patriotes et désigné pour député extraordinaire des îles du Vent, il partit pour la France en 1791. Promu le 10 octobre 1792, sur la recommandation de Marat, général de brigade, il n'eut que le 22 mai 1793 un emploi à l'armée d'Italie, et, parce qu'il comptait que le Conseil exécutif se raviserait et l'enverrait servir aux colonies, il ne rejoignit son poste qu'au milieu de septembre. Deux éclatants faits d'armes, deux beaux succès obtenus coup sur coup malgré la disproportion du nombre et le désavantage du terrain le signalèrent aussitôt à l'attention des représentants et lui valurent le grade de général de division. Le 19 octobre, d'Utelle où était son principal quartier, il courait à Gilette, dont le baron de Wins s'était emparé, chassait les Austro-Sardes en les assaillant de nuit à l'improviste, puis revolait à Utelle pour repousser les Piémontais de Saint-André et leur reprendre le 22 octobre par une charge vigoureuse la cime du Diamant. Il n'avait pas encore, quoi qu'eût dit Ricord, une grande réputation, et le *Journal d'Avignon* le confondait avec Leigonyer. Mais il avait l'ardeur, l'activité, l'intelligence de la guerre. C'était le général qu'avait demandé Truguet, un général qui eût expérience, habileté, présence d'esprit, et non jactance et charlatanerie. Son extérieur frappa les troupes. Sa taille élevée, sa figure ouverte et brunie du soleil, son front large et découvert, ses yeux perçants et pleins de feu, ses cheveux blancs très touffus qui rehaussaient la flamme de son regard et donnaient à sa physionomie plus de relief et de vivacité, imposèrent sur-le-champ aux officiers et aux soldats. Un de ses lieutenants, Micas, le nomma son *père d'armes*. Dugommier, écrit Augustin Robespierre, est « un vrai républicain qui sait inspirer l'enthousiasme de la liberté ; il est aimé de ses subordonnés qu'il aime ».

Aidé de son chef d'état-major qui fut d'abord l'adjudant général Grillon, puis le général de brigade Dugua, Dugommier se hâta de mettre en ordre l'armée révolutionnaire. Il rappela le soldat au respect des lois militaires et distribua dans les camps un extrait du Code pénal. Il fit défendre par les représentants le gaspillage de la poudre. Il réunit les corps qu'il avait trouvés pour la plupart disséminés en une foule de détachements et « étorqués de leur principal noyau ». Il compléta les compagnies de grenadiers et de chasseurs par des hommes de bonne volonté.

Il appréciait les gens, disait-il, en les voyant travailler, et il avait aussitôt apprécié Bonaparte. Qui savait mieux le fort et le faible de Toulon que le jeune chef de bataillon? Qui, mieux que lui, connaissait les positions et les ressources de l'armée assiégeante? Napoléon, assure Marmont, prit sur Dugommier le même empire que sur les représentants. Un jour que le général dînait avec Bonaparte, « tiens, lui dit-il en lui offrant un plat de cervelle, tiens, tu en as besoin ». Il voulait dire, rapporte un témoin, que le jeune officier était surchargé de travail et qu'il lui fallait de la cervelle pour quatre.

Investi de la confiance de Dugommier, Bonaparte resta commandant de l'artillerie. Du Teil se plaignait qu'il n'y eût pas devant Toulon assez d'officiers généraux de son arme. « Nous ne sommes que deux, disait-il, Bonaparte et moi; qu'il nous arrive quelque accident, personne ne peut nous remplacer; le siège est suspendu ou languit. » Mais Du Teil se reposa toujours sur son lieutenant. Vieux, impotent, accablé d'infirmités, il avouait qu'il ne pouvait plus marcher ni monter à cheval. Il dut se faire porter dans les batteries. Déjà, au mois de décembre 1792, il écrivait à Bouchotte qu'il était rongé par les rhumatismes et qu'une fluxion de poitrine, attrapée deux ans auparavant, l'obligeait à garder le lit et lui causait sans cesse des points de côté et par intervalles des crachements de sang. Tout récemment, au mois de septembre 1793, lorsque Du Teil commandait l'artillerie de l'armée des Alpes et celle de l'armée d'Italie, Kellermann, fatigué d'un général dont « les incommodités s'augmentaient journellement », le fixait à Grenoble et le remplaçait à l'armée d'Italie par le chef de brigade Dujard : à Grenoble, disait Kellermann, Du Teil n'aurait qu'à donner des instructions à l'équipage de l'armée des Alpes et à veiller aux approvisionnements des batteries. Le 24 décembre, Toulon à peine occupé, Ricord et Saliceti autorisaient Du Teil à se rendre dans le pays messin pour rétablir ses forces jusqu'à ce qu'il reçût du ministre une « destination compatible avec son âge et sa santé ». Du Teil ne fut donc que de nom chef de l'artillerie, et Bonaparte continua de diriger le service. Bonaparte adresse au citoyen Dupin, adjoint du ministre, les états de situation, le bulletin quotidien des batteries et le récit détaillé des affaires du mois de décembre. Bonaparte envoie des ordres aux batteries de la division de l'ouest. Bonaparte répond à Dugua qui demande des fusées et des fanaux. Bonaparte répond à Micas, lorsque Micas écrit au commandant de l'artillerie. Bonaparte répond à La Poype, lorsque La Poype réclame des mortiers : « Tu as Bonaparte près de toi, dit Dugua à Dugommier, tu prendras avec lui des mesures pour les mortiers »; et comme La Poype exige des mortiers de huit, Dugua objecte qu'au jugement de Bonaparte, cette sorte de mortier est insuffisante pour produire grand effet.

Marescot voulut un instant s'emparer de la direction du siège et imposer son plan à Napoléon. Il avait trouvé parmi les officiers de son arme un de ses anciens, le capitaine Fournier, et, avec un noble désintéressement et une rare abnégation, il déclara que Fournier devait être chef du génie. Mais, en attendant, il était d'avis de procéder régulièrement, de déployer l'appareil des attaques ordinaires, de cheminer par tranchées, et il se plaignait à Carnot de ne trouver que quelques gabions commandés par Bonaparte et des batteries provisoires uniquement destinées à contrebattre les batteries avancées des alliés et à favoriser les premières opérations de l'assaillant. Il comprit bientôt ce qu'un investissement selon les préceptes de l'école avait d'aventureux et d'impossible.

Dugommier avait, dès son arrivée, examiné les projets relatifs au siège. La plupart des plans envoyés par des ingénieurs et notamment par le célèbre d'Arçon, qui voulait réunir devant la ville 150 000 combattants, étaient inexécutables. « Ils sont, écrivait Dugommier, calculés sur des moyens que je n'ai point. ». Mais le général en chef qui consultait Bonaparte et faisait, comme il dit, ses raisonnements sur les localités, sentait qu'il fallait *abréger*, renoncer à suivre les règles de l'art.

Le 25 novembre, il tenait conseil de guerre avec les représentants Augustin Robespierre, Ricord et Saliceti, les généraux de division La Poype, Mouret et Du Teil, les généraux de brigade La Barre et Garnier, les chefs de bataillon Bonaparte, Sugny et Brûlé. Il déclara qu'il n'avait que 25 000 hommes qui savaient se battre, et Du Teil, qui prit la parole après lui, assura, selon les états fournis par Bonaparte, qu'il ne possédait pour l'instant que cent quatre-vingt milliers de poudre, qu'il allait en recevoir cent autres milliers, que de plus grandes quantités étaient annoncées, mais qu'elles ne pouvaient arriver très prochainement. Le Conseil décida de recourir aux « moyens de terreur ». Deux projets lui furent soumis, celui de Dugommier et celui du Comité de salut public.

Dugommier opina qu'il fallait éloigner la flotte qu'il nommait le rempart maritime et l'appui principal de Toulon, s'emparer des endroits d'où le canon des assiégeants inquiéterait les vaisseaux, prendre le fort Mulgrave, l'Éguillette et Balaguier, chasser ainsi l'escadre de la petite rade dans la grande, la « molester » par des batteries de mortiers dressées au cap Brun, puis enlever à la garnison deux ou trois points essentiels, le mont Faron et Malbousquet; ce dernier poste, ajoutait-il, formait au centre une ligne de feu qui se prolongeait facilement jusque dans Toulon; maîtresse de Malbousquet et y prenant racine, renforcée bientôt par de puissants moyens, l'armée s'avancerait vers la place.

Ricord lut ensuite le plan rédigé le 4 novembre par Carnot au nom du Comité de salut public; comme tout le monde, Carnot estimait qu'un siège régulier était impossible, et que la ville tomberait si les assiégeants lui coupaient ses communications en bloquant ses rades. L'armée révolutionnaire se diviserait donc en deux colonnes. La première se saisirait du cap Brun, écraserait le fort La Malgue sous les bombes, établirait des batteries à boulets rouges qui sillonneraient la grande rade dans tous les sens. La seconde colonne devait s'emparer des batteries de l'Éguillette et de Balaguier pour interdire aux ennemis l'entrée de la petite rade ; elle attaquerait la presqu'île de la Croix-aux-Signaux et y placerait des batteries à boulets rouges qui croiseraient leurs feux avec celles du cap Brun ; elle tâcherait d'incendier Toulon et profiterait du désordre causé par le bombardement pour enlever la ville. Enfin, les deux colonnes s'efforceraient de concert d'emporter par un coup de main le mont Faron, et, si elles pouvaient, le fort La Malgue.

Marescot jugeait que les deux plans « rentraient l'un dans l'autre et différaient fort peu ». Il y avait pourtant quelques différences. Le Comité ne parlait nullement de Malbousquet, dont il fallait, comme disait Bonaparte, ruiner les défenses pour s'avancer sans obstacle jusqu'aux remparts de Toulon, et, si Dugommier empruntait à Carnot l'idée de prendre les hauteurs du cap Brun, il ne croyait pas qu'il eût assez de monde pour se rendre maître de la presqu'île de la Croix-aux-Signaux ; sa courroie, écrivait-il, était trop courte, et il avait à peine de quoi assurer le succès sur tous les points d'attaque.

Les membres du Conseil convinrent avec Dugommier qu'il était inutile d'envoyer des troupes contre la Croix-aux-Signaux. Mais ils pensèrent qu'il serait imprudent d'assaillir les hauteurs du cap Brun. Elles offraient sans doute, selon le mot de Dugommier, une bonne correspondance avec le promontoire de l'Éguillette, et, si l'on tenait ces deux pointes, on « désolerait » la marine ennemie et lui « ordonnerait une station critique ». Toutefois Saliceti remarquait qu'il était très difficile de se saisir du cap Brun et de le garder. Il proposa, selon le désir de Bonaparte, de porter plutôt sur le mont Faron l'effort de la division de l'est. Le Faron n'était-il pas, suivant l'expression d'Arçon, un point capital qu'on devait attaquer en toute vigueur ? Dugommier fit observer qu'il faudrait peut-être de ce côté des « moyens plus rassemblés ». Mais La Poype protesta qu'il avait assez de forces pour répondre du succès.

Finalement, le Conseil résolut de faire contre Malbousquet

et le cap Brun une fausse attaque, et de prendre le plus tôt possible par une véritable attaque brusque et vive, par un combat à la française, le Petit Gibraltar, l'Éguillette, Balaguier et le mont Faron. Ce fut Bonaparte qui rédigea le procès-verbal de la séance. Son plan l'avait emporté, le plan qu'il soumettait le 14 novembre au ministre Bouchotte en ces termes : « la prise de l'Éguillette, l'expulsion des Anglais des rades, et dans le même temps attaquer le Faron. »

Le Conseil avait approuvé l'établissement des batteries faites par Bonaparte. De nouvelles furent élevées sous la direction de Du Teil et de son second, et lorsque Toulon ouvrit ses portes, l'armée révolutionnaire avait peu à peu installé treize batteries.

Trois de ces batteries étaient dirigées contre le fort Malbousquet : celle de la Convention, sur le plateau des Arènes ; elle avait sept pièces de 24 et deux obusiers de 6 ;

Celle de La Farinière sur le plateau des Gaux, entre les Arènes et la Goubran ; reliée à la Convention par une gabionnade en ligne droite, elle avait quatre mortiers de 12 ;

Celle de la Poudrière, sur le plateau de la Goubran ; elle avait quatre pièces de 16 et trois mortiers de 8.

Deux batteries étaient destinées à battre la petite rade : la batterie de la Petite Rade entre le plateau de la Goubran et le coteau de Brégaillon, et la batterie de la Montagne construite dès le 19 septembre sur la hauteur de Brégaillon et formée, comme sa voisine, de deux pièces de 24.

Plus à droite, pour battre à la fois l'Éguillette et la grande rade, étaient les cinq batteries des Sans-Culottes, de la Grande Rade, du Bréguart, des Sablettes et des Quatre-Moulins :

La batterie des Sans-Culottes ou, comme on la nommait brièvement, la Sans-Culotte, commencée dès le 20 septembre, fut servie durant le siège par la 17ᵉ compagnie d'artillerie légère qui montra, dit Bonaparte, une bravoure à toute épreuve [1] ;

---

1. Sur cette batterie, voir ci-dessus, p. 179-180.

La batterie de la Grande Rade, située près de La Seyne, entre Faubrégas et les Sablettes, avait trois pièces de 24 ;

La batterie du Bréguart ou de Faubrégas avait une pièce de 36, trois pièces de 24 et un mortier ;

La batterie des Sablettes, sur une hauteur dans l'isthme du même nom, vis-à-vis la redoute anglaise, avait quatre pièces de 24 et trois mortiers de 12 ;

La batterie des Quatre-Moulins, en seconde ligne, derrière La Seyne et à 700 toises de la redoute, avait deux pièces de 24.

Trois batteries étaient en avant de toutes les autres, tout près de la fameuse redoute : celle des Républicains du Midi, celle des Chasse-Coquins, et celle des Hommes-sans-Peur.

La batterie des Républicains du Midi ou des Jacobins était à 200 toises du fort Mulgrave. Armée de trois pièces de 24 et de cinq mortiers de 12, elle battait les communications de la redoute anglaise avec l'escadre. Elle existait dès le 14 novembre, mais ne fut achevée que le 14 décembre, lorsqu'elle eut pour commandant le lieutenant Vermot, et ne joua que le lendemain. Ce Vermot, qui devint plus tard colonel directeur d'artillerie, avait passé par tous les grades inférieurs au régiment de La Fère, et Bonaparte, qui l'estimait, lui écrivait ce mot flatteur : « Je compte trop sur vous pour m'inquiéter d'aucune manière. »

La batterie des Braves ou Chasse-Coquins, à droite des Hommes-sans-Peur, ne fut établie qu'au dernier jour du siège.

La batterie des Hommes-sans-Peur avait trois pièces de 16 et cinq mortiers, ainsi qu'un magasin de poudre à l'épreuve de la bombe. Elle comprenait deux redoutes et se trouvait à l'endroit appelé l'Écaillon, sur une petite éminence que les paysans nomment Roquille et où des broussailles et des ronces cachent encore aujourd'hui des traces d'épaulements et les débris d'un four à boulets rouges. C'était la plus exposée de toutes les batteries. Bonaparte avait à peine fait le chemin et transporté les matériaux que Carteaux défendait de la construire, parce qu'il la croyait intenable. Dès le début de son installation, elle fut foudroyée par le feu croisé des pontons anglais et du Petit Gibraltar. Les artilleurs, épouvantés, refusaient d'y rester. Mais Napoléon, qui connaissait le caractère français, fit placer en avant de la batterie un poteau avec ces mots écrits par Junot : *batterie des Hommes-sans-Peur*. Les plus braves canonniers de l'armée voulurent y venir. Ils appartenaient tous à l'ancien corps royal de l'artillerie, et la plupart avaient huit ans révolus de service militaire. Le 28 novembre Bonaparte choisit pour les commander le sergent Pétout qui dirigeait jusqu'alors les travaux d'organisation du parc. Ce Pétout répondit à sa confiance : « On ne peut, disait Napoléon, que se louer de son zèle. » C'était un Franc-Comtois de vingt-six ans que Bonaparte avait connu naguère à Valence au 4º régiment et qu'il nomma plus tard garde d'artillerie, puis conducteur principal des charrois de l'armée d'Italie. Pétout semble avoir eu mauvaise tête et vaillant cœur ; il donna sa démission pour être maître d'école dans un petit village des Basses-Alpes. Il se repentit et à diverses reprises, sous tous les régimes, en 1800 et en 1801, en 1814, même en 1830 et 1831, il sollicita la place de garde d'artillerie ; il ne voulait pas d'autre emploi ; mais sous tous les régimes, il se heurtait à la loi, et ce fut en vain qu'il pria le premier consul de dérober un moment à ses occupations « pour le bonheur de Pétout »[1].

De toutes les batteries républicaines, celle qui faisait pour l'instant le plus de mal aux assiégés était la batterie dite de la Convention. Carteaux l'avait ainsi baptisée : « Elle est superbe, écrivait-il, et elle f... le tour à nos ennemis. » Elle était à huit cents toises de Toulon et à cinq cents du fort Malbousquet. Le Conseil de guerre avait décidé qu'elle canonnerait

---

1. Cf. la carte de Du Teil et, bien que le chiffre ait parfois un peu varié, l'État des pièces en batterie à la fin de ce volume (pièce LXX). La batterie de la Montagne ouvrit son feu le 18 septembre; celle des Sans-Culottes, le 20 septembre; celle des Sablettes, le 7 octobre; celle du Bréguart, le 15 octobre; celle des Quatre-Moulins, le 18 octobre; celle de la Grande Rade, le 22 octobre; celle de la Convention et celle des Hommes-sans-Peur, le 28 novembre; celle de la Petite Rade, le 29 novembre; celle de la Poudrière, le 1ᵉʳ décembre; celle de la Farinière, le 8 décembre; celle des Républicains du Midi ou des Jacobins, le 15 décembre; celle des Chasse-Coquins, le 16 décembre.

Malbousquet tant pour abuser les Anglo-Espagnols sur le point d'attaque que pour faciliter à l'infanterie la prise de l'ouvrage, et Dugommier croyait même que, si l'artillerie faisait brèche, ses troupes pourraient emporter le fort dans un élan d'enthousiasme. Le 28 novembre, la batterie de la Convention tira contre Malbousquet, et si Malbousquet résista de son côté sans discontinuer, s'il fut secondé le lendemain par le navire le *Puissant* qui s'embossa sur le rivage, à l'abri du fort, et lança contre la Convention des bordées de quarante coups de canon à chaque demi-heure, la Convention riposta, et le 28, le 29, elle envoyait à Malbousquet un coup de canon tous les quarts d'heure.

Le général anglais O'Hara qui commandait en chef les forces des alliés, résolut d'enlever la batterie de la Convention. Le 30 novembre, au matin, 2 350 hommes, 400 Anglais, 300 Sardes, 700 Napolitains, 700 Espagnols et 250 Français, chasseurs toulonnais et soldats du régiment de Royal-Louis, sous les ordres du général-major David Dundas, se réunissent entre les forts Malbousquet et Saint-Antoine. Ils passent la Rivière-Neuve sur un seul pont; ils se divisent en quatre colonnes; ils marchent à travers des champs plantés d'oliviers et coupés par des murs de pierre; ils gravissent silencieusement et sans confusion des pentes taillées en terrasses; ils débouchent soudain sur le plateau des Arènes; ils surprennent les troupes qui gardaient la batterie de la Convention; ils enclouent les canons. Le général Garnier accourt et s'efforce de rallier son monde. Ses bataillons, de nouvelle levée pour la plupart, se dispersent sous une pluie de balles et sous le feu terrible de Malbousquet. Une poignée d'hommes découragés, hésitants, reste encore autour de Garnier et finit par plier. Les alliés poussent en avant, se dirigent vers la route d'Ollioules. Qu'ils atteignent le village, et ils s'emparent du parc d'artillerie. « Quel eût été, s'écrie Marescot, le sort de l'armée! » Mais, au lieu de se reformer sur la cime longue et étroite de la montagne et de l'occuper solidement, les assaillants, entraînés par leur impétuosité, quittent le plateau, s'élancent à la poursuite des républicains, escaladent les hauteurs voisines avec ardeur, s'éparpillent de divers côtés. Il était neuf heures. A cet instant, Dugommier, accompagné de Saliceti et du 3ᵉ bataillon de l'Isère, arrivait sur le lieu du combat et, dans son indignation, gourmandait les fuyards et les frappait à coups de sabre. Il pria Garnier, qui connaissait le terrain, de conduire les volontaires dauphinois. Garnier plaça 250 hommes derrière un grand pan de mur et avec le reste se jeta sur la droite. A onze heures, il faisait battre la charge, et trois bataillons, guidés par lui, montaient à l'assaut de la hauteur des Arènes. Les alliés, disséminés, commençaient à rétrograder; ils voulurent envelopper Garnier, descendirent vers la droite, et tombèrent sur le bataillon de l'Isère qui les attendait derrière le mur et sur deux autres bataillons que le général Mouret envoyait de la division du centre. Accueillis par un feu très vif, craignant d'être débordés et coupés de la ville, ils prirent la fuite. O'Hara, sorti de Toulon pour se rendre compte de l'affaire, était à la batterie de la Convention lorsqu'il vit les siens revenir à la débandade. Brave et prodigue de sa vie, croyant réparer le désastre, il courut témérairement à la rencontre des républicains. Il fut blessé au bras, et le sang qu'il perdait lui causa une telle défaillance qu'il dut s'asseoir au pied d'un mur. Napoléon a dit qu'O'Hara lui remit son épée et que le commandant de l'artillerie française garantit des insultes le généralissime anglais. Il se trompe, et s'il fit prisonnier un officier de marque, ce n'est pas O'Hara qui fut capturé par deux volontaires de l'Isère et deux soldats du 59ᵉ régiment. A midi, les coalisés se sauvaient de toutes parts. Les troupes de Mouret les suivirent, la baïonnette dans les reins, jusqu'au chemin couvert de Malbousquet, et Mouret voulut profiter, assez mal à propos, de leur élan désordonné pour enlever le fort; elles durent s'arrêter sur un terrain qu'assiégeants et assiégés jonchaient à l'envi de projectiles, et ne regagnèrent leur camp qu'à l'entrée de la nuit. Bonaparte s'était hâté de désenclouer les canons de la batterie de la Convention et d'ouvrir le feu contre Malbousquet. « Le fort, écrivait-il dans la soirée, a riposté vivement et nous a tué un sergent d'artillerie; mais nos soldats se sont portés sur Malbousquet et sont arrivés jusqu'aux chevaux de frise. Nous avons chassé les ennemis de deux hauteurs contiguës; nous leur avons détruit un ouvrage qu'ils commençaient à faire; nous leur avons enlevé un grand nombre de tentes; nous avons déchiré ce que nous n'avons pas pu emporter. »

Dugommier avait reçu deux fortes contusions, l'une au bras droit, l'autre à l'épaule. Mais il jugeait la journée à la fois chaude et heureuse. « Que ne devons-nous pas attendre, mandait-il à Paris, d'une attaque concertée et bien mesurée lorsque nous faisons bien à l'improviste! » Comme Dugommier, Napoléon était transporté de joie; « la matinée, disait-il, a été belle. » Plusieurs de ses batteries avaient pris part à l'action : celles des Quatre-Moulins et des Sablettes en dirigeant un feu très vif contre le Petit Gibraltar, celle des Hommes-sans-Peur en démontant une pièce sur le cavalier de la redoute anglaise, celles du Bréguart et de la Grande Rade en tirant sur les vaisseaux de la grande rade, celles de la Montagne et de la Petite Rade en lançant quelques projectiles, l'une à des chaloupes qui tentaient de porter du renfort de l'Éguillette à Malbousquet, l'autre à des pontons et à des bombardes qui voulaient débarquer des troupes à la Poudrière. Lui-même avait payé vaillamment de sa personne. Dès que la générale battit dans Ollioules, il courut vers le plateau des Arènes. Des canons de campagne qu'il plaça sur plusieurs points protégèrent la retraite de Garnier et retardèrent la marche des assiégés. Il fit mieux encore. A travers un vallon, au pied d'une hauteur, en face de la Convention, il avait ordonné de pratiquer un boyau qui s'étendait jusqu'à l'épaulement de la batterie et que recouvraient des branches d'olivier. Avec quelques hommes il se glissa dans ce boyau, arriva, sans être aperçu des ennemis, au bas de l'épaulement et leur envoya de droite et de gauche une décharge qui les surprit et les mit en désordre. Aussi Dugommier écrivait-il le lendemain au ministre que de tous ses frères d'armes, Bonaparte, commandant d'artillerie, ainsi que les adjudants généraux Arena et Cervoni, s'était le plus distingué et l'avait le plus aidé à rallier les troupes et à les pousser en avant. « Nos soldats, disait Saliceti, feraient des prodiges s'ils avaient des officiers; Dugommier, Garnier, Mouret et Bonaparte se sont très bien comportés. »

Il est rare à la guerre qu'un général en chef soit fait prisonnier, et le sort d'O'Hara frappa vivement Bonaparte. Trois ans plus tard, il prophétisait à Wurmser enfermé dans Mantoue le destin du général anglais. Il rendit, de la part de Dugommier, une visite au captif : « Que désirez-vous? lui dit-il. — Être seul, répondit O'Hara, et ne rien devoir à la pitié. » Bonaparte jugea O'Hara un homme très commun, mais il loua sa réplique : un vaincu, remarquait-il, doit avoir de la réserve et de la fierté, ne souhaiter, ne demander rien.

Le combat du 30 novembre ne coûtait pas 300 hommes aux républicains. Mais il révélait leur inexpérience et leur faiblesse. L'aile gauche de l'armée avait été culbutée sans essayer la moindre résistance, et c'étaient 500 à 600 braves qui, sous les ordres de Dugommier, de Garnier, de Mouret, d'Arena, de Cervoni, de Bonaparte, avaient reconquis les positions qu'une division de six mille hommes avait perdues en un instant. Comme à leur ordinaire, les carmagnoles avaient fait une énorme consommation de cartouches. Il fallut suspendre l'exécution des mesures prescrites par le conseil de guerre. « La chose est incroyable, s'écrie Dugommier, et pourtant elle est vérifiée; l'armée a, le 30 novembre, usé cinq cent mille cartouches! » On se borna, pendant la quinzaine suivante, à perfectionner les retranchements commencés et à tirer des coups de canon.

Toulon demeurait donc redoutable. Sur 20 000 hommes que comptait la garnison, 12 000 étaient solides et capables, comme dit Dundas, de porter le mousquet. 600, protégés par quatre canons et deux mortiers, tenaient le cap Brun. 1 500 campaient entre la redoute du cap Brun et le fort La Malgue. 2 000 occupaient le fort La Malgue ; 400 le fort Saint-Louis et la Grosse Tour ; 600 la hauteur de l'Eigoutier ; 700 les forts d'Artigues et Sainte-Catherine ; 500 le mont Faron, sa redoute, sa caserne et les murs en pierre sèche construits aux pas de la Masque et des Monges ; 800, le fort des Pommets, la redoute Saint-André et les deux Saint-Antoine ; 800, le fort Malbousquet, où il y avait seize canons, deux mortiers et deux obusiers. Une réserve de 5 000 hommes gardait la ville et les dehors. 600 autres, établis au lazaret et à la gorge des Sablettes avec six pièces, défendaient le mouillage des escadres. 3 000 environ étaient au promontoire de Caire, à l'Éguillette, à Balaguier et au fort Mulgrave, à la fameuse redoute qui depuis plus de deux mois était le but des pensées de Bonaparte et comme son point de mire. Faible de profil, mais fermée à la gorge, cette redoute avait une longueur de cent cinquante mètres. Ses parapets étaient revêtus au dedans comme au dehors de troncs de pin placés horizontalement, et les jours de ses embrasures garnis de planches. Ses vingt canons et ses quatre mortiers de gros calibre formaient plusieurs batteries séparées par de nombreuses traverses. Son fossé avait trois mètres de profondeur sur cinq mètres de largeur, et en avant du fossé s'étendaient une double file de chevaux de frise et une rangée d'abatis. 700 soldats la gardaient et, derrière eux, en soutien, étaient 2 200 hommes et une batterie de six pièces.

Aussi les gazettes républicaines avaient beau imprimer que les assiégés ne s'entendaient pas, que la morgue castillane et la rudesse britannique mettaient entre eux la division, que leurs approvisionnements s'épuisaient, que leur pain n'était pas mangeable. Les Provençaux, qui fixaient leurs regards sur la place, exagéraient la force et la résistance de ses remparts. Les populations méridionales se répétaient du Var au Rhône que cette citadelle des coalisés était imprenable. L'adversaire ne possédait-il pas tout l'espace compris entre Toulon, le Faron et Malbousquet ? N'opérait-il pas des sorties menaçantes ? Ne donnait-il pas de tous côtés des coups de griffe? Et que faisait l'armée républicaine? Elle tournait ses efforts dans une direction opposée à la ville; elle n'avait même pas commencé le siège, puisqu'elle n'avait pas ouvert la tranchée. Enfin, les vivres manquaient dans toute la contrée. La disette s'annonçait. La saison des pluies et du débordement des rivières approchait. Bref, dit Napoléon, la désapprobation était générale.

Marseille s'agitait, criait que les greniers étaient vides et que les grains du Levant n'arrivaient plus. On proposait de lever le siège; on rappelait l'invasion étrangère de 1536 et celle de 1746 : chaque fois que les ennemis étaient entrés en Provence, n'avaient-ils pas dû se retirer dans le plus affreux état de délabrement? Dès le 20 octobre, Barras et Fréron qui passaient presque tout leur temps à Marseille, désespéraient de l'issue de l'entreprise et mandaient à Robespierre que les alliés se renforçaient quotidiennement, que la ville se hérissait de bouches à feu et que ce siège serait celui de Sagonte. Le 1ᵉʳ décembre, consternés, éperdus, les deux représentants écrivaient au Comité que les départements des Bouches-du-Rhône et du Var étaient affamés, que l'armée vivait au jour le jour, que la pluie dégradait les chemins, que Toulon recevait, grâce au vent d'est, des munitions de toute sorte et ne redoutait aucune attaque, qu'il fallait abandonner la Provence et laisser aux envahisseurs le soin de la nourrir, qu'ils se consumeraient dans ce pays stérile, que l'armée républicaine campée derrière la Durance qui lui formait un boulevard insurmontable, s'approvisionnerait aisément, se reposerait durant l'hiver et qu'à la belle saison, à l'approche des moissons, elle se jetterait sur les coalisés pour les rendre à la mer qui les avait vomis!

Cette lettre fut quelques jours plus tard désavouée par les signataires. Le Comité s'en souvint et dans le rapport sur la prise de Toulon, il ne mentionna ni Fréron ni Barras. Toutefois il feignit de regarder la lettre comme apocryphe. Elle fut publiée dans le bulletin de la Convention et lue en pleine séance de l'assemblée. Des aristocrates, disait Barère, l'avaient fabriquée pour avilir la représentation nationale, éloigner des commissaires fermes et décidés, désorganiser l'armée de siège et paralyser ses attaques ; sûrement Pitt était l'auteur de cette intrigue : « Ton art est connu, ô le plus vil et le plus habile des corrupteurs de Georges ! » Mais, ajoutait Barère, les subsistances ne manquaient pas devant Toulon et le parlement anglais apprendrait bientôt la reddition de l'infâme cité. L'expédient dont usait Barère pour ranimer la confiance était adroit. Pourtant, la lettre venait bien de Barras et de Fréron, et, suivant le mot de Bonaparte, elle démontre que l'alarme régnait en Provence, que l'opinion ne croyait pas au succès, et que le plan d'opérations, si simple, si évident dans ses résultats, n'était pas compris.

Dugommier sentit qu'il fallait en finir. Le 4 décembre, Saliceti, impatient, le priait de « frapper le coup », de remplir le « grand objet de l'attente nationale », et le représentant écrivait au Comité que le général était brave, bon patriote et un peu lent dans ses mesures. Marescot mandait à Carnot que Dugommier différait sans doute son attaque pour la rendre certaine et décisive, mais que plus elle tarderait, plus elle serait épineuse et sanglante. Le 17 décembre, le jour même où tombait le Petit Gibraltar, une proclamation de la Convention reprochait aux soldats de l'armée révolutionnaire de « cerner en vain les brigands de Londres et de Madrid », les sommait de conquérir Toulon et leur déclarait que la République ordonnait la victoire.

Mais Dugommier hésitait encore. « Je ne crains qu'une chose, avait dit Carteaux, c'est la guillotine. » Comme Carteaux, Houchard et tant d'autres, Dugommier savait que l'échafaud attendait le vaincu ; il remarquait tristement que si les représentants commandaient la bataille, la tête seule du pauvre général répondait de l'échec, et à l'instant de monter à l'assaut du fort Mulgrave, il disait tout bas à Victor : « Il faut prendre la redoute, ou sinon... » et, sans achever la phrase, il se passait la main sur le cou.

Il ne voulait donc agir que lorsqu'il aurait reçu tous les

secours que le ministre et le Comité lui promettaient. « Plus notre masse sera forte, écrivait-il, plus elle sera terrible. » Mais ces secours n'arrivaient pas, ou, lorsqu'ils arrivèrent, l'appui qu'ils apportaient ne fut qu'une apparence. Dugommier affirmait que la moitié de son armée était nulle, que des 35 000 combattants énumérés sur l'état de situation, 15 000 lui inspiraient quelque confiance, que le reste formait un troupeau inerte et plus nuisible qu'utile. Ne voyait-il pas à Ollioules même, à son quartier général, les hommes quitter le corps de garde pour découcher et les sentinelles oublier le *qui vive*, s'asseoir, dormir sans souci de la consigne? Si du moins les officiers avaient eu la notion de leurs devoirs! S'ils avaient contenu les soldats par leur ton et leur exemple! Mais ils ne valaient pas leurs subalternes, et les trois quarts d'entre eux, assure Dugommier, n'avaient dû leur avancement qu'à leur ancienneté ou au hasard de l'élection, et ne pensaient qu'au plaisir, ne servaient que par orgueil, par amour-propre, pour avoir un grade et en jouir.

Du Teil, Bonaparte, Marescot faisaient les mêmes plaintes. Du Teil annonçait que la plupart des chevaux, n'étant pas nourris, ne pouvaient subvenir au service difficile et actif des batteries. Bonaparte jugeait que beaucoup des vieux sergents de la Révolution portés aux grades supérieurs avaient assez d'étoffe pour devenir de bons officiers, mais que beaucoup n'avaient ni les capacités ni les connaissances nécessaires pour remplir leurs fonctions. Marescot gémissait sur l'insubordination et la mauvaise volonté des bataillons que le génie employait aux redoutes : un jour, les compagnies de l'Hérault qui devaient travailler à la batterie de la Convention, abandonnèrent leur poste sans avoir mis la main à la besogne.

Le 11 décembre eut lieu à Ollioules un nouveau Conseil de guerre. Les membres de la conférence décidèrent, cette fois encore, d'exécuter le plan d'attaque qu'ils avaient déterminé le 25 novembre. Cette fois encore, sous l'inspiration de Bonaparte, Dugommier déclara que Toulon n'avait qu'un côté faible par où les assiégeants pouvaient approcher l'escadre combinée et l'accabler de bombes et de boulets rouges; que cette position était le promontoire de l'Éguillette; que les républicains, maîtres de l'Éguillette, « commanderaient impérativement » aux ennemis d'évacuer le port et la rade; que le départ de la flotte jetterait la consternation et que cette consternation livrerait la ville. Le Conseil approuva Dugommier et arrêta qu'on attaquerait la redoute anglaise, qu'on tâcherait de prendre le mont Faron, et qu'on ne ferait ailleurs que des démonstrations.

La redoute anglaise devenait donc, selon le vœu de Bonaparte, le but principal des efforts de l'assiégeant. Le 10 décembre Du Teil et Napoléon faisaient mettre deux mortiers de plus dans la batterie des Jacobins et celle des Hommes-sans-Peur. Le 14, Dugommier allait reconnaître le Petit Gibraltar une dernière fois, et, pendant que se construisait la batterie des Chasse-Coquins qui devait recevoir dans la nuit trois mortiers et trois pièces de 24, les quatre batteries dont la redoute anglaise était l'objectif, réduisaient l'adversaire au silence : celle des Quatre-Moulins tirait cinquante, et celle des Sablettes, quatre-vingt-seize coups de canon; celle des Hommes-sans-Peur lançait cinquante, et celle des Jacobins, soixante boulets. Même canonnade le 15 et surtout le 16 décembre. La batterie de la Convention faisait les plus grands ravages dans le fort Malbousquet qu'elle battait par la droite, tandis que la batterie de la Poudrière le battait par la gauche. La batterie de la Farinière envoyait deux bombes jusque dans Toulon, l'une devant l'arsenal, l'autre sur le port. Les batteries des Quatre-Moulins, des Sablettes, des Jacobins, des Hommes-sans-Peur, des Chasse-Coquins tonnaient contre le fort Mulgrave. De part et d'autre le feu était terrible. Le vent d'un boulet jeta par terre Napoléon, qui se releva meurtri. Dundas, qui remplaçait O'Hara, reconnaît que les ouvrages souffrirent beaucoup, que les alliés étaient exténués de fatigue et eurent une quantité de tués et de blessés. Il augmenta la garnison du promontoire de Caire et y dépêcha 300 hommes de renfort.

Ce déploiement d'artillerie et ce tir très habilement dirigé contre la redoute anglaise annonçaient, comme dit Dugommier, leur destinée aux ennemis. Le général en chef avait résolu d'assaillir le fort Mulgrave le 17 décembre, à une heure du matin. 7 000 hommes, dont 4 000 étaient choisis dans les bataillons les plus aguerris, se réuniraient à La Seyne. Ils formeraient trois colonnes. La première, composée de 2 000 hommes et commandée par Victor, longerait le rivage du promontoire et couperait tout secours aux défenseurs du Petit Gibraltar en abordant leur flanc droit. La deuxième, conduite par Brûlé, marcherait sur le flanc gauche du promontoire et attaquerait de front la redoute. La troisième servirait de réserve aux deux autres et se tiendrait en observation pour assister rapidement celle qui serait en danger. Le commandant de l'artillerie établirait un dépôt de munitions et d'approvisionnements, pourvu de tous les moyens qu'exigeait la prompte construction de batteries à mortiers et à boulets rouges, et, de concert avec le chef du génie, emploierait les volontaires des bataillons qui n'avaient pas encore d'armes, soit à porter des fascines, des sacs à terre, des échelles, soit à élever les épaulements et retranchements nécessaires. Ordre, calme, silence, telles étaient les dernières recommandations de Dugommier.

Le 16 décembre, au soir, les colonnes s'assemblèrent. Elles montraient, dit Marescot, une ardeur admirable. Mais le temps était affreux, et la pluie tombait par torrents. Les commissaires de la Convention, doutant peut-être du succès et voulant rejeter toute la responsabilité sur Dugommier, craignant que l'averse et l'obscurité ne rendissent l'entreprise impossible, convoquèrent un conseil de guerre. Fallait-il attaquer, ou non? Pouvait-on, sous une pareille ondée, tenter l'assaut? Dugommier, alarmé, demandait s'il ne ferait pas mieux d'attendre au lendemain. Mais Bonaparte déclara que le mauvais temps n'était pas une circonstance défavorable; les représentants, qui formaient un véritable comité, furent ressaisis de l'impatience révolutionnaire, et à une heure du matin le signal était donné.

Comme il arrive souvent, au milieu des ténèbres et de la pluie qui ne discontinuait pas, les dispositions prescrites ne furent pas exécutées. Les deux colonnes d'attaque suivirent la même direction et poussèrent droit sur le fort Mulgrave. Encore ne fut-ce qu'une faible portion de ces colonnes qui prit part à l'assaut. Le reste se dispersa, s'éparpilla dans la nuit. La deuxième colonne, malgré les efforts que fit Dugua pour la remettre en ordre, se débanda bientôt aux cris de *Sauve qui peut!* et *A la trahison!* Mais tous les hommes de cœur marchent ramassés en une seule troupe, et, sans se compter, sans se soucier de l'infériorité de leur nombre, se fiant à eux-mêmes, se sentant les coudes, s'excitant les uns les autres, gagnent le pied du promontoire, gravissent l'escarpement, refoulent une grand'garde composée d'Anglais, puis un poste garni d'Espagnols, et sous une grêle de balles et de boulets, au milieu de l'orage et au bruit du tonnerre qui se joint au fracas du canon, comme si, selon le mot d'un conventionnel, la nature voulait se mêler à ce remarquable événement, en dépit des obstacles qui les ralentissent et les retardent et qui semblent comme à plaisir répandus sous leurs pas, avancent, avancent toujours avec une héroïque patience, arrivent devant le fort, arrachent les chevaux de frise, franchissent les abatis, traversent le fossé, escaladent les parapets, tuent ou blessent à coups de fusil les canonniers et pénètrent dans la redoute au cri de ralliement : *Victoire! à la baïonnette!* Mais une seconde enceinte inattendue, formée de traverses multipliées, les arrête. Accueillis par un feu meurtrier, ils reculent, sortent du fort par les embrasures, comme ils étaient entrés. N'importe ; ils reviennent à la charge, ils entrent de nouveau, et, salués de nouveau par une violente mousqueterie, ils sortent encore. Désespéré, Dugommier s'écrie : « Je suis perdu! » Mais se renhardissant aussitôt, il vole à la colonne de réserve où était Bonaparte. Un bataillon de chasseurs, mené par le capitaine d'artillerie Muiron, qui connaît parfaitement les localités, accourt incontinent, profite habilement des sinuosités du terrain, monte la hauteur sans presque essuyer de pertes ; à trois heures du matin, d'un troisième et dernier élan, les républicains envahissent la redoute et, cette fois, pour ne plus la lâcher. Muiron est un des premiers ; après lui viennent par la même embrasure Dugommier et Bonaparte. Le sergent Pétout, frappé d'un coup de sabre à la jambe et d'un coup d'écouvillon à l'épaule, tombe dans le fossé, se relève, grimpe derechef, entraîne avec lui les servants de sa batterie : « Courage, dit-il, courage, camarades qui portez le nom glorieux des Hommes-sans-Peur ! » On ne tire plus ; on s'aborde corps à corps ; plus d'autre arme que le fer. Les canonniers anglais se font hacher sur leurs pièces. De tous ceux qui défendent la redoute et qui sont faits prisonniers, pas un qui n'ait une blessure. L'intrépide Muiron reçoit un coup de pique, Favas et bien des braves sont atteints, et les cinq ou six hommes les plus proches de Marmont mis hors de combat. Mais que peut la ténacité britannique contre la furie française ? L'impétuosité des assaillants finit par avoir raison d'une résistance opiniâtre. Les ennemis s'enfuient. Les carmagnoles sont maîtres de la redoute, de cette affreuse redoute, de cette infernale redoute, comme ils la nomment, et de leurs poitrines qui frémissent encore des émotions d'une lutte acharnée, s'échappe une clameur de triomphe : « La redoute est à nous ! »

Bonaparte avait montré la plus grande vaillance. Il eut son cheval tué sous lui au sortir du village de La Seyne et il reçut, en montant à l'assaut, un coup de baïonnette à la cuisse ; aussi, à bord du *Northumberland*, lorsqu'il voguait vers Sainte-Hélène, l'équipage disait-il que la main d'un Anglais avait fait à Napoléon sa première blessure. Mais il ne suffisait pas de posséder le Petit Gibraltar. Il fallait en outre s'emparer de l'Éguillette, de Balaguier et des hauteurs avoisinantes pour dominer l'entrée de la rade et tirer à boulets rouges sur l'escadre. La redoute était à peine prise que Bonaparte donnait à Marmont le commandement de l'artillerie conquise et le chargeait de la braquer contre les Anglais. On éprouva des difficultés inouïes au milieu de l'obscurité, de la pluie, du vent et dans le désarroi de cette fin de combat, parmi les cris des blessés et des mourants, à retourner les canons qui reposaient sur affût marin, et l'on dut abattre les masques de terre qui couvraient les passages des traverses. Les vaisseaux anglais vinrent bombarder le fort et firent un feu épouvantable; ils tiraient près de cent coups par minute; ils tuèrent à Marmont une vingtaine d'hommes. Sans se troubler, Marmont acheva sa besogne, et les douze pièces qu'il établit, mirent la redoute en sûreté.

Les représentants avaient accompagné les colonnes, Augustin Robespierre et Saliceti la première, Fréron et Ricord la seconde. Ils n'étaient pas montés à l'assaut, quoi que disent les relations; ils avaient encouragé la troupe et avant l'action marché tantôt à sa tête, tantôt sur ses flancs. Ils arrivèrent à l'aube, complimentèrent les soldats, et le sabre nu, l'air luron et décidé, dit malignement Napoléon, déclarèrent qu'on devait profiter du succès et déloger l'adversaire de tout le promontoire.

400 Anglais, partis de la ville, avaient débarqué pour soutenir leurs camarades chassés de la redoute et appuyer leur retour offensif. Mais, après un instant d'inquiétude, les vainqueurs s'étaient rassurés depuis que Marmont avait installé son artillerie et que brillait la lumière du jour. Ils se réunirent au rappel des tambours et se formèrent en bataille. Ils reçurent des renforts, les deux vieux régiments de Bourgogne et du Maine, ainsi que plusieurs pièces de campagne. Sous les ordres de Delaborde, ils marchèrent gaiement vers l'Éguillette et Balaguier. L'ennemi avait évacué ces deux ouvrages, et après avoir égorgé ses chevaux et ses mulets[1], s'était si adroitement, si rapidement embarqué qu'on ne pouvait inquiéter sa retraite. Bonaparte commanda sur-le-champ d'armer les batteries composées de mortiers et de canons de 24 pour tirer sur

1. Napoléon se rappelait ce trait lorsqu'il poursuivait les Anglais jusqu'aux montagnes de la Galice en janvier 1809 : « On les a, écrivait-il à Caulaincourt, obligés à tuer eux-mêmes leurs chevaux, selon leur bizarre coutume. Les chemins et les rues des villes en étaient jonchés. Cette manière cruelle de tuer de pauvres animaux a fort indisposé les habitants contre eux. »

la flotte. Mais les parapets des deux forts étaient en pierre, et ils avaient à leur gorge une grosse tour en maçonnerie, si rapprochée des plates-formes que les boulets qui l'auraient frappée, ainsi que les éclats et les débris de la tour, seraient retombés sur les artilleurs. Napoléon passa le reste du jour à construire de nouvelles batteries sur les hauteurs.

La division de l'est avait eu le même succès que la division de l'ouest. Une de ses colonnes, commandée par Argod, ne put enlever les ouvrages du fort Saint-Antoine. Mais une autre, menée par l'adjudant général Micas, emporta sans coup férir le Pas de la Masque qui, cette fois encore, n'était que faiblement garni, et à travers les rochers et les précipices, en des endroits escarpés que Dundas jugeait inaccessibles, par un chemin que les travailleurs du génie se hâtèrent de frayer, hissa quatre pièces de canon jusque sur le sommet de la Croix-Faron. Une troisième, conduite par La Poype et venue de La Valette, attaqua de front le fort Faron et fut repoussée. Mais ce léger échec ne signifiait rien. Les assiégés n'étaient plus dans ces parages que 450 pour garder un terrain de deux milles d'étendue, et ils songeaient avec découragement que l'assiégeant avait trouvé moyen de pénétrer au milieu de leurs postes, de couvrir toute la partie de la montagne qui domine Toulon.

Après avoir fait ses dispositions sur le promontoire de Caire et donné ses ordres au parc d'artillerie, Napoléon avait gagné la batterie de la Convention. « Au même moment que nous serions maîtres de la pointe de l'Éguillette, avait-il dit, il faudrait bombarder le Malbousquet qui ne résistera pas quarante-huit heures. » Toutefois il était convaincu que les alliés n'attendraient pas la perte du Malbousquet pour se retirer, et le 17 décembre, comme les jours précédents, comme dans les deux conseils de guerre, comme dans la dernière quinzaine de septembre, comme dans les mois d'octobre et de novembre, il répétait à qui voulait l'entendre que la prise de l'Éguillette décidait la prise de Toulon, que la flotte anglaise évacuerait les rades par crainte des bombes et que la garnison, désormais sans espoir, évacuerait à son tour la ville et les forts. « Demain ou au plus tard après-demain, disait-il, nous souperons dans Toulon. » Sa prédiction se vérifia. Dugommier et les représentants ne croyaient pas le résultat si proche et n'imaginaient pas que la lutte fût terminée. Les commissaires écrivaient que Toulon serait à eux « sous peu de jours », qu'ils ne pensaient pas à poser les armes, et ils demandaient à Marseille pour la division de l'est des cartouches qui devaient arriver en poste. Mais dans la matinée du 17 décembre, l'état-major des alliés, réuni en conseil de guerre, reconnaissait que sa ligne de défense était percée, rompue dans les deux points les plus essentiels, qu'il serait impossible de reconquérir les positions perdues, qu'il fallait quitter en toute hâte une ville intenable, que le temps devenait nuageux et sombre, que, si les vaisseaux tardaient, le libeccio, terrible vent d'orage qui soufflait dans cette saison, les empêcherait de sortir du port. Dès le soir, les Anglais faisaient sauter le fort des Pommets ainsi que la redoute Saint-André, et leurs navires allaient mouiller à l'extrémité de la grande rade.

Le 18 décembre, au matin, les républicains voyaient avec une surprise mêlée de joie que les ennemis avaient abandonné les forts Faron, d'Artigues et Sainte-Catherine, le camp de Sainte-Anne, les deux Saint-Antoine et la redoute Saint-André. Le fort Malbousquet n'était pas évacué, mais les Espagnols le quittèrent lorsque les Napolitains lâchèrent de leur propre mouvement les batteries de Missiessy, et Napoléon s'empressa d'y faire venir d'abord des pièces de campagne qui balayèrent les remparts de la place, puis des mortiers qui lancèrent des bombes sur le port. « Nous sommes, s'écriaient les carmagnoles, aux portes de Toulon et les Anglais dénichent de partout! »

Seul, le fort La Malgue qui protégeait l'embarquement de la garnison, restait encore occupé. Déjà les bruits qui montaient de la ville vers l'assiégeant annonçaient le désordre et le désespoir d'une fuite précipitée. La mer se couvrait de légers bateaux et de tartanes où les Toulonnais s'étaient jetés en foule pour gagner la flotte anglo-espagnole. Dans leur hâte, un grand nombre de fugitifs se noyèrent. Des femmes qui prenaient leur élan pour atteindre le bord d'une felouque, tombèrent dans les flots avec l'or et les bijoux dont leur tablier était rempli. Deux chaloupes qui passaient à portée des batteries républicaines, furent englouties. A neuf heures du soir, retentissait une épouvantable explosion, suivie presque immédiatement d'une seconde bien plus effrayante. Les Espagnols avaient incendié deux frégates chargées de poudre qu'ils devaient couler bas. La ville fut ébranlée jusque dans ses fondements, et la secousse, pareille à celle d'un tremblement de terre, ressentie à deux lieues de là. Dans le même moment, Sidney Smith que Napoléon retrouva devant Saint-Jean-d'Acre et qu'il jugeait capable de toutes les folies, l'infatigable et audacieux Sidney Smith, essuyant et rendant des coups de canon, contenant par son attitude les forçats des galères qui rompaient leurs chaînes et se préparaient, non à se sauver, mais à sauver les débris de la marine nationale, échappant à la pluie et au choc des bois et des fers brûlants qui tombaient autour de lui, sortant du port malgré la canonnade qui lui venait des hauteurs de Caire, Sidney Smith avait fait flamber une grande partie de l'arsenal, le magasin général, le magasin de la mâture, le hangar des futailles et douze vaisseaux de la flotte française. De tous côtés éclatait l'embrasement, et les républicains qui s'approchaient des remparts de Toulon en poussant des cris de joie et en chantant des chansons patriotiques, s'étaient tus soudainement, saisis de stupeur et comme frappés de la foudre. Napoléon assistait à ce spectacle, qui lui paraissait aussi déchirant que sublime, et il l'a plus d'une fois retracé : les navires dont la carcasse et les mâts se dessinaient distinctement au milieu de cette conflagration, ressemblaient à des feux d'artifice ; l'arsenal d'où s'élevait un tourbillon de flammes et de fumée, avait l'air d'un volcan en éruption ; une immense clarté rouge remplissait le ciel ; on voyait en pleine nuit comme en plein jour.

Les carmagnoles entrèrent le 19 décembre dans Toulon

terrifié, et alors commencèrent les représailles depuis longtemps annoncées dans les journaux contre la ville sacrilège, « repaire du crime », d'abord le pillage, puis les exécutions en masse. Napoléon vit-il avec horreur les excès de la soldatesque, l'implacable déploiement de la justice républicaine, les atroces fusillades que Barras et Fréron commandaient à la troupe comme pour se faire pardonner leur lettre malencontreuse du 1er décembre? Eut-il, à l'aspect de ces massacres, les mêmes sentiments de douleur et d'indignation que le généreux Dugommier? Fut-il ému de compassion et indulgent aux vaincus, comme son compatriote Cervoni qui pénétra le premier dans Toulon et refusa d'égorger les habitants, en alléguant qu'il n'avait pas d'ordres par écrit? Un des personnages de son *Souper de Beaucaire* disait que si Marseille se livrait aux ennemis, l'armée révolutionnaire devait raser la ville et l'égaler au sol : « Si vous étiez capables d'une pareille bassesse, il ne faudrait pas laisser pierre sur pierre dans votre superbe cité; il faudrait que d'ici à un mois le voyageur, passant sur vos ruines, vous crût détruits depuis cent ans! » Mais, comme l'a dit Fiévée, Bonaparte montra dans cette occasion qu'il ne savait pas, après la victoire, descendre à servir des vengeances. Marmont et Moltedo assurent, l'un, qu'il usa de son crédit pour sauver quelques victimes, l'autre, qu'il restait grave, silencieux, comme étranger à des scènes affreuses qu'il réprouvait. Lui-même n'a-t-il pas témoigné qu'il ne se fût jamais prêté, ainsi que les canonniers de ligne, à mitrailler les malheureux Toulonnais? Il fit son devoir d'officier. Il installa dix pièces à l'Éguillette, quinze pièces à Balaguier, et douze pièces à la Grosse Tour, avec une forge à boulets rouges pour chacun de ces endroits, et ses batteries de l'Éguillette, servies par le lieutenant Vermot et les canonniers des Républicains du Midi, brûlèrent, à la vue de l'escadre combinée, une frégate, mauvaise voilière, qui sortait tardivement du port. Il parcourut les principaux établissements militaires. Il constata que les Anglais n'avaient, en se retirant, encloué aucune des pièces françaises et que la ville renfermait après leur départ la même artillerie qu'avant leur arrivée. Il entra dans l'arsenal et vit de ses propres yeux que le mal était réparable. Évidemment, les ennemis avaient mis dans leur retraite une précipitation inouïe, puisqu'ils laissaient au pouvoir du vainqueur une grande partie de leurs tentes et de leurs bagages; ils n'avaient brûlé ni les magasins de bois ni la corderie; ils n'avaient pas eu le temps d'incendier la flotte entière, et quinze vaisseaux grands ou petits restaient à la République.

Le rôle de Bonaparte au siège de Toulon a donc été considérable. Barras cherche dans ses *Mémoires* à l'amoindrir. Mais qui peut avoir confiance dans les assertions de Barras?

Il prétend avoir seul poussé, seul soutenu Bonaparte. Il aurait, dit-il, apaisé les préventions de Saliceti. Comme si Saliceti avait eu des préventions contre Bonaparte! Comme si Barras avait eu le temps de connaître Bonaparte et de le suivre d'un œil attentif! Barras oublie qu'il n'a fait qu'entrevoir le jeune officier pendant le siège de Toulon, et Napoléon remarque avec raison dans sa *Réponse au Manuscrit de Sainte-Hélène* qu'il n'avait alors aucune liaison avec ce représentant qui était employé ailleurs. Adjoint le 29 octobre à Saliceti et à Gasparin, Barras ne se rend au quartier général d'Ollioules que le 26 novembre pour revenir le surlendemain à Marseille et reparaître devant Toulon le 14 décembre, non pas à la division de droite où est Bonaparte, mais à la division de gauche. Il n'a donc été que huit jours à peine au milieu de l'armée révolutionnaire. Dans sa correspondance, il avoue qu'il ne connaît qu'imparfaitement les positions de l'assiégeant, et lorsqu'il écrit qu'on a commis de grandes fautes, qu'elles ont causé la mort de braves soldats et désigné à l'ennemi le point d'attaque, il reproduit simplement un propos de Carteaux. S'il avait été familier avec Bonaparte et s'il avait voulu l'épauler, aurait-il mandé le 21 novembre qu'il comptait beaucoup sur Du Teil et n'eût-il pas cité son « petit protégé »?

Rien de ce qu'il expose en cet endroit de ses *Mémoires*,

n'est véridique et exact. Il affirme avoir chargé Napoléon d'une mission importante et lui avoir dit au retour : « Je vous remercie, capitaine »; sur quoi, Napoléon aurait répondu : « Je ne suis que lieutenant », et Barras aurait répliqué : « Vous êtes capitaine, vous le méritez, et j'ai le droit de vous nommer. » Or, Bonaparte était capitaine depuis vingt mois !

Il assure que Bonaparte aurait distribué, sous ses yeux, le *Souper de Beaucaire* aux soldats de l'armée révolutionnaire. Mais lorsque Barras vint au camp pour la première fois, le 26 novembre, la distribution de l'opuscule n'avait plus d'objet : Marseille était soumis depuis trois mois, et la brochure, écrite à la fin de juillet, n'avait d'autre but que de convertir les Marseillais et de les convaincre de l'impuissance de leur lutte contre la Convention.

Il raconte que Napoléon se targuait de la faveur des représentants, se mêlait de toutes choses, décidait, tranchait, faisait à Dugommier des observations, des insinuations tour à tour flatteuses et violentes, et qu'une fois, avec une fermeté qui n'admettait pas de réplique, le général en chef, impatienté, pria le commandant de l'artillerie de ne pas empiéter sur ses attributions. Mais, comme toute l'armée, Napoléon respectait trop Dugommier pour prendre avec lui le même ton qu'avec Carteaux. Il l'aimait, l'estimait, l'appela toujours son ami, le regarda toujours, selon l'expression de Marmont, comme un digne et galant homme. Il a loué les qualités de *papa* Dugommier, son extrême bravoure, l'affection que le vieux soldat inspirait à ses troupes, sa bonté mêlée de vivacité, son esprit de justice, son activité, son coup d'œil militaire, son sang-froid, son opiniâtreté. *Frédéric et Dugommier* est le premier mot d'ordre de Bonaparte consul. Il place dans la grande galerie des Tuileries la statue de l'héroïque créole et nomme « redoute Dugommier » une des batteries du Helder. S'il avait reçu devant Toulon cette blessure d'amour-propre et subi cette humiliation d'orgueil que rapportent les *Mémoires* de Barras, il n'eût jamais parlé de Dugommier avec autant de gratitude et n'eût pas légué cent mille francs à ses enfants en disant qu'il payait ainsi les marques d'affection et d'amitié que lui avait données en 1793 le chef de l'armée révolutionnaire. Même avant Sainte-Hélène, ne fit-il pas aux Dugommier tout le bien qu'il put? Le général avait laissé sa femme à la Guadeloupe et emmené sur le continent ses trois fils et ses deux filles. Le premier consul accorda à sa veuve une pension de trois mille francs et prescrivit à Leclerc de rendre aux héritiers de Dugommier tous ses biens de la Guadeloupe.

Mais une sorte de malchance s'abattit sur cette famille.

L'aîné des fils, marin, mourut dans les prisons d'Angleterre.

Le deuxième, Dangemont, adjudant général, revenu en Amérique après la mort de son père, regagna la France en 1798 et y reprit ses fonctions. Il dut quitter le service parce qu'il fut frappé d'aliénation mentale. Rétabli, il obtint la permission de se rendre dans son île natale pour y jouir du traitement de réforme. Sur l'avis de Decrès, qui remarqua qu'il était malade et ne pourrait résister aux fatigues de la traversée, l'arrêt fut rapporté. Dangemont écrivit alors à Bonaparte, sollicita la faveur d'être envoyé à la Guadeloupe, et le consul, touché, répondit qu'il accordait sa demande. Mais Dangemont eut un nouvel accès de folie et mourut à l'hôpital du Val-de-Grâce.

Le troisième fils de Dugommier, Chevrigny, devint, grâce à son père, adjudant général chef de brigade et servit en Italie. Mais dans son grand rapport du 20 décembre 1796, Clarke le jugea dépourvu de talent, ivrogne et peu probe. Aussi Chevrigny n'eut-il plus d'avancement. Blessé au passage de la Bérézina, il mourut prisonnier à Saint-Pétersbourg. Sa veuve, dans une lettre à l'empereur, rappela le « souvenir des bontés que Sa Majesté avait bien voulu avoir dans plusieurs circonstances pour son malheureux époux ». Elle eut, par exception, une pension de six cents francs.

Des deux filles de Dugommier, l'une, Juliette, mourut prématurément et, dit-on, faute de secours. L'autre, Justine, vivait à Marseille où un citoyen Garnier, ami de son père, prenait soin d'elle. Le 25 septembre 1800, le premier consul priait le ministre de l'intérieur de donner un emploi au généreux Garnier à Marseille même. Justine venait d'épouser dans cette ville un compatriote, capitaine d'une compagnie de vétérans, nommé Dumoutier. Ancien major de la garde nationale de Saint-Pierre de la Martinique, premier aide de camp de Santerre et lieutenant-colonel d'un régiment d'infanterie, promu général de brigade par les représentants du peuple, Dumoutier, bien qu'il eût été blessé au bombardement de Lille et à l'armée du moyen Rhin en défendant la rive du fleuve de Grafft à Marckolsheim, n'avait pas obtenu la confirmation de son brevet, et lorsqu'il passa quinze mois aux Invalides, lorsqu'il commanda deux années durant la place de Lille, ce fut avec le grade de colonel. Malgré les requêtes de Dumoutier et une lettre de Justine, Napoléon refusa, lui aussi, de le nommer général au titre définitif. Il le savait infirme et incapable. Pourtant, au mois de décembre 1801, il l'envoyait à la Guadeloupe comme commandant d'armes. Dès 1803, Dumoutier revenait en France à cause du délabrement de sa santé et de l'affaiblissement de ses facultés. Néanmoins, il ne cessa, jusqu'à la fin de l'Empire, de solliciter un emploi. Il fut mis en réforme, et quoique les militaires réformés ne pussent être admis à la solde de retraite qu'à la paix générale, retraité, par exception, en considération des sacrifices qu'il avait faits à la famille Dugommier.

Nous lisons encore dans les *Mémoires* de Barras qu'après la prise de Toulon, dans un banquet de cent couverts, Bonaparte salue respectueusement le représentant, et, le chapeau à la main, aussi bas que son bras peut descendre, témoigne par ses politesses comme par son regard le désir d'être traité en privilégié et admis à la table particulière des conventionnels. Barras l'autorise à venir. Bonaparte le remercie et montre son habit percé aux coudes. « Va te changer au magasin militaire, dit Barras, j'en donne l'ordre au commissaire des guerres. » Au bout d'un instant, Napoléon reparaît, équipé de neuf, et durant le dîner se mêle à la conversation avec la plus grande vivacité. Mais, remarque Barras, il trouvait le temps d'alterner entre le repas des représentants et celui des sans-culottes déguenillés auxquels il allait, dans la salle voisine, faire des coquetteries italiennes et comme offrir ses regrets de n'être pas avec eux. Qui ne sent la fausseté de cette anecdote? L'intime ami de Saliceti, le réel commandant de l'artillerie, le plus utile lieutenant de Dugommier sollicite la permission de Barras pour s'asseoir à la table des conventionnels! Et les représentants exigent qu'il change d'habit [1]! Quand l'historiette serait vraie, comment Barras n'a-t-il pas compris ce qu'avait d'honorable pour Bonaparte cet uniforme troué? Et si le jeune officier s'éloigne par intervalles pour s'entretenir avec ses subalternes, ne sied-il pas au chef de s'associer à la joie de ses compagnons d'armes? Barras cherche à diminuer Bonaparte; il n'a fait que le grandir.

Faut-il énumérer les autres mensonges qu'inspire à Barras une haine maladroite? Selon lui, c'est la « négligence » de Bonaparte qui permit aux Anglais de s'établir à l'Éguillette! Selon lui, c'est Dugommier, et non Bonaparte, qui aurait construit la batterie de la Convention. Selon lui, Bonaparte a le 17 décembre pris possession de la pointe de Caire avec une lenteur qui facilita la retraite des vaincus, et grâce à la *bêtise* de Napoléon, les vaisseaux des alliés ont échappé! Barras fait le plus grand éloge de Dugommier. Il ne se souvient pas qu'il traitait alors le général avec dédain et le morigénait de la plus superbe façon. « Dugommier, écrit-il le 29 novembre, n'a pu me dire le nombre de troupes qu'il commande; il ignore le nombre des bataillons arrivés, le nom et le nombre de ceux qu'il attend, il n'avait encore fait ni fait faire aucune revue; il ne connaissait pas la situation de ses principales batteries; je l'ai exhorté à s'occuper plus sérieusement de la grande affaire dont vou l'avez chargé et à sur-

---

1. Coston dit (I, 300) que l'ordonnateur en chef Chauvet donna le 25 décembre à Toulon un dîner auquel Bonaparte assista en uniforme de général. Ne peut-on conjecturer que Napoléon s'était présenté en uniforme de chef de bataillon et que les conventionnels exigèrent aimablement qu'il revêtit l'habit de son nouveau grade?

veiller toutes les parties de l'administration qui m'ont paru très négligées. »

Mais Barras s'est réfuté lui-même. S'il a remarqué Bonaparte au siège de Toulon, s'il a saisi les occasions de causer avec lui et de s'asseoir à ses côtés, c'est qu'il n'a pu se garantir de la séduction qu'exerçait le commandant de l'artillerie. Dès la première entrevue, il fut sous le charme. Il admira l'activité de Bonaparte, cette activité courageuse et, comme il dit, « ce mouvement perpétuel, cette agitation physique qui, pleine d'énergie, commençait à la tête et ne s'arrêtait pas même aux dernières extrémités ». Il admira le travail incessant de cet homme qui semblait faible de muscles et de santé, et qui montrait une volonté si robuste. Il admira cette âme forte, vigoureuse, maîtresse d'un corps dont la frêle machine suffisait à toutes les tâches. Il admira ce merveilleux coup d'œil, ces aptitudes précoces à l'art militaire et ce génie guerrier qui se développait.

Barras n'était pas seul à rendre hommage au jeune Corse. A la date du 8 novembre Varèse assure qu'il n'y a dans l'armée révolutionnaire qu'un officier vraiment distingué, le citoyen Bonaparte qui, malgré sa jeunesse, unit à une grande activité des connaissances supérieures dans son métier, et a su, bien qu'il eût peu de ressources, établir de puissantes batteries. Doppet rend le même témoignage et raconte dans ses Mémoires que Du Teil applaudit à toutes les mesures de son lieutenant, que Napoléon joignait à beaucoup de talents une intrépidité singulière et la plus infatigable vigilance, qu'il était toujours à son poste, que, s'il avait besoin d'un moment de repos, il s'enveloppait dans son manteau et se couchait sur la terre près des batteries. « Je manque d'expression, écrivait Du Teil à Bouchotte, pour te peindre le mérite de Bonaparte; beaucoup de science, autant d'intelligence et trop de bravoure, voilà une faible esquisse des vertus de ce rare officier; c'est à toi, ministre, de le consacrer à la gloire de la République. » Les représentants devancèrent le ministre. Le 22 décembre 1793, ils nommaient Bonaparte général de brigade à cause « du zèle et de l'intelligence dont il avait donné des preuves en contribuant à la reddition de la ville rebelle ». Le 6 février 1794, le Conseil exécutif provisoire confirmait cette nomination.

Dugommier, lui aussi, louait, vantait Bonaparte. Lorsqu'il dit que le feu des canons était au 16 décembre dirigé par le plus grand talent, ne fait-il pas allusion à Bonaparte? Il écrivit à Paris qu'il fallait récompenser et avancer Napoléon : « Si on était ingrat envers lui, ajoutait-il, cet officier s'avancerait tout seul. » Plus tard, à l'armée des Pyrénées-Orientales, il parlait souvent de Bonaparte, et les généraux qui servirent sous ses ordres à la frontière d'Espagne et qui vinrent ensuite à celle d'Italie, apportèrent avec eux la plus haute idée de l'homme qui commandait l'artillerie devant Toulon.

Sans doute, Dugommier a donné, suivant ses propres expressions, aux moyens qu'il avait trouvés le ressort nécessaire au succès ; il a rétabli la confiance et, grâce à lui, l'armée révolutionnaire qui bloquait Toulon a pris consistance et ensemble. Mais Bonaparte a été l'âme de cette armée, présent au siège du commencement jusqu'à la fin, assistant à la plupart des combats, préparant sans un instant de distraction et de relâche l'outillage de l'artillerie, coordonnant et ajustant les parties du plus important des services, déployant dans l'exécution de sa tâche un zèle incroyable et comme une fougue de jeunesse réglée néanmoins et dirigée déjà, ainsi qu'en 1796, par la prudence, inspirant, dictant aux commissaires et aux généraux qui le jugent indispensable et l'écoutent avec une sorte de respect, les résolutions décisives. Le plan d'attaque ne lui appartient pas. L'armée entière comprenait qu'il suffisait d'éloigner la flotte pour s'emparer de Toulon et qu'une fois la flotte éloignée, la garnison ne pourrait se défendre. Doumet-Revest, d'Arçon, Truguet, d'autres encore conseillaient d'occuper les positions qui dominent la rade. Quiconque connaissait Toulon savait qu'il fallait maîtriser la rade pour maîtriser la place. Mais Bonaparte a montré le point essentiel, le point unique dont la prise entraînait inévitablement la prise de Toulon. Il n'a cessé de représenter avec insistance que les républicains, installés au Petit-Gibraltar, accableraient l'escadre de leurs bombes et de leurs boulets rouges et qu'il n'y aurait pas un coin de la grande rade et de la petite rade où elle pût mouiller sans s'exposer aux projectiles. Il a répété du 16 septembre au 16 décembre qu'on devait approcher des vaisseaux, qu'il n'y avait qu'un seul endroit qui permît cette approche, qu'à cet endroit se trouvait le défaut de la cuirasse, que la redoute anglaise était la clef du promontoire de Caire et le promontoire de Caire la clef de Toulon, qu'après avoir perdu l'Éguillette, les Anglais feraient aussitôt une retraite qui leur serait coupée s'ils tardaient un moment.

Nul d'ailleurs ne s'y trompa. Si la réputation de Bonaparte commence au siège de Toulon, si les militaires instruits lui présagent un brillant avenir, s'il laisse depuis cette époque à tous ceux qui l'ont vu la plus avantageuse opinion de son caractère et de sa capacité, c'est qu'il est, avec Dugommier, le *preneur* de la ville. Roguet déclare que Napoléon fut non seulement par sa bravoure et ses talents, mais par la sagesse de ses conseils, l'heureux instrument dont le génie de la France se servit pour réduire la forteresse; Pommereul, que ses aptitudes militaires se révélèrent au siège de Toulon dans les mesures qu'il inspira; le colonel Noël, qu'il débuta par un coup de maître et fit tomber la place sans travaux d'approche et sans brèche, par la seule position de quelques pièces de canon; Marmont, qu'il a tout dirigé, tout mis en mouvement, et que rien ne s'est fait que sous son influence et par ses ordres; Girola, qu'il a conçu et exécuté à la fois le plan de la reprise de Toulon, *nel suo piano dallo stesso eseguito nella ripresa di Tolone*, — et ces lignes de Girola, qui datent de 1794, expriment le sentiment de l'armée républicaine et des populations de la Provence et de la Rivière [1].

La pensée de Napoléon revint souvent dans le cours de son existence à ce Toulon où avait surgi sa renommée. « Tout ce

---

1. Voir ce témoignage de Girola dans Zeissberg, *Quellen zur Geschichte der deutschen Kaiserpolitik Oesterreichs.* II, 340.

qui regarde Toulon, disait-il, est d'une si haute importance qu'il faut s'en occuper avec soin. » En 1803 il ordonnait de déblayer le port, de le débarrasser des carcasses de l'escadre brûlée par les Anglais et d'étudier les moyens d'augmenter les magasins qui devraient contenir désormais l'armement et l'approvisionnement de vingt-cinq vaisseaux et de vingt-cinq frégates pour deux campagnes. En 1810 il priait Clarke de lui présenter la situation des forts Malbousquet et Saint-Antoine, ainsi qu'un plan détaillé et coté de la presqu'île de l'Éguillette afin de bien juger du commandement des trois hauteurs de Caire, de Balaguier et de Grasse, et de la meilleure façon de défendre ce point important. Avec quelle effusion il remercie Massena d'avoir conservé la place en 1815! « J'ai frémi, écrivait-il au prince d'Essling, lorsque j'ai vu l'ordre que vous aviez reçu du duc d'Angoulême de livrer ce précieux dépôt aux Anglais. » Et, dans ses Mémoires, n'a-t-il pas recommandé d'établir 180 bouches à feu sur la côte ouest des rades, au cap Cépet, à Balaguier, à l'Éguillette, et 160 bouches à feu sur la côte est, au pied du fort La Malgue, à la Grosse Tour et au cap Brun?

Il fut, comme à son ordinaire, reconnaissant envers tous ceux qui l'avaient aidé ou protégé dans ces quatre mois de 1793. Il n'a jamais dit ce qu'il devait à Saliceti — il lui devait trop, — mais il n'oublia pas que le député corse lui avait fourni la première occasion de montrer son génie au grand jour. Il légua cent mille francs au fils ou au petit-fils de ce Gasparin qui donnait à ses plans l'appui et la sanction de l'autorité conventionnelle, et qui l'avait garanti des persécutions de l'état-major de Carteaux.

Il exauça tous les désirs de Du Teil. Ce général avait été suspendu un mois après la prise de Toulon, puis mis à la retraite. Dans les premiers jours de 1800, à une audience du consul, il sollicita sa réintégration, et Bonaparte accueillit parfaitement sa requête. Le 12 mars, Du Teil était nommé commandant de la place de Lille : le ministre proposait Tholosé, Picot-Bazus, Grandjean, Chasteignier-Burac, Du Teil et Chazaud ; Du Teil l'emporta. Mais il souhaitait le commandement de Metz : Metz était son pays d'adoption et comme sa ville natale; en 1790, il avait été colonel-général de la garde nationale de Metz; le seul poste qui lui agréait, c'était Metz. Il fut envoyé à Metz au mois de septembre 1800 et il y exerça durant treize années les fonctions de commandant d'armes. Deux fois l'empereur passa par Metz et deux fois il honora Du Teil de sa bienveillance. Pourtant, le bonhomme était affaissé par l'âge; il refusait de fusiller les déserteurs; on se plaignait de sa faiblesse, de sa déplorable indulgence. Le 20 décembre 1813, sur le rapport qui dénonçait la mollesse sénile de Du Teil, Napoléon griffonnait ces quatre mots : *Lui donner sa retraite*. Du Teil avait soixante-quinze ans!

Carteaux fut aussi généreusement traité. Il était parti de Toulon en maugréant contre le commandant de l'artillerie. Mais, lorsqu'après avoir combattu dans la journée du 13 vendémiaire auprès de Bonaparte, il le vit devenir général en chef de l'armée de l'intérieur, il le pria de « recevoir son compliment bien sincère », et il disait volontiers qu'en 1793 il avait, sans le savoir, le dieu Mars à ses côtés. Attaché par le Directoire au bureau topographique et chargé de dessiner les batailles de la campagne d'Italie, Carteaux se rendit un jour à la Malmaison et présenta ses esquisses au premier consul. Dans la conversation, Bonaparte parla de Frédéric II avec éloge. Le lendemain, Carteaux lui envoyait le portrait du roi. Il fut admis au traitement de réforme. Mais Napoléon le nomma administrateur de la loterie et en 1804 commandant de la principauté de Piombino; ce déplacement, assurait-il, était non une disgrâce, mais une marque de confiance, et Carteaux toucherait, outre son traitement de réforme de général de division, 15 000 francs sur les revenus du pays. Le 8 août 1810, par un décret particulier, il donnait à Carteaux une solde de retraite de 6 000 francs. Le général mourut en 1813. Sa veuve sollicitait un secours. Le ministre répondit que les lois le refusaient et qu'elle devait s'adresser directement à l'empereur. Elle écrivit à Napoléon. « Sire, disait-elle, mon mari fut jusqu'au dernier moment l'objet de votre munificence. » Un décret particulier du 20 décembre 1813 lui accorda une pension de 3 000 francs.

« Il était devant Toulon. » Ces mots suffisaient pour rendre Napoléon favorable à la demande d'un compagnon d'armes. Bergeron, lieutenant-colonel en premier du 3e bataillon des Pyrénées-Orientales, nommé par Dugommier adjoint à l'état-major, chargé de garder O'Hara et de le conduire à Aix, reçut, en marchant à l'assaut de la redoute anglaise, une balle à travers la cuisse. Il n'eut qu'à rappeler sa blessure pour obtenir de l'empereur un commandement de place.

Plusieurs autres *Toulonnais*, Taisand, Dintroz, Talin, Ragois, Mouchon, furent l'objet des mêmes faveurs. Napoléon avait fait nommer provisoirement chef de bataillon d'artillerie un homme intelligent et actif, Taisand, capitaine des canonniers de la Côte-d'Or, ancien entrepreneur de routes, qui répara le chemin des gorges d'Ollioules. Quelques mois plus tard, il chargea Taisand de commander l'artillerie à Avignon et d'envoyer des munitions de guerre à l'armée d'Italie. Lorsqu'il passa par Avignon au mois de mai 1795, il reconnut par un certificat les services distingués que Taisand avait rendus au siège de Toulon. Après le 13 vendémiaire, il l'appelait à Paris et le plaçait dans la légion de police. A l'ouverture de la campagne de 1796, il l'invitait à le rejoindre et le faisait chef de bataillon à la suite d'une demi-brigade, commandant de la citadelle de Brescia, puis chef du 8e bataillon de grenadiers qui gardait à Vérone le quartier général.

Il emmena Dintroz à l'armée d'Italie, lui conserva l'emploi de conducteur général des charrois, le nomma capitaine d'artillerie et, à la fin de la campagne, lui donna une gratification de 10 000 francs. Dintroz ne cessa de tutoyer Bonaparte et de le traiter familièrement. A la veille de Castiglione, Napoléon lui demandait des obusiers par un billet autographe. Dintroz ne peut déchiffrer l'écriture. Arrive Bonaparte impatienté : « Pourquoi ne m'as-tu rien envoyé encore? — Je n'ai pas pu lire ton billet. — Tu es une f..... bête, apprends à lire. — Et toi, b....., apprends à écrire. »

Talin était adjoint à l'état-major de l'artillerie de l'armée révolutionnaire. Après vendémiaire, Napoléon le fit nommer capitaine à la légion de police et adjoint à l'état-major de l'armée de l'intérieur. Il l'avait avec lui dans la campagne d'Italie, et, à diverses reprises, le chargea de porter ses ordres. Il lui donna plus tard une place de chef d'escadron dans la gendarmerie.

Ragois était capitaine du 2ᵉ bataillon de la Côte d'Or. Bonaparte le priait un jour, au siège de Toulon, de lui servir de secrétaire; Ragois répondit franchement qu'il savait se battre, mais qu'il n'aimait pas à écrire. Napoléon le retrouva dans la campagne d'Italie. Blessé d'un coup de feu à Borghetto, blessé à Arcole, où il fut fait prisonnier de guerre, blessé à Marengo, où il eut la mâchoire fracassée, Ragois reçut un sabre d'honneur, la croix d'officier de la Légion d'honneur, le titre de chevalier de l'Empire, et, après avoir été capitaine de la garde des consuls, devint chef d'escadron adjoint à l'état-major et adjudant du palais de Fontainebleau.

Mouchon, dit Lapierre, est un curieux personnage. Cet ancien soldat du régiment de Bretagne était devenu capitaine d'une compagnie franche, puis chef d'un bataillon de réquisition de la Drôme. Au siège de Toulon, il campait à Six-Fours, non loin de La Seyne, lorsqu'un matin, dans une visite de postes, il rencontra sur le chemin de la batterie des Quatre-Moulins des voitures chargées de poudre que leurs charretiers avaient abandonnées parce que les boulets de l'assiégeant avaient tué leurs chevaux. Il échelonna les hommes de son bataillon, et les tonneaux, passant de main en main, furent mis en lieu de sûreté. Quelque temps après, il participait à la prise de la redoute anglaise. Bonaparte présenta Mouchon à Dugommier, qui voulut le nommer adjudant général. Mouchon refusa cette fonction en alléguant sa jeunesse. Mais son bataillon fut incorporé à une demi-brigade; il perdit son grade de commandant et recourut à Bonaparte, qui le fit placer comme instructeur à l'Ecole de Mars et ensuite au 9ᵉ bataillon de Paris, plus tard 6ᵉ régiment d'infanterie légère. Mouchon eut une blessure grave à Marengo. Bonaparte le vit, le reconnut, le consola, et ordonna de le transporter aussitôt à l'hôpital dans la voiture où gisait le corps de Desaix. En 1805, à Étaples, Mouchon présentait un mémoire à l'empereur. « Depuis combien de temps êtes-vous capitaine? lui demanda Napoléon. — Dix ans. — Avez-vous été blessé? — Deux fois, Sire. — Dans quelles affaires? — A Marengo et à la Chiusetta. — Je vous ferai droit. » Mouchon fut nommé chef de bataillon au 63ᵉ régiment. De nouveau blessé à Essling, il obtint sa retraite et il vivait tranquillement à Tarbes lorsqu'il reçut le brevet de grand officier de la Légion d'honneur. Sans s'étonner de cette distinction extraordinaire, il gagna Paris pour remercier l'empereur. Là, il apprit qu'il devait son brevet à une erreur des bureaux. Il se rendit à la parade — c'était le 7 juin 1810, — remit à l'empereur son titre de grand officier et lui dit qu'il ne voulait pas se prévaloir d'une méprise, qu'il ne désirait qu'un commandement d'armes et un majorat. « Vous serez, lui dit Napoléon, doté comme vos camarades. » Le temps s'écoula. Mouchon, se voyant oublié, réclama, prétendit que son brevet momentané de grand officier l'avait forcé de tenir un rang, d'augmenter sa dépense, de contracter des dettes; il rappelait la promesse verbale de l'empereur, invoquait le témoignage de Berthier et de Davout, présents à la parade. Ces deux personnages, consultés, répondirent qu'ils ne se souvenaient pas des paroles de l'empereur. Mais en considération des services et des blessures de Mouchon, le ministre fit un rapport au souverain. Mouchon eut une dotation de deux mille francs et le commandement d'armes du Texel. Six mois après, le 1ᵉʳ janvier 1813, il fut admis définitivement à la retraite, sur un rapport écrasant de Molitor : sa jactance, avait dit Molitor, son ineptie, sa conduite crapuleuse causaient un continuel scandale, et pour la décence comme pour la sûreté du poste, son départ était indispensable.

D'autres hommes dont Napoléon devait se servir étaient déjà généraux au siège ou à la reddition de Toulon : La Poype, Delaborde, Dugua, Mouret, Micas, Garnier, Despinoy, Guillot.

La Poype, ancien sous-lieutenant aux gardes françaises, devenu lieutenant-colonel d'un bataillon de volontaires et général en l'espace de deux ans, fut employé par Napoléon à l'expédition de Saint-Domingue, nommé baron de l'Empire et, en 1813, après avoir défendu vaillamment Wittemberg, officier de la Légion d'honneur. Aux Cent-Jours, Napoléon se souvint de lui : « Donnez sur-le-champ, écrit-il à Davout le 27 avril 1815, une destination au général La Poype; ce général paraîtrait excellent pour défendre une grande place comme Lille, Dunkerque, Maubeuge, Charlemont. » La Poype fut envoyé à Lille comme gouverneur de la 16ᵉ division militaire avec mission d'organiser la garde nationale et d'y mettre des hommes du peuple.

Le Dijonnais Delaborde, fils d'un boulanger et ancien caporal d'infanterie, élu lieutenant-colonel des volontaires de la Côte-d'Or, avait paru devant Toulon à deux fois différentes, et ses allées et venues montrent assez le désordre du temps et le désarroi de l'administration de la guerre. Après avoir tenté vainement l'assaut de l'Éguillette, il apprit le 10 octobre qu'il était depuis un mois général de brigade à l'armée des Alpes et il courut rejoindre Doppet sous les murs de Lyon. Nommé général de division et destiné à commander en Corse, il accompagna Doppet à Ollioules pour consulter Saliceti sur la situation de l'île. Mais Doppet désira garder Delaborde, qu'il jugeait brave et intelligent. Retenu par Saliceti, de même que l'avait été Bonaparte, Delaborde participa le 17 décembre à l'enlèvement de la redoute anglaise. Napoléon le fit comte de l'Empire après l'expédition de Portugal, gouverneur du château de Compiègne après la campagne de Russie, et, en 1815, le chargea de pacifier la Vendée.

Le général de brigade Dugua, chef d'état-major de Dugommier, était avec Delaborde à la colonne qui devait assaillir la gauche de la redoute anglaise, et il eut l'habit percé d'une balle. Les représentants lui donnèrent le grade de général de division. Napoléon ne l'oublia pas. Il l'employa dans la campagne d'Italie où Dugua commanda la réserve de cavalerie ainsi qu'une division de cette arme et prit possession de Trieste. Il l'employa dans l'expédition d'Égypte, où Dugua fut successivement inspecteur général de la cavalerie, commandant d'une des cinq divisions d'infanterie et gouverneur de la province de Damiette et de Mansourah, puis de la province du Caire. Aux batailles de Chobrâkhyt et des Pyramides, Bonaparte était dans le carré de la division Dugua. À son retour d'Orient, Dugua fut nommé préfet du Calvados, où il avait déjà, dans une mission antérieure, conquis l'estime de la population. Chargé, comme chef d'état-major, de seconder le général Leclerc, il mourut à Saint-Domingue en 1802. Sa veuve reçut une pension de 1 500 francs.

Mouret, lieutenant-colonel de volontaires, promu rapidement général, souhaitait de rejoindre Napoléon en 1796 pour prendre part à « l'incomparable campagne que faisait l'armée d'Italie sous les ordres du brave Bonaparte ». Mais Napoléon le savait incapable. En 1800, il lui ôtait le commandement d'une division militaire et le nommait chef d'une brigade de vétérans. Mouret se plaignit doucement ; il écrivit au premier consul qu'il désirait conserver l'activité et obtenir au moins un commandement de place dans le Midi. Il fut envoyé à Gênes et y remplit les fonctions de commandant d'armes durant neuf ans, de 1805 à 1814.

Micas, qui fut fait général de brigade après l'assaut du Faron, devait plus tard renouer avec Bonaparte, général en chef de l'armée de l'intérieur, les relations commencées devant Toulon. Il était alors à Luxembourg, et, de Paris, Napoléon demandait des nouvelles de Micas et de la forteresse, promettait d'exécuter avec empressement tout ce qui pourrait être agréable à Micas. Mais Micas était un autre Mouret. En 1801 Napoléon le nommait commandant d'armes à Toulon. Micas y resta, comme Mouret à Gênes, jusqu'à la fin de l'Empire.

Victor avait servi dix ans dans ce 4ᵉ régiment d'artillerie où Bonaparte fut capitaine. Successivement adjudant sous-officier au 3ᵉ régiment de la Drôme, puis adjudant-major et lieutenant-colonel en second du 5ᵉ bataillon des Bouches-du-Rhône, il eut au siège de Toulon le même avancement que Bonaparte et devint, comme lui, chef de brigade au mois d'octobre et général de brigade au mois de décembre. A l'attaque malheureuse du Faron, il s'était, disent les représentants, conduit à merveille, et une voix unanime s'élevait en sa faveur; à l'assaut de la redoute anglaise, il avait reçu un éclat de mitraille qui lui ouvrit le bas-ventre. Napoléon le fit maréchal de France et duc de Bellune. Mais Victor lui doit aussi son brevet de général de division. Bonaparte demandait ce grade pour Victor après la bataille de la Favorite où l'intrépide Vosgien, à la tête de cette 57ᵉ demi-brigade « que rien n'arrête », culbuta tout ce qui se trouvait devant lui.

Garnier était le fameux Garnier, lieutenant-colonel en second du bataillon fédéré de Marseille, qui, au 10 août 1792, attaquait les Tuileries, et il se vantait d'être entré le premier au château et, après avoir essuyé deux coups de sabre, de s'être jeté du haut d'un balcon au milieu de ses compagnons d'armes pour échapper à la mort. Nommé colonel d'un bataillon de chasseurs, puis général de brigade, il s'était signalé devant Toulon à la journée du 30 novembre et il assurait qu'il avait capturé O'Hara et rallié sa troupe à trois reprises, bien qu'il eût été renversé deux fois, la première, par un éclat de bombe, et la seconde, par un boulet de 24. Les représentants le nommèrent général de division. Napoléon lui reprocha toujours des opinions exagérées, et le jugeait incapable de faire une campagne sérieuse et active. Pourtant, il l'employa : en 1796 il lui confiait une colonne mobile contre les Barbets et il trouva que Garnier montrait beaucoup de zèle et se donnait beaucoup de mouvement. Il accueillit avec distinction la carte des Alpes-Maritimes qui manquait au dépôt de la guerre et que Garnier avait dressée après sept ans de travail. Il le nomma officier de la Légion d'honneur et commandant de place de 1re classe à Barcelone, à Laybach et à Blaye. Deux fois Garnier fut mis à la retraite; deux fois il fut, sur ses instances, remis en activité. En 1814, sous la Restauration, le vainqueur du 10 août essaya de gagner les bonnes grâces des Bourbons en se représentant comme la victime de l'Empereur. Napoléon, disait-il, l'avait depuis le siège de Toulon poursuivi de sa haine : « J'avais eu le malheur de lui déplaire en sévissant pour faute militaire contre un jeune officier nommé Muiron pour lequel il avait une affection particulière : il ne me l'a jamais pardonné. » Et Napoléon, ajoutait Garnier, l'avait mis à la réforme par désir de vengeance, l'avait employé dans des postes secondaires, promené chaque année d'un bout à l'autre de l'Empire, et payé par des politesses de cour, au lieu de lui rembourser les dépenses qu'avait coûtées la carte des Alpes-Maritimes. Malgré cette diatribe il se rallia sous les Cent-Jours à Napoléon et lui demanda soit le gouvernement de Toulon, soit une division à l'armée du Var. Il n'obtint rien, et, après Waterloo, fit sa soumission aux Bourbons, en déclarant qu'il l'aurait faite plus tôt sans une maladie qui venait des dégoûts que Napoléon lui avait suscités!

Despinoy, adjudant général chef de brigade, avait été blessé gravement à l'attaque de la redoute anglaise et nommé général par les représentants. Il était gouverneur de Toulon en 1796 lorsque Bonaparte le fit venir en Lombardie et, après l'avoir employé à Milan, le mit à la tête d'une division. Mais Despinoy, chargé de pénétrer dans le Tyrol, opéra sa retraite sur Brescia en laissant une partie de ses troupes aux prises avec l'ennemi. Il fut le surlendemain envoyé à Alexandrie et quelques jours plus tard réformé par le Directoire. « Je connaissais, lui avait dit Bonaparte, votre improbité et votre amour de l'argent; mais j'ignorais que vous fussiez un lâche. » Outré d'être exclu de l'armée, Despinoy demanda un conseil de guerre, accusa Bonaparte de flétrir son âme, de le vouer à l'humiliation et à la honte. Il ne fut remis en activité qu'en 1801, et vainement il rappelait qu'il avait été blessé à Toulon presque sous les yeux de Napoléon; il resta commandant d'armes à Alexandrie durant douze ans. Aussi fut-il un des premiers à se rallier aux Bourbons.

Guillot se vantait d'avoir mené l'attaque de la redoute anglaise et il avait au matin du 17 décembre reçu le commandement de l'ouvrage conquis. Les représentants reconnurent sa bravoure en lui donnant le grade de général de brigade. Bonaparte l'employa dans la campagne d'Italie, lui confia le gouvernement des places de Pavie et de Porto-Legnago. Il le regardait comme un très utile et excellent militaire, le fit remettre en activité, lorsque le Directoire l'eut réformé, le nomma commandant de la Légion d'honneur et baron de l'Empire, le pourvut d'une dotation de deux mille francs. Mais Guillot se laissa surprendre à Figuières par les Espagnols dans la nuit du 9 au 10 avril 1811 ; il fut traduit devant un conseil de guerre et condamné à mort ; le retour des Bourbons le sauva.

Deux Corses, deux de ces insulaires qui, selon le mot de Gasparin, brûlaient d'entrer dans Toulon parce qu'en vengeant la France ils s'ouvraient la porte de leur patrie, Joseph Arena et Cervoni, s'étaient distingués aux côtés de Bonaparte durant le siège de 1793. Joseph Arena devint, comme son frère Barthélemy, l'ennemi personnel de Bonaparte qui le fit emprisonner sous prétexte de complot et le laissa guillotiner. Était-il sincèrement républicain ? Ou bien jalousait-il son compatriote qui prenait l'essor ? Peut-être l'inimitié datait-elle de Toulon et de la journée du 30 novembre. Joseph Arena s'était signalé dans cette action qui lui valut le grade d'adjudant général chef de brigade, et il prétendait avoir décidé le succès en se chargeant du commandement à la place de Dugommier blessé. Peut-être y eut-il entre ces deux Corses une rivalité de gloire. Tous deux furent nommés dans le même temps lieutenants-colonels de volontaires, et le maréchal de camp Rossi qui présidait à la levée des bataillons nationaux, regardait ces deux jeunes gens comme remplis d'intelligence et de bonne volonté. Tous deux prirent part à l'expédition de Sardaigne. Tous deux se prononcèrent contre Paoli, et le vieux chef assurait en 1792 que « Napoléon, apprenant qu'Arena était reconnu lieutenant-colonel, avait honte de ne pas prétendre au moins à un égal emploi. »

Au contraire d'Arena, Cervoni s'attacha de tout cœur aux Bonaparte. Napoléon le connaissait avant le siège de Toulon. L'année précédente, le 14 avril 1792, Cervoni entrait dans Ajaccio comme secrétaire des commissaires du Directoire qui venaient apaiser les troubles de la ville, et il avait au mois de juillet 1791, après l'insurrection de Bastia, remplacé, comme secrétaire du Conseil général du département, Panattieri absent. Nommé sous-lieutenant de cavalerie et aide de camp de Joseph-Marie Casabianca, il s'était fait remarquer par son intelligence et son intrépidité. Saliceti le recommanda, comme il avait recommandé Bonaparte, à son collègue Gasparin, et Cervoni fut l' « agent militaire » des deux représentants. « Il est, disait Gasparin, digne de notre entière confiance sous tous les points de vue. » Ainsi que Napoléon, et à peu près en même temps, Cervoni conquit les grades supérieurs à la fin de 1793; adjudant général chef de bataillon en octobre, adjudant général chef de brigade en décembre, il était général de brigade au mois de janvier suivant. Mais il ne fut général de division qu'en 1798. Joseph Bonaparte, qui s'était lié avec lui sur les bancs de l'université de Pise, le tenait pour un des officiers les plus éclairés et les plus braves dont s'honorait l'armée française. Miot le déclare excellent soldat et, de plus, homme très estimable. Napoléon qui l'avait à ses côtés en Italie, le chargea d'organiser la légion lombarde et de gouverner Vérone. Cervoni était chef d'état-major de Lannes lorsqu'un boulet de canon l'étendit mort sur le champ de bataille d'Eckmühl. C'était, dit alors l'Empereur, « un officier de mérite et qui s'était distingué dans nos premières campagnes ». Par décret du 7 février 1810, la veuve de Cervoni reçut une pension de 6 000 francs, et ses deux fils, Louis-César et Thomas, nommés barons de l'Empire (17 mai 1810), eurent chacun une dotation de 4 000 francs sur les domaines de Rome. Mme Cervoni se signala par son dévouement à l'empereur. En 1815, au moment où Napoléon quittait l'île d'Elbe, elle parcourut en habit d'amazone le canton de Cervione et annonça que la France se soulevait contre Louis XVIII, que Bonaparte allait remonter sur le trône. Elle avait avec elle un de ses compatriotes, Sandreschi, que les royalistes appelaient son cavalier servant et qualifiaient de pirate. Sandreschi, revêtu de l'uniforme de Cervoni, distribuait des cocardes tricolores et des proclamations. Bruslart, commandant de la Corse, fit marcher un détachement sur Cervione, et la maison de Mme Cervoni fut mise à sac.

C'est aussi devant Toulon, dans les camps dits de l'ouest, dans la légion des Allobroges et le bataillon du Mont-Blanc, que Napoléon connut de braves officiers qu'il fit plus tard généraux de division et comtes de l'Empire : Dessaix, le Bayard de la Savoie, qui reçut après sa blessure de la Moskowa le gouvernement de Berlin; Dupas, qui passa l'un des premiers le pont de Lodi et qui fut adjudant général du palais des consuls et colonel des mameluks, après avoir commandé en Égypte la compagnie des guides à pied et la citadelle du Caire; Séras, qui défendit énergiquement Venise en 1813; Pacthod.

Chef du 2e bataillon des volontaires du Mont-Blanc, Pacthod commandait la redoute des Sablettes au siège de Toulon. Il fut blessé d'un coup de canon, et les représentants lui conférèrent le grade d'adjudant général chef de brigade après la prise de la ville. Napoléon disait en 1807 qu'il n'avait dans Pacthod qu'une médiocre confiance, et ce sentiment datait sans doute de 1793 : Pacthod s'était laissé surprendre par les assiégés dans la nuit du 8 au 9 octobre. Pourtant, après la campagne de Saxe, Napoléon le nomma général de division, comte de l'Empire, grand officier de la Légion d'honneur, et Pacthod justifia ces distinctions par l'héroïsme qu'il déploya dans le malheureux combat de Fère-Champenoise. En 1815, l'empereur lui donnait la 22e division d'infanterie à l'armée des Alpes.

Parmi ces volontaires de la Savoie, il en est un que Napoléon affectionna particulièrement et qu'il apprécia devant Toulon : l'intègre et l'infatigable Boinod, quartier-maître trésorier de la légion des Allobroges, que les représentants avaient nommé commissaire des guerres pendant le siège. Bonaparte l'appelait son ami, correspondait avec lui, et, de Paris, en 1795, lui mandait les nouvelles. Il l'employa en Italie et en Égypte ; il le prêta à Eugène, qui le créa intendant général et inspecteur en chef aux revues de l'armée d'Italie ; « s'il y avait, disait-il en 1797, une quinzaine de commissaires comme celui-là, on pourrait leur faire présent de cent mille écus à chacun, et l'on gagnerait encore une quinzaine de millions. » Mais Boinod avait autant de dévouement à l'empereur que de zèle et de désintéressement. Il rejoignit Napoléon à l'île d'Elbe et y dirigea l'administration de la guerre. Aussi, de retour aux Tuileries, Napoléon le fit inspecteur aux revues de la garde impériale et le gratifia d'une somme de douze mille francs qui lui tint lieu des appointements qu'il n'avait pas touchés à l'île d'Elbe : « Boinod, écrivait l'Empereur, est un administrateur consommé et probe et qui m'a toujours suivi. » Par le troisième codicille de son testament, il légua cent mille francs à Boinod.

Il faudrait citer encore bien des noms, bien des hommes qui s'acquirent l'amitié de Bonaparte ou attirèrent son attention lorsqu'il commandait l'artillerie de l'armée révolutionnaire.

C'est Marescot, dont Napoléon reconnut les mérites en le nommant commandant en chef du génie de la Grande Armée, premier inspecteur de l'arme, grand aigle de la Légion d'honneur. Mais, en allant visiter les places de l'Espagne, Marescot fut enveloppé dans le désastre de Baylen. Napoléon le destitua : Marescot, disait-il, ne pouvait rester à la tête du génie après avoir signé l'infâme capitulation et couvert son nom du déshonneur et d'opprobre. Aux Cent-Jours il le rappela. « L'empereur, écrivait Davout à Marescot le 24 mars 1815, ne considérant que les services que vous avez rendus et ceux que vous pouvez rendre encore, me charge de vous dire que tout est oublié et que vous pouvez revenir à Paris. » Marescot revint et demanda le gouvernement de Strasbourg ; Napoléon le fit président du comité de la défense des Vosges et second inspecteur général des fortifications.

C'est Leclerc, Victoire-Emmanuel Leclerc, homme doux, facile, bon camarade, et très brave, que Marmont juge médiocre, peu capable et peu énergique, mais que Napoléon proclame un officier du premier mérite, propre à la fois au travail du cabinet et aux manœuvres du champ de bataille, unissant le talent à l'activité. Il était lieutenant au 2ᵉ bataillon des volontaires de Seine-et-Oise lorsque son ancien commandant, La Poype, devenu général, le prit pour aide de camp. Malgré ses vingt et un ans, Leclerc fut chef d'état-major de La Poype au siège de Toulon, et le lendemain de l'assaut du Faron, les représentants le nommèrent adjudant général chef de bataillon. En 1796, Bonaparte, passant à Marseille, où Leclerc gouvernait la place, l'emmena dans les plaines de la Lombardie, et après l'avoir vu combattre avec l'intrépidité la plus brillante à la tête du 10ᵉ régiment de chasseurs à cheval, le proposa pour général de brigade, l'envoya porter au Directoire des dépêches sur la situation de l'armée et les négociations entamées à Leoben, lui confia les fonctions provisoires de chef d'état-major. Le mariage de Leclerc avec Pauline Bonaparte précipita son avancement. Napoléon le fit général de division, commandant de l'armée d'observation qui se formait à Dijon, commandant des troupes rassemblées dans la Gironde et destinées à l'expédition de Portugal, général en chef de l'armée de Saint-Domingue.

C'est Alméras que Bonaparte regardait comme un fort bon adjudant général, qu'il appelait à l'armée d'Italie en 1797, et qu'il chargeait en 1799 du commandement de Damiette. Mais Alméras prit sur lui de mettre un officier anglais en liberté. Napoléon s'irrita. « Alméras, disait-il, est d'autant moins excusable qu'ayant assisté au siège de Toulon, il connaît mieux que personne l'activité des intrigues et le système de corruption qui forment actuellement la politique du gouvernement britannique. » Il ne le nomma général de division qu'en 1812. Toutefois, Alméras lui fut fidèle. A la fin de 1804, il regrettait de n'avoir pas vu le couronnement du « très grand Empereur ». En 1815, bien que les Bourbons l'eussent fait l'année précédente chevalier de Saint-Louis, il se déclara l'un des serviteurs les plus dévoués de Napoléon et lui demanda un emploi, quel qu'il fût, de préférence à l'armée des Alpes, parce qu'il avait une profonde connaissance des localités. Il eut ordre de se rendre à la Rochelle pour organiser une division de 5 000 fédérés, et quelques jours plus tard, il dut hâter, de concert avec Beker, l'embarquement de Napoléon sur un vaisseau anglais.

C'est Saint-Hilaire, capitaine de chasseurs au 5e régiment d'infanterie, ci-devant Navarre, que les représentants firent adjudant général chef de bataillon pour sa belle conduite durant le siège de Toulon. Napoléon le nommait un héros, un de ses meilleurs amis, un de ceux qui ne l'eussent pas trahi, aimable et bon camarade, bon frère, bon parent, bon ami, fidèle amant. Ce valeureux et chevaleresque Saint-Hilaire eut le pied gauche emporté à Essling et mourut à Vienne des suites de sa blessure. Napoléon l'avait fait général de division, comte de l'Empire, grand aigle de la Légion d'honneur, commandeur de l'ordre de la couronne de fer. Le 16 août 1809, par un décret particulier, et sans rapport, il donnait à la mère de son compagnon d'armes une pension de six mille francs.

C'est Grillon, ancien garde-française, devenu capitaine d'infanterie et durant quelques jours chef d'état-major de Dugommier au siège de Toulon. Lui aussi eut sa récompense après la reddition : les représentants le nommèrent adjudant général chef de bataillon. En 1796, Bonaparte, se rendant en Italie, lui confiait le commandement provisoire de la place de Marseille.

C'est Argod, lieutenant-colonel, comme Victor, au 5e bataillon des Bouches-du-Rhône. Il reçut des représentants le

17 décembre 1793 le grade d'adjudant général chef de brigade; il devait, comme chef d'état-major de Victor, se distinguer particulièrement à la bataille de la Favorite sous les yeux de Bonaparte.

C'est Suchet qui commandait devant Toulon ce bataillon de l'Ardèche dont les volontaires capturèrent O'Hara. Napoléon le fit maréchal et duc d'Albuféra; il vantait en 1814 sa « très bonne réputation » et, en 1815, au retour de l'île d'Elbe, « vous savez, lui écrivait-il, l'estime que je vous ai toujours portée depuis le siège de Toulon ». Il ne l'estimait pas tellement durant la campagne d'Italie, et peut-être lui en voulait-il d'avoir mis le feu, sur l'ordre du représentant Maignet, au village de Bedouin. En 1797, Suchet était encore chef de bataillon. Ce fut une bouffonnerie de Dupuy qui brusqua son avancement. A la fin d'un repas, Dupuy s'approche de Bonaparte : « Eh bien, dit-il, quand ferez-vous notre ami Suchet chef de brigade? — Bientôt, répond Bonaparte, nous verrons. » Dupuy détache son épaulette et la met sur l'épaule de Suchet en criant : « Suchet, de par ma toute-puissance je te fais chef de brigade. » Au sortir de table, Berthier expédia le brevet.

C'est Lalance, capitaine d'artillerie. Napoléon qui le connut devant Toulon et l'eut comme adjoint en 1794 et en 1795 sur les côtes de Provence et dans la rivière de Gênes, l'employa durant la campagne d'Italie avec prédilection. Il lui confiait l'artillerie de la colonne mobile que Lannes formait à Bologne dans les derniers jours de 1797. Il lui confiait l'artillerie de la division Victor qui marchait sur Rome. Il le chargeait d'organiser l'artillerie de la République cisalpine. Lalance devint général au service cispadan. En 1800, lorsqu'il regagna la France, il « réclama l'ancienne amitié » du premier consul, qui le nomma général de brigade d'infanterie. En 1801, à la suite d'une erreur des bureaux qui le croyaient encore général cisalpin, il était rayé de la liste des généraux et replacé capitaine d'artillerie. Mais, moins de quatre mois plus tard, il fut promu colonel de son arme. Il prit part à l'expédition de

Saint-Domingue, où ses actions, écrit-il, ne tendaient qu'à se rétablir dans l'estime de Bonaparte. Il eut, à son retour, une place d'inspecteur aux revues qu'il occupa pendant tout l'Empire.

Mais, entre les amis de Toulon, il faut mettre à part Marmont, Junot, Muiron et Chauvet. Ces quatre hommes aimaient Bonaparte, et il les aima, voulut les garder avec lui, les emmener partout avec lui, les associer à toutes ses entreprises, les lier à sa fortune.

Marmont avait de bonne heure désiré servir dans l'artillerie. Il devait y avoir pour mentor un lieutenant au régiment de La Fère, son cousin germain Le Lieur de Ville-sur-Arce qui vint quelquefois avec Bonaparte le voir à Dijon à la pension du chanoine Rousselot et le recommander aux professeurs du collège, notamment à l'abbé Volfius. Élève à l'école d'artillerie de Châlons, nommé à sa sortie second lieutenant du 1er régiment, envoyé comme lieutenant en premier à l'armée des Alpes, il arriva le 2 décembre au quartier général d'Ollioules, et Napoléon fournit volontiers au cousin de Le Lieur les occasions de se distinguer. Promu capitaine, Marmont refusa de quitter Bonaparte et, au lieu de rejoindre sa compagnie à la frontière d'Espagne, préféra demeurer avec un homme qui lui semblait appelé à de grands destins. Bien lui en prit. Aide de camp du général en chef de l'armée de l'intérieur, chef de bataillon dans la campagne d'Italie où Bonaparte le citait comme un officier de la plus haute distinction, chef de brigade sur la recommandation de Napoléon qui ne cessait de demander pour lui un régiment d'artillerie légère, général de brigade, après avoir, au lendemain du débarquement des Français dans l'île de Malte, repoussé la sortie des assiégés, conseiller d'État, commandant de l'artillerie à l'armée de réserve et à l'armée d'Italie, général de division, premier inspecteur de son arme, commandant en chef des troupes rassemblées au camp d'Utrecht, colonel général des chasseurs, général en chef de l'armée de Dalmatie, maréchal et duc de Raguse, Marmont dut tant d'emplois et d'honneurs non seulement à sa bravoure et à ses qualités militaires, mais à l'affection de celui qu'il admirait profondément en 1793 et qu'il trouvait supérieur à tout ce qu'il avait rencontré jusqu'alors.

Junot, condisciple de Marmont au collège de Châtillon-sur-Seine, avait appartenu pendant vingt mois au 10ᵉ régiment de dragons. Puis il était rentré dans son village natal de Bussy-le-Grand pour commander la garde nationale, et il fut un des députés de la milice bourgeoise qui se rendirent en 1790 à Paris, pour assister à la fête de la Fédération. Grenadier au 2ᵉ bataillon des volontaires de la Côte-d'Or et bientôt premier sergent, il servit à l'armée du Nord, et, au combat de la Glisuelle, reçut à la tête un coup de sabre d'où vint peut-être son dérangement cérébral. Son bataillon, que Napoléon a loué dans le *Souper de Beaucaire*, allait à l'armée des Pyrénées-Orientales lorsqu'il fut requis par Carteaux et envoyé devant Toulon. Là, un jour que Junot était de garde à la batterie des Sans-Culottes, il fit sur l'ordre de Bonaparte une reconnaissance périlleuse au bord de la mer. Peu après, Napoléon, voulant dicter une instruction, demandait un homme qui sût écrire : Junot avait une belle main, et plus tard il était de mode dans le cercle des Bonaparte, fort peu calligraphes, de dire en manière de proverbe « écrire aussi bien que Junot ». Il se présenta, et il écrivait sur l'épaulement de la batterie lorsqu'un boulet le couvrit de terre, lui et son papier. « Bon, s'écria Junot, je n'aurai pas besoin de sable. » Napoléon se l'attacha. Nommé par les représentants lieutenant adjoint à l'état-major d'artillerie, puis lieutenant aide de camp du général Bonaparte après l'assaut de la redoute anglaise, puis capitaine de cavalerie après l'affaire de Dego, Junot fut successivement général de brigade, général de division, colonel-général des hussards, ambassadeur en Portugal, gouverneur général des états de Parme, gouverneur de Paris, général en chef de l'armée d'observation de la Gironde, commandant du 8ᵉ corps de l'armée d'Espagne, gouverneur de Venise, commandant des provinces illyriennes.

Jean-Baptiste de Muiron était fils d'un fermier général qui

fut incarcéré sous la Terreur. Il tira son père de prison en se présentant au comité révolutionnaire de la section et en rappelant avec une chaude éloquence qu'il avait versé son sang pour la patrie. Il avait d'abord semblé léger, coquet, vaniteux, uniquement préoccupé de sa charmante figure, et rien n'annonçait en lui l'homme qui serait un jour remarqué de Napoléon. Une fois sorti des écoles, il montra toutes ses aptitudes, et Dommartin, qui le fit nommer lieutenant de sa compagnie, disait qu'il était de la plus grande espérance. Détaché à Marseille, comme capitaine en second, pour diriger le parc d'artillerie, il régla si mal ses envois que Bonaparte se plaignit. Il fut remplacé; mais lorsque les représentants élevèrent Napoléon au grade de chef de bataillon, ils donnèrent à Muiron l'emploi de capitaine-commandant qui vaquait au 4ᵉ régiment d'artillerie. Muiron rejoignit sa compagnie devant Toulon, et Bonaparte l'apprécia, le jugea plein de bravoure et de moyens, le choisit pour chef d'état-major. Ce fut surtout en 1796, dans la campagne d'Italie, où il était adjudant général, chef de bataillon, que Muiron se signala. Durant quarante-huit heures, il tint en respect par le feu de ses canons les Autrichiens de Wurmser qui tentaient de pénétrer dans Vérone. Bonaparte assurait qu'il arriverait avec gloire aux premiers postes militaires et que ses preuves quotidiennes de talent, d'activité, de vaillance lui méritaient la reconnaissance de l'armée et de la patrie. Il le prit pour aide de camp le même jour que Sulkowski et Duroc. Mais Jean-Baptiste de Muiron périt au pont d'Arcole. « Il se jeta devant moi, a dit Napoléon, me couvrit de son corps et reçut le coup qui m'était destiné; il tomba mort à mes pieds, et son sang me jaillit au visage. » Napoléon regretta sincèrement Muiron. Il écrivit à la femme du brillant officier, une demoiselle Béraud de Courville : « Vous avez perdu un mari qui vous était cher; j'ai perdu un ami auquel j'étais depuis longtemps attaché; mais la patrie perd plus que nous deux, en perdant un officier distingué autant par ses talents que par son rare courage. » Il fit rayer par le Directoire de la liste des émigrés la mère et le frère de la citoyenne Muiron. La *Muiron* était la frégate qui le ramena d'Égypte, et lorsqu'elle vieillit et se fatigua, il prescrivit de la garder comme un monument à l'arsenal de Toulon pour qu'elle pût durer plusieurs centaines d'années encore ; il éprouverait, ajoutait-il, une peine superstitieuse si malheur advenait à la *Muiron*. En 1815, quand il projetait de fuir aux États-Unis, il voulait prendre le nom de Muiron, et à Sainte-Hélène, il proposait à Sir Hudson Lowe, qui lui refusait le titre d'empereur, de s'appeler le baron Duroc ou le colonel Muiron. Dans son testament, il légua cent mille francs à la veuve, au fils ou aux petits-fils de son aide de camp.

Le commissaire ordonnateur Chauvet était un fervent républicain muni des certificats de plusieurs clubs. Il avait été, à Embrun, président de la société des Amis de la République. La Société populaire de Valence, la municipalité de cette ville, le Directoire de la Drôme affirmaient son civisme pur et éclairé. Mais en outre Chauvet avait du talent, et Sucy assurait que son zèle et son savoir lui méritaient les bontés du ministre. Il rendit de grands services devant Toulon. Dugommier déclarait qu'il avait rempli ses fonctions avec autant d'activité que d'intelligence et que la reconnaissance nationale lui était due. Saliceti et Moltedo témoignaient que ce vrai sans-culotte avait épargné beaucoup de privations à ses frères d'armes et que sans ses efforts l'armée révolutionnaire aurait peut-être été dissoute. Napoléon se lia d'une amitié très étroite avec Chauvet que Sucy lui avait recommandé. Il le tenait en grande estime et le regardait comme un homme du plus bel avenir. Le surlendemain du 13 vendémiaire, il le faisait nommer par le Comité de salut public commissaire ordonnateur en chef de l'armée de l'intérieur, et il l'emmenait dans la campagne d'Italie lorsqu'une mort prématurée enleva le jeune administrateur ; « c'est une perte réelle, écrivait-il, Chauvet était actif, entreprenant ; l'armée a donné une larme à sa mémoire. »

Tels sont les hommes que le commandant de l'artillerie connut au siège de Toulon et qui, pour la plupart, firent cortège au premier consul et à l'empereur. Au milieu d'eux, le Corse Bonaparte sentit plus que jamais qu'il était Français et s'enorgueillit de l'être. Il vit sans doute dans cette armée neuve encore et composée de recrues des actes de faiblesse et de lâcheté. Mais il vit aussi des actes de mâle vigueur et d'héroïsme. A l'attaque du Petit-Gibraltar, des blessés revenaient au combat dès qu'ils sentaient diminuer leur douleur, ou bien ils demandaient : « La redoute est-elle à nous? » ou bien ils criaient aux représentants : « Avancez, nous sommes les maîtres. » Bonaparte les admira, et il racontait plus tard ce mot d'un grenadier qui tombait, frappé d'un biscaïen à la tête : « Camarades, au moins je ne tourne pas le dos à l'ennemi. » Avec quelle effusion, dans un simple certificat, il loue ce que Junot a d'essentiellement français! « Junot, écrit-il, a donné dans toutes les circonstances des preuves de son attachement à la liberté; il est grand, fort, intelligent, actif, aussi brave que loyal, possédant toutes ces qualités qui distinguent la nation. » Et lorsque Marmont mande à son père que ses compatriotes affrontent le danger avec enthousiasme et qu'il faut être Français pour tenter et exécuter l'enlèvement de la redoute anglaise, ne reproduit-il pas les impressions de Bonaparte autant que les siennes? « Plus j'observe l'esprit de nos soldats et celui de nos ennemis, disait Marmont, plus je vois la supériorité du caractère français. » Il exprimait les sentiments de Napoléon.

FIN

NOTES ET NOTICES

I. Cattaneo (p. 11).

Ce Cattaneo (Paul-Baptiste de) était né le 10 février 1743 à Calvi. Il était député électeur de la juridiction de Calvi lorsqu'il fut élu suppléant adjoint de la noblesse aux Etats-Généraux (cf. notre tome II, p. 300). Au mois de mars 1793 il entra dans l'administration des fourrages et fit comme garde-magasin les campagnes d'Italie et d'Egypte. Il mourut au Caire de fatigue et du mauvais air. Sa veuve, Rose Pratolongo, de Gênes, qu'il avait épousée le 21 novembre 1765, reçut une pension alimentaire de 100 francs.

II. Note du Sr Buonaparte à M. le ministre de la marine présentée au ministre à son audience du 30 août (p. 20).

Communiquée par M. le général de Trenenthal à la commission de la Correspondance.

Monsieur, les titres que l'on peut avoir pour postuler un emploi sont de deux espèces : les conditions de rigueur exigées par la loi et les qualités particulières. Les conditions de rigueur pour occuper l'emploi de lieutenant-colonel de l'artillerie de la marine, selon le décret du 23 août, se réduisent à être capitaine d'artillerie. Le sieur Buonaparte est capitaine au 4e régiment d'artillerie. Les qualités qui pourraient militer en sa faveur sont : talents ordinaires, des connaissances sur la partie théorique et pratique de son métier estimées par les chefs du corps qui l'ont souvent employé à des travaux extraordinaires et à diriger des expériences qui, de tous les genres de travail, est celui qui exige le plus de capacité et de jugement. Son civisme connu des différents corps administratifs qui lui ont donné des preuves d'intérêt. Enfin, son rang de lieutenant-colonel du second bataillon des volontaires soldés, qui lui donne grade de lieutenant-colonel dans l'armée, ne lui fait voir d'autres avantages, en passant dans l'artillerie de marine, que celui de le restituer à des occupations qu'il aime. Il espère, d'ailleurs, dans les sentiments de M. Monge.

BUONAPARTE.

III. Élections de la Corse. Convention nationale (p. 23).

Les électeurs se réunirent le 12 septembre à Corte, dans la ci-devant église des Récollets, et procédèrent le lendemain à la vérification de leurs pouvoirs.
Le 15, Paoli fut élu président de l'assemblée à l'unanimité par 396 électeurs; mais il était malade; Saliceti, élu vice-président par 251 voix, le remplaça. Muselli fut élu secrétaire par 160 voix. Les trois scrutateurs furent : Chiappe (190 voix), Bonaccorsi (133 voix) et Poli (180 voix).

Du 17 au 22 septembre furent nommés six députés : Saliceti, Chiappe, Luce Casabianca, Andrei, Bozio et Moltedo.

17 septembre. *Premier député* (399 électeurs) : Saliceti, 297 voix; Tortaroli, 97; Colonna Cesari, 1; Abbatucci père, 1; Guasco, 1; Nobili Savelli, 1; Chiappe, 1.

Deuxième député (405 électeurs) : Ange Chiappe, 209 voix; Colonna Cesari, 192; Tortaroli, 1; 3 suffrages perdus.

18 septembre : *Troisième député* (407 électeurs), 1er scrutin : Panattieri, 185 voix; Luce Casabianca, 157; Louis Benedetti, 56; Bertolacci, 1; Tranquil, 1; 7 suffrages inutiles.

2e scrutin (398 électeurs) : Luce Casabianca, 216 voix; Panattieri, 174; Louis Benedetti, 2; Nobili Savelli, 1; 5 suffrages perdus.

19 septembre : *Quatrième député* (398 électeurs), 1er scrutin : Antoine-François Andrei, 148 voix; Jean-Baptiste Galeazzini, 79; Joseph-Marie Pietri, 77; Joseph Bonaparte, 64; Joseph Simoni, 24; Abbatucci père, 4; Martinetti, 1; 1 suffrage perdu.

2e scrutin (387 électeurs) : Andrei, 254 voix; Pietri, 119; Galeazzini, 13; 1 suffrage perdu.

20 septembre : *Cinquième député* (386 électeurs) : Jean-Baptiste Bozio, 356 voix; Tortaroli, 6; Moltedo, 5; Abbatucci père, 2; Masseria, 2; Meuron, 2; Casella, 1; Volney, 1; Marius Follacci, 1; 10 suffrages inutiles.

Sixième député. 1er scrutin (391 électeurs) : Moltedo, 132 voix; Jacques-Pierre Abbatucci, 110; Masseria, 92; Casale, 52; Murati, 1; Bozio, 1; 3 suffrages perdus.

2e scrutin (419 électeurs) : Jacques-Pierre Abbatucci, 155 voix; Moltedo, 151; Masseria, 102; Bertolacci, 2.

21 septembre : 3e scrutin (394 électeurs; les deux candidats qui avaient le plus de voix au deuxième tour avaient seuls le droit de concourir au troisième tour) : Moltedo, 210 voix; Jacques-Pierre Abbatucci, 178; Louis Benedetti, 2; Masseria, 1; 7 suffrages perdus.

Suppléants : *premier suppléant* (324 électeurs) : Jean Arrighi, 229 voix; François Poletti, 87; Falcucci, 3; Franceschetti, 2; Varese, 1; Tortaroli, 1; Melin, 1.

22 septembre : *second suppléant* (374 électeurs) : Ambroise-Marie Franceschetti, 199 voix; Falcucci, 116; Pietra Piana, 46; Varese, 5; Martinetti, 2; Poletti, 1; 5 suffrages perdus.

IV. Bonaparte à J.-B. Quenza (p. 25).

Je vous expédie un homme pour vous porter les réclamations des compagnies qui sont ici, enfin que le Conseil d'administration prenne toutes les précautions possibles pour faire droit aux soldats qui se plaignent.

Pianelli que vous avez chargé du détail des autres 6 compagnies qui sont ici et à qui vous avez envoyé 2 000 francs en espèces et 450 en assignats, vous fera les comptes de l'emploi qu'il en fait; il résulte que les compagnies ont le plus grand besoin et que pour ne pas les laisser attendre il est urgent que vous envoyez par exprès un mandat.

Je pense que sans vous restreindre aux feuilles, vous pouvez envoyer à Pianelli une somme dont il répondrait.

Je vous prie également de m'envoyer tout ce qui m'est dû; depuis la formation je n'ai touché que 600 francs en assignats.

Les états pour les chevaux doivent être faits de manière qu'il n'y ait pas plus de 40 francs pour cheval; pour cependant pouvoir couvrir le fonds avancé par le Conseil d'administration, il faut compter le double de chevaux; ce qui peut se faire.

Il faut faire un état général pour les chevaux fournis dans toutes les routes depuis notre départ d'Ajaccio, et un séparé pour les 61 kilomètres de route qui reviennent aux soldats dans les différentes routes qu'ils ont faites.

Les nouvelles sont bonnes; l'on dit que l'armée est sur le point de marcher en Sardaigne. 6 000 hommes sont déjà embarqués à Marseille.

Lille, qui était assiégé par les Autrichiens, a su repousser les agresseurs; les ennemis ont été battus; ils ont perdu 3 000 hommes, 80 pièces de canon et 8 000 bœufs.

L'armée de Custine s'avance dans l'Allemagne et bientôt sera à Coblentz, car Spire et Worms sont pris et ont été condamnés à 1 600 000 francs de contributions.

Le général est très mécontent de nos bataillons en général, plus particulièrement du nôtre : il ne faut pas tant se découvrir, la bonne politique veut que l'on agisse autrement. Il faut punir les officiers et soldats qui résistent au bon ordre, mais ne les accuser qu'à la dernière extrémité. Dites aux capitaines de compléter leurs compagnies, parce que sans cela ils s'en trouveront mal et que le général est résolu à prendre des moyens de rigueur et de renvoyer les capitaines qui n'auraient pas leurs compagnies complètes. En se complétant, qu'ils aient soin de prendre des gens sûrs, sans quoi ils courraient risque d'être abandonnés par leurs soldats.

Je vous embrasse,

BUONAPARTE.

Le 27 octobre 1792.

V. Raphaël Casabianca (p. 31).

Raphaël Casabianca était né le 27 novembre 1738 à Vescovato. Capitaine au régiment de Buttafoco (1ᵉʳ janvier 1770), puis au régiment provincial corse (23 août 1772), major (25 août 1773), capitaine des grenadiers royaux (25 juillet 1777), il fut nommé lieutenant-colonel du régiment provincial corse le 19 septembre 1779 et colonel du 49ᵉ régiment d'infanterie le 25 juillet 1791. Sa conduite à la retraite de Mons lui valut le grade de général de brigade (30 mai 1792), et il ne fut pas compris dans le travail du 15 mai 1793, bien qu'il fût, comme il disait, la victime de Paoli qui « avait fait piller sa maison et saisir ses revenus », le représentant Lacombe Saint-Michel le réintégra dans ses fonctions (24 juillet 1793). L'année suivante, Casabianca devint général de division (19 mars 1794). Sa nomination au Sénat est du 26 décembre 1799.

VI. Marius Peraldi (p. 28-30).

Le grand-père de ce personnage remarquable était Jean-Gualbert Peraldi qui épousa en 1715 en premières noces Paule-Marie Sorba, et en 1727 en secondes noces Marie-Magdeleine Baciocchi. Son père était Paul-François Peraldi, qui avait épousé en 1730 Maria-Colomba Ottavi, cousine d'Isabelle Ornano, née Bonaparte. Marius Peraldi fut baptisé le 15 mars 1752 et mourut à Palerme le 6 septembre 1799. Il avait épousé sa cousine Laure Peraldi, qui laissa une grande réputation d'esprit comme de beauté, et qui entretint plus tard avec Letizia et Elisa une correspondance très cordiale : le souvenir des luttes locales d'autrefois s'était donc effacé. On raconte que Marius prédit, après Campo-Formio, que Napoléon « ne se contenterait pas de ses succès de général ». Cf. notre tome II, p. 102, où nous avons reproduit, sans l'approuver, le mot méchant d'un fonctionnaire français sur la noblesse très authentique des Peraldi.

VII. Paoli et Marius Peraldi.

I

Paoli à Servan.

Corte, 4 octobre 1792, l'an 4ᵉ de la liberté et le 1ᵉʳ de l'égalité.

Monsieur,

Ma santé toujours délabrée ne me permet point d'appliquer quant à présent aux détails de service (*sic*). En attendant, j'ai donné les ordres pour recueillir les notions nécessaires, et me mettre en état de vous donner un tableau de la situation de cette division.

Faiblesse des garnisons de Corse. Nos garnisons sont très faibles, et vont le devenir encore bien davantage, après le licenciement du régiment Salis-Grisons.

Observations pour suspendre la nomination des aides de camp attachés au lieutenant-général commandant la 23ᵉ division. Il y a beaucoup d'officiers de mérite qui s'offrent pour me servir d'aide de camp. Mais je n'ai pas encore fixé le choix. J'examinerai le caractère et les talents des aspirants qui se sont présentés pour vous proposer ceux que je croirai plus propres au service et à la localité, me réservant alors de vous les proposer et de vous prier de les agréer.

Demande d'aide de camp en faveur de M. Mario Peraldi. Je n'ai aucune incertitude sur M. Mario Peraldi, député à l'assemblée nationale et colonel de la garde civique d'Ajaccio. Aussi je le propose pour un de mes aides de camp. Sa qualité de député l'a mis au courant des affaires, et du temps qu'il a été chef de la garde nationale d'Ajaccio, il a rendu des services à cette ville et au département qui justifient mon choix.

Le lieutenant-général commandant la 23ᵉ division,

PASQUALE DE PAOLI.

II

Paoli à Pache.

Corte, le 9 décembre 1792, l'an 1ᵉʳ de la République française.

Citoyen ministre,

J'avais proposé le citoyen Peraldi, commissaire provisoire du pouvoir exécutif et ex-député à la Législature pour adjudant général de la 23ᵉ division.

Votre silence à cet égard me fait supposer avec raison que ma lettre ne vous est pas parvenue. Je vous réitère la présente afin de vous solliciter l'expédition de sa commission.

Je pourrais me dispenser de vous parler du mérite du citoyen que je vous propose, puisque son patriotisme et son ardent amour pour la République sont bien connus du Conseil exécutif et des membres de l'assemblée législative qui sont aujourd'hui à la Convention. La part très active qu'il a prise aux affaires publiques et surtout à la dernière Révolution, le met à portée de remplir les devoirs de sa place avec intelligence et avec succès. Ses connaissances sur les localités et l'activité avec laquelle il s'est employé à exécuter vos instructions sur l'expédition de Sardaigne, sont de nouveaux titres à la confiance du gouvernement. Depuis la première formation des gardes nationales civiques, il commande celle d'Ajaccio en qualité de colonel, et son patriotisme l'a toujours fait distinguer dans cette carrière. Je vous prie en conséquence de donner les ordres pour que sa commission soit expédiée, car cette place ne pourrait rester vacante pour plus longtemps sans nuire au bien du service.

Je me réserve à vous proposer mon troisième aide de camp après la réponse d'un excellent officier que j'invite à entrer dans ce genre de service; alors l'état-major de la division sera complet et très bien composé.

Le lieutenant-général commandant la 23ᵉ division,
PASQUALE DE PAOLI.

III

Paoli à Pache.

Corte, le 4 février 1793, l'an 2ᵉ de la République.

Citoyen ministre,

Le service de cette division s'augmente, et il peut devenir encore plus actif et plus important par la suite; je suis donc forcé à vous réitérer mes instances pour l'organisation de l'état-major.

J'ai l'honneur de vous dire pour la seconde fois que je n'avais présenté le citoyen Peraldi que d'après l'opinion bien manifestée par vos prédécesseurs qui paraissaient vouloir lui conférer la place d'adjudant général. J'ai suivi ces dispositions avec d'autant plus de condescendance que le patriotisme du citoyen Peraldi est assez connu pour justifier son choix. Je vous prie de me faire connaître votre décision à cet égard afin que cette place ne demeure vacante pour plus longtemps.

J'avais eu l'honneur de vous observer qu'il aurait été utile de choisir le second aide de camp parmi les gardes nationaux civiques, afin d'avoir un homme en état de bien connaître le pays et la langue. L'exemple de quelques autres qui avaient été choisis m'a autorisé à croire qu'il n'existait aucune exception légale. Au reste, je vous prie de me faire connaître votre décision, car le bien du service seul, et non celui des personnes, me force à vous en parler si souvent et avec autant d'intérêt.

Le lieutenant-général commandant la 23ᵉ division militaire en Corse,
PASQUALE DE PAOLI.

IV

Rapport à Beurnonville.

Aides de camp. — Le lieutenant-général Pascal Paoli, commandant la 23ᵉ division militaire, propose, pour remplir auprès de lui les fonctions d'aide de camp, le citoyen Mario Peraldi, ci-devant député à l'assemblée nationale et servant dans la garde nationale d'Ajaccio.

Nota. Cette demande ayant été faite le 4 octobre 1792, on demande que le brevet soit daté du 15 même mois.

(*Réponse de Beurnonville.*) Ne se peut, étant garde national.

(*En marge.*) Répondu au général le 6 mars 1793.

VIII. Lettres de et à Marius Peraldi.

I

Corte, 17 octobre l'an 1ᵉʳ de la République française.

Citoyen ministre,

Le vent contraire, après votre départ, ne m'a pas permis de partir de Toulon que le dix du présent mois et de débarquer en Corse le quinze. Mes premiers soins ont été de me rendre auprès du général Paoli et de l'administration supérieure pour concerter avec eux l'exécution de vos instructions.

J'ai trouvé le premier dans une santé bien délabrée par la dangereuse maladie qui a souffert (*sic*) et laquelle a fait craindre de ses jours. Je lui ai fait connaître l'objet de ma mission, et il a montré le plus vif regret de se trouver dans un état à ne pouvoir personnellement concourir à faciliter mes opérations. Il a témoigné en outre le plus vif désir de consacrer, après le rétablissement de sa santé, tout son zèle et toutes ses forces pour les intérêts et pour la gloire de notre République.

Il m'a fait observer que l'air en Sardaigne pendant tout le mois de novembre est encore insalubre et que ce serait exposer notre armée de commencer la campagne avant le mois de décembre. En attendant, nous nous proposons d'ouvrir avec la plus grande célérité quelque intelligence avec les naturels du pays, de sonder leurs esprits, et de faire agir là-bas nos connaissances; et aussitôt, nous vous en instruirons.

J'ai trouvé auprès du général Paoli le citoyen Colonna, respectable déjà par son civisme, par ses lumières et par ses talents militaires. Ce citoyen, par ses vertus et par le courage qu'il a toujours montré pour la défense de la liberté et de l'égalité dans sa qualité de colonel de la gendarmerie nationale, s'est mérité l'attachement de tous ses concitoyens. Le général Paoli, rendant justice à son mérite, s'est intéressé auprès de votre prédécesseur afin de l'employer dans la division de Corse en qualité de maréchal des camps. Ce digne citoyen a parcouru plusieurs fois l'intérieur de la Sardaigne, et outre les connaissances locales de ce pays, il unit les personnelles avec les chefs habitants.

Votre sagesse doit sentir de quelle utilité ce citoyen pourrait être au succès de notre descente en Sardaigne. C'est ce motif qui engage mon zèle à vous prier de prendre en considération la demande que vous renouvelle le général Paoli, de l'employer avec le grade de maréchal des camps dans cette division, et dans l'armée que vous vous proposez de faire descendre en Sardaigne. Il justifiera dans toute circonstance votre choix et la patrie aura dans cette armée un brave et incorruptible défenseur de sa gloire.

Je me mettrai en voyage avec lui pour ouvrir les intelligences et je parcourrai avec célérité ce département pour m'occuper des détails dont vous m'avez chargé dans vos instructions. Par le courier prochain je serai en état de vous faire parvenir ces mémoires. Le général Paoli a déjà donné les ordres aux commandants des places de me fournir tous les renseignements et de concourir à faciliter mes opérations.

Je ne vous laisserai pas ignorer que les Corses pétillent de joie lorsqu'ils ont appris que l'armement était dirigé contre la Sardaigne et qu'ils doivent faire part de cette armée. Ce département se dépeuplera, s'il le faut, pour assurer le succès de l'entreprise. Il s'agit de rendre libres ses voisins et de combattre contre les rois et les tyrans : ce seul motif réveille le noble enthousiasme d'un peuple qui est accoutumé à combattre depuis des siècles pour la liberté et pour l'égalité.

Ces dispositions doivent vous assurer que vous pourrez tirer de la Corse la quantité de compagnies franches que vous jugerez à propos de fixer.

A mon arrivée dans la ville d'Ajaccio, je m'occuperai d'engager les matelots de cette ville à partir pour Toulon, à équiper les chaloupes canonnières. J'emploierai tout mon zèle à les décider, comme aussi pour remplir avec exactitude et avec célérité tous les articles de votre instruction.

Le général Paoli m'a désigné pour son adjudant général. J'eus l'honneur de vous en parler à Toulon, et vous eûtes la bonté d'accueillir ma demande et de prendre mon nom. Permettez-moi de la rappeler à votre souvenir, si vous me jugez capable de remplir les devoirs de cette place.

Le département de Corse est dans la plus parfaite tranquillité. Dans peu de jours partiront 400 volontaires pour les frontières. Ils débarqueront à Toulon et vous pourrez les destiner en qualité de troupes légères contre les hulans. Ils sont propres à ce service.

MARIUS-JOSEPH PERALDI.

II

Marseille le 7e novembre 1792
L'an premier de la République Française.

Nous avons vu avec le plus vif intérêt, citoyen, les présages heureux que vous nous présentez du succès dans l'expédition à laquelle nous travaillons sans relâche. Nous espérons tout de la valeur de nos troupes, de l'intelligence de nos chefs et des opérations préliminaires auxquelles vous êtes si heureusement employé.

Les administrateurs du département
des Bouches-du-Rhône,
J.-L. MILLOT, etc.

Au citoyen Peraldi à Ajaccio en Corse, Com^{re} du pouvoir exécutif.

III

Nice le 3 janvier. L'an II de la République.

Le Maréchal de camp Brunet commandant par intérim l'armée d'Italie au citoyen Peraldi.

Je fais partir les troupes destinées pour l'expédition de la Sardaigne.

J'espère que d'après la commission dont vous étiez chargé, et d'après les demandes du citoyen contre-amiral Truguet, vous aurez fait à Ajaccio le rassemblement des troupes de ligne et des volontaires nationaux Corses, et que rien n'arrêtera l'exécution du projet pour la délivrance des Sardes.

J'ai écrit au commandant de la 23e division de fournir les trois bataillons de campagne et quinze cents volontaires. Ces troupes, avec celles qui partent de Villefranche, soutenues par l'escadre, ne doivent pas rencontrer de grands obstacles, si elles se conduisent avec la valeur, la sagesse et la modération que la République exige des soldats français.

BRUNET.

IV

A L'Especi (La Spezzia), à bord du Tonnant, le 5 décembre 1792,
l'an Ier de la République Française.

Citoyen,

J'ai reçu la lettre que vous avez eu la bonté de m'écrire le 21 novembre dernier, et c'est avec un bien vif intérêt que j'ai vu en vous un coopérateur zélé de l'expédition que nous allons entreprendre.

J'approuve parfaitement l'idée que vous me suggérez de passer à Ajaccio pour me concerter avec le général Paoli et vous sur les moyens de réussir. Je vais donc faire mes dispositions pour rendre cette réunion la plus prompte qu'il me sera possible. Je me suis déjà occupé des moyens de lever les obstacles que peut nous présenter le défaut de fonds dans les caisses militaires. J'envoie donc à Gênes pour y emprunter une somme qui puisse détruire les seules entraves que notre zèle commun peut rencontrer. J'espère pouvoir apporter avec moi cette somme, et je me hâterai de me rendre à Ajaccio, où bien sûrement je trouverai réunis nos braves compagnons d'armes. Je n'y arriverai qu'avec une division de vaisseaux ; et là nous concerterons ce qu'il y a de mieux à faire pour faire triompher la liberté chez ce bon peuple Sarde, que tout homme libre doit voir avec attendrissement accablé des chaînes du despotisme le plus arbitraire.

C'est donc à Ajaccio, où je vous donne rendez-vous, ainsi qu'à nos braves Corses, et je vais écrire à Villefranche pour que le général commandant à Nice nous y envoie le convoi de troupes qui doit s'unir à l'escadre et aux Corses pour cette expédition.

> Le contre-amiral commandant l'armée navale
> de la République Française dans la Méditerranée,
>
> TRUGUET.

Au citoyen Peraldi, commissaire du pouvoir exécutif en Corse.

V

> A bord du *Tonnant*, le 4 février 1793,
> l'an 2ᵉ de la République française.

Citoyen,

Les entraves que notre expédition éprouve et les retards que j'apprends qui ont été mis à la contre-attaque de la part des Corses sur le nord de la Sardaigne et dont j'attendais un grand avantage, me déterminent à solliciter encore une preuve de votre zèle infatigable pour le triomphe de la liberté.

Il me paraît si indispensable que vous vous rendiez en Corse pour anéantir les intrigues qui paraissent s'opposer à nos succès, que je vous requiers de vouloir bien partir à l'instant sur une corvette que j'expédie pour Ajaccio.

Déployant à votre arrivée le caractère de commissaire du pouvoir exécutif qui vous est confié, vos réquisitions seront énergiques comme vos qualités républicaines et elles sauront terrasser les intrigants et vaincre les obstacles qui s'élèvent contre nos opérations combinées.

J'attends de votre patriotisme, citoyen, cette preuve bien forte de votre dévouement à notre entreprise, puisque j'exige de vous que vous vous éloigniez d'une armée que vous avez suivie aux dépens de tous vos intérêts personnels.

Ce sacrifice de votre part ne peut augmenter mon estime, qui vous est dévouée pour la vie ainsi que l'attachement le plus vrai et le plus tendre.

> Le contre-amiral commandant l'armée navale
> de la République Française,
>
> TRUGUET.

Si vous apprenez que je sois parti de Cagliari pour me rendre à Toulon, écrivez-moi, je vous prie, dans le port.

VI

> A la rade de Cagliari, à bord du *Tonnant*, le 17 février,
> l'an 2ᵉ de la République.

Citoyen ministre,

Je vous ai rendu compte par ma dernière des troupes qui se sont embarquées sur l'escadre de la ville d'Ajaccio et de notre prochain départ. Notre traversée a été contrariée par les vents. Partis le 8 au soir, nous n'avons mouillé que le 7 du présent mois à l'île de Saint-Pierre.

A notre arrivée, nous vîmes flotter le pavillon national. Le capitaine Grammont, commandant le *Léopard*, en conformité des instructions que le contre-amiral Truguet lui avait données, s'était déjà rendu dans ce port. A son apparition, la garnison piémontaise évacua le fort, et les habitants offrirent au capitaine Grammont les clefs. Le contre-amiral Trouguet (*sic*) envoie au Conseil exécutif les détails de la reddition de cette île importante au commerce du Levant ainsi que de celle de Saint-Antioche. En conséquence, j'estime inutile de vous en faire l'exposé.

Nous sommes maintenant devant Cagliari. Le contre-amiral me chargea, avec le citoyen Villeneuve, major de l'escadre, de porter la sommation au vice-roi. Lorsque nous étions à portée de fusil, il nous fit faire une décharge de plusieurs coups de canon dont plusieurs chargés à mitraille. Aucun de nous ni de l'équipage ne fut blessé, malgré que les boulets environnèrent plusieurs fois le canot parlementaire. Nous regagnâmes notre bord. La ville de Cagliari se prépare à une défense opiniâtre. Les prêtres et les nobles sardes se sont ici tous rassemblés.

Nous sommes dans l'attente de l'arrivée du convoi de Nice. Il devait partir le 12 décembre, et l'on ne voit pas encore paraître (*sic*). Nous attendons encore des vivres pour l'escadre qui en manque depuis longtemps. Si les secours retardent, l'escadre sera obligée de retourner à Toulon.

Tous les citoyens et les officiers qui composent l'escadre sont animés de propager la liberté chez le peuple sarde et de venger l'outrage fait à notre parlementaire. Le contre-amiral a toute la confiance. Il la mérite par sa sagesse, par son civisme et par son infatigable travail. L'on vaincra tous les obstacles pour triompher des Piémontais. Mais, si nous sommes privés des secours indispensables que nous attendons, je craigne (*sic*) que nous ne soyons obligés d'abandonner une expédition qui offrait autant d'avantages à la République.

Le citoyen M. J. PERALDI.

IX. Lettre de Bonaparte à M. Marchand (p. 33).

Communiquée à la commission de la Correspondance par M. de Chambry.

Je vous ai remis, citoyen, les pièces qui concernent la liquidation que je réclame; je vous prie de m'en donner des nouvelles; vous savez que c'était dans ce temps-ci que l'on m'avait fait espérer que mon tour viendrait; je m'en suis fié à vous et ne m'en suis plus embarrassé.

La flotte (est) partie pour Cagliari d'ici; actuellement, elle s'en sera rendue maître.

Avec amitié,
BUONAPARTE.

A Ajaccio, le 12 janvier 1793.

A Ajaccio en Corse
M. Marchand.

X. Paoli à Roland, ministre de l'intérieur (p. 34).

Corte, le 4 février 1793, l'an 2e de la République.

Citoyen ministre,

Vous n'ignorez pas sans doute la conduite des volontaires des Bouches-du-Rhône arrivés dans ce département. Elle a été blâmable à tous égards et a laissé dans le cœur des habitants de la Corse des impressions très désavantageuses sur la morale et les sentiments de ceux de nos frères qui se livrent à des actes d'atrocité et déshonorent la liberté dans le temps même qu'ils croient la servir : pour prévenir toutes les erreurs que des fausses relations pourraient produire, j'ai cru devoir vous en adresser une véritable et impartiale.

Je n'ignore pas que dans ces moments d'orage et d'effervescence la calomnie montre sa tête hideuse avec l'impudence et l'effronterie du crime. Les hommes de quelque mérite dans la cause de la liberté ne sont pas à l'abri de ce poison corrupteur, et vous, citoyen ministre, vous qui combattez contre elle, avec les armes de la vertu et de l'innocence, connaissez combien elle est active dans sa méchanceté et sait se couvrir du masque du patriotisme et du zèle pour porter des atteintes plus mortelles à la réputation des véritables amis du peuple. Je sais qu'elle obsède le Conseil exécutif sur mon compte et que des hommes intéressés à voiler les abus de leur administration et contre lesquels je me suis élevé par l'horreur que l'injustice m'inspire, cherchant à pervertir l'opinion publique en faisant des faux rapports sur la situation de ce pays et jetant des doutes injurieux sur mes sentiments. Je méprise ces hommes que le peuple juge tôt ou tard et condamne au mépris et à la honte. Le Conseil exécutif, quoique forcé de les entendre, saura sans doute repousser leurs insinuations qui ne pourraient être accréditées par le gouvernement sans occasionner dans ce pays des désordres que la persécution et l'injustice excitent toujours chez des hommes habitués à ne pas les supporter avec un silence d'esclave.

L'ambition de dominer, la soif de l'or sont aujourd'hui l'objet des spéculations de plusieurs prétendus patriotes. Ils savent que le peuple qui combat contre tous les genres du despotisme, ne souffrira pas celui de l'intrigue, et ils cherchent à induire le gouvernement en erreur et à le faire intervenir pour les fortifier. Vous avez trop d'expérience des hommes et des choses pour reconnaître et apprécier au juste cette cabale devenue d'autant plus odieuse dans ce pays que tous les aristocrates connus cherchent à s'y rallier et y portent le discrédit de leur réputation et de leur caractère.

Ma situation et mon expérience me mettent à portée à cet égard de voir les choses dans leur essence. Étranger aux petites passions et aux besoins du commun des hommes, je puis envisager tout dans son véritable point de vue, et j'ai l'honneur de vous assurer que, malgré toutes les menées insidieuses des méchants, les habitants de la Corse qui ont droit de s'assurer d'avance de la justice du Conseil exécutif, sauront répondre à toutes les calomnies avec l'argument de leur bonne conduite et leur attachement invariable à la République.

Le lieutenant-général commandant la 23ᵉ division militaire en Corse,

PASQUALE DE PAOLI.

Note du ministre. Répondre que le Conseil exécutif est satisfait des détails qu'il a reçus sur la conduite du général, qu'il compte sur son zèle et son patriotisme pour maintenir de concert avec les corps administratifs la paix et l'union et réprimer les perturbateurs.

Relation sur la conduite des volontaires des Bouches-du-Rhône dans le département de Corse.

La voix publique annonçait depuis quelque temps l'arrivée de l'escadre française et des volontaires des Bouches-du-Rhône pour porter ensuite les armes de la République en Sardaigne.

Le contre-amiral Truguet, étant au golfe *della Spezia* sur les côtes de la

Ligurie, pria le général Paoli de faire préparer 1 500 hommes pour le seconder dans l'expédition dont le Conseil exécutif venait de lui conférer le commandement.

Le Conseil exécutif n'avait pas donné jusqu'alors au général Paoli aucune communication de l'expédition de Sardaigne. Cependant, empressé de venir au secours du contre-amiral et de coopérer au triomphe des armes de la République, ce général ordonna un rassemblement à Ajaccio de deux bataillons des gardes nationaux du département et de 900 hommes de la troupe de ligne, ce qui formait au delà du tiers effectif des forces militaires de la division qu'il commande.

Au commencement du mois de décembre, l'escadre commandée par le citoyen Truguet se présenta à Ajaccio, et elle y fut reçue avec les démonstrations les plus fraternelles par les troupes et les habitants qui les attendaient. Le contre-amiral en a témoigné au général et aux corps administratifs toute sa satisfaction. Peu de jours après, la confiance entre les équipages de la flotte et les gardes nationaux fut sensiblement altérée. Les premiers commencèrent à parler de lanterne, ensuite à désigner différents citoyens à ce supplice, et finalement à promener publiquement des cordes et des lacets préparés pour l'exécution.

Ce spectacle sema la terreur et l'épouvante dans le sein des familles; plusieurs abandonnèrent leurs foyers et se réfugièrent dans l'intérieur.

Le 18 décembre, quelques marins de la flotte se disputèrent pour des motifs indifférents avec un sergent de la garde nationale soldée. La patrouille les arrêta en flagrant (sic) et les mena au juge de paix. La rixe n'avait eu aucun caractère sérieux. Cependant les marins paraissaient s'agiter et vouloir former un attroupement. Alors, le juge de paix crut obvier à tout inconvénient en ordonnant la translation du garde national dans la maison d'arrêt. La patrouille, s'étant donc mise en marche, arriva aux portes de la citadelle. Là, elle fut assaillie et désarmée par un grand nombre de matelots qui lui arrachèrent le prisonnier et le traînèrent dans la citadelle, dont les portes furent fermées à l'instant. Par cette précaution, toute communication étant interceptée, le malheureux qui était entre leurs mains, fut pendu à l'arbre du pavillon, sous les yeux de toute la ville et de l'escadre. Ensuite, descendus dans les prisons, ils en arrachèrent un autre garde national, prévenu d'avoir blessé un soldat de la troupe de ligne, et lui firent subir le même sort. Les cadavres furent hachés en morceaux et promenés dans la ville avec une atrocité vraiment barbare et révoltante. A cette nouvelle, les deux bataillons nationaux qui étaient casernés à l'extrémité de la ville, prirent les armes; et il en serait arrivé un massacre inévitable sans les ordres donnés à temps par les chefs de rentrer dans leurs quartiers; mais, comme la fermentation durait toujours, on prit l'expédient de les cantonner dans les villages : ce qui fut exécuté.

La sensation excitée par l'atrocité d'un acte si barbare n'occasionna aucune représaille. A Sartène, où l'un des gardes massacrés avait plus de 150 parents, le peuple alla au devant de la compagnie de ligne qui y était en garnison et la rassura d'une manière vraiment généreuse.

Cependant un événement pareil changea les combinaisons projetées entre le général Paoli et le contre-amiral pour renforcer l'attaque sur Cagliari; le général mit à ses ordres le 42ᵉ régiment et les détachements tirés des 26ᵉ et 52ᵉ. Les Corses furent destinés à opérer une contre-attaque séparée dans le nord de la Sardaigne pour diviser les forces de l'ennemi. Ce qui est au moment de s'exécuter.

La flotte partit donc, ne laissant pas une opinion très avantageuse de la discipline dont elle était gouvernée.

Quinze jours après, une partie des convois provenant de Nice, escortée par deux vaisseaux de guerre, a relâché à Saint-Florent. L'autre partie s'est portée sur Ajaccio. Les premiers, au nombre de 2 000, ont débarqué et se sont transférés à Bastia sans aucune autorisation. La ville manquait de vivres dans cette occasion. Cependant, la municipalité, le club et le peuple allèrent à leur rencontre les recevoir au milieu des acclamations, et ils furent logés chez les bourgeois ou casernés dans les bâtiments nationaux.

Le jour après, réunis avec la compagnie des grenadiers du régiment 26° déjà notée par son insubordination, ils commencèrent une farandole et entrèrent dans la citadelle. Après avoir promené, ils s'approchèrent à un ouvrage séparé, servant de magasin d'artillerie, gardé par un détachement des canonniers du continent et une centaine de gardes nationaux corses commandés par le lieutenant-colonel Giampetri. La sentinelle ayant fermé la porte, ils commencèrent à la battre avec une massue de fer. A ce bruit, le commandant du poste accourut et ouvrit le guichet. Alors ils répétèrent le même désir, sous prétexte qu'il existait des fleurs de lys dans l'enceinte. Le commandant leur offrit d'entrer par vingtaine ou trentaine, en ajoutant que les fleurs de lys avaient été effacées; c'était tout ce qu'il pouvait faire d'après sa consigne. A ce mot, les volontaires se jetèrent sur lui et crièrent « à la lanterne ». Plusieurs lui lâchèrent des coups de sabre. La sentinelle tira sur eux, et un Marseillais fut grièvement blessé. Alors ils se retirèrent.

Un moment après, ils se rangèrent tous en bataille sur les ouvrages de la place, et demandèrent des munitions de guerre, qui leur furent refusées. Comme la nuit tombait, ils rentrèrent dans leurs logements, menaçant d'escalader le poste et de passer au fil de l'épée les Corses qui le gardaient. Ils ajoutaient qu'il y avait des aristocrates, qu'Arena leur avait dit de s'emparer de la place, et tant d'autres extravagances semblables. La nouvelle se répandit dans la campagne. Tous les habitants accoururent en foule à Bastia. Leur surprise était extrême, d'autant plus lorsqu'ils voient Giampetri désigné comme aristocrate et à la lanterne, lui qui jouit d'une réputation justifiée par des travaux, des blessures et des persécutions souffertes pour la liberté. Le Département, alarmé par la situation des esprits, envoya des commissaires. Le général Paoli donna des ordres et des conseils pour ramener tout le monde à la paix, et elle n'a pas été altérée depuis, quels que soient les dégâts que les Marseillais ont commis dans leur séjour à Bastia.

Ils ont déchiré les images des deux églises tenantes aux bâtiments nationaux où ils étaient logés, brûlé les croix, profané les autels de la manière la plus révoltante; ils sont parvenus jusqu'à fouiller dans les tombeaux. L'on s'imagine que le peuple voit de pareils attentats avec indifférence; mais les exhortations des bons citoyens, le désir de conserver la paix et de démentir les calomniateurs lui ont fait supporter tout avec patience. Il était indigné contre Arena; mais l'autre avait eu la précaution de rôder autour des côtes sans beaucoup se compromettre, et c'est ainsi qu'il est arrivé à Ajaccio.

C'était dans cette ville que l'autre partie du convoi avait relâché. Pendant quelque temps, il s'était bien comporté. Mais cette apparence n'a pas duré longtemps. Avant de s'embarquer, ils ont menacé le général Casabianca qui doit les commander en Sardaigne. Comme il voulait les calmer, on a lâché un coup de fusil qui a tué à ses côtés un pauvre Corse, garde national. D'autres ont commis des vols à main armée. Quelques-uns avaient été arrêtés et remis entre les mains du juge de paix; mais ils surent s'évader, et l'on n'a pas voulu les tirer de leur bord.

Un autre, lieutenant-colonel, a ravi la femme d'un orfèvre, après avoir dépouillé sa maison. Le mari a réclamé sa femme et ses effets, mais il n'a rien obtenu. Enfin, ils sont partis pour la Sardaigne sans causer de regret.

On peut bien croire que, si l'on eût laissé aux habitants le soin de les réprimer, ils l'auraient été dans six heures. Mais on ne saurait assez souffrir pour épargner le sang de ses frères et attendre qu'ils soient mieux dirigés.

Les Corses ont été frappés de voir ces nouveaux hôtes associer la liberté à des actes qui la déshonorent et lui donner un caractère d'atrocité et de désorganisation. Mais ils savent bien que les vainqueurs de Brunswick et de l'Autriche n'auront remporté la victoire que parce qu'ils ont réuni l'ordre et la discipline au courage et à l'enthousiasme, et ils se font une plus juste idée des vrais défenseurs de la patrie.

L'on prépare ici des établissements qui annonceraient une augmentation de troupe; on la désire, pourvu qu'elle ne ressemble pas à ceux des Marseillais qui ont troublé la tranquillité publique chez nous. Ces derniers étaient en petit nombre, et l'on se faisait un point d'honneur d'user de générosité à leur égard. Mais, s'ils sont renforcés par des gens qui leur ressemblent, alors naîtra la nécessité de se défendre, si l'on ne veut pas s'avilir, et ce dernier parti ne sera jamais suivi.

Que les Marseillais puissent de leur côté faire des progrès en Sardaigne; qu'ils puissent respecter les propriétés des ennemis vaincus; mais aussi qu'ils puissent mieux se pénétrer de leurs devoirs, s'ils veulent séjourner chez nous!

Nous aimons nos frères, nous voulons partager avec eux la gloire et les dangers; mais nous voulons qu'ils soient nos frères par les sentiments et par les actions, et non par un vain nom en contradiction avec leur conduite.

Dans tous les cas, le génie de la liberté et de la révolution nous préservera des malheurs. Puissent-ils tomber tous sur les ennemis de la République!

Note du ministre : faire l'extrait de la relation de Paoli; répondre que le Conseil exécutif est satisfait des détails donnés sur la conduite du général, qu'il compte sur son zèle et son patriotisme ainsi que sur la conduite sage et loyale des corps administratifs de l'île.

XI. Réponse du ministre à la lettre précédente.

Le ministre de l'intérieur au citoyen Paoli, lieutenant-général commandant la 23ᵉ division militaire en Corse.

Paris, le 27 mars 1793.

J'ai reçu la lettre que vous m'avez adressée le 4 du mois dernier avec la relation sur la conduite des volontaires des Bouches-du-Rhône dans le département de Corse. Ce n'est pas sans peine que j'y ai vu les scènes d'horreur qui ont été commises à Ajaccio et les excès non moins condamnables qui ont eu lieu à la citadelle de Bastia. Il est bien malheureux que des hommes qui ne se sont armés que pour défendre la cause de la liberté, se déshonorent par des actes de barbarie et de férocité. Tous les détails satisfaisants qui sont parvenus à ma connaissance sur la conduite aussi sage que prudente que vous avez tenue pendant ces jours de désordre affreux dont vous avez su arrêter les progrès et prévenir les suites fâcheuses, n'ont pu que me convaincre de plus en plus sur la réalité de votre amour pour la liberté, et je ne puis que vous engager à continuer de donner toujours des preuves d'un patriotisme aussi pur qu'éclairé, comme vous l'avez fait jusqu'alors, pour maintenir de concert avec les corps administratifs la paix, l'union et réprimer les perturbateurs. Le Conseil exécutif m'a chargé de vous témoigner toute la satisfaction qu'il a ressentie de votre conduite.

XII. Cesari (p. 35).

Cesari était né à Quenza le 18 octobre 1748. Le 8 décembre 1791, il fut nommé colonel de la gendarmerie. Il avait de nombreux concurrents, tous officiers, comme lui, du régiment provincial corse et qui lui étaient supérieurs en grade : Octave Colonna de Cinarca, breveté en 1779 comme colonel à la suite; Jean-Quilico Casabianca, ancien lieutenant-colonel d'août 1772; Bonavita, major depuis plus de quatorze ans au régiment où il avait servi d'ailleurs pendant quarante-cinq années; Peretti, capitaine en premier du deuxième bataillon; Raphaël Casabianca. Ce dernier était le plus redoutable des candidats; mais il venait d'être fait colonel du régiment de Vintimille, Cesari fut choisi parce qu'il produisait en sa faveur le vœu du département.

XIII. Pierre Peretti à l'expédition de La Madeleine (p. 52).

« Nous, officiers, sous-officiers et volontaires servant dans le 2ᵉ bataillon du 52ᵉ régiment, certifions que l'infâme Cesari, commandant en chef des troupes employées à la contre-attaque de l'île de Sardaigne, ayant effectué le projet de laisser à la merci de l'ennemi dans l'île Saint-Étienne la 2ᵉ compagnie des grenadiers du 52ᵉ régiment, le citoyen Pierre Peretti fut un de ceux qui contribuèrent le plus à forcer cet homme aussi lâche que scélérat à renoncer à ce dessein atroce, que nous l'avons vu accourir avec empressement au secours de ses frères d'armes sur la felouque de la République commandée par le capitaine Gibba et qu'il servit alors à sauver cette compagnie dont la conservation est due à ses soins, à son zèle et à son civisme. »

Au Port de la Montagne, 27 pluviose an III.

> URBAIN, sous-lieutenant; SÉBASTIEN, officier; PEYRAT, lieutenant; DUBUISSON, caporal-fourrier; HUSQUIN, capitaine; RIVAL, sous-lieutenant; BOUSSARD, sergent; RICARD, capitaine; GALLAND; FAYARD, capitaine; MERCIER, grenadier; TACCONET, caporal-fourrier; MAZAT; CADOL; LATOUCHE, sergent; ARNOUX, sergent; GEORGE.

XIV. Moydier (p. 56).

Gabriel-Mathieu Simond de Moydier, né le 27 septembre 1761 à la Côte-Saint-André (Isère), élève sous-lieutenant à l'école du génie de Mézières où l'abbé Bossut le reçoit le 1ᵉʳ janvier 1782 en lui donnant la note suivante : « Sait très bien son cours de mathématiques, texte et notes, fort intelligent, parle bien, calcule facilement », promu lieutenant en second le 1ᵉʳ janvier 1784, le quatrième sur treize, avec cette autre note de Bossut : « fort intelligent, fort instruit, du feu et de la pénétration », lieutenant en premier (25 mars 1788), capitaine (1ᵉʳ avril 1791), nommé chef de bataillon sur le champ de bataille par le représentant Lacombe Saint-Michel (20 février 1794), colonel (23 juillet 1801), directeur des fortifications en Corse (23 novembre 1801), chef d'état-major du génie à l'armée d'Italie au commencement de 1806, envoyé au mois de mai 1807 à l'armée de Dalmatie où il servit deux ans (1807-1808), commandant supérieur du génie à Palmanova (fin de 1808 et 1809), chef d'état-major du génie à Milan (de 1810 au mois de juillet 1813), commandant en chef du génie à l'armée du prince Eugène, jusqu'au 30 mai 1814, fut admis à la retraite le 7 septembre 1815, mais par ordonnance du 16 décembre 1815 exerça encore les fonctions d'intendant du port de Brest jusqu'au 29 novembre 1817. Il avait été nommé maréchal de camp honoraire le 6 mars 1816. Mort à Paris le 25 décembre 1838.

XV. Ricard (p. 57).

Ricard (Étienne-Pierre-Silvestre), né à Castres le 23 décembre 1771, sous-lieutenant au 52° régiment d'infanterie (15 sept. 1791), lieutenant (1" juin 1792), capitaine (20 août 1792), témoigne en Corse de talents militaires qui sont attestés par le représentant Lacombe Saint-Michel. Adjoint à l'adjudant général Franceschi (21 mars 1797), puis aide de camp de Suchet à l'armée d'Italie (24 février 1799), nommé par Masséna chef d'escadron à la suite du 4° régiment de chasseurs à cheval (12 juillet 1799), promu général de brigade le 13 novembre 1806, baron de l'Empire (7 juin 1808), il devint aide de camp de Soult et son chef d'état-major en Portugal. Admis au traitement de réforme (21 février 1810), il se retire à Villefranche d'Aveyron ; mais il se plaint d'être puni pour avoir exécuté l'ordre d'un général en chef qui est, lui, comblé de témoignages d'estime et de satisfaction; Soult prie l'empereur d'oublier que Ricard a eu le malheur de déplaire et demande que le général soit employé d'une manière quelconque; Ricard est remis en activité (20 mai 1811) et envoyé au siège de Tarragone comme aide de camp de Suchet. Le 10 septembre 1812 il fut nommé général de division. En 1815, il se rendit à Vienne pour vanter l'attachement de l'armée française à Louis XVIII. Admis à la retraite le 8 janvier 1831, Ricard mourut le 6 novembre 1843 au château de Varès, près Recoules, dans l'Aveyron. Il n'avait jamais été blessé. Le témoignage le plus favorable qu'on ait sur lui, est celui de la comtesse Potocka (*Mém.*, 162), qui insiste sur l' « incontestable supériorité de ce général, jadis ami et compagnon de Napoléon ».

XVI. Jugements divers sur l'administration de la Corse (p. 59).

Le rapport de Monestier et le *Précis* de Volney ont été notre principale source. « L'île est malheureuse, disaient des paysans à Volney, parce qu'elle est faible; servez-nous d'appui; instruisez-nous, car nous sentons que l'instruction nous manque; gouvernez-nous, car avec notre esprit de parti jamais un Corse ne rendra justice à un autre. » Mais le maréchal de Vaux n'avait-il pas remarqué qu' « on ne doit attendre du Corse aucun bon service dans sa patrie » ? Chauvelin ne déclare-t-il pas qu'on ne devrait jamais donner à un Corse le commandement d'un corps corse parce que les partisans de ce chef y serviraient seuls et que les autres Corses ne voudraient pas y entrer? Lacombe Saint-Michel n'affirmait-il pas qu'un Corse ne peut être juste dans son pays, ni comme administrateur, ni comme juge, ni comme militaire, et que l'île ne devait être administrée que par des étrangers? Le général Saint-Martin n'écrivait-il pas que tous les obstacles disparaîtraient lorsque les commissions et les premières places seraient déléguées aux Français du continent à l'exclusion de tout Corse, qu'il ne fallait pas fomenter chez ces insulaires l'esprit de parti, et que les patrons dont le peuple subissait aisément l'influence, ne se rangeraient jamais autour d'un des leurs? Constantini et Ferrandi ne proposaient-ils pas, « pour éviter l'esprit de parti », de ne conférer le commandement des troupes de Corse qu'à un général du continent? En 1796, en 1797, en 1800, en 1801, Bonaparte ne prescrivait-il pas de ne donner de commandement dans l'île à aucun Corse, d'y mettre des commissaires des guerres qui ne seraient pas nés dans le pays, de ne jamais employer les indigènes dans les places et fonctions dont disposait le gouvernement, de composer le tribunal criminel de jurisconsultes du continent étrangers aux inimitiés de la contrée? Chiappe et Ambert ne disent-ils pas, l'un, qu'un général français sage et estimable doit au moins pour quelque temps être employé de préférence dans le pays; l'autre, qu'il ne faut pas avoir en Corse de généraux corses, que toutes leurs décisions sont dictées par l'esprit de parti, par un sentiment dont il est impossible de les détromper?

XVII. Paoli au Conseil exécutif provisoire (p. 70-71).

Messieurs,

Avancé en âge et gêné par quelques indispositions qu'une maladie récente m'a causées, j'ai reçu la commission de lieutenant-général commandant de la 23ᵉ division dont vous avez voulu m'honorer au nom de la nation.

J'ai prêté le serment en cette qualité que la loi prescrit, c'est-à-dire j'ai répété celui que mon père exigea de moi dans ma plus tendre enfance, et qui a été l'objet de toute ma vie. Au déclin de mes jours, je ne puis voir qu'avec une joie extrême les efforts généreux de la nation française pour la liberté; je l'ai toujours cherchée, cette divinité, depuis mon existence, et malgré la faiblesse de mes forces physiques, je vois avec satisfaction que nous l'obtiendrons ou que je saurai mourir avec elle.

Je vous prie, messieurs, de prendre en considération la demande et les observations que je fais au ministre de la guerre, et d'assurer en même temps la Convention nationale de mon entier dévouement pour la plus noble des causes.

Le lieutenant-général, commandant la 23ᵉ division au département de Corse,

PAOLI.

Corte, le 1ᵉʳ octobre 1792.

XVIII. Les Arena (p. 79-83).

Les Arena étaient fils d'Antoine-Mathieu Arena qu'un pamphlet du temps accuse d'avoir « reçu une somme considérable pour commettre une abominable trahison en livrant les clefs des barrières de l'Isle Rousse au général qui commandait la division de la Balagne ».

Ils étaient cinq :

1° Barthélemy Arena, suppléant de Saliceti aux États-Généraux et son substitut comme procureur général syndic, député de la Législative (cf. notre t. II, p. 95, 98, 235-236), commissaire du pouvoir exécutif dans l'expédition de Sardaigne, commissaire civil au siège de Calvi, entrepreneur de fournitures à l'armée d'Italie (*Corr.* de Napoléon II, 110) et accusé dans un libelle de l'époque d'avoir donné à l'armée des souliers à semelle de carton, commissaire de l'administration centrale en Balagne (1798), député du Golo au Conseil des Cinq Cents, s'opposa de toutes ses forces au coup d'état de Bonaparte; « intrépide défenseur des droits du peuple, dit son frère François-Antoine, il fut victime de la plus atroce calomnie à la journée du 18 brumaire ». Condamné à la déportation, il échappa. Il vécut trente-deux ans à Livourne et y mourut pauvre, le 19 avril 1832.

2° Joseph Arena, étudiant au commencement de la Révolution, capitaine des gardes nationales de l'Isle-Rousse (1ᵉʳ janvier 1798), lieutenant-colonel en second du 1ᵉʳ bataillon de volontaires corses (7 mars 1792), fait la campagne dite de Piémont en 1792 avec 220 Corses qu'il commandait, prend part à l'expédition de Sardaigne, revient en Corse avec les représentants qui le nomment capitaine au 16ᵉ bataillon d'infanterie légère (16 juin 1793). Appelé par les commissaires de la Convention, au siège de Toulon, il devient par ancienneté lieutenant-colonel de son corps (20 novembre 1793), après avoir reçu des représentants Saliceti et Gasparin le brevet d'adjudant général chef de bataillon (22 octobre 1793) qui lui est confirmé quelques jours plus tard par le ministre de la guerre (18 novembre 1793). A la prise de la ville il est nommé par les représentants Fréron, Barras, Ricord et Saliceti adjudant général chef de brigade (21 décembre 1793). Mais à la réorganisation il n'est plus adjudant général, et le Comité l'envoie continuer ses services à la suite du 16e bataillon d'infanterie légère, à Emmerich, à l'armée de Sambre-et-Meuse (3 septembre 1795). Député du Golo au Conseil des Cinq-Cents en 1796, chef de brigade de gendarmerie à sa sortie du Corps législatif, démissionnaire après le 18 brumaire, il finit on ne sait comment (30 janvier 1802).

3° Philippe-Antoine Arena, colonel de la garde nationale de l'Isle-Rousse, payeur général provisoire des dépenses du département de Corse; il demeurait à Versailles lorsque son frère Joseph fut arrêté, et ses deux autres frères Joseph-Marie et François-Antoine étaient venus le rejoindre; mais le 28 août 1801 le premier consul écrivait : « Ordre aux trois frères Arena et à deux ou trois habitants du département de Golo qui les accompagnent et qui seront avec eux de se rendre sans retard dans leur département. »

4° Joseph-Marie, maire de l'Isle-Rousse en 1789 et 1790.

5° François-Antoine, né à l'Isle-Rousse le 16 septembre 1769, capitaine de la garde nationale soldée de sa ville natale, député à la Fédération du 14 juillet 1790, sous-lieutenant au 22e cavalerie (17 juin 1792), aide de camp capitaine de Raphaël Casabianca, assiste à la campagne des Alpes, à l'expédition de Sardaigne, au siège de Bastia. Adjoint aux adjudants généraux (20 mai 1794), adjoint à la suite de l'Etat-major général (20 août 1795), il donne sa démission après le 18 brumaire, et gagne l'Italie. » Il a, écrit-on de Bastia en 1817, demeuré trois ans à Livourne, cinq ans à Pise, et les huit dernières années à Naples où il prit une action dans une compagnie d'entrepreneurs militaires sous un nom supposé. » Il fut même arrêté à Naples en 1809, parce que l'ambassadeur le croyait condamné à la déportation; mais l'erreur fut reconnue et on le relâcha. On sait de lui qu'il demanda le 28 décembre 1816, outre sa réadmission dans l'armée, la croix de Saint-Louis, et qu'au début du gouvernement de Juillet il sollicitait du maréchal Gérard, dans une lettre du 8 septembre 1830, comme « patriote de 89 et vétéran de la Révolution », sa réintégration dans les cadres d'activité d'état-major. Il n'obtint rien, et lorsqu'il voulut une solde de retraite, on lui répondit qu'il ne remplissait pas les conditions exigées par la loi.

XIX. Protestations de Paoli et de ses amis contre les calomnies d'Arena (p. 98-101).

I

Les députés de Corse au ministre de la guerre.

Paris, le 4 mars 1793.

Citoyen ministre, la lettre ci-jointe, que nous venons de recevoir du Conseil général du département de Corse, est propre à faire connaître la source des soupçons qui se sont répandus sur le civisme du lieutenant-général Paoli et qui ont pénétré jusqu'au sein du Conseil exécutif.

C'est apparemment à de tels soupçons qu'on doit attribuer la conduite scandaleuse des Marseillais en Corse, qui n'aurait pas manqué d'avoir de très fâcheuses suites sans une extrême prudence du citoyen Casabianca, commandant d'Ajaccio.

Vous ne devez, citoyen ministre, ignorer les mesures de sagesse prises dans telle occasion par l'administration du département.

Le ressentiment que les Corses ont sacrifié dans telle rencontre à l'harmonie qui doit régner entre des frères citoyens de la même république est un témoignage bien éclatant de leur dévouement à la France.

Nous n'ignorons pas, citoyen ministre, que quelqu'un, revenu récemment de notre pays, ne vous en a pas donné une idée avantageuse, ni du citoyen dont en voudrait soupçonner le zèle.

Nous nous flattons que le Conseil exécutif ne voudra pas juger de la situation de notre département sur des rapports particuliers. Les commissaires envoyés en Corse par la Convention nationale doivent être les organes purs de la vérité sur ce qui le concerne.

A. CHIAPPE. A. ANDREI. J.-B. BOZIO.

Grand hôtel de Vauban, rue Richelieu.

II

L'administration générale aux députés du département de Corse à la Convention nationale.

Corte, ce 15 février 1793, l'an II de la République.

Vous partagerez sans doute, chers frères et compatriotes, toute l'indignation que nous ressentons, ainsi que tous les vrais amis de la liberté, de l'égalité et de l'ordre, en apprenant qu'Arena a provoqué aux clubs de Marseille et de Toulon des dénonciations outrageantes et coupables contre le lieutenant-général Paoli. Sa conduite, ses sentiments ne vent avoir besoin d'une justification. L'heureux emploi des forces qui lui sont confiées, l'ordre public maintenu, la sûreté des personnes et des propriétés, l'enthousiasme de la liberté, le règne fraternel de l'égalité, tels sont les biens précieux dont jouit ce département et dont vous devez être instruits par notre correspondance suivie tant avec vous qu'avec les ministres.

Vous jugerez sans doute comme nous, frères et amis, que les atteintes portées aux sentiments et à la gloire civique du général, ne le sont que par des malintentionnés qui s'efforcent de semer dans notre île l'esprit de discorde et de division. Nous n'imaginons pas dans ce moment d'autre moyen d'éviter ces calamités qu'en faisant connaître nous-mêmes au peuple ces desseins coupables et leurs auteurs. Nous sommes loin de souffrir jamais aucune violence, quelle que soit la victime désignée; mais il est juste de dénoncer les méchants et les calomniateurs à l'ignominie et aux remords, s'ils en sont susceptibles.

Notre démarche nous paraît forcée par la publicité qu'on a voulu donner à cette dénonciation et par l'avis que nous avons que les clubs de Marseille et de Toulon ont écrit à celui de Bastia en invitant même ses membres à épier et à scruter la conduite de Paoli.

Nous vous adressons les exemplaires des observations faites par nous sur la proclamation du pouvoir exécutif relative au payeur provisoire de cette division. Les ministres les ont déjà reçues manuscrites. Ce n'est que le retard nécessaire de l'impression qui a suspendu l'envoi que nous vous en faisons.

Vos frères et amis,

Les administrateurs du Directoire du département de Corse,

GALEAZZI, président.
POZZO DI BORGO, procureur-syndic.
MUSELLI, secrétaire.

III

Paoli au ministre de la guerre.

Corte, le 5 mars 1793.

Citoyen ministre, j'ai l'honneur de vous rendre compte des faits importants ou des détails qui ont rapport à la responsabilité du commandement qui m'est confié, sans avoir pu obtenir de vous les rapports que nécessiteront les différents objets qui méritaient votre attention, lesquels je vais vous rapporter succinctement.

1° En vous adressant les états relatifs au licenciement du régiment ci-devant Salis-Grisons, vous avez été informé que trois cents et quelques hommes de ce régiment, dévoués au service de la République, sont restés ici en dépôt avec les conditions d'être organisés conformément aux dispositions qui vous ont été envoyées pour être présentées au Conseil exécutif provisoire duquel on a tout lieu d'espérer l'approbation.

2° Vous avez été instruit à différentes fois de l'organisation vicieuse des gardes nationales, dont les abus multipliés exigent une attention particulière et une autorisation légitime pour les réprimer, en élaguant ce qui peut être contraire au bien du service et à .utilité que l'on doit se promettre des citoyens qui se doivent à la défense de la patrie et au soutien de la liberté.

3° J'ai eu l'honneur de vous représenter qu'il était indispensable d'attacher à cette division la quantité de maréchaux de camp nécessaire dans les circonstances actuelles, en vous priant de vouloir bien faire valoir auprès du Conseil exécutif les services du citoyen Cesari, colonel réformé, lequel par ses connaissances militaires, son activité et son attachement aux principes de la République, mérite d'être employé comme maréchal de camp.

4° Le citoyen Servan, votre prédécesseur, avait fait espérer au citoyen Peraldi de le faire employer comme adjudant général de cette division, et, à cette considération, j'ai apostillé un mémoire qui n'a point eu son effet.

5° Je vous ai envoyé plusieurs mémoires relatifs au choix des aides de camp qui doivent être attachés au lieutenant-général commandant cette division. Aucun n'a eu son effet, et je suis forcé de faire faire les fonctions dudit emploi à un capitaine dont le mémoire de proposition qui y a rapport, vous a été adressé.

6° Je n'ai reçu de vous nulle réponse relative aux dispositions qui ont rapport à l'attaque de la Sardaigne. Ce que je dois vous rapporter, c'est que j'ai secondé le contre-amiral Truguet de tout mon pouvoir, et son succès serait assuré, si les dites dispositions pouvaient répondre à mes bonnes intentions.

7° Je ne vous répéterai point les malheurs arrivés à Ajaccio et à Bastia, desquels je vous ai rendu compte et desquels vous ne m'avez pas fait réponse : ces malheurs, causés par les matelots de la flotte du contre-amiral Truguet, ont infiniment contrarié les dispositions qui nous faisaient espérer que les volontaires nationaux de ce département seraient à même de seconder fortement les troupes destinées à l'expédition de la Sardaigne.

Je me flatte, citoyen ministre, que vous voudrez bien m'accorder une réponse et ne point annuler par votre silence une correspondance à laquelle j'attache toute l'importance que les devoirs de ma charge m'imposent et auxquels je tiens par amour pour la patrie et nullement par les honneurs ou intérêts qui y sont joints.

PASQUALE DE PAOLI.

Beurnonville a écrit en marge : « Lui répondre pour l'article des officiers généraux que la Corse fait partie de l'armée du Var et qu'on l'organise en officiers généraux au nombre fixé par la loi. »

IV

Paoli au Conseil exécutif.

Cette lettre était accompagnée d'une brochure imprimée, de 15 pages, intitulée *Aux citoyens libres et français le citoyen Paschal Paoli*; à la fin de cette brochure, p. xi-xv, sont reproduites deux lettres du général, l'une au ministre de la guerre, du 28 janvier 1793, l'autre au ministre de l'intérieur, du 31 janvier; la brochure, en langue italienne, se trouve dans Letteron, III, 426-436, et Perelli, *Lettres de Paoli*, 1893, p. 170-189.

Corte, le 15 mars 1793, l'an II de la République.

Citoyens,

La calomnie qui s'efforce de me noircir a donc pénétré jusque dans le sein du Conseil exécutif : il paraît même qu'elle y a été accueillie, puisque un de ses membres m'a dénoncé à la Convention nationale d'une manière tortueuse, mais qui n'est que plus immorale pour lui et plus dangereuse pour moi. J'ai donc été forcé de répondre. En soumettant l'expansion de mes sentiments au public, j'ai cru de mon devoir de les présenter au Conseil exécutif, que je prie de me juger non par des préventions fausses, mais par des faits et des actions.

Vous savez, citoyens, si dans ma position j'ai à me plaindre de la méfiance que l'on porte dans les affaires qui me sont même directement confiées par la loi; je vois la progression de la cabale qui s'élève contre moi, et les succès qu'on paraît vouloir lui préparer; mais en servant ma patrie, je ne dois pas consulter mes ressentiments : j'ai à conserver ma réputation et le mérite de mes longs services pour la cause de la liberté; et je confondrai mes calomniateurs par ma constance à servir la République et à défendre l'égalité et les droits du peuple.

J'espère que le Conseil exécutif rendra justice à la pureté de mes sentiments.

Le lieutenant-général commandant en chef
la 23ᵉ division militaire en Corse,

PASQUALE DE PAOLI.

XX. Lettre de Lacombe Saint-Michel à Saint-Fief (p. 105).

A Nice, le 5 mars 1793.

Nous écrivons, mon cher Saint-Fief, au ministre de la guerre pour lui demander deux compagnies d'artillerie de plus, ce qui portera le nombre total à quatre compagnies. Au moyen de la nouvelle organisation de l'armée, vous devez avoir de disponibles beaucoup plus de compagnies de ce corps. Je te prie d'aviser au moyen de nous en faire passer au plus tôt.

L'on a pris à Ajaccio une division de campagne de quatre : deux pièces de huit et deux pièces à la Rostaing. Ces pièces qui ont été en Sardaigne, seront débarquées dans ce moment à Toulon, et nous ne portons, pour les remplacer, que six pièces de quatre que la marine nous a données. A notre arrivée en Corse, je t'écrirai ce qui nous manquera indispensablement, et je te prie d'être exact à me répondre. Adieu, je t'embrasse.

L'un des commissaires de la Convention nationale
envoyés en Corse,

J. P. LACOMBE SAINT-MICHEL.

XXI. Villantroys au ministre de la guerre (p. 109).

Bastia, le 1ᵉʳ mars 1793, l'an II de la République française.

Citoyen ministre,

Le détachement du quatrième régiment d'artillerie en garnison dans la ville de Bastia croit de son devoir d'exposer sous vos yeux les faits que voici.

Le donjon de la citadelle de cette ville étant reconnu le principal point de défense, le détachement avait demandé en 1792 au général Rossi de l'occuper comme il le devait, et il l'obtint en effet de ce commandant; mais depuis cette époque, des volontaires nationaux du département qui y ont été introduits de nouveau, homme à homme et non en corps réglé, s'y trouvent actuellement casernés au nombre d'environ 350.

Ce poste ainsi envahi, le détachement a reçu ordre du général Paoli, par l'organe du citoyen Rossi commandant de la place, de l'évacuer de nouveau pour aller loger dans l'enceinte de la citadelle et le plus près possible du parc, soit disant pour le bien du service, à la réserve cependant d'une seule escouade, qui serait conservée dans ce poste.

Il convient d'observer ici que le donjon est le fort le plus utile pour la défense de la place et surtout parce qu'il renferme le plus grand nombre et les principales pièces d'artillerie, ainsi que tous les magasins qui en dépendent; le détachement a cru devoir en conséquence faire remarquer au commandant de la place qu'il paraissait contraire à la sûreté et au bien du service, d'expulser de ce poste la majeure partie du détachement pour n'y conserver qu'une très faible portion, et, ayant été requis sous ce point de vue de ne pas du moins ordonner une telle division, il a cru devoir préférer d'accéder à cette dernière demande.

Mais sur celle que, par une conséquence nécessaire, le détachement a faite alors de se rendre à son nouveau poste avec les principales pièces d'artillerie, les munitions et enfin tout ce qui était nécessaire pour la manœuvre, cette demande leur a été refusée.

Citoyen ministre, quoique les citoyens composant le détachement aient eu lieu d'être surpris de ce refus, ils ont cependant obéi aux ordres qui leur ont été donnés; mais le même devoir qui leur en a fait une loi, leur prescrit également de vous informer de ces circonstances délicates dans le moment présent et, sans se permettre de discuter les vues du général, quelles qu'elles soient, ils ont l'honneur de vous soumettre les réflexions suivantes.

Dans leur nouvelle position, ils se trouvent comme désarmés et dès lors inutiles; surtout, parce que cette situation aussi singulière qu'extraordinaire les fait considérer comme suspects par les mêmes volontaires qui occupent le donjon; ce qui les peine d'autant plus que bien loin d'avoir donné aucun motif de méfiance, ils sont au contraire reconnus pour avoir donné les plus fortes preuves de leur patriotisme et de leur dévouement à la République, et en ce moment même leur obéissance est une preuve de leur amour pour l'ordre et la discipline.

Dans cet état des choses et par les précédentes considérations les commandant, officiers, sous-officiers, et canonniers du détachement observent,

1° Qu'étant entrés dans le susdit fort, sur leurs justes réclamations, leur sortie de ce poste important serait d'autant plus évidemment contraire à l'intérêt et au bien du service de la République, qu'elle supposerait une méfiance injuste et sans motifs envers ses plus zélés défenseurs.

2° En conséquence ils demandent à rentrer dans le poste qui leur est assigné par la loi qui leur attribue spécialement la garde des magasins et ils espèrent, citoyen ministre, que vous voudrez bien faire droit à ces observations produites par le même zèle qui les porte à vous demander de partager les travaux honorables de leurs frères d'armes, dans les postes les plus périlleux ; préférant mille fois mieux de mourir glorieusement au service de la patrie, que d'être ainsi éloignés des dangers attachés au poste honorable que la loi leur attribue.

Les commandant, officiers, sous-officiers et canonniers du détachement du quatrième régiment d'artillerie en garnison à Bastia :

> Villantroys, capitaine, commandant le détachement ; Vaux, second lieutenant ; Charavin, second lieutenant ; Belmas, lieutenant ; Liet, lieutenant ; Georges, sergent-major ; Charles, sergent ; David, sergent ; Ployé, caporal ; Vasse, première classe ; Veilande, deuxième classe.

(*Note de Villantroys.*) — J'observe que le détachement étant logé au donjon y avait au moins le droit de possession, qui, en pareil cas, est ordinairement respecté. On ne voit guère d'exemples d'une troupe délogée pour en loger une autre sans motifs.

XXII. Lettre de Bonaparte à J.-B Quenza (p. 121).

(Cette lettre n'a pas de date : mais on voit sur l'adresse le timbre de la poste d'Ajaccio et le chiffre 19 ; elle est donc du 19 avril 1793, puisque Saliceti quitta Bastia le 13 de ce mois et y rentra le 16.)

La poste de Bonifacio n'est pas encore arrivée. Celle de Corte ne nous porte aucune nouvelle intéressante.

Saliceti est arrivé à Corte. Il y est resté un jour, et puis il est parti pour Bastia. Demain je monte à cheval pour me porter à Bastia. Il doit y avoir deux bataillons de supprimés. J'espère que le nôtre restera en pied. J'avais travaillé pour cet effet avec toute la chaleur dont je suis capable. — J'espère que les affaires s'arrangeront et que les commissaires marcheront d'accord avec le général Paoli. Celui-ci vient de publier une circulaire aux districts où il prêche la concorde. Il se plaint beaucoup de Volney. Vous savez que nous n'avons pas lieu de nous en louer.

Écrivez-moi à Bastia. Mettez en exécution ce que je vous ai écrit l'autre jour. Luccioni est avec moi, de la compagnie Ottavi. Je pense qu'il serait politique d'accepter Piciafoco, enfin de finir la question du sergent que l'on a nommé et qui est un mauvais sujet. Le général, qu'il a été voir à Corte, le recommande par une lettre à son capitaine.

Les nouvelles de France sont assez bonnes, et il est à espérer que nous repousserons les efforts de l'Europe entière.

Je vous embrasse.

Buonaparte.

Mille choses à Robaglia, au vieux Gabriel et à tous camarades.

[Sur l'adresse.] *Au citoyen Quenza, commandant de la place de Bonifacio, Bonifacio.*

XXIII. Lettre des officiers municipaux d'Ajaccio au Directoire (p. 125.)

Ajaccio li 5 aprile 1793, 2° della Repubblica.

Cittadini Amministratori,

Il giorno di lunedì scaduto si è eretta una società di veri amici incorruttibili del popolo, essa ci ha fatto l'onore d'invitarci alla prima riunione. Questi cittadini al numero di cinquecento ci hanno accolto con quel desiderio che puol manifestare un popolo bene affetto verso i suoi magistrati, e noi gli abbiamo manifestato quei sentimenti che ci hà dettato il nostro zelo pel ben pubblico. E stato applaudito alle loro savie instituzioni, e gli abbiamo insinuato che la felicità del popolo consiste nell'amore per la libertà, e nell'unione degli spiriti per difenderla. Questa riunione ha avuto per ogetto che le due società non facessero che una, ma malgrado tutti gl'inviti li più sensibili ed onesti per parte degli amici incorruttibili del popolo, non è stato facile d'indurre gli altri clubisti a rendersi a queste offerte.

Tutto il fatto lo vedrete meglio e più estesamente enunciato nel processo verbale della nostra società. Essa ha fatto delle petizioni, che vi saranno presentate da alcuni commissarj che ha deputato; vi preghiamo di prenderle in considerazione per soddisfare la brama di questi cittadini che confidano nella vostra autorità, e nel vostro zelo.

Trovarete anche alcune mozioni che vi sono fatte per estinguere l'infame ed incendiaria denuncia contro il Dipartimento, ed il General Paoli. La viltà di questi perfidi è arrivata al colmo, poichè non contenti di aver denunciato, hanno voluto assistere al trasporto dei Marsigliesi nel mettere alle fiamme la statua del general Paoli; queste sono le notizie pervenuteci jeri con un battello proveniente da Marsiglia.

Luciano Buonaparte, Bonaventura Barbieri, Giuseppe Barbieri, Antonio Costa, Tomaso Sari, Stefano Pò, Stefano Conti, e Pietro Antonio Lanfranchi sono sbarcati questa mattina ad esclusione del primo che è restato in Francia per cabalare. Questi cittadini, che si pretendono denunciatori o aderenti alle denuncie potrebbero alterare la tranquillità pubblica, come hanno tentato più volte; perciò vorressimo proporvi la necessità di spedire la commissione, che ci avete annunciato, accio purghi la città dall'infezione di questi ed altri mal intenzionati.

Per atterrare i nemici con più successo sarebbe necessario che le guardie civiche s'impadronissero del forte della cittadella; e siccome possiamo riprometterci del zelo e confidanza di queste guardie, ve ne presentiamo il bisogno, accio possiate dare i mezzi di effettuare il desiderio di questi zelanti cittadini, e quello che avressimo di vedere bene occupato un forte di tanta importanza.

Gli ufficiali municipali della città d'Ajaccio.

CASALONGA, MAESTRONI, COLONNA BOZI,
GUITERA, maire.

P. S. — Osservate che quelli che si sono opposti alla riunione delle due società sono Napolione Buonaparte, il vicario Fesch, Francesco Levie d° il disgraziato, Michel-Angelo Ornano, e Nicolo Paravicini, tutti uomini sediziosi ed incendiarj.

XXIV. Lettre de Paoli aux officiers des gardes civiques d'Ajaccio (p. 125).

Corte, 9 avril 1793, an 2ᵉ de la République.

J'ai reçu, citoyens, votre lettre du 5 de ce mois, et j'apprends avec une vraie satisfaction que la garde nationale de cette ville se soit (*sic*) complètement organisée par le choix qu'elle vient de faire des officiers si dignes de sa confiance, et d'être chargés de la défense de la patrie au moment où elle est menacée des efforts réunis des ennemis de la liberté.

Je ne saurais être plus vivement touché des expressions de votre bienveillance en cette occasion et de la part que votre bonne opinion sur mes principes et ma conduite vous fait prendre aux désagréments que la calomnie par des machinations de tout genre a tâché depuis quelque temps de multiplier sur les dernières années de ma carrière. Je suis amplement dédommagé des amertumes passagères qu'elle a pu me causer par les témoignages flatteurs que je reçois de toutes parts de la confiance de mes compatriotes. C'est la seule récompense que j'aie jamais ambitionnée de mon entier dévouement ou service de la patrie et du peu de sacrifices que les circonstances m'ont fourni l'occasion de lui offrir, et auxquels il ne me reste que celui de ma vie même à ajouter.

Nous répondrons aux dénonciations et aux calomnies des malveillants en redoublant d'ardeur pour la défense de la liberté et de l'égalité, en saisissant avidement toute opportunité de prouver par tous les moyens en notre pouvoir notre loyauté envers la grande nation dont nous faisons partie, notre attachement à la République. Nous nous dévouerons plus que jamais à la cause pour laquelle le sang de nos pères a été répandu, pour laquelle le vôtre même a coulé autrefois avec une gloire supérieure aux succès. Nous montrerons ainsi à ceux de nos frères du continent dont on a pu réussir à égarer l'opinion sur notre compte que nous sommes encore dignes de leur estime et de leur fraternité.

Ce sont, je n'en doute pas, les sentiments des braves officiers auxquels j'ai l'honneur d'écrire, et qu'ils partagent sûrement avec les braves gardes nationales qui les ont choisis pour les commander. Assurez-les, citoyens, qu'ils seront toujours les miens, et agréez en même temps les expressions de mon estime et de ma reconnaissance.

Pasquale de Paoli.

XXV. Constantini (p. 127 et 27).

Ajoutons aux détails que nous avons donnés sur Constantini qu'il était lieutenant de la garde nationale, qu'il fut dénoncé et traité de brigand et de factieux par la *Feuille du jour* en 1791, qu'il avait armé et équipé à ses frais trois volontaires de sa section, deux en septembre 1792 et un en avril 1793. Il fut arrêté dans la nuit du 19 au 20 septembre 1793 et mis comme suspect à Sainte-Pélagie par ordre du Comité de sûreté générale. Mais vainement il se rétracta le 19 octobre suivant dans une lettre au président de la Convention en assurant qu'il ne représentait plus le département de Corse en qualité de député extraordinaire. Il ne fut relâché que le 9 février 1795, après avoir beaucoup souffert, surtout des changements de prison, car il fut transféré successivement à Sainte-Pélagie, à Saint-Lazare et au Luxembourg. Une dame Genart, son hôtesse, qui ne cessa de l'assister, non sans danger, avait, raconte Bozio, instamment sollicité sa liberté.

XXVI. Ferrandi (p. 127).

Félix-Antoine Ferrandi, lieutenant (1er septembre 1769), puis capitaine dans la légion corse (13 juillet 1771), avait été en 1787 envoyé à Naples par le gouvernement pour instruire les troupes siciliennes. A son retour, en 1789, il fut nommé lieutenant-colonel et, en cette qualité, commanda successivement le 58e (23 novembre 1791) et le 12e régiment d'infanterie (10 mars 1792) Au mois de février 1792, Antoine Rossi, qui l'envoyait à Livourne, à Gênes et à Nice pour observer les rassemblements d'émigrés, le jugeait sage, prudent, discret, et le nommait un « sujet de confiance ». Les députés corses à la Législative demandaient à Servan qu'il fût attaché comme aide de camp à Paoli, et Paoli souhaitait qu'il vînt en Corse, où il serait plus utile qu'ailleurs, soit comme adjudant général, soit comme colonel du régiment de Bresse qui « avait besoin d'un vrai patriote pour être ramené à l'ordre ». (Tommaseo, 349, 360, 385.) Il avait fait les deux campagnes de la Belgique et il était au camp de Lille, sous les ordres de La Marlière, lorsque le Conseil général du département de la Corse lui envoya des pouvoirs et le chargea de se rendre auprès de la Convention et du Conseil exécutif. Muni de l'autorisation des représentants et d'un passeport de La Marlière, Ferrandi vint à Paris pour plaider la cause de Paoli. Suspendu, emprisonné, il se rétracta, assura qu'il « y avait du louche dans la conduite de ses commettants », qu'on l'avait trompé, qu'il ne se mêlerait plus des affaires de la Corse, qu'au reste « il n'avait jamais été ni le flatteur ni le don Quichotte de personne et surtout du traître Paoli, contre lequel il avait des griefs réels ». Ce doit être le Ferrandi que Napoléon dénonçait à Joseph en 1806 comme un mauvais gueux, lâche, inutile, et que le roi de Naples ne doit pas envoyer en Corse comme recruteur. (*Corr.*, XII, 392.) Il avait deux frères, l'un ecclésiastique, l'autre, le docteur Marc-Antoine, qui fut membre du Directoire de Corse.

XXVII. La maison des Bonaparte (p. 143).

La maison ne fut pas incendiée, quoi qu'on ait raconté. Joseph dit « saccagée », « dévastée », et, en effet, lorsqu'il voulut y loger en 1796, elle fut en état de le recevoir au bout de quelques semaines. « Mets en ordre, lui écrivait Napoléon, notre maison d'habitation, que je désire à tout événement voir dans une situation propre et digne d'être habitée; il faut la remettre comme elle était, en y joignant l'appartement d'Ignazio. » Et, le 18 octobre 1798, Fesch mandait à Joseph : « Selon votre ordre, le premier est réparé, mais le second et le toit exigeraient une forte réparation. » On sait les vicissitudes de la maison. Letizia avait décidé qu'elle appartiendrait, non à la nourrice, comme l'avait désiré Napoléon, mais à un parent, à son cousin germain André Ramolino. La maison devint donc la propriété d'André Ramolino et, après sa mort, de son neveu et héritier Levie-Ramolino. Ce dernier la céda gratuitement au roi Joseph, mais enleva le mobilier. La princesse Zénaïde, unique héritière de Joseph, donna la maison à Napoléon III. Ce dernier la visita, ne trouva que les quatre murs lézardés et un plancher vermoulu. Il s'enquit, et on lui apprit que Levie-Ramolino avait été naguère en pourparlers avec le ministre Fould, qu'il n'avait rien exigé de Joseph exilé, mais qu'il se croyait en droit de demander à l'empereur Napoléon une indemnité de 65 000 francs (50 000 pour la maison et 15 000 pour le mobilier) et qu'il avait refusé de vendre le tout à Pozzo di Borgo pour 200 000 francs. Napoléon III donna les 65 000 francs. La maison, transmise par succession au prince impérial, appartient aujourd'hui à l'impératrice Eugénie. (Cf. Joseph, *Mém.*, I, 53, 64, 160, et Larrey, *Madame Mère*, II, 270 et 522-524.)

XXVIII. Mémoire sur la position politique et militaire du département de Corse au 1ᵉʳ juin 1793 (p. 146).

Le mémoire de Napoléon (Masson, II, 462-469) a paru pour la première fois dans l'opuscule intitulé *Copie d'un manuscrit de la main de Napoléon Bonaparte, avec l'orthographe qui existe dans le manuscrit même* (Paris, 1841) et publié par C. F. D. P. (comte Ferdinand dal Pozzo). Le texte offre trois lacunes que nous pouvons combler. Il faut lire (Masson, 463) « aucun crédit dans un pays où il est aussi bien connu par sa vénalité que par la mauvaise conduite qu'il a tenue à la Législature, où il était député »; *id.*, 463, « car les patriotes ne voulaient point d'un homme taré »; *id.*, 469, « point de caractère ni de force, il est sans courage ». Le premier éditeur n'a pas voulu reproduire ces trois passages offensants pour Pozzo.

Voici le mémoire sous la forme que lui donna Joseph en le présentant au Conseil exécutif. L'aîné des Bonaparte a copié son cadet; il ne trace pas de portraits, ne se pique pas de peindre les caractères, mais il a développé certains endroits et il fournit sur quelques points, notamment sur l'attaque d'Ajaccio, de précieux détails.

Au Conseil exécutif provisoire.

Position politique et militaire du département de Corse au mois de juin 1793.

Il y a deux centres de pouvoir : les commissaires de la Convention et le général Paoli.

Il y a deux forces armées en opposition : d'un côté les troupes du continent de la République réunies à quelques bataillons d'infanterie légère corse; de l'autre, les montagnards à la disposition de Paoli.

Il y existe plusieurs opinions politiques : les indépendants, les aristocrates et les républicains.

De quelle manière se sont formés ces deux pouvoirs? Quelle est leur position respective? Sous quel point de vue cherchent-ils à se montrer au public?

Tous les Corses qui ont soutenu la Révolution, ont désiré avec passion l'arrivée de Paoli en Corse; ils le croyaient l'ami de la liberté puisqu'il avait eu l'air d'en être le martyr. Ils ne tardèrent pas à s'apercevoir de l'ambition inquisitoriale du vieux chef qui voulait que l'on ne vit que par ses yeux, que l'on ne jugeât que par sa conscience; dès lors, il se forma un autre parti, composé de tous les hommes éclairés et amis du nouvel ordre de choses.

Ces deux partis ne se choquèrent jamais. Paoli sentait combien il devait de ménagement à des gens qui, de leur côté, sentaient combien Paoli était utile pour détruire le fanatisme religieux dans l'esprit des habitants des montagnes.

La République fut instituée; Paoli fut nommé lieutenant-général commandant en Corse les troupes de la République. Cette marque de confiance de la part du gouvernement accrut infiniment son influence.

Les corps administratifs se renouvelèrent quelques jours après. Il domina dans les assemblées et sut tellement pervertir l'opinion que Pozzo di Borgo, ex-législateur, dont la conduite est connue de ses collègues et particulièrement des membres du comité diplomatique, fut porté à la place de procureur général syndic.

Dans le même moment que Paoli élevait les ennemis de la République, il écrivait que ce gouvernement était absurde en France. Trois mois se passèrent avant qu'il souffrît que l'on élevât l'arbre de la liberté au chef-lieu.

Il y avait en Corse quatre bataillons de gardes nationales. Une partie lui était dévouée. Paoli les plaça dans les principales forteresses et en fit sortir les troupes de ligne sous différents prétextes et à différentes époques.

Il nomma les officiers et sous-officiers de quatre compagnies de canonniers dont il s'attribua l'organisation. Il en donna le commandement à des gens qui avaient eu leur père ou leurs frères tués dans la guerre contre la France en 1768.

Le moment de réaliser les projets que l'on avait formés contre la Sardaigne était arrivé. Paoli en avait été instruit de longue main. Il les avait toujours tenus cachés, et lorsque Truguet arriva avec son escadre, rien n'était prêt. On avait vu arriver en Corse l'ex-législateur Peraldi avec une commission relative aux projets de cette expédition. Son ardeur se dissipa bientôt. Paoli le caressa, lui promit et demanda pour lui la place d'adjudant général, et, à ce prix, il consentit à se réduire à la nullité. Dans le fait, l'escadre française n'a trouvé aucune ressource en Corse. Cependant, les Corses auraient désiré de marcher en Sardaigne. Ils attendaient avec une espèce de fanatisme leurs frères du continent; c'était à eux à leur frayer le chemin dans une île dont ils connaissaient le territoire, la langue et les habitants.

Paoli sut les en détourner. Le Directoire du département le seconda. Personne n'y alla. Le prétexte fut que les marins avaient pendu deux Corses à Ajaccio. La réalité est que Paoli ne voulait point éloigner les Corses de l'île et qu'il préférait se débarrasser du régiment 42e qui occupait cette place. Truguet, ne pouvant avoir de Corses, se trouva obligé de les demander à Paoli, qui n'eut garde de les lui refuser. On l'a entendu dire dans quelques moments d'impatience : « Comment! les Corses veulent faire la guerre à notre intime allié, à la seule puissance qui nous ait secourus dans nos infortunes! »

Une mesure essentielle, c'était d'avoir un payeur à sa disposition et la caisse militaire à Corte. Il engagea l'administration du département à suspendre le payeur Arena de ses fonctions : le républicanisme de ce citoyen ne pouvait point se prêter aux vues de Paoli; aussi fut-il destitué par le Conseil général et sa caisse fut-elle transférée à Corte.

Depuis la guerre contre les Anglais, Paoli commençait à se découvrir. A l'entendre, la France était perdue; elle devait succomber. Il ne cessait de faire une peinture chargée de la richesse, de la générosité, de la philosophie de l'Anglais.

La Convention, instruite, chargea les commissaires qui passaient en Corse de lui rendre un compte exact de Paoli... Paoli sentait que le moment était arrivé. Il n'oublia rien pour faire mépriser les commissaires. Ils arrivèrent à Bastia, et Paoli resta à Corte, et le Département n'envoya aucune commission. Ils ne purent pas même entrer dans le château de Bastia, commandé par un satellite de Paoli.

Les commissaires appelèrent Paoli, qui prétexta une maladie. Saliceti, un des membres de la commission, alla alors le voir à Corte. Paoli crut qu'il pourrait duper la commission; il sentait d'ailleurs la nécessité de retarder à jeter le masque, puisque les Anglais étaient encore dans leurs ports. Paoli écrivit aux commissaires, et l'administration fit une circulaire pour annoncer la commission qui s'était déjà annoncée par ses proclamations. C'est dans cet intervalle que par adresse elle s'empara de Bastia et de Saint-Florent. Telle était la position des choses lorsqu'arriva le décret qui appelait Paoli à la barre et le procureur-syndic Pozzo di Borgo. Le décret était digne de la majesté de la République, qui doit marcher à découvert, mais il était précipité; les commissaires eussent ruiné le crédit de Paoli peu à peu; leur projet était de temporiser. Depuis ce décret, il ne fut plus possible de garder de mesure. Paoli fit occuper l'Isle-Rousse, envoya un commissaire à Calvi qui devait renforcer le bataillon qui y était : mais les patriotes de Calvi, aidés par les équipages de deux frégates, prirent les devants, ils chassèrent les agents de Paoli et assurèrent cette place très forte à la République.

Le Département envoya des commissaires dans différents districts, excita une fermentation, fit désarmer la garnison de troupes de ligne de Cervione. A La Porta, à l'Isle-Rousse où l'on refusa de recevoir deux compagnies de volontaires des Bouches-du-Rhône, les commissaires du Département emprisonnèrent les plus zélés républicains, la maison du citoyen Arena fut incendiée et ses propriétés dévastées. Les hostilités parurent commencées. Paoli, dont la voix secrète faisait mouvoir l'administration du département, écrivait encore aux commissaires et à la Convention. Mais les commissaires durent enfin casser l'administration du département et le commandant de la gendarmerie Leonetti, neveu de Paoli.

Cette administration destituée et Paoli convoquèrent une assemblée générale sous le nom de *consulte*; ils indiquèrent un nouveau mode d'élection et une nouvelle organisation.

Ajaccio était la seule place importante qui restât à Paoli. Elle a une citadelle indépendante de la ville. C'est une espèce d'ouvrage couronné qui la défend du côté du golfe. Ce golfe est capable de recevoir cent vaisseaux de ligne.

Les commissaires avec deux frégates, quatre cents hommes et quelques mortiers, partirent de Saint-Florent. Si le temps les eût favorisés, ils se seraient facilement emparés de la place, où ils auraient trouvé tous les citoyens pour eux, excepté quelques-uns aveuglés par l'ex-législateur Peraldi que Paoli a mis dans ses intérêts; ils auraient trouvé mille matelots bons français et par inclination et par intérêt de commerce.

L'on calculait sur 250 Suisses, 50 soldats du 52°, 100 du 42° régiment, sur un reste de l'équipage du *Vengeur* et de deux gabares. Avec toutes ces forces, ils étaient à même de forcer la citadelle et d'en chasser les rebelles. Il en fut autrement. Le calme retint sept jours les frégates. Paoli eut le temps d'envoyer deux mille hommes à Ajaccio, fit arrêter soixante des plus zélés patriotes, fit brûler et dévaster les biens des familles Bonaparte, Meuron, Moltedo et d'autres patriotes, parmi lesquels quelques négociants du continent, pour effrayer par les vexations, de sorte que lorsque les commissaires y arrivèrent, il n'était plus temps.

L'on débarqua cependant, et l'on tua quelques rebelles. Quelques particuliers patriotes, échappés aux poursuites de Paoli, se refugièrent à bord des frégates. Parmi ceux-ci, le procureur-syndic du district, Coti, nous apprit que la plupart des habitants avaient été désarmés, que les canons étaient dirigés contre les maisons des patriotes dont le républicanisme était le plus cher aux sans-culottes d'Ajaccio, qu'on ne pouvait raisonnablement attendre du secours des habitants qu'après s'être emparé des forts environnants. Les bons citoyens de l'intérieur ne pouvaient venir au secours des armes de la République qu'après quelques jours; nul n'était prévenu. La citadelle tira à boulet rouge sur le brick national le *Hasard*. L'on repartit pour Calvi.

La consulte de Corte a fait Paoli généralissime, a déclaré les biens de tous ceux qui avaient quitté l'intérieur et s'étaient refugiés à Calvi, Bastia et Saint-Florent, confisqués, a défendu sous les mêmes peines de prendre de l'emploi dans les bataillons, a notamment proscrit le général Casabianca, si, sous huit jours, il ne rentrait et n'abandonnait le service, et puis, a fini par dire qu'elle voulait être française.

Les commissaires regardent Paoli et l'administration du département comme en état de rébellion. Ceux-ci cherchent de faire regarder les commissaires comme les agents d'une faction qui veut mettre d'Orléans sur le trône. Ils impriment à chaque instant que les commissaires sont abandonnés de la France, qu'ils n'auront aucun secours. Ils savent bien ne pouvoir tromper que les plus simples du peuple. Ils vont même jusqu'à faire entendre que les commissaires sont les agents des Génois.

Quelle est la force numérique, quels sont les moyens militaires et quels postes occupent les deux partis?

La République a en Corse le bataillon des Bouches-du-Rhône, de	500 hommes.
celui de l'Aveyron	700 —
le 26° régiment	500 —
le 52°	500 —
le ci-devant Vermandois	600 —
Artillerie	150 —
Total	2950 hommes.

	Report............	2950 hommes.
A ôter :		
Du 52ᵉ, un détachement à Bonifacio, prisonnier ou prêt à le devenir, ci..	280 ⎫	
A Ajaccio...	52 ⎬ 366	—
Canonniers à Bonifacio..	14	
Canonniers à Ajaccio..	20 ⎭	
	Reste............	2584 —
Quatre bataillons d'infanterie légère de nouvelle levée, encore très incomplets, peuvent former un corps de................	1200	—
	Total............	3784 hommes.

Paoli peut mettre dans différents endroits en tout, et pour peu de temps, 6 000 hommes. Il a les armes et la poudre qui se trouvent dans les magasins d'Ajaccio et Bonifacio (Nota : les munitions de bouche qui se trouvaient dans ces places viennent d'être vendues par Pozzo di Borgo, procureur général syndic destitué). Point d'autre canon de campagne que deux mauvaises pièces qui sont à Corte.

Paoli occupe Ajaccio, Bonifacio, l'Isle-Rousse. Il domine dans l'intérieur.

Si l'on envoyait 4 ou 5 000 hommes tout de suite avec quelques bâtiments de guerre, Paoli serait obligé de se sauver.

L'on commencerait à s'emparer d'Ajaccio, l'un des points les plus intéressants de la Méditerranée et d'où les ennemis peuvent le plus nous chicaner. Maîtres d'Ajaccio, nous ne tarderions pas à l'être de l'intérieur, et au pis aller, on laisserait Paoli cerné dans la montagne où il ne serait d'aucune importance pour une puissance maritime... mais le peuple ne tarderait pas à revenir de son aveuglement : il se réunirait à ses frères.

Trois à quatre bâtiments de ligne sont nécessaires pour en imposer aux rebelles enfermés dans la forteresse d'Ajaccio. Ils n'auraient rien à craindre des Espagnols puisqu'ils auraient une retraite assurée à Calvi et Saint-Florent. Ajaccio d'ailleurs ferait sans doute un effort généreux pour soulever ses chaînes et nous tendre les bras.

Quelle est la proportion des différentes factions ?

Le parti dévoué absolument à Paoli est très petit. Il devient nombreux en s'alliant avec celui de la superstition. Il acquiert la prépondérance dans ce moment-ci par le grand nombre de prisonniers, par la réputation, l'activité, la tactique de Paoli, par sa coalition avec le Département, par le grand nombre de calomnies dont il infecte ce peuple égaré. Il caresse, il menace, il brûle, il permet le pillage dans le même temps; il dit à l'un que la France est perdue, à l'autre que la religion est en péril, à celui-ci que les commissaires et leurs adhérents veulent vendre la Corse aux Génois, à cet autre que puisque la France perd sa liberté, il faut conserver la nôtre sans elle; il dit à d'autres, enfin, et le plus souvent, qu'il veut être Français.

Au milieu de tant d'incertitudes et de ballottements, le bon tremble et gémit; les plus courageux défient l'orage; mais, sans point de réunion dans l'intérieur, ils succombent; le douteux devient mauvais; la faiblesse le conduit au même point où la superstition mène le fanatique, et l'erreur l'homme aveuglé. Ces gens indifférents à la chose publique qui à Athènes étaient punis de mort et dont le nombre est infiniment petit en Corse, se réunissent au plus fort : pressés d'être d'un parti, ces automates suivent celui qui paraît triompher, celui qui pille, brûle, dévaste; quand on a l'alternative, il vaut mieux être mangeur que mangé.

Il en sera différemment lorsque l'on enverra une force prête à pénétrer dans l'intérieur. Les bons citoyens grossiront ce premier noyau. Le nombre en est plus grand qu'on ne pense. Ceux qui sont aveuglés, se désabusent tous les jours : les gens faibles et indifférents les suivront; Paoli, isolé du peuple qu'il trompa, abandonné aux ennemis de la Révolution qui n'ont point oublié le mal qu'il leur a fait en 1790, restera seul avec ses remords et le petit nombre de gens attaché à sa personne.

Paoli se trouve réduit à quelques officiers bons pour commander des compagnies franches.

Le moment de battre Paoli est dans les mois de juin, juillet et août, parce que c'est celui de la récolte des blés.

Pour la garantie des faits, nous signons à Paris, le 9 juillet 1793, l'an 2 de la République.

MEURON, BUONAPARTE.

XXIX. Deux lettres de Lacombe-Saint-Michel sur la situation de la Corse (p. 146).

I

A Saliceti.

A Calvi, ce 30 juillet 1793. L'an second.

Je vous envoie, mon cher Saliceti, une correspondance du citoyen Constantini avec le Département. Sa lettre n° 6 vous dira qu'elle est tombée très légalement entre les mains du Directoire provisoire puisqu'elle était adressée au Directoire et contresignée « le ministre ».

Voilà donc la manière dont on intriguait contre nous au Comité de salut public, tandis que nous étions en butte à toutes les tracasseries et aux calomnies des hommes de la Corse à qui nous n'avions fait aucun mal! Il a même fallu que notre correspondance contînt les faits les plus incontestables pour n'être pas rappelés sans nous entendre. Quoi! Tandis qu'on ne donnait aucune publicité à nos lettres à la Convention, qu'elles étaient renvoyées au Comité, que personne ne nous répondait, Constantini écrivait à ses commettants, leur détaillait les discussions du Comité, interprétait jusqu'au silence de ses membres, et ses lettres ostensibles étaient publiées, et c'était d'après elles que l'on cherchait à détruire la confiance qu'on devait avoir en nous! Mon ami, je ne suis pas accoutumé aux coups d'épée par derrière. Un intrigant et moi ne nous battons pas avec des armes égales. C'est de cette manière sans doute qu'on a desservi cet honnête général Casabianca que j'ai cru de mon devoir de réintégrer. J'en ai rendu compte au Comité de salut public, au Conseil exécutif et au ministre de la guerre, et je désirerais que ma nomination fût confirmée par la Convention : cet acte relèverait le courage des patriotes qui est bien abattu par les oppressions de Paoli.

En même temps que j'ai fait réintégrer le général Raphaël Casabianca, ne croyez pas que j'applaudisse ou regarde avec faiblesse les fautes que pourraient faire les militaires. Un officier du bataillon de l'Aveyron, étant ivre, a insulté le pavillon napolitain; je l'ai fait mettre aux arrêts de rigueur, et d'après un procès-verbal qui me sera remis, je le suspendrai en le renvoyant en France, s'il y a lieu.

Deux habitants de Montemaggiore étant venus sous le prétexte de réclamation observer ce qui se passait et, en s'en retournant, ayant été trouvés munis de cartouches et de deux gargousses à canon, ont été arrêtés; ayant déclaré les tenir du greffier du juge de paix, et celui-ci l'ayant avoué, je l'ai fait mettre en prison où il restera jusqu'à ce qu'il déclare qui les lui a données.

Une cabaretière ayant cherché à faire commettre du désordre en accusant six matelots de la *Mignonne* de lui avoir volé un louis, j'ai fait tirer la chose au clair. Si les hommes sont coupables, ils seront punis; s'ils sont accusés à tort, l'accusatrice sera en prison.

Oh ! je vous déclare que je suis bien las d'être en Corse; mais que, tant que j'y serai, il ne se passera pas de désordre, car je veux que chacun fasse son métier. Je suis fort mécontent du directeur de l'hôpital. J'entends que le soldat soit bien. J'ai aperçu des négligences. J'ai campé une maîtresse perruque à Boerio, votre beau-frère, pour n'avoir pas puni et redressé ces abus, avant qu'ils vinssent à moi. Vous me connaissez trop bien pour croire que je ménage personne. Mais je suis bien las de la vie que je mène. Faites-moi vite rappeler. Je suis ici dans un bois. Toutes les nuits l'on fait des signaux dans la campagne, et l'on y répond de la ville. Mais je les pincerai.

Il y a quelques jours que nous avons voulu enlever un camp volant qui coupe toute communication de cette ville, qui vient la nuit enlever des bestiaux sous les murs de la place. Le général a ordonné une sortie de nuit. Mais, malgré le secret, ce camp a été averti (sans doute par quelque volontaire) un moment avant l'arrivée de nos troupes. On a fait un prisonnier qui m'embarrasse, que j'ai mis à bord de la *Mignonne* et que j'aimerais mieux ne pas avoir. A quoi sert de faire des prisonniers ?

On répand le bruit dans le public que d'après le décret du 3 juillet, Paoli va assembler encore une consulte à Corte dans laquelle il va engager les Corses de se déclarer indépendants, et appeler la protection de l'Angleterre. On dit que Paoli répand qu'il est en correspondance avec l'amiral Hood, qui exige ce préalable avant de leur donner du secours; on dit en même temps que ce fin renard voulait aller prendre l'air à Bonifacio, mais qu'on lui a déclaré que puisqu'il avait mis dans la nasse son parti, il fallait qu'ils périssent ensemble. Ce qu'il y a de certain, c'est qu'il y a eu du mouvement dans l'intérieur, c'est que, si cette consulte a lieu, l'on se tirera des coups de fusil. Déjà l'on est bien mécontent des impôts qu'on lève dans la Balagne, et certainement quand on parlera de faire scission avec la France, l'avis, fût-il unanime à Corte, ne le sera pas dans les communes.

Je pense que vous aurez fait rapporter le décret qui fait deux départements de la Corse. Indépendamment de l'augmentation de dépense, on a voulu y organiser deux partis, rivaux et ennemis bien distincts. Est-ce qu'il n'en existe pas déjà trop, sans les provoquer encore? Ce projet est infernal : il semble que ceux qui l'ont conseillé, soient de moitié avec ceux qui veulent perdre la Corse.

Nous sommes fort mal ici. On ne prend plus les assignats qu'à quatre cent pour cent de perte. L'on ne nous a pas envoyé les cent mille livres en numéraire que vous m'aviez annoncées. Cependant, nous sommes presque à bout et nous allons nous trouver embarrassés.

Nous avons beaucoup de malades, et comme l'hôpital est très mal monté, que nous manquons de drogues, j'en vais envoyer beaucoup à Toulon; l'air du continent les remettra, au lieu que s'ils restent ici, c'est autant de morts.

L'on cherche à nous affamer. Un camp volant ne laisse rien entrer à Calvi. Une sortie faite sur eux a fait entrer dix-neuf bœufs ou vaches qu'on a enlevés dans le *machi* (*sic*). Nous verrons si l'intérieur aimera mieux qu'on les lui prenne que de nous les vendre. Tout est ici d'une cherté horrible et, en numéraire, un œuf coûte jusqu'à quatre sous, et tout à proportion. Il faut abandonner la Corse ou y faire passer du numéraire jusqu'à ce qu'il ait été pris une mesure générale sur ce département. Vous sentez combien il doit me tarder de connaître les résultats du rapport qui a dû être fait au nom de la commission.

On m'a assuré qu'un des ambassadeurs, nommé Ferrandi, s'était fait nommer maréchal des camps. Si c'est lui qui a desservi Casabianca, j'ai ramassé des matériaux pour le peindre à la tribune, et j'en ai prévenu le ministre de la guerre. Adieu, mon cher ami, je vous embrasse. Tirez-moi vite d'ici.

J.-P. LACOMBE-SAINT-MICHEL.

Mes amitiés à Delcher.

Leonetti cherche à passer en Italie. L'on a arrêté deux fois une felouque napolitaine qui cherche à charger ses effets. Je le fais guetter et si Leonetti est pris, il me le payera.

Je ne suis pas très content de Saint-Martin. Il outrepasse notre arrêté sur le numéraire.

On me dit qu'à Bastia on fait courir le bruit que je reste à Calvi pour m'en aller et enlever la caisse. Je suis au-dessus d'une pareille calomnie; mais tirez-moi vite de ce théâtre où l'honnête homme peut être compromis avec la conduite la plus pure.

1ᵉʳ août.

..., Hubert, qui arrive de Saint-Florent, tient de Gentile, que vous ne connaissez pas pour un hâbleur, que le 10 de ce mois se tient la seconde consulte à Corte et que le 15 on doit faire une attaque sur Bastia et sur Saint-Florent. Je les attends tranquillement à Calvi.

On m'accable d'ouvrage. Deux secrétaires ne me suffisent pas.

II

Au Comité.

A Calvi, le 2 août 1793, l'an second.

Citoyens collègues,

J'ai l'honneur de vous envoyer une lettre du conseil général destitué de la Corse au conseil général du Var. Je vous envoie en même temps une réponse à cet imprimé faite par la commission provisoire établie à Bastia.

La première pièce est pleine de mauvaise foi et de faussetés, surtout quand le département destitué accuse les commissaires de la Convention d'avoir soustrait leurs lettres à la Convention. Comme ce Département a fait espionner les porteurs des ordres de la Commission, qu'il s'est emparé des lettres de la poste, les membres de ce Département ont-ils pu nous croire meilleurs qu'eux? Le général Paoli, me croyant sans doute de la trempe de ses amis, m'adressa sa justification à la Convention pour la remettre à la poste, s'imaginant que je la soustrairais et qu'il aurait une occasion de m'accuser; mais les papiers publics ont rapporté cette lettre qui a été lue à la tribune.

La lettre de la commission provisoire au département du Var ne contient que des faits de la dernière exactitude. Le Département destitué croit répondre à des faits par de grosses injures contre les commissaires : il s'acharne contre Saliceti, dont l'honnêteté, la bonne foi et l'impartialité offrent un contraste frappant avec des hommes qui, après avoir expolié (*sic*) les caisses publiques, trouvent plus commode de se révolter que de rendre leurs comptes; qui, tout en disant qu'ils veulent être Français, craignent l'intuition dans leur administration; qui entretiennent avec l'argent qu'ils ont volé, des députés extraordinaires à Paris, chargés d'aller distiller le fiel et les mensonges dans les comités et dans les feuilles publiques. Il a fallu que les commissaires en Corse eussent dix fois raison pour que Constantini et Ferrandi n'aient pas égaré l'opinion du Comité de salut public sur leur compte et qu'ils n'aient pas été rappelés. S'ils ne l'ont pas été, du moins la Convention a-t-elle nommé deux nouveaux membres pour en quelque façon examiner leur conduite.

Et où en sera, citoyens et chers collègues, la chose publique, si les commissaires de la Convention envoyés dans leurs commissions pour aider l'exécution du service, pour réprimer les abus, sont obligés de dérober une partie des moments qu'ils doivent en entier au service de la République pour chercher à repousser les attaques dirigées contre eux, attaques d'autant plus inquiétantes qu'on ne les leur communique pas? Je suis bien las d'être en Corse; je ne puis pas suffire au travail dont je suis accablé; de tous côtés me viennent des demandes d'argent et je me montre très difficile, je mécontente beaucoup de monde. Mais rien ne me fera faiblir. Je ne suis pas de force à lutter contre l'astuce italienne. Hâtez-vous de m'accorder mon rappel pour ma tranquillité et pour confondre mes accusateurs.

J.-P. LACOMBE-SAINT-MICHEL.

XXX. Les Quenza (p. 148).

I

Document sur le major Quenza, père de Jean-Baptiste Quenza.

Nous, officier au régiment de Vermandois, commandant en cette place, certifions avec vérité que de tous les citoyens de cette ville M. le major Quenza est un de ceux qui a vraiment donné tous ses soins à l'agriculture et qu'il encourage tous les jours par l'exemple le peuple fainéant et peu laborieux de cette partie de l'île. Je crois devoir ajouter même qu'il est le seul qui ait fait la dépense d'introduire dans ce pays la manière de travailler les terres à la lombarde et qui ait amené des travailleurs experts pour en apprendre la façon. Je regarde comme un acte de justice d'accorder à ce fidèle patriote le présent certificat pour qu'il lui serve où besoin sera, et j'assure en outre qu'il n'y a personne qui mérite et ait acquis mieux que lui le droit de jouir paisiblement des biens qu'il possède. Il sera aisé de s'assurer de la vérité de tout ce qui est énoncé dans la présente attestation, en faisant examiner les biens dudit sieur Quenza.

Fait et délivré à Porto-Vecchio le 6 mai 1781.

LA MOTTE-VEDEL.

II

Napoléon Bonaparte à Rock Quenza.

[sans date]

Vous avez bien jugé, mon cher Rocco, que je serai toujours charmé de ce qui pourra vous plaire. Pour le moment il n'est pas question de la place dont vous me parlez, quoique le capitaine ait déjà fait son choix. Mais nous nous parlerons longuement sous peu de jours, car je compte vouloir faire la connaissance de ma cousine. Présentez lui mes respects ainsi qu'à madame votre mère et au major Quenza.

Avec amitié.
BUONAPARTE

III

Casabianca à J.-B. Quenza.

A Bastia le 21 avril 1793, l'an 2ᵉ de la République.

J'ai l'honneur de vous prévenir, citoyen, que je suis chargé par les commissaires de la Convention nationale de commander par intérim cette division. Vous voudrez bien en conséquence me rendre un compte exact de tout ce qui aura rapport au service de cette place dont le commandement vous est confié, et de ne recevoir d'autres ordres que ceux que je vous ferai parvenir. Je ne saurais trop vous recommander de veiller avec soin à la sûreté et la défense de cette citadelle dont vous êtes personnellement responsable. Informez-moi sans délai des mouvements qui pourraient avoir lieu dans cette partie, et adressez-moi l'état de situation de la garnison que vous commandez.

Le maréchal de camp commandant par intérim
la 23e division,
CASABIANCA.

Au citoyen commandant la place de Bonifacio.

IV

J.-B. Quenza au général Ambert.

Ajaccio, le 20 pluviôse an 8e républicain.

Quenza, Jean-Baptiste, de Porto-Vecchio.
Au citoyen Ambert, général, commandant en chef dans l'île de Corse.

Je viens d'apprendre, citoyen général, que ma maison, ayant été forcée de l'expédition de Porto-Vecchio (*sic*), les denrées et tous les effets qui y existaient ont été pillés, et mes bestiaux détruits par là même. D'après mon obéissance aux ordres du gouvernement et une conduite non équivoque dans les affaires qui ont fait le malheur de mon pays, je croyais d'être à l'abri de toute responsabilité et punition, et je m'attendais comme paisible citoyen de voir le bon résultat des choses. Mais je me suis trompé, et les promesses que le citoyen Constantini me faisait en m'assurant que je n'avais rien à craindre des mesures que le gouvernement prendrait pour les coupables, n'ont été que de vraies illusions. Au contraire, aucun égard pour moi, et on m'a considéré comme un des plus coupables, tandis que d'après mon arrestation et celle de mon fils opérée un mois et demi avant la rebellion de Porto-Vecchio, nous nous trouvions sous la bonne foi et sous la sauvegarde des lois. Ce fait est un vrai attentat au gouvernement. J'espère que le même s'intéressera pour m'en dédommager, et je vous prie d'y coopérer de votre part, parce que je compte de porter mes plaintes à Paris.

Salut et respect.

V

Bonaparte et Quenza.

[Le 22 nivôse an VIII ou 12 janvier 1800, Bonaparte donnait ses instructions pour une expédition secrète, l'expédition de Sardaigne qui serait dirigée par Cervoni et Saliceti ; six bataillons devaient être levés extraordinairement en Corse (Cf. *Corr.*, VI, p. 97-105). La lettre suivante donne les noms de ces chefs de bataillon. Bonaparte l'a dictée à Clarke. Le sixième commandant était d'abord Pianelli. Le premier consul a, de sa main, barré Pianelli et écrit Quenza.]

Paris, le 26 nivôse an 8e de la République.

[*Objet secret.*]
Au ministre de la guerre.

Je vous recommande, citoyen ministre, de remettre aujourd'hui même au citoyen Saliceti six brevets de chefs de bataillon pour les citoyens :
1. Ambrosi, capitaine de la 37e demi-brigade.
2. Mari, ci-devant capitaine du régiment royal corse.

3. Emmanuelli, capitaine de la .... demi-brigade.
4. Bonelli.
5. Peretti.
6. Quenza.

Je vous salue.

BONAPARTE.

XXXI. Lettre de Carteaux à Kellermann (p. 157).

Cette lettre décisive prouve qu'Avignon s'est rendu le 25 juillet et que Napoléon n'était pas à Villeneuve.

Au quartier-général du Pontaix (*sic*), le 25 juillet 1793,
l'an II de la République française.

J'ai attaqué hier Avignon. Les troupes se sont mises en marche à six heures précises et je les ai mises en bataille à cent cinquante toises de la porte Saint-Lazare. J'avais envoyé sommer la ville de recevoir les troupes de la République, et les réponses ont été insignifiantes jusqu'à l'arrivée d'un citoyen accompagné de mon trompette et porteur d'une lettre dans laquelle étaient exprimés les véritables sentiments des habitants. Ils déclaraient ne reconnaître en aucune manière la Convention nationale depuis le 31 mai, qu'elle n'était plus dans son intégrité par l'arrestation de différents membres. Il était alors huit heures et demie. Je disposai la troupe sur quatre colonnes pour embrasser par mon front d'attaque les quatre portes qui sont depuis le Rhône jusqu'à la Durance. (Je vous observe que je tenais avec 3 000 hommes une étendue de terrain d'environ une lieue et demie.) J'avais ordonné au capitaine Dommartin, commandant de l'artillerie (de l'intelligence duquel j'ai singulièrement à me louer), de commencer l'attaque en faisant jeter dans la ville des obus avec une pièce de huit démontée et disposée pour ce. J'avais disposé le reste de mon artillerie sur les autres différents points d'attaque avec ordre à chacun de commencer le feu par le signal qui partirait de mon attaque de droite. A une heure moins un quart le feu a commencé sur toute l'étendue de mon front, et toutes les colonnes se sont approchées successivement à vingt-cinq pas des portes, où elles ont été accueillies par les pièces de vingt-quatre et de dix-huit des Marseillais qui ont fait sur nous un feu très vif de canons et de mousqueterie qui s'est également soutenu de part et d'autre jusqu'à huit heures précises. Alors (et après avoir consulté tous les chefs) jugeant qu'il était impossible avec des pièces de quatre de forcer des postes aussi bien gardés, j'ai donné des ordres pour faire la retraite, ce que chaque colonne a exécuté avec autant de bravoure que de fermeté. Je m'étais porté au centre de l'attaque avec une réserve d'infanterie, toute une cavalerie et une seule pièce de huit servable pour protéger le déploiement des colonnes. Les troupes sont rentrées dans leur premier camp à dix heures précises du matin. Je dois les plus grands éloges au capitaine Saint-Marc du 59ᵉ régiment qui a attaqué la porte Saint-Roch avec une seule pièce de quatre et s'y est soutenu malgré un feu de revers partant du village de Barbentane croisé sur celui de la porte et a fait sa retraite sans perdre un seul homme. Il y a eu quatre hommes tués et dix blessés, dont trois officiers.

(Signé : Pellapra, chef de bataillon du 59ᵉ; L. Busigny; Isnard, capitaine; Chambon aîné, capitaine au 59ᵉ régiment; Desparrin, lieutenant; Pacthod, commandant le 2ᵉ bataillon du Mont-Blanc; P. Meilheurat; Doppet; Epernet, capitaine commandant au 5ᵉ régiment de cavalerie; Dommartin; Denis.)

A quatre heures après-midi la ville d'Avignon m'envoya une députation pour me dire que les portes de la ville m'étaient ouvertes et que les habitants m'attendaient avec impatience, vu que les Marseillais avaient évacué leur ville en se sauvant dans le plus grand désordre. Cette fameuse colonne marseillaise était au nombre de trois mille hommes. Mais comme la veille, étant au camp du Pontet à parler à mes soldats, et que j'étais sûr d'être entendu par quelques espions des Marseillais, je leur dis : « Mes camarades, demain 25 nous ferons une fausse attaque. Seulement, le 26 ou le 27, je vous réponds que la ville sera à nous. » Mais la manière dont je les avais chauffés par une fausse attaque, les a dégoûtés au point qu'ils se sont sauvés dans le plus grand désordre. J'ai donc entré le 25 dans Avignon à neuf heures du soir, et voici les précautions que j'avais prises, crainte de trahison. Je fis battre la générale dans mon camp à cinq heures du soir. A six heures et demie je disposai un petit détachement de deux cents hommes, quatre pièces de canon de quatre et deux pièces de huit chargées à mitraille, précédé d'un détachement de vingt hommes d'Allobroges avec vingt-cinq hommes de cavalerie du 5ᵉ régiment, avec ordre à mon corps d'armée de ne pas bouger du camp que je ne le fasse avertir. Je me mis donc en marche avec mon petit détachement, et lorsque je fus à un petit demi-quart de lieue de la ville, je donnai l'ordre à ma cavalerie de se porter en avant au grand trot et de pénétrer le plus avant possible dans la ville, étant bien persuadé que, s'il y avait eu de la trahison, j'aurais été prévenu par cette troupe. Je fis halte à la porte Saint-Lazare avec mon artillerie et voyant que le peuple venait au devant de moi et que la ville était illuminée, je fis passer la 1ʳᵉ compagnie de chasseurs de Bourgogne; la 2ᵉ fermait la marche. J'ai été reçu avec acclamations par le peuple : *Vive la Convention nationale! Vive l'armée de la République!* Je me suis emparé de tous les postes et, avant de rejoindre mon camp, j'ai donné ordre à la cavalerie que j'avais avec moi, d'après les renseignements qui venaient de m'être donnés, que la colonne marseillaise se retirait dans le plus grand désordre, de les poursuivre avec deux pièces de canon et de les harceler dans leur retraite. Je rentrai de suite au camp où je commandai un détachement de cent hommes de dragons allobroges pour se réunir au premier détachement de cavalerie que j'avais fait partir d'Avignon. La précaution ne fut pas inutile, car ils prirent deux pièces de canon de quatre aux ennemis, en tuèrent une grande partie. Mais je vous réponds, général, que cette armée formidable de Marseillais est fondue comme un peloton de neige. Voilà ces gens qui m'ont écrit une réponse aussi impertinente aux trois sommations que je leur avais fait (*sic*). Je la joins ici parce qu'elle vous amusera. Je n'ai perdu, général, que quatre hommes; encore étaient-ce ceux qui restaient sur les derrières.

XXXII. Joseph Bonaparte commissaire des guerres (p. 172).

I

(On remarquera dans cet arrêté des représentants que Joseph est qualifié de lieutenant-colonel d'infanterie: Saliceti et ses collègues lui ont attribué le brevet de son cadet, qui avait été, comme on sait, lieutenant-colonel du 2ᵉ bataillon des volontaires corses.)

Au quartier-général de Marseille, le 4 septembre 1793,
l'an II de la République française une et indivisible.

Les représentants du peuple envoyés par la Convention nationale
près les armées du Midi.

Vu les circonstances et les besoins de l'armée destinée à réduire les rebelles de Toulon;

Considérant que l'ordre de la comptabilité et le maintien de la discipline vis-à-vis d'ennemis audacieux et bien ordonnés demandent dans toutes les parties de l'armée qui doit les combattre, une organisation forte et régulière;

Arrêtent :

1° Que le citoyen Chauvet, commissaire des guerres, seul employé jusqu'à présent à cette armée, est nommé commissaire ordonnateur et jouira des appointements qui sont alloués à cette classe, à compter du jour qu'il est parti de Grenoble;

2° Qu'il lui sera adjoint le citoyen Joseph Bonnaparte (sic), actuellement lieutenant-colonel d'infanterie, en qualité de commissaire des guerres de la première classe, et les citoyens Bouchet et Fournier en qualité de commissaires des guerres de la deuxième classe, à charge par ce dernier de fournir un certificat de civisme du club de Marseille visé par la municipalité;

3° Qu'expédition du présent arrêté sera envoyée au ministre de la guerre pour qu'il expédie les brevets définitifs en conséquence.

GASPARIN, ALBITTE, SALICETI.

II

Les représentants du peuple français près l'armée contre les rebelles de Toulon.

Considérant que les habitants du village d'Ollioules ont pris part à la rébellion par leur retraite dans la ville de Toulon,

Arrêtent que tous les blés, vins, huiles et autres comestibles qui pourraient se trouver dans les maisons d'habitants d'Ollioules qui ont quitté leur domicile lors de l'entrée des troupes de la République dans leur village, sont déclarés appartenir à la nation.

Le citoyen Buonaparte, commissaire des guerres, est chargé de se rendre sur le lieu pour faire transporter au quartier-général tous les blés, vins, huiles qui se trouveront dans les maisons d'habitants d'Ollioules ou magasins publics qui sont dans le cas prévu par le présent arrêté

Fait au Beausset le 11 septembre l'an II de la République française.

GASPARIN et SALICETI.
THUNE, secrétaire de la commission.

III

Ollioules, le 23 septembre 1793, l'an II de la République française.

Citoyens représentants,

Les soldats qui ont trouvé des blés dans les campagnes en réclament le paiement, au moins en partie. Les généraux le leur ont promis; c'est aussi votre intention. Il est indispensable cependant que vous m'autorisiez à leur faire compter une partie, une moitié par exemple, du prix des blés qu'ils auraient portés au magasin d'après l'estimation de la valeur de ces blés.

BUONAPARTE, commissaire des guerres.

IV

Les représentants du peuple autorisent le commissaire des guerres à faire payer aux chasseurs du 59ᵉ régiment en gratification, et non comme prix du blé, une somme égale à la valeur de la moitié de l'estimation qui sera faite de celui qu'ils ont posé au magasin du quartier-général d'Ollioules.

22 septembre 1793, l'an II de la République française.

GASPARIN.

Conforme à l'original :

Le commissaire des guerres,
BUONAPARTE.

XXXIII. Dommartin (p. 170-172).

Elzéard-Auguste Cousin de Dommartin, né le 26 mai 1768 à Dommartin-le-Franc (Haute-Marne), reçu élève le quatrième sur 41 et envoyé à l'école d'artillerie de Verdun (1er septembre 1784), lieutenant en second au régiment d'Auxonne (1er septembre 1785; cf. notre tome I, p. 420); premier lieutenant au 1er régiment d'artillerie (1er avril 1791), capitaine au 4e (6 février 1792), commandant la 13e compagnie d'artillerie légère (25 mars 1793), chef de bataillon (2 septembre 1793), chef de brigade (7 septembre 1793), général de brigade (23 septembre 1793), employé à l'armée d'Italie (13 juin 1795) et y commandant en second l'artillerie (octobre 1796), commandant l'artillerie de la 17e division militaire (14 août 1797), commandant le 6e arrondissement d'artillerie (15 septembre 1797), envoyé à l'armée de Sambre-et-Meuse (28 septembre 1797), commandant en chef l'artillerie de l'armée du Rhin (12 décembre 1797) et celle de l'armée d'Orient (12 janvier 1798), nommé provisoirement général de division (22 juillet 1798) par Bonaparte, décédé à Rosette le 9 juillet 1799 à la suite des blessures qu'il avait reçues sur le Nil le 23 juin précédent.

XXXIV. Gasparin (p. 173).

Thomas-Augustin de Gasparin, homme de condition, comme le certifient en 1772 quatre gentilshommes du Dauphiné — était fils de noble Joseph-François de Gasparin et de dame Anne Dumas. Il naquit à Orange le 27 février 1754. Sous-lieutenant au régiment d'infanterie de Picardie, plus tard le 2e (7 avril 1773, lieutenant en second (16 octobre 1777), lieutenant en premier (4 décembre 1780), capitaine en second (15 juillet 1784), capitaine commandant (10 mai 1790), il donna sa démission le 15 janvier 1793 en vertu du décret qui interdisait aux membres de la Convention toute fonction publique pendant six ans après la session. Mais le décret fut rapporté, et, sur l'observation de Gasparin, un second décret déclara de nul effet les démissions données. Gasparin, bien que législateur et représentant du peuple, conserva donc ses droits à l'avancement et lui-même remarquait qu'il était le premier capitaine du 2e régiment et que depuis qu'il siégeait dans les assemblées, plusieurs de ses cadets avaient obtenu le grade de lieutenant-colonel. Aussi fut-il nommé le 4 février 1793, sur sa demande, adjudant général lieutenant-colonel, et le 15 mai suivant il devenait adjudant général chef de brigade. Il tomba malade durant le siège de Toulon et alla se soigner à Orange dans sa famille. « Épuisé de fatigue, disait Agricol Moureau (*Courrier d'Avignon*, n° 239, 5 novembre 1793), Gasparin est venu à Orange; il est vénéré de l'armée entière et le jour où sa santé cruellement délabrée lui permettra de reparaître au camp, sera pour l'armée un jour de joie. » Mais le 11 novembre Gasparin mourait. « Le vertueux Gasparin a cessé de vivre, écrivait Cervoni à Audouin; la République a perdu un des défenseurs les plus zélés de la liberté, et nous un bien estimable et digne ami; je suis inconsolable de cette perte. »

XXXV. Carteaux (p. 177).

Jean-François Carteaux, fils de Nicolas Carteaux et de Françoise Margey, né le 31 janvier 1751 à Gouhenans (Haute-Saône), « enfant du corps » de Thianges-Dragons (1759-1765), sert au régiment d'infanterie de Bourbonnais (1767-1770), au régiment des dragons de Penthièvre (1770-1772), au régiment d'infanterie de Saintonge (1772-1779). Aide de camp de La Salle (14 juillet 1789) et de Lafayette (16 juillet 1789), lieutenant à la 29ᵉ division de gendarmerie (6 novembre 1789), adjoint aux adjudants généraux du camp de Meaux (7 septembre 1792), adjudant général surnuméraire sans appointements avec le grade de lieutenant-colonel (27 octobre 1792), adjudant général chef de bataillon (8 mars 1793), adjudant général chef de brigade à l'armée des Alpes (15 mai 1793), il est nommé le 21 juin 1793 général de brigade par les représentants Albitte, Gauthier et Dubois-Crancé, le 19 août général de division, le 7 septembre commandant de l'armée contre les rebelles du Midi, le 13 septembre commandant en chef de l'armée d'Italie, le 3 novembre général en chef de l'armée des Alpes. Là cesse sa fortune. Le 16 décembre 1793 le Comité le destitue et prescrit qu'il soit arrêté et conduit à Paris pour avoir ordonné la destitution et l'arrestation des membres de la commission militaire qui avait absous Camille Rossi, pour avoir requis les autorités civiles d'exécuter ses ordres, pour avoir employé aux travaux publics des individus incarcérés comme suspects, pour avoir violé tous les principes, usurpé et confondu tous les pouvoirs, réuni dans ses mains toute l'autorité et tous les moyens et agi en tout dans le sens du gouvernement militaire! Enfermé le 24 décembre 1793 à la Conciergerie, Carteaux ne fut mis en liberté que le 8 août 1794. Réintégré et employé à l'armée des côtes de Cherbourg (26 novembre 1794), il fut exclu de l'organisation du 13 juin 1795 et autorisé à prendre sa retraite (31 août 1795). Remis néanmoins en activité, il commande la 18ᵉ division militaire à Dijon (12 octobre 1795), commande Lyon (1ᵉʳ janvier 1796), puis la Maurienne et Tarentaise, puis le département de l'Ain. Mais il est réformé le 23 février 1797 : Girod de l'Ain et Duplantier l'ont dénoncé comme un homme d'un caractère ardent, tracassier et turbulent qui fera toujours des siennes, et Kellermann déclare que son esprit inquiet le rend dangereux et inutile! Pourtant, il est de nouveau remis en activité et employé dans la 17ᵉ division militaire à Paris (26 avril 1797), chargé de commander la 9ᵉ division militaire à Montpellier (1ᵉʳ août 1799), envoyé à Liège dans la 25ᵉ division militaire (8 décembre 1799), nommé commandant de cette division (14 janvier 1800), et après s'être brouillé avec le préfet de l'Ourthe, attaché à l'armée de Batavie (1ᵉʳ juillet 1800). Admis au traitement de réforme (21 mai 1801), administrateur civil et commandant de la principauté de Piombino (9 septembre 1803), réadmis au traitement de réforme (31 mai 1805), il obtient une solde de retraite de 6 000 francs par décret particulier du 8 août 1810 et meurt à Paris le 12 avril 1813.

XXXVI. Constantin (p. 183).

Jean-Baptiste Constantin, né en 1757 à Pontcharra (Isère), entra le 12 avril 1779 au régiment d'artillerie de Grenoble et se rengagea pour huit ans le 12 avril 1787. Appointé (26 février 1789), il était caporal-fourrier depuis le 1ᵉʳ avril 1791 lorsqu'il fut congédié (1ᵉʳ avril 1793) et passa capitaine des canonniers de la légion allobroge.

XXXVII. Favas (p. 183).

Favas (Louis), né le 10 mars 1773, à Saint-Jean du Gard, soldat au régiment de Bourgogne (31 mai 1789), sergent-major au 1ᵉʳ bataillon de la Lozère

(10 août 1792), lieutenant d'artillerie attaché au même bataillon (19 janvier 1793), capitaine dans la même arme (30 avril 1794), passé dans le 2ᵉ compagnie des canonniers de l'arrondissement de Marseille, puis dans la 7ᵉ compagnie des canonniers volontaires (22 septembre 1798), et, bien que Suchet l'eût nommé chef de bataillon (11 mai 1800) après l'affaire du pont du Var, réformé par ordre du 29 avril 1801 lorsque sa compagnie fut incorporée, entré dans la gendarmerie, lieutenant (9 décembre 1801), capitaine (29 avril 1808), chef d'escadron et retraité en cette qualité (14 janvier 1831). Il était chevalier de la Légion d'honneur (28 juin 1813) et avait fait les campagnes des Alpes (1792-1793) et d'Italie, de l'an II à l'an IX, ainsi que celle de 1814.

XXXVIII. Doppet (p. 196).

Amédée Doppet, né le 18 mars 1753 à Lémens (Savoie), enrôlé au régiment de Commissaire-général-cavalerie en 1770, fusilier de la compagnie de Beaurepaire au régiment des gardes françaises (10 mai 1771 — 21 avril 1773), aide-major des milices bourgeoises de Chambéry durant quatre ans, sous-officier dans la garde nationale de Grenoble (1ᵉʳ avril 1790), grenadier au bataillon de Saint-Roch de la garde nationale parisienne (29 mars — 7 juin 1792), lieutenant-colonel dans la légion franche allobroge (13 août 1792), général de brigade (19 août 1793), général de division et commandant en chef de l'armée des Alpes (11 septembre 1793), général en chef de l'armée des Pyrénées-Orientales (3 novembre 1793), employé à cette dernière armée comme général de division (20 décembre 1793), destitué (4 février 1795), réintégré et nommé agent du gouvernement dans les départements de la Moselle, de la Meurthe et des Vosges pour faire rejoindre les jeunes gens de la première réquisition et les déserteurs (22 novembre 1795-20 avril 1796), autorisé à se retirer dans ses foyers pour y soigner sa santé (13 mai 1796), admis au traitement de réforme (14 août 1797), mort à Aix-les-Bains en 1800.

XXXIX. Du Teil cadet (p. 198).

Jean, chevalier Du Teil de Beaumont, né le 7 juillet 1738 à la Côte-Saint-André, surnuméraire au corps royal dans le bataillon de Fontenay (11 septembre 1747), cadet (9 novembre 1747), sous-lieutenant de canonniers au bataillon de Soucy (14 avril 1748), lieutenant en second de bombardiers (20 février 1756), lieutenant en second de canonniers (1ᵉʳ janvier 1757), lieutenant en premier (25 novembre 1761), sous-aide-major de la brigade d'Invilliers (11 juin 1762), ayant rang de capitaine (15 août 1763), aide-major au régiment d'artillerie de Grenoble (15 octobre 1765), capitaine de sapeurs au régiment d'artillerie de Strasbourg (26 février 1769), capitaine de bombardiers (1ᵉʳ février 1772), capitaine de canonniers (28 juin 1775), major au régiment d'artillerie de Toul (14 septembre 1776), détaché comme aide-major de l'équipage d'artillerie de l'armée rassemblée sur les côtes de Normandie et de Bretagne (1ᵉʳ août 1779), lieutenant-colonel au régiment d'artillerie de Metz (4 juillet 1784), puis au régiment d'Auxonne (4 octobre 1788), colonel-général de la garde nationale de Metz (14 mars 1790), colonel d'artillerie et directeur à Mézières (1ᵉʳ avril 1791), donne sa démission le 11 août 1791 et obtient une pension de retraite le 9 octobre de la même année. Mais il passait pour un chaud partisan du nouveau régime; c'était Bouillé qui l'avait éloigné de Metz; Dumouriez, devenu ministre, le recommandait avec instance; Du Teil lui-même se vantait d'avoir empêché la guerre civile qui menaçait d'éclater à Metz en 1790 à une époque où, comme il disait, tous les liens de la société étaient brisés entre militaires et citoyens, où les officiers avaient rompu leur abonnement et n'allaient plus au spectacle, au cabinet littéraire et au café. Il fut nommé le 25 août 1792 maréchal de camp d'artillerie et le 11 août 1793 général de division. Il commandait l'artillerie de deux armées, celle des Alpes et celle d'Italie, lorsque le Messin Bouchotte qui le connaissait, lui ordonna de se rendre à l'armée de la Moselle. Mais Doppet, chargé de la direction du siège de Toulon, voulut emmener Du Teil et, dit-il dans ses *Mémoires*, fit descendre avec lui de l'armée des Alpes cet excellent et ancien officier. « Les représentants et Doppet, écrivait Du Teil, m'ont donné une marque de confiance que mon zèle justifiera sûrement si ma trop faible santé n'y met pas d'obstacle; ils ont désiré me voir à la tête de l'artillerie qui doit réduire les rebelles de Toulon; je suis parti de Grenoble le 10 du deuxième mois (31 octobre 1793) et je marche avec Albitte et Doppet. » Les représentants Ricord et Saliceti reconnurent qu'il « avait bien servi au siège de Toulon et mérité l'estime et l'attachement des vrais républicains ». Dugommier le nomma un officier précieux qui avait parfaitement rempli ses fonctions et montré dans toutes ses dispositio s beaucoup d'intelligence et de talents militaires. Néanmoins, le 19 janvier 1794, Du Teil fut provisoirement suspendu par le ministre de la guerre, sans doute comme noble et frère de Jean-Pierre Du Teil. Autorisé à prendre sa retraite (4 avril 1794) et pourvu d'une pension (16 novembre 1794), admis au traitement de réforme (24 août 1798), nommé inspecteur général chargé de l'organisation des bataillons auxiliaires de la 3e division militaire (2 août 1799), Du Teil reçut le commandement de la place de Lille (12 mars 1800), puis de la place de Metz (23 septembre 1800), et fut définitivement retraité par décret du 23 décembre 1813. Il mourut à Ancy près de Metz, le 25 avril 1820.

XL. Les renforts de l'armée de Toulon (p. 198).

État des troupes qui sont parties de l'armée des Alpes pour aller au siège de Toulon.

1er bataillon du 35e régiment.
2e — du 35e régiment.
2e — de l'Aveyron.
4e — de l'Isère.
1er — de l'Isère.
3e — du Mont-Blanc.
1er — de la Lozère.
9e — de la Drôme.
4e — de la Haute-Garonne.
1er — du 10e régiment.
5e — de la Haute-Garonne.
1er — de la Haute-Loire.
8e — d'infanterie légère.
6e — de la Gironde.
1er — des Landes.
5e — bataillon de la Gironde.
bataillon des chasseurs des Alpes.

170 canonniers pris à Tournoux.
2e bataillon de l'Ardèche.
1er bataillon des chasseurs de l'Ariège.
1er — du Gard.
5e — des grenadiers.
2e — du 23e régiment.
3e — de l'Isère.
3 compagnies de pionniers.
1er bataillon de l'Ardèche.
3e — de la Drôme auquel le général Doppet a dit avoir donné l'ordre.
2e — de l'Ariège, idem.
1er — régiment de hussards.
7e — bataillon des côtes maritimes.
3 compagnies d'artillerie.

XLI. Vermot (p. 205).

Vermot (Claude-Antoine-Symphorien) était né à Morteau (Doubs) le 25 décembre 1759. Canonnier au régiment d'artillerie de La Fère (18 janvier 1781), sergent (25 septembre 1787), sergent-major (5 août 1793), lieutenant en second (10 août 1793), lieutenant en premier (14 août 1794), capitaine de 2e classe de la

11ᵉ compagnie d'ouvriers (20 avril 1796), capitaine de première classe (17 novembre 1797) et chef de bataillon sans troupes au 5ᵉ régiment d'artillerie (8 juillet 1799), il fit les campagnes d'Italie sous Dumerbion, Kellermann, Schérer et Bonaparte, et la campagne d'Égypte sous Bonaparte, Kléber et Menou. Le 18 avril 1803 il fut nommé colonel directeur d'artillerie à Toulouse ; mais aussitôt et sans qu'il eût le temps de se rendre à ce poste, employé de nouveau aux armées et envoyé à Douai pour y être aux ordres du général de brigade d'artillerie Faultrier. Durant une partie de l'an XI, durant l'an XII et une partie de l'an XIII, jusqu'au 20 janvier 1805, il servit à l'armée des côtes de l'Océan sous le commandement de Soult. Il était directeur du parc général de campagne de la grande armée lorsqu'il mourut le 3 février 1806 à Peuerbach, dans la Haute-Autriche. Quelques jours plus tard, le 14 février, il était nommé directeur d'artillerie à Strasbourg; Songis l'avait proposé pour cet emploi : « Son activité, disait-il, et ses connaissances, principalement dans la partie des constructions de l'artillerie, sont des garants qu'il le remplira parfaitement. »

XLII. Le sergent Pétout (p. 206).

Jean-Ignace Pétout naquit à Russey (Doubs) en 1767. Son père, Simon Pétout, avait été maréchal expert dans les dragons de Bauffremont et vint se fixer dans les Basses-Alpes à Castellet-lès-Sausses. Le 25 mars 1789 Pétout entrait au régiment d'artillerie de Grenoble, et ses camarades de la compagnie n° 6 reconnaissent qu'il « s'est toujours comporté en brave et honnête soldat, en bon citoyen zélé pour son service ». Le 16 avril 1793, à Valence, il passait dans l'artillerie à cheval et devenait sergent ou maréchal des logis de la compagnie n° 16. Il assure qu'au combat d'Ollioules, le 7 septembre 1793, il remplaça Dommartin blessé, et que trois jours après, lorsque le capitaine Rozé tomba malade, il reçut, avec l'autorisation verbale de Carteaux et le vœu unanime de l'artillerie, le commandement du parc. Bonaparte le chargea de construire la batterie des Hommes sans peur. A l'assaut du Petit-Gibraltar, Pétout marchait à la tête de ses canonniers qui s'élancèrent après lui, le sabre à la main, dans la redoute. Les représentants le nommèrent après le siège garde d'artillerie de 1ʳᵉ classe à Toulon, avec un traitement annuel de 1 200 francs (28 janvier 1794). Bonaparte, qui voulait l'employer dans un service plus actif, le fit conducteur principal des charrois d'artillerie de l'équipage de montagne de l'armée d'Italie (19 février 1795) et l'emmena dans sa campagne de Lombardie. Mais le 18 septembre 1796, au combat de Saint-Michel, devant Vérone, Pétout fut pris par l'ennemi. A son retour, il quitta volontairement le service et fut rayé des contrôles comme démissionnaire (1796). Il voulait, disait-il, se fixer dans une petite commune et se dévouer à l'instruction publique. Il s'établit à Thorame-Haute, dans les Basses-Alpes (arrondissement de Castellane), et y vécut longtemps comme instituteur primaire. Pourtant, il regrettait sa place de garde d'artillerie à Toulon, et il la demanda, d'abord au premier consul (voir la pièce suivante, lettre du 25 octobre 1800), puis au ministre de la guerre, auquel il écrivit jusqu'à douze lettres dans les mois de juillet et d'août 1801; mais le ministre lui répondit que cette place était exclusivement réservée aux sous-officiers d'artillerie qui avaient au moins vingt ans de service dans l'arme. Pétout ne se rebuta pas : le 1ᵉʳ août 1814, il demandait de nouveau la place de garde-magasin général d'artillerie en ajoutant que sa famille avait servi le roi; le 20 septembre 1829, il sollicitait une pension de retraite; enfin, à plusieurs reprises, en 1830 et en 1831, il priait Louis-Philippe de le réintégrer comme garde d'artillerie. Le ministère du gouvernement de juillet répondit que Pétout, retiré volontairement en 1796 et considéré comme démissionnaire, ne pouvait rentrer en possession d'un emploi auquel il avait renoncé et que les règlements n'accordaient qu'aux sergents-majors ou maréchaux de logis chefs en activité de service dans l'arme de l'artillerie.

XLIII. Pétout et Bonaparte (p. 206).

I

Je certifie que le sergent Pétout, commandant de la 1re escouade de la 16e compagnie d'artillerie légère, s'est conduit avec courage, zèle et activité pendant tout le siège de Toulon, qu'il a des droits à l'estime des républicains.

BUONAPARTE.

II

Le général d'artillerie, en conséquence de l'arrêté des représentants du peuple du 30 nivôse an II et de la manière distinguée dont le citoyen Pétout a servi pendant le siège de Port-la-Montagne, le nomme garde-magasin général du Port-la-Montagne et ordonne qu'il soit reconnu en cette qualité.

Port-la-Montagne, le 9 pluviôse an II.

BUONAPARTE.

III

Lettre de Pétout à Bonaparte.

Digne, département des Basses-Alpes, le 3 brumaire,
9e année de la République.

Le citoyen Pétout, ci-devant garde-magasin général d'artillerie, au citoyen Bonaparte, premier consul de la République française.

J'ai eu l'avantage de servir ma patrie comme militaire sous votre commandement. Vous me connûtes devant Toulon et après la reprise; vous m'y donnâtes la place de garde-magasin général d'artillerie. Je ne pus pas sympathiser longtemps avec le citoyen Serre, secrétaire du directeur d'artillerie; il me dégoûta, et je quittai cet emploi, après avoir rendu et mis ma comptabilité en règle. Je suis fâché aujourd'hui de ne pouvoir pas encore faire campagne à cause de ma faible santé et des infirmités que j'ai rapportées de mes campagnes. Cependant, j'ai plus que jamais l'envie d'être utile à la République, qui triomphera constamment puisque vous en êtes le premier consul. Je viens avec la confiance que vous savez si bien inspirer, vous demander la faveur de me réintégrer dans mon emploi de garde-magasin général d'artillerie à Toulon ou ailleurs. C'est la grâce que je vous ai demandée plusieurs fois, même avant votre embarquement. Si je n'ai pas encore eu l'avantage de recevoir réponse, je l'attribue aux événements et à la multiplicité de vos grandes affaires, mais j'espère que vous déroberez un moment à tant d'occupations pour le bonheur de Pétout, qui conservera éternellement le souvenir de vos bienfaits.

J. PÉTOUT.

P. S. — *Poste restante à Digne.*

XLIV. Lettre de Fréron (p. 210).

(Cette curieuse lettre fournit quelques détails sur le siège de Toulon, sur le dessein qu'avait le jeune terroriste de détruire la ville et sur la pénurie des vivres.)

Marseille, ce 23ᵉ brumaire an 2 de la République
(13 novembre 1793).

Fréron, représentant du peuple, à ses collègues Moyse Bayle et Granet.

J'ai reçu ta lettre, cher collègue, qui était adressée à Barras, qui est allé dans le département du Var faire une nouvelle battue de conspirateurs sectionnaires. Ce n'est que d'avant-hier que nous avons su officiellement par l'envoi du décret que nous a fait Saliceti, notre adjonction aux représentants du peuple sous les murs de Toulon. Vous savez, chers amis, la triste fin de Gasparin, mort à Orange avant-hier. Saliceti est seul dans ce moment. Mais nous allons le joindre demain, car j'attends Barras cette nuit. Comptez sur nous, sur notre énergie; avant un mois il faut que les sans-culottes de Marseille fassent un banquet patriotique sur la place où fut Toulon. Plus de pitié. Je vois qu'on modifie les décrets les plus révolutionnaires et les plus propres à glacer d'épouvante nos ennemis extérieurs et intérieurs. On a fulminé contre Longwy, Verdun et Lyon, et ces excommunications ont ressemblé à celles du pape. Il n'en sera pas ainsi à Toulon; il n'en eût pas été de même à Marseille si nous y fussions entrés avec une armée victorieuse. Albitte a laissé échapper une occasion qui ne reviendra jamais.

Déjà la visite des navires a été faite. Nous venons d'en ordonner une nouvelle. Demain, à la pointe du jour, 1 500 hommes armés investiront le port. Toutes les barques seront en réquisition et la visite la plus scrupuleuse se fera. La première avait procuré un assez bon nombre d'armes. Nous espérons en trouver encore, quoiqu'on nous assure le contraire.

Occupez-vous des subsistances. Nous sommes toujours près de manquer. Voyez le ministre de l'intérieur. Je lui ai écrit aujourd'hui, de concert avec la municipalité, la lettre la plus pressante. Toute la ci-devant Provence est épuisée de blés. Les armées la dévorent. Il faut faire venir en poste des blés de tous les départements où la récolte a été abondante. Vous sentez combien la disette favoriserait les espérances de nos ennemis : le peuple est encore à mille lieues de l'esprit révolutionnaire et républicain. Nous l'échauffons, nous l'instruisons, nous l'électrisons, mais il faut du pain. Nioche, notre collègue, chargé de la partie des subsistances, est, m'assure-t-on, à Paris avec Saint-Mesme, directeur général. Concertez-vous avec eux.

Gardez-vous d'envoyer à Marseille et sous Toulon plus de représentants que nous trois, Saliceti, Barras et moi. L'accord règne entre nous, ainsi qu'entre Doppet et La Poype. Marseille demande qu'ils restent et que Dugommier aille à l'armée des Pyrénées; nous croyons cette mesure indispensable pour la prompte destruction de Toulon.

Il est prouvé aujourd'hui que si Carteaux eût secondé La Poype (vrai jacobin décrété par Lafayette dans l'affaire du Champ-de-Mars et dont l'état-major n'est composé que de Marseillais du 10 août, comme Carry et autres, ce qui le faisait traiter de maratiste par Brunet), Toulon serait à nous depuis six semaines. La Poype s'était emparé une belle nuit des hauteurs et des redoutes du mont Faron d'où il pouvait foudroyer le fort de ce nom. Cette audace déconcerta tellement les ennemis qu'on sonna le tocsin dans Toulon et que les flottes anglaise et espagnole appareillèrent pour foutre le camp, tant la frayeur était grande. Mais il ne put conserver ce poste important par l'effet de la jalousie de Carteaux, qui, malgré ses demandes réitérées, ne lui envoya point de renfort. Le Poype eut le même succès à l'affaire du Cap Brun, dont il s'empara sous les yeux de Saliceti et de Gasparin, qui lui ont rendu à cet égard la plus éclatante justice.

Aussi, raison de plus pour que Doppet et La Poype qui s'entendent à merveille, et dont le patriotisme est à toute épreuve, et avec lesquels ainsi nous ne pouvons faire que de bonne besogne, étant tous animés par les mêmes principes, restent à l'armée sous Toulon, si on veut que cette ville soit prochainement écrasée.

Vous avez vu Bottot, secrétaire-général de notre commission. Nous le croyons reparti pour Marseille. Le 14 courant brumaire, nous lui avons adressé un paquet contenant plusieurs dépêches importantes dont il devait faire la distribution. Faites-moi le plaisir de vous transporter chez lui boulevard du Temple, n° 27. Il est connu dans son quartier, c'est près chez Nicolet. Il était juge de paix de la section du Temple et avait été seul conservé, lui deuxième, après le 10 août. Il avait été appelé à Nice par ce pauvre Beauvais (qui respire encore au fort La Malgue). Ayez confiance en lui ; c'est un patriote sûr. S'il était reparti, lisez la lettre que nous lui adressions et faites-nous le plaisir d'en exécuter la disposition et de distribuer à chacun ses lettres.

Adieu, chers amis. Nous triompherons, Toulon sera rasé, ses habitants passés au fil de l'épée, les Anglais, Espagnols et Napolitains noyés, et la République étouffera tous les tyrans.

Demain on prononcera ici publiquement l'éloge funèbre des vertus civiques de Gasparin.

Tout à la République.

FRÉRON.

XLV. Les Dugommier (p. 226).

I

Dugommier-Dangemont.

Jacques-Germain-François Dugommier, dit Dangemont, né à Sainte-Anne, Grande-Terre de la Guadeloupe, au mois d'août 1767, sous-lieutenant au 14° régiment ci-devant Forez (6 mars 1793), chef de bataillon adjudant général provisoire à l'armée des Pyrénées-Orientales et confirmé dans ce grade (26 avril 1794), passé en Amérique le 6 mars 1795, non compris dans l'organisation du 13 juin suivant, revenu en France et sollicitant une place du Directoire après le 18 fructidor, remis en activité comme adjudant général (24 janvier 1798) pour être employé à l'armée d'Angleterre, attaché en l'an VII au général de brigade Guillot à Belle-Isle-en-Mer, atteint de démence en l'an VIII, guéri et autorisé par le ministre de la guerre à se rendre à La Guadeloupe (11 février 1802), puis sur une lettre de Decrès qui déclare que « ce serait exposer ses jours que de lui faire entreprendre une pareille traversée » (2 mars 1802), recevant l'avis qu'il sera payé en France, et non ailleurs, de son traitement de réforme, protestant (cf. la pièce suivante), et obtenant de Bonaparte la permission de partir, mort à l'hôpital du Val-de-Grâce.

II

Lettre de Dugommier-Dangemont à Bonaparte.

Paris, le 26 germinal an X (16 avril 1802).

Dugommier, adjudant commandant, au premier consul Bonaparte.

Citoyen consul,

En rendant la paix à la France, vous avez assuré à ses défenseurs le plaisir d'embrasser leurs père et mère et la jouissance, avec eux, du fruit de leurs fatigues. J'étais flatté de ce doux espoir par l'arrêté que vous aviez pris dernièrement de m'envoyer à la Guadeloupe. Il s'est bientôt évanoui, car le ministre de la marine m'a fait part que vous l'aviez rapporté. Vous avez eu sans doute des motifs de le faire, que je ne dois pas chercher à pénétrer. Mais je vous prie de prendre en considération qu'il y a treize ans que je suis sorti de mes foyers avec mon cher père que j'ai eu le malheur de perdre, pour servir sous les étendards de la République que j'ai constamment suivis dès cette époque. Il me serait bien doux de revoir ma chère mère et de mettre ordre à mes affaires. Si vous me destinez un emploi autre part, je vous prie de me faire parvenir au plus tôt des ordres; vous me rappellerez à la vie et vous sauverez un jeune homme des dangers sans nombre qu'il a à courir dans cette ville immense et pernicieuse.

Salut et respect.

DUGOMMIER.

(*En marge.*) — Renvoyé au ministre de la marine. Accordé.

Paris, le 17 floréal, an 10.

Le premier consul,

BONAPARTE.

III

Dugommier-Chevrigny.

Jacques-Germain-François Dugommier, dit Chevrigny, né à La Basse-Terre le 10 juin 1773, soldat au 2ᵉ bataillon des volontaires de Paris (2 mars 1792), sous-lieutenant au 14ᵉ régiment (6 mars 1793), aide de camp de son père (10 juin 1793), nommé adjudant général chef de bataillon par les représentants devant Toulon (30 décembre 1793) et breveté dans ce grade (26 avril 1794), adjudant général chef de brigade (13 juin 1795), fait les campagnes des ans II, III, IV (avec son père et Schérer), V et VI (avec Bonaparte), VII (avec Schérer), VIII (avec Championnet) et IX (avec Brune), à l'armée des Pyrénées-Orientales et à celle d'Italie, les campagnes des ans XI, XII et XIII en Batavie et au camp d'Utrecht, la campagne de l'an XIV à la Grande Armée, les campagnes de 1806, 1807, 1808, 1809 et 1810 à l'armée d'Italie où il était chef d'état-major d'une division de cavalerie, la campagne de 1812 en Russie. Une lettre de Partouneaux du 24 avril 1813 annonce sa mort. Il avait épousé le 25 décembre 1803 à La Haye une Génoise, Anne-Marie-Antoinette-Louise Zeca, qui reçut de Napoléon, par un décret daté de Troyes le 26 février 1814, une pension de 600 francs.

IV

Dumoutier.

Pierre Dumoutier, né le 8 mai 1750 à Riom (Puy-de-Dôme), soldat au 75ᵉ régiment (9 mars 1769), caporal (1ᵉʳ juin 1769), sergent (1ᵉʳ septembre 1769), détaché pour servir sous les ordres de Rochambeau à la Nouvelle Angleterre (1ᵉʳ juillet 1780), lieutenant de la milice de Saint-Pierre de la Martinique (1ᵉʳ mars 1784) et major de la garde nationale de cette ville (20 septembre 1790), capitaine au 15ᵉ régiment (10 mai 1792) et adjudant-lieutenant de la place de Landau (22 décembre 1792) sur la recommandation de Santerre et de Dugommier, lieutenant-colonel au 32ᵉ (8 mars 1793), général de brigade provisoire à l'armée du Rhin (30 septembre 1793), autorisé à prendre sa retraite à cette époque, admis aux Invalides avec le grade et le traitement de colonel (24 juin 1795-17 septembre 1796), chargé du commandement de la place de Lille (13 décembre 1796), destitué par un arrêté du Directoire (23 février 1799), capitaine titulaire de la 208ᵉ compagnie de vétérans (18 décembre 1799), chef de bataillon à la 10° demi-brigade de vétérans (5 octobre 1800), passé à la Guadeloupe pour y remplir une place de commandant d'armes (9 décembre 1801), rentré en France (1ᵉʳ avril 1803) pour raison de santé, mis en réforme (26 mai 1803), retraité le 10 mai 1810 et décédé à la Martinique le 10 octobre 1819.

V

Lettre de Bonaparte à Dumoutier.

[Dumoutier, étant aux Invalides, écrivit à la fin de 1795 au général en chef de l'armée de l'intérieur, Bonaparte, qui lui fit la réponse suivante. La lettre est insignifiante ; mais elle est de Bonaparte.]

Au général de brigade Dumoutier, à la maison des Invalides.

19 nivôse IV, 3 heures.

Ma mission relative à l'organisation de la maison des Invalides, citoyen, étant finie, c'est au ministre de la guerre seul que vous devez adresser votre demande.

XLVI. Bergeron (p. 234).

Jean-Denis Bergeron, né le 9 juin 1757 à Saint-Germain-en-Laye, dragon au régiment de Penthièvre (26 août 1772), garde du corps du comte d'Artois (1ᵉʳ novembre 1773), lieutenant dans la légion de Nassau (8 février 1779), dans les volontaires de la marine (8 juillet 1779), dans la légion de Lauzun (26 juin 1781), sous-lieutenant de la maréchaussée avec brevet de lieutenant de cavalerie (20 décembre 1781), lieutenant de la gendarmerie des Pyrénées-Orientales (19 juin 1791), chef du 3ᵉ bataillon des volontaires (4 novembre 1792), adjudant général chef de bataillon (29 août 1794), adjudant général chef de brigade et commandant d'Arles (9 janvier 1795), commandant de Caen (24 mars 1796), de Besançon (1ᵉʳ novembre 1796), de Charleroi (21 février 1799), de Briançon (3 juillet 1799), de Neuf-Brisach (4 juin 1802) et de Coblentz (25 mars 1804), réformé (23 septembre 1804), rappelé au service et envoyé comme colonel commandant de place à Celle (2 mai 1809) et à Bois-le-Duc (15 septembre 1809), réformé de nouveau (12 juillet 1810), remis de nouveau en activité et nommé adjudant commandant la place de Danzig (13 mars 1811), où il meurt le 8 décembre 1812.

XLVII. Taisand (p. 234).

Gabriel Taisand, né le 26 janvier 1754 à Dijon, fils d'un entrepreneur, avait servi douze ans. Il était, lorsqu'éclata la guerre de la Révolution, conducteur de travaux sur les grandes routes. Élu lieutenant au 2ᵉ bataillon des volontaires de Côte-d'Or (1ᵉʳ septembre 1791), puis capitaine de la compagnie des canonniers du même bataillon (14 février 1793), il fut nommé pendant le siège de Toulon chef de bataillon d'artillerie et, après la prise de la ville, envoyé en qualité de commandant de l'artillerie à La Ciotat et ensuite à Avignon. Mais la loi du 18 floréal vint exclure de l'artillerie tous ceux qui n'appartenaient pas à cette arme au 1ᵉʳ février 1793. Taisand rentra dans son ancienne compagnie, devenue compagnie des canonniers de la 117ᵉ demi-brigade. La même loi réforma la compagnie, et Taisand, embarrassé, écrivait au ministre Aubert Dubayet : « Que deviendrai-je ? Informez-vous au général Buonaparte du fond que l'on peut faire sur moi. » Il eût accepté volontiers la place d'adjudant général que lui offrait Carteaux; mais le ministre objectait qu'on ne pouvait être adjudant général qu'après avoir eu le grade de chef de bataillon — dans lequel Taisand n'avait pas été reconnu par le gouvernement — et celui de chef de brigade. Bonaparte appela Taisand à Paris et le fit nommer chef de bataillon dans la légion de police de Paris créée par la loi du 9 messidor an III, puis, lorsque cette légion fut licenciée au mois de floréal an IV, chef de bataillon à la suite de la 72ᵉ brigade devenue 75ᵉ (18 mai 1796), commandant de la citadelle de Brescia (11 août 1796) et enfin chef du 8ᵉ bataillon de grenadiers. Mais Taisand fut blessé le 14 septembre 1796 à Saint-Georges et mourut le 14 octobre suivant à l'hôpital de Sainte-Euphémie, à Vérone. C'est lui que le *Moniteur* nomme Talland (XXVIII, 444) et la *Correspondance* de Napoléon Tayland (I, 618).

XLVIII. Taisand et Napoléon.

Ordre et certificats donnés par Napoléon à Taisand.

I

A Antibes, le 18 prairial, an II.

Le général commandant l'artillerie de l'armée d'Italie.

Il est ordonné au citoyen Taisand, chef de bataillon d'artillerie, de se rendre à Avignon pour y commander l'artillerie dans cette place et mettre dans l'envoi de l'artillerie à l'armée d'Italie l'intelligence et l'activité dont il a donné des preuves pendant le siège de Toulon. A son arrivée, il remplacera le citoyen Dulieu, qui a ordre de se rendre à Antibes.

BUONAPARTE.

II

Je, général commandant en chef l'artillerie de l'armée d'Italie, certifie que le citoyen Taisand, chef de bataillon d'artillerie, a servi à l'armée d'Italie sous mes ordres avec distinction. Il s'est trouvé au siège de Toulon comme capitaine de la compagnie des canonniers de la Côte-d'Or et a depuis commandé l'artillerie à Avignon avec intelligence.

A Avignon, le 20 floréal an III.

BUONAPARTE.

XLIX. Dintroz (p. 234).

Nicolas Dintroz, né à Malange, dans la juridiction de Dôle, entra le 23 octobre 1778 au régiment d'artillerie de Grenoble et se rengagea pour huit ans le 23 octobre 1786. Appointé (16 février 1785), sergent (14 décembre 1787), sergent-major (7 février 1793), il fut nommé second lieutenant le 1ᵉʳ septembre 1793. Appelé devant Toulon, et promu premier lieutenant, il était durant le siège conducteur en chef des charrois. Il conserva cet emploi à l'armée d'Italie. On le retrouve capitaine conducteur-principal et destiné, sur la proposition de Dommartin et l'ordre de Bonaparte (9 novembre 1797), à faire partie de l'armée d'Angleterre. Coston assure qu'il prit sa retraite et mourut de consomption en retournant dans son pays.

L. Talin (p. 235).

François-Alphonse Talin était né à Romans le 15 février 1764. Canonnier au régiment de Strasbourg (10 février 1781), il avait fait les campagnes de

Mahon et de Gibraltar (1781 et 1782). Lieutenant de la compagnie des canonniers du 2ᵉ bataillon des volontaires de la Drôme, il fit la campagne des Alpes (1792) et suivit l'armée de Carteaux devant Toulon. Nommé adjoint à l'état-major de l'artillerie, il s'attacha dès lors à Bonaparte, qui le fit appeler à Paris comme capitaine du 3ᵉ bataillon de la légion de police (10 décembre 1795) et adjoint à l'adjudant général Sauveur Chénier (6 mars 1796). Il suivit Bonaparte en Italie, comme capitaine adjoint à l'état-major de l'armée, et le général qui voulait l'emmener en Égypte, le fit nommer dans son grade à l'état-major des troupes dirigées sur les côtes de la Méditerranée (11 août 1798). Mais Talin resta à l'armée d'Italie où il fut capitaine des guides (31 janvier 1799). Remarqué pour sa bravoure à Novi où il reçut une balle à la cuisse (15 avril 1799) et dans une affaire entre l'Escarène et Nice où il reçut deux coups de sabre (10 mai 1800), il fut promu par Brune chef d'escadron et capitaine de ses gardes à cheval (20 février 1801). Confirmé par le premier consul (3 juin 1801), il demanda à entrer dans la gendarmerie de la Drôme ou de l'Isère, et Marmont, qui appuyait sa pétition « avec la plus vive instance », assurait que Talin avait très bien servi. Nommé chef d'escadron de la 22ᵉ légion de gendarmerie (20 décembre 1801), puis chef du 6ᵉ escadron d'Espagne (25 décembre 1809), puis chef d'escadron de la 6ᵉ légion de l'intérieur (22 septembre 1812), Talin prit sa retraite (qui fut de 1 868 francs) le 7 septembre 1814 après quarante-sept ans quatre mois et neuf jours de services, et mourut le 17 février 1824.

LI. Ragois (p. 235).

Thomas Ragois, né à Chamery, canton de Semur, le 20 janvier 1761, soldat au régiment de chasseurs à cheval du Hainaut (10 novembre 1782), brigadier (1ᵉʳ janvier 1790), sous-lieutenant au 2ᵉ bataillon de la Côte-d'Or (1ᵉʳ septembre 1791), capitaine (6 juillet 1792), capitaine à la 117ᵉ (26 mars 1794), à la 70ᵉ demi-brigade devenue 75ᵉ à l'embrigadement (16 mars 1796), dans le corps des guides (20 janvier 1799), à la garde des consuls (3 janvier 1800), passé adjudant supérieur chef d'escadron sur le champ de bataille (14 juin 1800), a continué ses services dans ce grade jusqu'au 7 février 1813 où il prend sa retraite. Il était chevalier de l'Empire (3 août 1810).

LII. Mouchon (p. 235).

Joseph Mouchon, dit Lapierre, né le 8 novembre 1766 à Tournon, soldat au régiment de Bretagne (6 avril 1784-6 avril 1792), capitaine d'une compagnie départementale de la Drôme (5 septembre 1793), chef du 11ᵉ bataillon de réquisition de la Drôme (5 octobre 1793), incorporé sans emploi dans la 117ᵉ demi-brigade (21 mai 1794), instructeur à l'École de Mars (28 juin 1794), capitaine au 9ᵉ bataillon de Paris (24 août 1795), puis dans la 6ᵉ légère, chef de bataillon au 63ᵉ régiment (24 mars 1805), admis à la retraite (12 janvier 1810), nommé commandant d'armes provisoire au Texel (16 juin 1812) et confirmé par un décret de Vitepsk (7 août 1812), pourvu d'une dotation de 2 000 francs sur le département des Apennins (16 juin 1812), admis à jouir de la retraite qui lui a été précédemment accordée, pour ne plus être employé (1ᵉʳ janvier 1813).

LIII. La Poype (p. 237).

Jean-François de La Poype, né à Lyon le 31 mai 1758, 2ᵉ enseigne au régiment des gardes françaises (6 avril 1777), enseigne surnuméraire (31 août

1777), enseigne (15 novembre 1778), sous-lieutenant en second (27 août 1780), et en premier (21 novembre 1784), démissionnaire (1ᵉʳ juillet 1787), lieutenant-colonel en premier du 2ᵉ bataillon des volontaires de Seine-et-Oise (19 octobre 1791), colonel du 104ᵉ régiment d'infanterie (16 mai 1792), maréchal de camp (1ᵉʳ septembre 1792) et employé au camp sous Paris, chef d'état-major de Biron à l'armée d'Italie (2 février 1793), général de division (15 mai 1793), reçut ordre le 27 octobre 1793, lorsqu'il commandait Lyon, de cesser ses fonctions et de prendre sa retraite, à la suite d'une lettre des représentants Poullain-Grandprey, Espinassy et Ferroux qui lui reprochaient de désapprouver les mesures qu'ils avaient prises pour empêcher le chant du *Réveil du peuple* au spectacle et d'agir avec une mollesse qui encourageait la résistance aux autorités. Mais sur la demande de ces mêmes représentants qui désiraient simplement l'éloigner de Lyon, il fut réintégré et employé à diverses armées, à celle de Rhin-et-Moselle (20 octobre 1797), à celle d'Italie (16 juin 1798), à celle du Rhin (22 février 1800), derechef à celle d'Italie (21 mars 1801). Envoyé à Saint-Domingue (5 juillet 1802), il fut fait prisonnier de guerre (30 novembre 1804). Rentré en France (29 juin 1806), il commanda la 21ᵉ division militaire à Bourges (16 septembre 1807). Nommé baron de l'Empire (29 janvier 1812), gouverneur de Wittenberg (12 mars 1813), et après la défense de cette place, officier de la Légion d'honneur (14 juin 1813), gouverneur de Lille (30 avril 1815), retraité (4 septembre 1815), La Poype mourut au hameau de Brosses, dans l'Isère, le 27 janvier 1851.

LIV. Delaborde (p. 237).

La biographie de Delaborde qu'on nomme alors Laborde, mais qui signe *Delaborde*, est suffisamment connue. On n'insiste ici que sur ses débuts. Né à Dijon le 21 septembre 1764, il est soldat au 55ᵉ régiment d'infanterie le 19 mars 1783, caporal le 3 septembre 1788, et obtient le 19 mars 1791 un congé absolu. Élu lieutenant au 1ᵉʳ bataillon des volontaires de la Côte-d'Or (30 août 1791), devenu adjudant-major au même bataillon, il est le 19 juillet 1792 nommé lieutenant-colonel du 2ᵉ bataillon de ce même département. Le 11 septembre 1793 le ministre lui confère le brevet de général de brigade ; mais Delaborde ne reçoit que le 10 octobre, devant Toulon, la lettre qui l'appelle à l'armée des Alpes, et il part sur-le-champ pour aller trouver Doppet sous les murs de Lyon. Après la prise de Lyon, il est nommé (13 octobre 1793) général de division et commandant des troupes de la République en Corse. Il se rend à Ollioules pour « puiser des renseignements près de Saliceti » ; mais à la prière de Doppet, le représentant décide que Delaborde qui « connaît déjà les localités devant Toulon », restera provisoirement à l'armée (arrêté du 7 décembre 1793). De la sorte Delaborde demeure sans emploi après la prise de Toulon, et il se plaint le 9 février 1794 que le Conseil exécutif ait donné à un autre le commandement de la Corse ; il fut envoyé à l'armée des Pyrénées-Orientales.

LV. Mouret (p. 238).

André Mouret, né le 13 novembre 1746 à Saigneville (Somme), soldat au régiment de Penthièvre-infanterie, plus tard le 78ᵉ (30 octobre 1766), caporal (16 avril 1770), sergent (14 octobre 1774), sergent-major (17 septembre 1777), officier au bataillon provincial de Flandre (2 octobre 1781), licencié (11 mai 1783), lieutenant d'une compagnie d'invalides détachée (10 avril 1785), est élu lieutenant-colonel en second du 3ᵉ bataillon des Basses-Alpes le 8 octobre 1791. L'année 1793 lui apporte le plus prompt, le plus brillant des avancements : devenu chef de son bataillon de volontaires le 1ᵉʳ juillet, il reçoit le 19 août le grade de général de division. Suspendu le 25 mai 1795, réformé le 13 juin suivant, et néanmoins employé provisoirement le 23 novembre de la même année près la force armée des Bouches-du-Rhône, confirmé dans cet emploi (7 janvier 1796), il commande la 8ᵉ (9 juin 1796), puis la 21ᵉ division militaire (12 août 1796). Bonaparte le nomme chef de la 3ᵉ demi-brigade de vétérans (26 juillet 1800), commandant de la Légion d'honneur (14 juin 1804), commandant d'armes à Gênes (17 septembre 1805). Mouret ne quitta Gênes qu'au jour de l'évacuation (18 avril 1814), obtint sa retraite un an plus tard (6 octobre 1815), et mourut à Versailles le 10 octobre 1818.

LVI. Micas (p. 238).

Micas (Jean-François), né le 14 mai 1749 à Saint-Girons dans l'Ariège, attaché au corps des ingénieurs géographes (20 mars 1770-31 août 1791), sous-lieutenant au 53ᵉ régiment d'infanterie (28 mars 1792), adjoint aux adjudants généraux de l'armée du Midi (16 mai 1792), adjudant général chef de brigade (21 août 1793), fut nommé par les représentants général de brigade après la prise de Toulon à cause de l'intelligence et de la bravoure qu'il avait déployées dans l'attaque du Faron (17 décembre 1793), et promu général de division le 11 mars 1795. Envoyé à l'armée de Sambre-et-Meuse (19 novembre 1795), — où Caffarelli du Falga lui donna la note suivante, « peu de talents militaires et homme de peu de tête » — et chargé de commander à Luxembourg les quatre départements belgiques, réformé par le Directoire (11 septembre 1797), maintenu à son poste (13 novembre 1797), employé à la 25ᵉ division militaire (2 décembre 1799), réformé par Bonaparte (8 février 1801), il termina sa carrière à Toulon, où il fut commandant d'armes du 27 mai 1801 jusqu'au jour de sa retraite, le 24 décembre 1814. Il touchait après trente ans, deux mois et quatre jours de services, une pension de 3 027 francs. Mort à Toulon le 7 mai 1825.

LVII. Garnier (p. 239).

Pierre-Dominique Garnier, fils d'un entrepreneur architecte, né à Marseille le 19 décembre 1756, soldat au régiment de l'Ile-de-France (21 février 1776-15 septembre 1779), colon à la Guadeloupe, où il sert quatre ans dans les dragons de l'île (1774-1778), revenu à Marseille et élu capitaine de la garde nationale, enlève le 30 avril 1789 à la tête de cinquante hommes le fort de la Garde, fait la garnison prisonnière et arbore le drapeau tricolore. Lieutenant-colonel en second du bataillon fédéré de Marseille, il est blessé le 10 août 1792 à l'attaque des Tuileries, devient sous-lieutenant au 51ᵉ régiment d'infanterie et adjoint à l'état-major de l'armée des Alpes (15 septembre 1792), lieutenant-colonel du 11ᵉ bataillon de chasseurs (26 octobre 1792) et combat à l'armée du Rhin à Rülzheim, Jockgrim, Rheinzabern, Germersheim. Promu général de brigade à l'armée d'Italie (12 septembre 1793), nommé général de division par les représentants du peuple Barras, Ricord, Fréron et Saliceti (20 décembre 1793), et confirmé dans ce grade (29 août 1794), il réprime l'insurrection des barbets et commande la 8ᵉ division militaire ou division de Marseille, et ensuite les départements des Basses-Alpes et des Alpes-Maritimes. Envoyé à l'armée d'Italie (6 mars 1800), réformé (21 mai 1801), rappelé à l'activité sous l'Empire, et mis à la tête d'un corps de troupes rassemblé sur l'Escaut (8 août 1809), retraité en 1811 et, sur sa demande d'un commandement de place ou d'un emploi dans les ponts et chaussées, nommé commandant d'armes de Barcelone (26 août 1811), autorisé de nouveau à prendre sa retraite (1ᵉʳ juillet 1812) et retraité pour la seconde fois avec une solde de trois mille francs (28 décembre 1812), réemployé commandant d'armes à Laybach (23 avril 1813), se rendant à Parme, puis à Turin après l'évacuation des provinces illyriennes, commandant de la ville et citadelle de Blaye (25 mars 1814), Garnier fut admis définitivement à la retraite le 30 décembre 1814 et mourut le 11 mai 1827 à Nantes. Dans son rapport du 20 décembre 1796 Clarke l'avait ainsi apprécié : « N'a ni talents ni moralité, n'est nullement militaire, ses opinions passent pour fort exaltées », et le 16 août 1809, l'empereur écrivait à Clarke, devenu son ministre : « Qu'est-ce que le général Garnier que vous envoyez pour commander une division ? Est-ce celui qui était à Toulon et depuis a fait une carte? Si c'est celui-là, rappelez-le sur-le-champ, il n'est pas capable de commander une compagnie. N'empestez pas mes troupes de pareilles gens. » Cf. Félix Bouvier, *La Révolution française*, XII, 851.

LVIII. Despinoy (p. 240).

Haycinthe-François-Joseph Despinoy, fils d'un avocat en parlement et trésorier des émoluments du sceau de la chancellerie du parlement de Flandre, naquit le 22 mai 1764 à Valenciennes. Cadet au 91e régiment, ci-devant Barrois (18 juillet 1780), sous-lieutenant (10 juillet 1784), lieutenant (15 septembre 1791), capitaine des grenadiers (22 mai 1792), nommé adjudant général chef de bataillon par les représentants Barras, Baille et Beauvais (22 juin 1793), puis général de brigade par les représentants Barras, Ricord, Fréron et Saliceti (20 décembre 1793), confirmé dans ce grade par le ministre de la guerre à la date du 14 novembre, il se rendit à l'armée des Pyrénées-Orientales après la prise de Toulon. Dugommier, qui l'employa comme chef d'état-major et le chargea de porter à la Convention les trophées de la campagne, lui donna le 16 octobre 1794 le témoignage suivant : « Chargé de la direction du siège de Toulon, j'appelai auprès de moi Despinoy, dont je connaissais les talents militaires et le patriotisme; il servit à Toulon comme dans l'armée d'Italie et justifia bien ma confiance. Il fut blessé grièvement à l'épaule dans la nuit du 27 au 28 frimaire à l'enlèvement de la redoute anglaise qui nous donna Toulon. Après sa guérison, il fut employé sur ma demande à l'armée des Pyrénées-Orientales, où son activité et ses talents l'ont mis à même, avec ses frères d'armes, de bien mériter de la patrie. » Appelé à l'armée d'Italie par Bonaparte (31 mars 1796), Despinoy prit part aux combats de Dego et de Mondovi, et fut chargé de commander tout le Milanais (10 juin 1796). Il s'empara du château de Milan, et le général en chef lui en fit son compliment, le nomma le vainqueur de Milan, lui donna le commandement d'une division. Il l'appelait « son cher général » et lui écrivait sur un ton cordial, familier : « Ne vous endormez pas dans les délices de Milan, et surtout n'écrivez pas de lettres qui fassent tourner la tête à notre pauvre chef d'état-major, car depuis que vous lui avez parlé d'une belle actrice qui l'attend à Milan, il meurt d'impatience d'y arriver... Fiez-vous au commissaire des guerres, ne lui dites rien, laissez le faire son embarras. » Despinoy vint commander à Peschiera, puis assister aux combats de Lonato et de Castiglione. Mais Bonaparte, après avoir loué son activité, jugea qu'il était très bien à Milan et très mal dans le commandement d'une division. Despinoy, disait-il au Directoire, est « mou, sans autorité, sans audace; il n'a pas l'habitude de la guerre, n'est pas aimé du soldat, ne se bat pas à sa tête, a d'ailleurs de la hauteur, de l'esprit et des principes politiques sains; bon à commander dans l'intérieur ». Despinoy fut réformé par le Directoire, pour l'intérêt, lit-on dans le rapport, de la subordination entre le général en chef et les officiers généraux sous ses ordres; Bonaparte, ajoutait le Directoire, reprochait à Despinoy de n'avoir pas exécuté le mouvement ordonné, de n'avoir pas montré dans cette occasion la bravoure d'un général français. A force de prières, Despinoy obtint d'être remis en activité. « Vous ne permettrez point, avait-il écrit au premier consul (6 novembre 1800), que l'un de vos anciens compagnons d'armes, que l'ami le plus intime de l'illustre Dugommier, celui qui partagea tous ses travaux, languisse désormais dans l'oubli et soit condamné à la retraite avant le temps. » Le 20 novembre 1801, il recevait le commandement d'armes de Perpignan, qui était vacant et qu'il avait sollicité de Berthier. Le 27 janvier 1803, il était nommé commandant d'armes à Alexandrie. Mais en vain il se plaignait à diverses reprises d'avoir été arrêté en 1796 au milieu de sa carrière, et rejeté dans l'inaction par une « fatalité sans exemple ». En vain, lorsque l'Empereur se couronna roi d'Italie, demandait-il d'assister à la cérémonie comme l'un des plus anciens généraux et le premier qui eût commandé la Lombardie sous les ordres de Sa Majesté. En vain, lorsque l'Empereur passait à Alexandrie, souhaitait-il d'être réintégré sur le tableau de l'organisation de l'armée : « J'ai du sang dans les veines, écrivait-il, j'en ai à répandre pour votre service, je vous supplie de me réintégrer dans le rang des braves, du moins de servir à l'avant-garde de l'une de vos armées et d'y mourir en combattant. » On lui répondit que l'Empereur avait décidé que les commandants d'armes n'étaient plus admissibles à être remis en activité dans la ligne. Il dut rester commandant d'armes à Alexandrie jusqu'à la fin de l'Empire. Le 30 avril 1814, dans un discours, il acclamait Louis XVIII qui remontait sur le trône de ses ancêtres. Il fut remis alors en activité. Il écrivait au ministre Dupont qu'il avait encouru la disgrâce de Bonaparte et passé douze ans à Alexandrie dans une sorte d'exil et l'exercice d'un commandement ingrat : « Il y a quatorze ans qu'après une disgrâce dont je m'honorerai toujours d'avoir été l'objet, le chef du gouvernement consulaire et impérial m'a comme enseveli dans les états-majors de place. » Il rappelait l'événement qui avait fait son malheur : « Mes plus grands crimes furent dans mes succès, dans le témoignage d'indignation que je fis éclater à l'aspect des rapports mensongers qui m'en ravissaient tout le prix, enfin dans ma courageuse résistance aux vues perfides et aux actes arbitraires d'un homme qui prétendait attribuer à lui tout le mérite de mes opérations et soumettre aux calculs de son ambition jusqu'à mon existence et mon honneur. » Nommé par la première Restauration commandant supérieur de Valenciennes (3 août 1814), puis, sur ses instances, commandant d'armes à Strasbourg (21 décembre 1814), il dut aux Cent-Jours cesser ses fonctions (6 mars 1815) et fut mis à la retraite par l'Empereur (29 mai 1815). Mais, bien qu'il eût été pareillement mis à la retraite par une décision royale du 9 septembre 1815, il fut rétabli commandant d'armes à Strasbourg sous la seconde Restauration (13 septembre 1815), puis nommé commandant de la 1re division (12 octobre 1815) et de la 12e division militaire (7 mars 1821). Une ordonnance de 20 août 1830 l'admit définitivement à la retraite. Il mourut à Paris le 29 décembre 1848.

LIX. Guillot (p. 241).

François-Gilles Guillot, né à Angers le 17 août 1759, soldat au régiment de Lyonnais (6 juin 1775), sergent (17 juillet 1780), sergent-major (17 février 1788), adjudant (29 avril 1788), quartier-maître trésorier au 28e régiment d'infanterie (1er avril 1791), capitaine (6 novembre 1792), adjudant général chef de brigade (3 novembre 1793), fut nommé général de brigade par les représentants le 20 décembre 1793, après la prise de Toulon et confirmé dans ce grade le 16 octobre 1794. Il survit à l'armée des Pyrénées-Orientales, puis à l'armée d'Italie sous Scherer et Bonaparte. Réformé le 18 mars 1797, il fut remis en activité par le Directoire le 23 mars 1798. « Cet officier, avait écrit Bonaparte, est un excellent militaire : il n'a cessé ses fonctions que parce qu'il était consumé par une maladie de langueur; mais, étant parfaitement rétabli, il me sera très utile. » Guillot fut employé à l'armée d'Angleterre, à celle de l'Ouest et dans la 8ᵉ division militaire sous les ordres de Cervoni. Nommé commandant de la Légion d'honneur (15 juin 1804) et baron de l'Empire (16 décembre 1810) avec une dotation de 2 000 francs, il fut pendant trois ans, de 1808 à 1811, à l'armée de Catalogne. Mais dans la nuit du 9 au 10 avril 1811 il se laissait surprendre à Figueras par les Espagnols et demeurait leur prisonnier jusqu'au 19 août de la même année, où la place fut reprise par l'armée française. Conduit aussitôt à la citadelle de Perpignan, traduit devant un conseil de guerre, il fut le 19 novembre 1813 condamné à mort. La cour de cassation annula le jugement, et l'affaire fut renvoyée à un autre conseil de guerre. Mais ce conseil n'était pas formé au retour des Bourbons. Le 13 mai 1814, Louis XVIII ordonna que Guillot serait mis en liberté et qu'aucune suite ne serait donnée à l'accusation. Réintégré maréchal de camp le 4 juillet 1814, après avoir été, comme il dit, pendant trois ans et deux mois l'un des plus malheureux de l'armée, Guillot commanda l'arrondissement de Barcelonnette (31 août 1814), jusqu'à la rentrée de Napoléon. Depuis, il ne fut pas employé. Il meurt à Draguignan, le 26 janvier 1818.

LX. Cervoni (p. 242).

Jean-Baptiste Cervoni, né le 29 août 1765 à Soveria, engagé au Royal-Corse (10 juillet 1783), congédié (10 octobre 1786), commandant de la garde nationale de son canton, secrétaire des commissaires du département Cesari et Arrighi en avril 1792, sous-lieutenant au 22ᵉ régiment de cavalerie (22 décembre 1792) sur la proposition de Joseph-Marie Casabianca et aide de camp de ce général (3 février 1793), agent militaire près des représentants Gasparin et Saliceti en septembre 1793, adjudant général chef de bataillon (26 octobre 1793), adjudant général chef de brigade (20 décembre 1793), général de brigade (14 janvier 1794), non compris dans l'organisation des états-majors (13 juin 1795), réintégré dans son grade par les représentants à l'armée d'Italie (29 octobre 1795), confirmé par le Directoire (24 décembre 1795), général de division (26 février 1798), commandant la 8ᵉ division militaire, mort devant Ratisbonne (23 avril 1809). Cf. sur sa mort les *Mémoires* du général Lejeune, 283. Clarke l'avait jugé ainsi dans son grand rapport du 20 décembre 1796 : « Très brave quand il est à l'ennemi, très intelligent, mais présentement sans zèle et sans envie de servir; il aime beaucoup l'argent. »

LXI. Boinod (p. 244).

On trouvera dans les *Volontaires de la Savoie* d'André Folliet de bonnes notices sur Dessaix, Dupas, Paethod et Séras, les Allobroges qui servirent avec Bonaparte au siège de Toulon. Mais Boinod est moins connu et se rattache plus étroitement à Napoléon. Jean-Daniel Boinod, fils d'un horloger, était né à Vevey le 29 octobre 1756. Après avoir été imprimeur-libraire à Philadelphie et volontaire de l'indépendance américaine, il revint dans sa patrie en 1789. Exilé par Berne et réfugié à Paris, il prit part à la journée du 10 août dans le bataillon des Cordeliers. Le 13 août 1792 il était nommé par le Comité révolutionnaire des Allobroges quartier-maître trésorier de la légion des Allobroges. Il s'acquitta parfaitement de ses fonctions et attira sur lui l'attention de Saliceti, qui le nomma provisoirement commissaire ordinaire des guerres (15 novembre 1793). Il ne fut pas compris dans la nouvelle organisation du 13 juin 1795. Mais Bonaparte se souvenait de lui, et bientôt nous voyons Boinod commissaire des guerres employé à Paris (9 octobre 1795), employé à l'armée d'Italie (22 décembre 1795), employé à l'armée d'Orient (18 avril 1798). Il rentre en France (27 septembre 1799), et le voilà commissaire ordonnateur (13 janvier 1800), inspecteur aux revues (7 février 1800), chargé d'organiser en Bourgogne les bataillons du train d'artillerie et d'assurer dans le Valais les subsistances et les transports pour le passage du Saint-Bernard, commissaire ordonnateur en chef de l'armée d'Italie (5 janvier 1801), inspecteur aux revues de la 6ᵉ division militaire (15 janvier 1802) et de la réserve de cavalerie de la Grande Armée (29 août 1805), inspectant extraordinairement le 2ᵉ corps (21 juin 1806). Nous le trouvons ensuite dans le royaume d'Italie attaché au ministère de la guerre (17 septembre 1806) et, après une mission en Dalmatie (15 mars 1808), inspecteur aux revues (19 avril 1808), intendant général de l'armée (4 mai 1809), ordonnateur en chef de cette armée lors de sa réunion avec l'armée d'Allemagne en juillet 1809, inspecteur en chef aux revues (15 février 1810). En 1814, il quitte Milan pour rejoindre Napoléon à l'île d'Elbe, et le 13 décembre de la même année, la première Restauration le raye des contrôles de l'armée française. Il revient avec Napoléon en qualité de commissaire ordonnateur en chef des troupes impériales (1ᵉʳ mars 1815) et reçoit la place d'inspecteur aux revues de la garde (14 avril) : « Boinod, avait dit Napoléon, s'est distingué par son activité, son zèle, son attachement à ma personne, et il faut le placer d'une manière avantageuse. » La seconde Restauration le licencie (1ᵉʳ octobre 1815), et bien qu'elle reconnaisse ses talents et sa probité scrupuleuse, déclare qu'il s'est interdit tout recours à la bienveillance du roi, puisqu'il a rejoint l'usurpateur à l'île d'Elbe et l'a suivi, servi de tous ses moyens. Pourtant, par un « acte de clémence », il obtient une retraite de 3 000 francs, minimum de la pension de son grade (16 avril 1817) et il est attaché à l'administration de la guerre comme agent spécial de la manutention des vivres de Paris (1ᵉʳ mai 1818), puis comme gérant de cette manutention (1ᵉʳ juillet 1821), enfin comme directeur de 1ʳᵉ classe des subsistances militaires faisant fonction d'agent comptable (1ᵉʳ juillet 1825). Le gouvernement de juillet l'admit au traitement d'activité du grade d'intendant en chef (1ᵉʳ octobre 1830), le nomma intendant militaire (31 décembre 1830), et le chargea par intérim du service des Invalides (27 janvier 1831). Mais Boinod cessa bientôt ses fonctions (1ᵉʳ mai 1831) pour être admis définitivement à la retraite (2 décembre 1832). Il mourut à Paris le 28 mai 1842.

LXII. Marescot (p. 244).

Armand-Samuel Marescot, fils de Messire Samuel de Marescot, brigadier des gardes du corps du roi et seigneur de la Noue, né à Tours le 1ᵉʳ mars 1758, sous-lieutenant à l'École de Mézières (1ᵉʳ janvier 1778), aspirant (1ᵉʳ janvier 1780), lieutenant en premier (13 janvier 1784), capitaine (1ᵉʳ avril 1791), chef de bataillon (6 novembre 1793), chef de brigade (19 juillet 1794), général de brigade du génie (1ᵉʳ août 1794), directeur des fortifications (13 juin 1795), général de division du génie (9 novembre 1795), premier inspecteur général du génie (5 janvier 1800), chargé le 14 mars 1808 d'inspecter les places des Pyrénées et le 17 mai suivant d'aller visiter Cadix, Algésiras et Gibraltar, destitué (4 septembre 1808 et 1ᵉʳ mars 1812) par décrets, nommé de nouveau premier inspecteur du génie par le gouvernement provisoire (8 avril 1814), admis à la retraite de 6 000 francs (18 octobre 1815), qui est portée à 12 000 francs trois ans plus tard (1ᵉʳ juillet 1818), mort le 5 novembre 1832 au château de Chaslay, près Montoire, dans le Loir-et-Cher. Son fils unique avait fait les premières campagnes auprès de Napoléon comme premier page, et reçu à l'âge de dix-huit ans le brevet de lieutenant au 10ᵉ régiment de chasseurs à cheval (18 octobre 1807).

LXII *bis*. **Lettre de Marescot à Carnot** (p. 201).

5 frimaire, an II (28 novembre 1793).

Dans le nombre de ceux que j'ai trouvés ici se trouve le citoyen Fournier, mon ancien, que le grade qu'on m'a donné met à mes ordres; outre l'avantage de l'âge, de l'ancienneté de service et de l'expérience, il a sur moi l'avantage inappréciable de connaître parfaitement Toulon, les forts et tous les environs; fidèle à son devoir, il a fui la ville rebelle au moment où nos infâmes ci-devant camarades consommaient leur crime affreux de trahison. Cette conduite non équivoque appelle la confiance. Les connaissances locales devant le rendre immanquablement plus utile ici que moi, j'ai cru, mon cher Carnot, que je devais donner un exemple de républicanisme en déposant tout amour-propre et toute ambition particulière, et en demandant au ministre de donner au citoyen Fournier un grade qui lui procurât le commandement de notre corps dans cette expédition importante. J'espère que ma conduite sera approuvée de toi et des bons patriotes. Je le seconderai de tout mon pouvoir.

Ton ami.
MARESCOT.

LXIII. **Alméras** (p. 245).

Louis Alméras, né à Vienne en Dauphiné le 15 mars 1768, sergent-major au 5ᵉ bataillon de l'Isère (1ᵉʳ novembre 1791), sous-lieutenant (13 décembre 1791), adjudant-major (19 mars 1793), adjudant général chef de bataillon (24 septembre 1793), adjudant général chef de brigade (13 juin 1795), nommé général de brigade par Kléber sur le champ de bataille (25 avril 1800), employé pendant quelques années à l'île d'Elbe, promu général de division dans la campagne de Russie (16 octobre 1812), prisonnier des Moscovites (15 novembre 1812), rentré en France (13 août 1814) et mis en non-activité, chargé sous les Cent-Jours de commander à La Rochelle une division d'infanterie (31 mai 1815), envoyé à Rochefort (7 juillet 1815) par le gouvernement provisoire pour hâter avec Beker l'embarquement de Napoléon, remis en non-activité par l'ordonnance du 1ᵉʳ août 1815, disponible (30 décembre 1818), commande la 20ᵉ division militaire (7 mars 1821), puis la 18ᵉ (12 février 1823) et meurt à Bordeaux le 7 janvier 1828. Il avait été fait par Napoléon commandeur de la Légion d'honneur le 14 juin 1804 et par les Bourbons chevalier de Saint-Louis le 3 septembre 1814.

LXIV. **Saint-Hilaire** (p. 246).

Louis-Vincent-Joseph Le Blond de Saint-Hilaire, né le 4 septembre 1776 à Ribemont (Aisne), sous-lieutenant au régiment d'Aquitaine, plus tard le 35ᵉ (16 septembre 1783), lieutenant en second (1ᵉʳ juin 1788), capitaine (1ᵉʳ juillet 1792), nommé adjudant général chef de bataillon par les représentants Fréron, Barras et Saliceti (27 décembre 1793) et adjudant général chef de brigade par les représentants Saliceti, Ritter et Turreau (23 novembre 1794), confirmé (13 juin 1795), promu général de brigade (24 décembre 1795) et général de division (27 décembre 1799), commande successivement la 15ᵉ division militaire (12 novembre 1800), la 1ʳᵉ division du camp de Saint-Omer (31 août 1803), la 1ʳᵉ division du 4ᵉ corps de la grande armée (29 août 1805), la 4ᵉ division du 2ᵉ corps de l'armée d'Allemagne dans la campagne de 1809 et meurt à Vienne le 5 juin 1809 des suites de la blessure qu'il avait reçue à Essling le 22 mai précédent. Napoléon l'avait fait commandeur de l'ordre de la Couronne de fer en 1808, grand aigle de la Légion d'honneur (27 décembre 1805), et comte de l'empire (27 novembre 1808). Clarke l'appréciait ainsi dans son rapport du 20 décembre 1796 : « excellent officier et probe ». Cf. sur lui les *Mémoires* de Lejeune, I, 344.

LXV. Grillon (p. 246).

Alexis-Catherine-Victor Grillon, fils de vigneron, fusilier aux gardes françaises (1er avril 1770), grenadier (15 avril 1772), caporal-fourrier (26 novembre 1774), capitaine de la garde nationale soldée, district de Saint-Nicolas des Champs (1er septembre 1789), capitaine au 104e régiment d'infanterie (1er janvier 1792), un instant chef d'état-major de Dugommier devant Toulon, sous-chef d'état-major après l'arrivée de Dugua, nommé par les représentants Barras, Ricord, Fréron et Saliceti adjudant général chef de bataillon (20 décembre 1793), chef de l'état-major de la place de Marseille et promu par le représentant Maignet adjudant général chef de brigade (18 avril 1794), exclu de l'organisation du 13 juin 1795, maintenu en activité par Fréron (5 décembre 1795), chargé par Bonaparte du commandement provisoire de Marseille (20 mars 1796, voir la pièce suivante), autorisé par un arrêté du Directoire à prendre sa retraite (26 avril 1796) et renvoyé à Paris par le général Willot (29 août 1796), remis en activité après le 18 fructidor et nommé commandant à Marseille où il reste cinq mois, puis à Lyon (11 février 1798) où il reste un an, envoyé dans le département du Léman en qualité de commandant militaire (12 février 1799), demandé par Augereau comme aide de camp (22 avril 1801), admis à la retraite le 27 août 1803.

LXV bis. Lettre de Bonaparte à Grillon.

Au quartier général de Marseille, le 30 ventôse an IV.

Buonaparte, général en chef de l'armée d'Italie,
à l'adjudant général Grillon.

Vous prendrez, citoyen, le commandement provisoire de la place de Marseille vacant par le départ de l'adjudant général Leclerc; ce dernier vous remettra toutes les instructions nécessaires au commandement de cette place.
Vous prendrez le commandement à dater du premier germinal.

Le général en chef,

BUONAPARTE.

LXVI. Lalance (p. 247).

I

Alexandre Lalance, né à Metz le 14 novembre 1771, élève à l'école d'artillerie de Châlons (1er mars 1792) et reçu par Laplace le 1er sur 47 au concours où Marmont était le 20e, Alix le 21e, Duroc le 29e, Foy le 32e, Viollet-le-Duc le 33e, Demarçay le 42e et Muiron le 47e, lieutenant en second (1er septembre 1792), lieutenant en premier (1er janvier 1793), capitaine (13 octobre 1793), adjoint au général Bonaparte, disait-il lui-même, « depuis sa nomination au grade de général de brigade jusqu'au moment qu'il changea d'armée » (1794-1795), capitaine commandant la 12e compagnie d'ouvriers (20 avril 1796), nommé chef de bataillon d'artillerie par Bonaparte (25 février 1797) — mais la nomination ne fut jamais confirmée par le ministère de la guerre — et chargé par le général en chef d'organiser l'artillerie des légions lombardes, passe le 19 juillet 1797, par ordre de Napoléon, au service de la République cisalpine comme chef de brigade commandant l'artillerie. Il est le 23 avril 1799 général de brigade de la République cisalpine. Fait prisonnier de guerre à Turin, il demande, à son retour, un emploi dans quelque arme que ce soit, comme « général à la ligne », et le 12 mars 1800 Bonaparte le nomme général de brigade d'infanterie. Lalance sert en cette qualité à l'armée de l'Ouest. Mais le 10 juillet 1801 il est rayé de la liste des 240 généraux de brigade qui font partie de l'état-major général de l'armée et replacé capitaine d'artillerie. Toutefois, le 31 octobre 1801, il est nommé chef de brigade et il participe comme colonel d'artillerie à l'expédition de Saint-Domingue. Sous-inspecteur aux revues (22 décembre 1801), inspecteur provisoire aux revues (21 novembre 1802) et confirmé dans cette fonction (15 décembre 1803) qu'il exerça durant tout l'Empire, rallié à Napoléon sous les Cent-Jours, bien qu'il eût été fait le 10 mars 1815 chevalier de Saint-Louis, Lalance mourut à Metz le 15 septembre 1822.

II

Lettre de Bonaparte à Lalance.

Au citoyen Lalance.

Quartier-général de Marseille, le 11 floréal an 3.

Vous trouverez ci-joint, mon camarade, la copie de l'arrêté du représentant du peuple Poultier qui vous nomme examinateur des canonniers de brigade et dont j'ai expédié aujourd'hui l'original au général Dujard. Je suis très charmé d'avoir pu, avant de partir, vous donner cette marque de la considération que j'ai toujours eue pour vos connaissances. Dans tous les temps et dans quelque armée que ce soit, comptez sur mon activité et l'empressement que je mettrai à faire ce qui peut vous être utile pour vous rendre plus essentiel dans un métier où je vois parcourir les premiers grades avec distinction.

III

Ordre de Bonaparte relatif à Lalance.

8 brumaire an 10 (30 octobre 1801).

Le premier consul au ministre de la guerre.

Le citoyen Lalance, ex-général de brigade cisalpin, sera employé dans l'armée de Saint-Domingue comme chef de brigade directeur du parc. Le général Leclerc lui donnera de l'avancement s'il s'en rend digne.

LXVII. Muiron (p. 249).

Jean-Baptiste de Muiron, fils d'Eustache-Nicolas de Muiron, conseiller fermier général du roi, et d'Anne-Adélaïde Grossard de Verly, né à Paris le 10 janvier 1774, élève d'artillerie (1er mai 1792), second lieutenant à la compagnie de Vaubois (20 décembre 1792), premier lieutenant (6 mars 1793), second capitaine à la 22e compagnie d'artillerie légère (1er avril 1793), capitaine-commandant au 4e régiment d'artillerie (21 décembre 1793), nommé adjudant général chef de bataillon par les représentants (17 janvier 1795), confirmé par le gouvernement (3 juin 1795), aide de camp de Bonaparte (26 octobre 1796), mort à Arcole (15 novembre 1796).

LXVIII. Chauvet (p. 251).

Félix Chauvet, né à Mezel, dans le district de Digne, le 19 novembre 1769, était fils du procureur général syndic des Basses-Alpes, député à l'Assemblée législative. Il étudiait avant 1789 pour entrer dans le corps du génie. Commis dans les bureaux de la guerre, il fut, lorsque le ministre supprima sa place, envoyé comme aide-commissaire des guerres à l'armée des Alpes et employé d'abord à Grenoble, auprès de Pascalis, puis à Valence, auprès de Sucy. Le 1er août 1793 le Conseil exécutif provisoire le promut adjoint aux commissaires des guerres à Montélimar. Mais déjà les représentants Dubois-Crancé et Gauthier l'avaient nommé commissaire des guerres à l'armée de Carteaux (2 juillet 1793), et bientôt, le 4 septembre suivant (cf. pièce XXXII, 1), Gasparin, Saliceti, Albitte le nommaient ordonnateur en chef de l'armée sous Toulon. Après la prise de la ville, Saliceti, Ricord, Barras, Fréron arrêtèrent de l'attacher comme ordonnateur à la 8e division militaire (24 décembre 1793). Les généraux vantaient son exactitude et son talent. Massena, par exemple, reconnaissait que, grâce à Chauvet, les services de la division de droite de l'armée d'Italie n'avaient jamais manqué. Mais le 2 avril 1796, Chauvet mourait à Gênes. « J'eus la douleur, dit Joseph Bonaparte, de le voir s'éteindre dans mes bras. » Le *Journal de Marseille* déplora sa mort (n° du 22 avril 1796) : « Il s'était rendu redoutable à tous ceux qui étaient chargés des fournitures et des vivres par la sévérité qu'il avait introduite dans cette partie de l'administration livrée jusqu'à ce jour aux abus les plus répréhensibles. »

LXIX. Lettres de Napoléon.

I

Marseille, 15 septembre 1793,
l'an 2 de la République française une et indivisible.

Le citoyen Buonaparte, capitaine commandant d'artillerie chargé de faire passer des convois de poudre à l'armée d'Italie,

Aux citoyens composant l'administration du département de Vaucluse.

Le proposé (sic) des convois militaires à Avignon a reçu l'ordre de faire passer sans délai *quatorze milliers de poudre* qui se trouvent à Avignon, reste d'un convoi que j'ai fait passer précédemment.

Je vous requiers de lui accorder toute l'assistance dont il peut avoir besoin pour remplir sans délai l'ordre qu'il vient de recevoir. Il y aura besoin de cinq voitures attelées chacune de trois colliers.

Ils partiront sous l'escorte d'un brigadier de gendarmerie, et je vous prie d'ordonner que les municipalités de votre département par où séjournera le convoi, lui accordent une garde de sûreté.

Votre patriotisme est trop ardent pour que vous ne donniez toutes les sollicitudes, l'envoi de ces poudres étant d'une grande urgence pour l'approvisionnement de nos côtes et de l'armée d'Italie qui dans ce moment-ci est aux mains avec le tyran de Turin.

BUONAPARTE.

II

Au général Carteaux.

Ollioules (29 ou 30 septembre?).

L'on travaille au chemin, mais les hommes sont fatigués. Veuillez, général, nous envoyer 400 hommes pour travailler le plus tôt possible afin qu'à la pointe du jour le chemin soit fait.

Je vais faire placer deux pièces de canon sur la gauche, au poste le plus avancé.

Le général Garnier va faire avancer son poste, qui est sur le chemin de gauche jusqu'à la plaine.

Je lui donnerai deux nouvelles pièces de 4.

Le commandant de l'artillerie,

BUONAPARTE.

P.-S. — 200 hommes de ces 400 iront au parc prendre des outils. Les ordres sont donnés.

III

Aux officiers municipaux du Beausset.

Au quartier-général, Ollioules, 12 octobre 1793.

Je vous prie, citoyens, de me donner des renseignements s'il serait possible de faire des fascines auprès de votre ville. Je vous prie de m'envoyer quelque homme intelligent qui connût parfaitement votre territoire, avec qui je pùsse causer sur cet objet-là. Il faut que les fascines aient 8 ou 9 pieds de long, 5 ou 6 lignes de diamètre et qu'elles soient composées de brins de bois qui ne soient pas torteux (*sic*). Il faudrait aussi des branches de saule de 3 ou 4 pieds de long afin de s'en servir pour lier les fascines.

Le commandant de l'artillerie de l'armée du Midi,

BUONAPARTE.

IV

Aux citoyens officiers municipaux du Beausset.

Ollioules, 11 octobre 1793.

Le citoyen Taisand, capitaine de la compagnie de la Côte-d'Or, est chargé de la réparation du chemin des gorges d'Ollioules : il aura besoin de quelques outils et surtout de masses de fer.

Je ne doute pas que vous ne fassiez tout ce qui est en vous pour lui procurer tout ce qui lui sera nécessaire. Requérez l'entrepreneur de se porter chez le citoyen Taisand et de prendre ses ordres.

Le commandant de l'artillerie de l'armée du Midi,

BUONAPARTE.

V

Aux citoyens officiers municipaux du Beausset.

Ollioules, 14 octobre 1793.

Vous m'avez écrit hier que vous m'envoyez quatre charrettes de fascines afin de servir de montre. Je ne les ai point reçues. Vous pouvez montrer celles que vous avez et prendre des renseignements auprès du citoyen Taisand. Je vous prie de prendre en considération cet objet qui, s'il était négligé, arrêterait nos travaux.

Le commandant de l'artillerie de l'armée du Midi,
BUONAPARTE.

VI

Aux représentants.

Marseille, le 16 octobre 1793,
l'an 2 de la République française une et indivisible.

Représentants,

J'ai trouvé dans l'arsenal de Marseille le plus grand désordre ; j'ai, autant qu'il a été possible, remis en train les différents ateliers ; mais vous sentez que cela ne peut pas être l'opération d'une demi-journée, et les opérations militaires me rappellent au camp.

Je laisse le commandement de l'arsenal au citoyen Perrier, capitaine d'artillerie. Mais, comme j'ai eu l'honneur de vous le dire hier, il est peu d'officiers aujourd'hui dans l'artillerie dans le cas de former un équipage de siège. Le citoyen Gassendi pouvait seul, avec votre assistance et celle des sans-culottes de Marseille, soutirer de cette ville tous les matériaux qui nous sont nécessaires. Il vous eût indiqué les choses qui étaient nécessaires, l'endroit où elles se trouvaient, et vous les eussiez fait fournir en les payant aux propriétaires. Presque seul pour diriger l'attaque de Toulon, il est difficile que je puisse m'absenter un seul instant. Cependant, s'il n'y a pas moyen de faire revenir le citoyen Gassendi, il faudra bien que je me partage entre l'armée et l'arsenal.

L'arsenal de Marseille est dans un état d'inactivité tel qu'il ne peut pas même fournir aux réparations et aux objets nécessaires au mince équipage provisionnel que nous avons actuellement. Jugez de son insuffisance pour l'équipage complet.

Je joins la note de plusieurs objets qu'il me serait indispensable d'avoir dans la journée. La municipalité seule peut nous les procurer en les mettant en réquisition chez les particuliers et les artisans.

Désormais, il faut partir du principe qu'en payant, tout est à la République, et du moment que nous en agirons en conséquence (*sic*), Marseille nous offrira des ressources immenses.

Les garde-magasins et les agents de l'artillerie à Marseille, par faiblesse ou par ignorance de leur état, obéissaient aux différentes réquisitions des agents militaires ou des autorités civiles ordinaires. De là, naissaient la confusion et le gaspillage. Je leur ai réitéré la défense que fait la loi, de ne rien livrer de leurs magasins sans mon ordre ou, pour les affaires d'urgence, sans celui du commandant que je leur laisse à Marseille.

Tous les objets relatifs aux armes, aux approvisionnements militaires de l'armée regardent l'artillerie. Toutes les fois que les généraux voudront entre eux s'en faire l'envoi et s'en mêler d'aucune manière, j'en instruirai le ministre et vous, afin de m'en ôter la responsabilité. L'on est aussi coupable lorsqu'on laisse faire des bévues que de les faire. Je vous prie, représentants, de tenir la main à ce qu'aucune arme ne sorte de ses fonctions. L'on ne peut pas savoir faire ce que l'on n'a pas appris et ce que l'on n'a jamais fait : l'on entreprend cependant de le faire, et de là naît la confusion et le gaspillage.

J'ai encore à vous parler d'un objet intéressant. C'est celui des chevaux. Les chevaux, pour le service de l'artillerie, ne sont pas employés seulement au transport des objets qui nous sont nécessaires, mais sont toujours obligés d'aller au feu, soit dans l'approvisionnement des batteries, soit dans le transport des pièces, soit dans l'attelage des équipages de campagne. De là naît la nécessité absolue d'avoir les meilleurs chevaux et mulets. L'on doit nous donner le choix sur toutes les réquisitions des vivres et autres transports militaires.

Une fois que les chevaux sont attachés à l'artillerie, personne n'a plus le droit d'en disposer, et ce serait se former une fausse idée que de croire que l'on pût dans des besoins prendre nos chevaux pour une autre partie, sauf à les remplacer par d'autres chevaux. Les nôtres seuls peuvent nous servir, parce qu'il faut une éducation pour accoutumer les chevaux et plus encore les charretiers au feu. En général, les charretiers sont très poltrons. Nous sommes obligés de les traiter avec une grande sévérité. Sur vingt expéditions manquées, dix le sont par la faute des retards des caissons ou des pièces. L'on peut rester vingt-quatre, s'il le faut même, trente-six heures sans manger; mais l'on ne peut rester trois minutes sans poudre, et des canons, arrivant trois minutes plus tard, n'arrivent plus à temps. Cette grande précision qui nous oblige à une grande sévérité, n'est pas propre à nous faire aimer des charretiers. Tous ne demandent pas mieux que de nous quitter, et s'ils le peuvent, passer de l'artillerie dans les vivres.

Je vous prie donc, représentants, de défendre aux directeurs des subsistances militaires et autres transports de jamais recevoir dans leurs attelages des chevaux d'artillerie sous les plus grandes peines. J'aimerais mieux que l'on me débauchât des canonniers que des charretiers d'artillerie. Vous savez que la loi condamne à mort tous ceux qui débauchent nos soldats du camp ou empêchent par leurs instigations le recrutement; et le vrai attelage militaire, c'est celui de l'artillerie.

Le commandant de l'artillerie de l'armée du Midi.

(*Non signé.*)

VII

A Chauvet.

(Sans date)

Le commandant de l'artillerie de l'armée devant Toulon
au commissaire ordonnateur.

Il y a deux attelages bien distincts dans le service de l'armée; celui des vivres et celui de l'artillerie. Ces attelages, étant confiés à des directeurs différents, n'ont rien de commun entre eux, et ne peuvent jamais former sujet à une sérieuse discussion.

Mais il est un troisième attelage qui, étant mi-parti, est dans ce moment-ci le sujet d'une discussion, et, de la part des directeurs, un sujet de calculs erronés.

L'attelage des transports militaires voiture des blés et des poudres, des farines et des bombes.

Les convois chargés de farine et de blé, voiturés par les transports militaires, sont sous la direction et doivent entrer dans les calculs des préposés aux vivres; c'est-à-dire qu'un convoi, venant d'Avignon chargé de blé, peut changer de direction en route à la simple réquisition du régisseur des vivres. Si donc l'artillerie calculait sur ses voitures pour les employer au moment du déchargement, tel que le porterait la lettre de voiture, l'artillerie aurait tort et ne pourrait point se plaindre des régisseurs des vivres qui auraient disposé de ces voitures de toute autre manière. Cela me paraît si évident, si clair que l'entêtement seul le moins pardonnable peut vouloir s'y refuser.

Pourquoi donc les régisseurs des vivres calculent-ils sur la partie de l'attelage du transport militaire occupée momentanément au service de l'artillerie?

Et pourquoi, avant que des voitures n'aient même déchargé leurs bombes et la poudre, les directeurs des vivres sont-ils assez simples pour me faire des réquisitions de mettre à leur disposition, sous peine de responsabilité, des voitures chargées à Avignon par les transports militaires pour le compte de l'artillerie? Pensent-ils donc que, s'ils requéraient l'attelage de l'artillerie, je sois obligé de pourvoir à leur défaut de prévoyance et de faire souffrir la partie de l'artillerie dont je suis chargé?

Ils requièrent des voitures attachées aux transports militaires et occupées pour le voyage au service de l'artillerie, et, si je n'y acquiesce pas, ils veulent m'en rendre responsable!

N'aurais-je pas le même droit de requérir la portion de l'attelage des transports militaires attachée momentanément au service des vivres, et en cas qu'il n'obtempère pas à ma demande, de le rendre responsable des entraves qu'éprouverait le service de l'artillerie?

Je sais le nombre de voitures dont j'ai besoin pour une expédition quelconque. Je connais les voitures existantes au parc. Je sais par ma correspondance avec le directeur des transports militaires et les officiers chargés des différents dépôts le nombre de voitures qui doit m'arriver par jour, chargées de bombes, d'échelles ou de poudre. De ces deux résultats, je calcule le nombre de voitures que j'aurai d'existantes à tel jour sans que personne puisse s'en plaindre; les seuls transports militaires peuvent se trouver dans le cas de ralentir les convois destinées à l'artillerie, vu que la partie aliquote de l'attelage des transports militaires destinée à l'artillerie se trouverait retenue.

Si l'on me nie la vérité de ces calculs, et si les vivres croient devoir calculer sur des voitures employées au service de l'artillerie sans savoir seulement le jour, l'endroit où elles seront congédiées, vous m'avouerez que l'approvisionnement des armées n'est plus qu'un hasard, (et) la combinaison des convois et des expéditions, impossible.

Vous avez trop d'analyse pour ne pas éclairer sur ces différents objets les régisseurs des vivres, afin qu'ils soient un peu plus circonspects à hasarder des réquisitions qui sont toujours sérieuses, lorsqu'elle tiennent de si près à la chose publique, mais qui par leur multiplicité et leur absurdité évidente font perdre le crédit pour des réquisitions plus fondées.

Je vous ai dû cette longue explication, malgré les fatigues du moment, parce qu'il ne faut pas à des maux réels joindre des imaginaires et qu'il ne faut point qu'un homme juste permette que dans des matières aussi sérieuses il y ait la moindre équivoque et que l'on veuille se jeter la balle réciproquement, et jeter son défaut de calcul, son imprévoyance sur un autre.

(Non signé.)

VIII

Au citoyen Gassendi.

Ollioules, 27 vendémiaire an II (18 octobre 1793).

J'ai appris avec déplaisir la scène qui vous est arrivée à Marseille. Je vous veux du mal de ne pas m'en avoir écrit à temps; il eût été facile de remédier à tout. Je me suis porté à Marseille, croyant vous y trouver : j'ai parlé aux représentants; ils ne sont point du tout mécontents de vous; ils croient seulement avoir dû céder à la politique. C'est une affaire finie; n'en parlons plus.

Vous trouverez ci-joint copie de la délibération des représentants du peuple à votre égard. J'ai rendu compte au ministre de l'affaire de Marseille, afin que le bruit ne lui parvint pas par une autre voie, et que cela ne fit un mauvais effet. La conduite que vous avez tenue à Marseille est très louable et fait l'éloge de vos principes.

J'ai laissé Perrier à l'arsenal, à Marseille.

J'ai rappelé Constantin.

Si vous vouliez venir à Ollioules, il faut que nous travaillions tout un jour ensemble. Si vous aviez de la répugnance à y venir, vous pourriez m'indiquer un endroit intermédiaire. Mais vous savez combien je suis nécessaire ici.

Je vous envoie un exprès; il faut qu'il passe par Marseille afin de prendre votre adresse que je n'ai pas.

Je vous remettrai ici l'original de la délibération des représentants du peuple.

Ne perdez pas un quart d'heure; envoyez-moi votre conducteur de charrois. Je suis content de votre garde-magasin, mais j'en voudrais encore un autre. Envoyez-moi votre conducteur, à moins que vous ne veuilliez l'amener avec vous. Les choses sont ici dans le même état. Je vous embrasse.

BUONAPARTE.

IX

Les représentants du peuple près l'armée dirigée contre les rebelles de Toulon

Sur la proposition du commandant de l'artillerie qui leur expose la nécessité d'envoyer un officier intelligent dans les villes où peuvent se trouver les moyens de pourvoir à un équipage de siège devenu nécessaire pour réduire Toulon, arrêtent que le citoyen Gassendi, chef de bataillon, est autorisé à voyager dans les différentes villes où il croira pouvoir trouver des approvisionnements nécessaires pour l'équipage de siège nécessaire à la réduction de Toulon. Il se concertera à cet effet avec le commandant d'artillerie de l'armée campée devant Toulon et tiendra avec lui une correspondance suivie pour cet objet. Fait à Ollioules le 27° du 1er mois de l'an II.

GASPARIN. SALICETI.

X

A .....

Ollioules, le 24 octobre 1793.

L'on établira ce soir la batterie des Hommes-sans-peur au devant des Deux Moulins.

Je vous prie de faire vos dispositions en conséquence afin que ce poste soit protégé par un bon corps d'infanterie.

Je donne ordre à deux pièces de quatre qui sont à La Seyne de s'avancer à la tête du village;

A une pièce qui est aux Sablettes de s'avancer sur la pointe où l'on établit la batterie des Hommes-sans-peur;

Et aux deux autres pièces qui sont sur la gauche de La Seyne de s'avancer à la place où étaient les premières et de se tenir prêtes au moindre mouvement.

Je vous prie de vous concerter avec le citoyen Patton (*sic*) [1] pour toutes les mesures militaires que vous avez à prendre pour protéger ce poste.

Le commandant d'artillerie.

BUONAPARTE.

---

1. Lire évidemment Pacthod. Le document est d'ailleurs une copie. On y remarque l'orthographe (et par suite la prononciation) du nom de Bonaparte qui est écrit Buonaparte (comme dans une lettre de Gasparin et de Saliceti, du 30 septembre, et dans une lettre de Dugommier du 30 novembre). Dans deux lettres à Carteaux, du 19 et du 20 octobre, Pacthod orthographie également « Bonaparte ».

XI

Aux administrateurs du district du Beausset.

Ollioules, 16 brumaire an II (6 novembre 1793).

Le parc de l'artillerie qui assiège Toulon a, citoyens, un grand besoin de gabions et de paniers. Je vous prie en conséquence de mettre en réquisition le plus promptement possible tous les ouvriers qui sont occupés dans votre district à faire des paniers ou des dame-jeannes et de les envoyer sans délai au parc d'Ollioules.

BUONAPARTE.

XII

Aux mêmes.

Ollioules, 29 brumaire an II (19 novembre 1793).

Je vous requiers, citoyens, de faire faire par les charpentiers de votre commune 3 600 piquets de bois dur et droit ayant deux pieds six pouces de long sur deux pouces de diamètre à la tête, et 600 ayant trois pieds de long sur quatre pouces de diamètre. Il faudra se servir pour ces piquets du bois de chêne, de frêne, de châtaignier ou tout autre bois dur. Il faudrait que ces piquets fussent faits dans la journée de demain. Vous voudrez bien y tenir la main, et fournir aux ouvriers tout ce qu'ils pourront avoir besoin en hommes, en outils et en bois.

BUONAPARTE.

XIII

Au général Dugua, chef de l'État-Major.

21 frimaire an II (11 décembre 1793).

Ce matin on a fait partir les fusées qui vous sont nécessaires. Quant aux fanaux, il n'y en a point ici à notre disposition. Il y en a seulement dix qui sont à la disposition de l'État-major de l'armée pour établir les signaux pour cette division.

BUONAPARTE.

XIV

Au citoyen Vermot, lieutenant d'artillerie commandant la batterie des Républicains.

Ollioules, 24 frimaire an II (14 décembre 1793).

Il est ordonné au citoyen Vermot de se porter à la batterie des Républicains pour y faire achever la construction de cette batterie.

BUONAPARTE.

XV

Au même.

Ollioules, 24 frimaire an II (14 décembre 1793).

Je vous préviens que deux pièces de 24, approvisionnées de cent coups par pièce, viennent de partir pour votre batterie. Je compte trop sur vous pour m'inquiéter d'aucune manière ; je suis persuadé que votre batterie doit être prompte. S'il manquait quelque chose à l'approvisionnement que je vous ai envoyé, vous voudriez bien m'en faire part avant neuf heures du matin. Je vous préviens qu'il est probable que dans la journée de demain vous recevrez l'ordre de faire feu.

BUONAPARTE.

XVI

Au même.

Ollioules, 25 frimaire an II (15 décembre 1793).

Le commandant de la batterie des Républicains est prévenu que ce soir, à quatre heures après midi, l'on commencera à canonner, et que cela ne doit point empêcher les travailleurs de continuer leur ouvrage. A neuf heures le feu aura cessé et l'on mènera les pièces en batterie.

BUONAPARTE.

XVII

Au même.

28 frimaire an II (18 décembre 1793).

Il est ordonné au citoyen Vermot et à tous les canonniers qui sont aux Républicains de se porter sur le champ au fort de l'Aiguillette où ils recevront des ordres du citoyen Marmont.

BUONAPARTE.

LXX. Lettre de Bonaparte à Dupin et État des batteries.

A Dupin, adjoint au ministre de la guerre.

Ollioules, le 21 frimaire 2ᵉ année (11 décembre 1793).

Je t'envoie, citoyen, les états que tu m'as demandés. Tu dois recevoir tous les jours le bulletin des batteries. Nous sommes à la veille d'une affaire. Je t'instruirai du succès en détail, de la manière dont cela se passera.

BUONAPARTE.

État des pièces en batterie.

BATTERIES CONTRE MALBOUSQUET.

La Convention..................	7 pièces de 24. 2 obusiers de 6 pouces.
Farinière.......................	4 mortiers de 12 pouces.
Poudrière......................	4 pièces de 16. 3 mortiers de 8 pouces.
Petite Rade....................	2 pièces de 24.

BATTERIES CONTRE L'AIGUILLETTE ET LA RADE.

Sans-Culottes..	1 couleuvrine de 44. 1 pièce de 36. 4 pièces de 24. 1 mortier à plaque de 12 pouces.
Faubrégas......................	1 pièce de 36. 3 pièces de 24. 1 mortier à plaque de 12 pouces.
Grande Rade......	3 pièces de 24.
Quatre Moulins.................	2 pièces de 24.
Hommes-sans-Peur.............	3 pièces de 16. 3 mortiers de 8 pouces. 2 mortiers de 12 pouces.

Jacobins................	3 pièces de 24.
	5 mortiers de 12 pouces.
Sablettes................	4 pièces de 24.

Contre le Cap Brun.

	2 pièces de 24.
	2 pièces de 16.
A Sainte-Marguerite............	2 pièces de 16.
	2 pièces de 12.
	2 mortiers de 12 pouces.

	1 couleuvrine de 44.
	2 pièces de 36.
Total des pièces en batterie.......	29 pièces de 24.
	11 pièces de 16.
	15 mortiers de 12 pouces.
	6 mortiers de 8 pouces.

Total général.....	64 bouches à feu.

BUONAPARTE.

LXXI. Bulletins des batteries.

Deux de ces bulletins ont été reproduits; celui du 9 au 10 frimaire dans la Correspondance, celui du 23 au 24 par Du Teil; nous donnons les autres.

Rapport des batteries (du 8 au 9 courant).

Ollioules, le 9 frimaire l'an II de la République (29 nov. 1793).

Batterie de la Convention. — Plusieurs bâtiments se sont approchés entre Toulon et Malbousquet pour tirer contre la Convention. Ils ont tiré cinq cents coup de canon, soixante bombes et quatre-vingts obus. Leurs coups, venant de trop loin, n'ont produit aucun effet. La batterie a tiré un coup tous les quarts d'heure contre Malbousquet. L'on a distingué deux hommes de tués. Deux pièces de l'ennemi sont démontées. Nous avons un officier grièvement blessé.

Poudrière. — Les plates-formes des mortiers sont faites. La batterie sera terminée dans la journée de demain. Quatre pièces de 16 et trois mortiers seront placés, prêts à faire feu contre Malbousquet.

Petite Rade. — Les pièces sont en batterie. Cette batterie, composée de deux pièces de 24, est destinée à éloigner les bâtiments de la côte et des voisinages de la poudrière. L'on veut, avant qu'elle tire, voir la manœuvre de l'ennemi pour pouvoir profiter d'une bonne occasion.

Sans-Culottes. — L'escadre est hors de portée.

Montagne. — Rien de nouveau.

Quatre-Moulins. — Rien de nouveau.

Hommes-sans-peur. — L'on ne peut que se louer du zèle du citoyen Pétout, sergent d'artillerie, commandant la batterie.

Jacobins. — Trois mortiers et trois pièces seront demain en batterie.

Sablettes. — Quelques coups de canon contre la redoute anglaise. L'on répare la batterie des mortiers dans le même temps que l'on a ôté les mortiers pour les porter à la batterie des Jacobins.

Bréguart. — Deux bombardes ennemies profitent de l'obscurité de la nuit pour se porter près du Craton et jeter des bombes dans la plaine. Cette batterie a été renforcée d'une pièce de 24. La batterie des mortiers a été réparée.

Grande Rade. — Cette batterie a été augmentée d'une pièce de 24.

Le commandant de l'artillerie de l'armée devant Toulon,

BUONAPARTE.

Bulletin des batteries (du 12 au 13 frimaire).

Ollioules, le 13 frimaire l'an II de la République (3 décembre 1793).

Batterie de la Convention. — Malbousquet a vivement tiré contre cette batterie.

La Farinière. — Le chemin est fait; cette batterie a été retardée aujourd'hui par le défaut de travailleurs.

La Poudrière. — L'on augmente la batterie de six pièces de canon.

Petite Rade. — Un ponton s'est présenté, a jeté quelques obus et nous a fait sauter un caisson; nous lui avons tiré huit coups de canon, et au huitième le ponton s'est retiré.

Montagne. — Rien de nouveau.

Sans-Culottes. — Les ennemis sont hors de portée.

Quatre-Moulins. — Rien de nouveau.

Sans-Peur. — Rien de nouveau.

Jacobins. — Rien de nouveau.

Sablettes. — Quelques coups de canon.

Bréguart. — Rien de nouveau.

Grande Rade. — Rien de nouveau.

Le commandant en second de l'artillerie de l'armée devant Toulon,

BUONAPARTE.

Bulletin des batteries (du 14 au 15 frimaire).

Ollioules, le 15 frimaire 2ᵉ année (5 déc. 1793).

Il n'y a point eu de bulletin du 14 attendu qu'on s'attendait à être attaqué et on n'a pas eu de temps.

Batterie de la Convention. — Malbousquet a vivement tiré toute la nuit. L'ennemi travaille à construire une redoute sur les hauteurs de Missiessy. Cette batterie a tiré plusieurs coups de canon de 24 sur les travailleurs, qui les ont obligés à cesser leurs travaux.

La Farinière. — Les mortiers seront demain en batterie.

La Poudrière. — On a tiré quelques coups de canon sur les travailleurs, on en a tué plusieurs; ils ont été forcés de cesser leurs travaux.

Petite Rade. — Rien de nouveau.

Montagne. — Rien de nouveau.

Sans-Culottes. — L'escadre est hors de portée.

Quatre-Moulins. — Canonnade assez vive à la pointe du jour.

Sans-Peur. — Canonnade très vive à la pointe du jour; elle a jeté plusieurs bombes dans la redoute anglaise.

Jacobins. — Canonnade assez vive à la pointe du jour.

Sablettes. — Quelques coups de canon contre la redoute anglaise.

Bréguart. — Rien de nouveau.

Grande Rade. — L'escadre hors de la portée.

Le commandant en second de l'artillerie de l'armée devant Toulon,

BUONAPARTE.

Vu : Le général DU TEIL cadet.

Bulletin des batteries (du 16 au 17 frimaire).

Ollioules, le 17 frimaire 2ᵉ année (7 déc. 1793).

Batterie de la Convention. — L'ennemi a tiré vivement toute la nuit contre cette batterie.
Des obusiers. — Cette batterie n'est pas achevée, par le défaut de travailleurs.
Farinière. — L'on fait les plates-formes.
Poudrière. L'ennemi a beaucoup tiré ce matin.
Petite Rade. — Rien de nouveau.
Montagne. — Rien de nouveau.
Sans-Culottes. — Les vaisseaux sont hors de la portée.
Quatre-Moulins. — Quelques coups de canon contre la redoute anglaise.
Sans-Peur. — L'ennemi a tiré beaucoup d'obus; nous avons eu un homme de tué.
Jacobins. — Un obus des ennemis nous a démonté une pièce; nous avons eu deux mulets de tués.
Sablettes. — Quelques coups de canon contre la redoute anglaise.
Fort Bréguart (sic). — L'ennemi construit une nouvelle batterie au delà de l'isthme; nous avons jeté plusieurs bombes et tiré plusieurs coups sur les travailleurs.
Grande Rade. — Les vaisseaux sont hors de portée.

Le commandant en second de l'artillerie,

BUONAPARTE.

Vu par nous général commandant l'artillerie,
  Du TEIL cadet.

Bulletin des batteries (du 17 au 18 frimaire).

Ollioules, le 18 frimaire 2ᵉ année (8 déc. 1793).

Batterie de la Convention. — Deux coups de canon contre des ingénieurs qui traçaient un ouvrage avancé à Malbousquet; l'on en a distingué un qui a été tué.
Des obusiers. — Les obusiers seront demain en batterie.
Farinière. — Les mortiers se mettent en batterie.
Poudrière. — L'ennemi a tiré vivement au point du jour.
Petite Rade. — Les vaisseaux sont hors de la portée.
Montagne. — Rien de nouveau.
Sans-Culottes. — Les vaisseaux hors de portée.
Quatre-Moulins. — Cette batterie a tiré huit coups de canon sur la redoute anglaise.
Sans-Peur. — L'on met cette nuit deux nouveaux mortiers de douze pouces à grande portée en batterie.
Jacobins. — Il y aura cette nuit deux nouveaux mortiers de douze pouces en batterie.
Sablettes. — Rien de nouveau.
Faubrégas. — Sept coups de canon contre la nouvelle redoute que les Anglais construisent sur la droite de l'isthme.
Grande Rade. — Les vaisseaux sont hors de la portée.

Le commandant en second de l'artillerie,

BUONAPARTE.

Le général Du TEIL cadet.

Bulletin des batteries (du 19 au 20 frimaire).

Ollioules, le 20 frimaire (10 déc. 1793).

Batterie de la Convention. — Rien de nouveau.
Obusiers. — Rien de nouveau.
Farinière. — L'ennemi nous a jeté plusieurs bombes.
Poudrière. — Rien de nouveau.
Sans-Culottes. — Les vaisseaux sont hors de la portée.
Petite Rade. — Rien de nouveau.
Montagne. — Rien de nouveau.
Quatre-Moulins. — Rien de nouveau.
Sans-Peur. — Deux mortiers de 12 pouces de plus en batterie.
Jacobins. — Deux mortiers de 12 pouces de plus en batterie. L'on a fait un chemin qui communique avec celui de l'Éguillette.
Sablettes. — Rien de nouveau.
Faubrégas. — Quelques coups de canon contre l'ennemi.
Grande Rade. — Les vaisseaux sont hors de la portée.

Le commandant en second de l'artillerie de l'armée devant Toulon,
BUONAPARTE.

Le général Du Teil cadet.

Bulletin des batteries (du 21 au 22 frimaire).

Ollioules, le 22 frimaire 2ᵉ année (12 déc. 1793).

Batterie de la Convention. — Il n'y a pas eu de bulletin hier attendu qu'il n'y avait rien de nouveau.
Farinière. — L'on met trois pièces en batterie.
Poudrière. — Les ennemis ont tiré quelques coups de canon.
Petite Rade. — Les vaisseaux sont hors de portée.
Montagne. — Rien de nouveau.
Sans-Culottes. — Les vaisseaux sont hors de portée.
Quatre-Moulins. — Rien de nouveau.
Sans-Peur. — Rien de nouveau.
Jacobins. — Rien de nouveau.
Sablettes. — Rien de nouveau.
Faubrégas. — Rien de nouveau.
Grande Rade. — Les vaisseaux sont hors de la portée.

Le commandant en second de l'artillerie de l'armée,
BUONAPARTE.

Le général Du Teil cadet.

LXXII. Lettres et écrits de Napoléon de mai 1792 à la fin de 1793.

I. — LETTRES.

Lettres à Joseph, 29 mai, 14 juin, 18 juin, 22 juin, 3 juillet, 7 août 1792 (Masson, II, p. 387-404).
Note à Monge, ministre de la marine, 30 août 1792 (A. Chuquet, III, p. 255).
Requête aux administrateurs du district de Versailles, 1ᵉʳ septembre 1792 (Coston, II, 179; Lavallée, *Hist. de la maison de Saint-Cyr*, p. 274; Masson, II, p. 407).

Lettre à Joseph, du milieu de septembre 1792 (Masson, II, 408).
Lettre à Costa, 18 octobre 1792 (Blanqui, *Moniteur* du 29 octobre 1838; Masson, II, 411).
Lettre à J. B. Quenza, 27 octobre 1792 (A. Chuquet, III, p. 256).
Lettre à Roch Quenza, sans date, 1792 ou 1793 (A. Chuquet, III, p. 287).
Lettre au ministre de la guerre, au sujet de l'abandon de la contre-attaque de la Sardaigne, 2 mars 1793 (Masson, II, 439).
Lettre à M. Marchand, 12 janvier 1793 (A. Chuquet, III, p. 263).
Lettre à J. B. Quenza, 19 avril 1793 (A. Chuquet, III, p. 276).
Lettres du 3 juillet 1793, l'une à Rhodes de Barras, l'autre à Bouchotte (Masson, II, 472; Du Teil, 115).
Lettre aux administrateurs du district de Tarascon, 29 juillet 1793 (Du Teil, 118).
Lettre aux administrateurs du Vaucluse, 15 septembre 1793 (A. Chuquet, III, p. 313).
Lettre à Gassendi, 18 septembre 1793 (*Nouvelle Revue rétrospective*, 10 mai 1896; et Du Teil, 147).
Lettre à Carteaux, 29 ou 30 septembre 1793 (A. Chuquet, III, p. 314).
Lettres aux officiers municipaux du Beausset, 12 et 14 octobre 1793 (A. Chuquet, III, p. 314).
Lettre au capitaine Perrier, 13 octobre (Coston, I, 276).
Lettre aux représentants, 16 octobre 1793 (A. Chuquet, III, p. 315).
Lettre à Chauvet, sans date (A. Chuquet, III, p. 316).
Lettre à Gassendi, 18 octobre 1793 (A. Chuquet, III, p. 317).
Lettre aux représentants, 22 octobre 1793 (Aulard, *Actes* du Comité, VII, 596).
Lettre à Talin, 22 octobre 1793 (Coston, I, 282).
Lettre à ...., 24 octobre 1793 (A. Chuquet, III, p. 318).
Lettre au Comité, 25 octobre 1793 (*Corresp.*, I, 11).
Lettre à Sucy, 3 novembre 1793 (Coston, I, 234, et *Corresp.*, I, 12).
Lettre à Gassendi, 4 novembre 1793 (*Corresp.*, I, 12).
Lettre aux administrateurs du district du Beausset, 6 novembre 1793 (A. Chuquet, III, p. 319).
Lettre à Bouchotte, 14 novembre 1793 (*Corresp.*, I, 13).
Lettre aux administrateurs du district du Beausset, 19 novembre 1793 (A. Chuquet, III, p. 319).
Procès-verbal du conseil de guerre, 25 novembre 1793 (*Corresp.*, I, 20).
Lettre à Dupin, 30 novembre 1793 (*Corresp.*, I, 22).
Lettre à Gassendi, 7 décembre 1793 (*Corresp.*, I, 23).
Lettre à Dupin, 11 décembre 1793 (A. Chuquet, III, p. 320).
Lettre à Dugua, 14 décembre 1793 (A. Chuquet, III, p. 319).
Lettres à Vermot, 14, 15 et 18 décembre 1793 (A. Chuquet, III, p. 319-320).
Lettre à Dupin, 24 décembre 1793 (*Corresp.*, I, 24).

II. — ÉCRITS.

Tous les écrits de cette époque sont reproduits par Masson, tome II du *Napoléon inconnu* :

Adresses de la Société des amis du peuple à la Convention et à la municipalité d'Ajaccio.
Mémoire sur les îles de la Madeleine.
Projet d'attaque de la Madeleine.
Projet de défense du golfe d'Ajaccio.
Projet de défense du golfe de Saint-Florent.
Position politique et militaire du département de Corse au 1ᵉʳ juin 1793.
• Souper de Beaucaire. •

TABLE DES MATIÈRES

DU TOME III

Préface..................... v

CHAPITRE XI

Paris.

Ambition de Napoléon. — Leçons qu'il tire de l'émeute d'avril 1792. — Haine de l'anarchie. — Refroidissement et circonspection. — Arrivée à Paris (28 mai 1792). — Lettres sur la situation extérieure et intérieure. — Les trois partis. — Napoléon constitutionnel et fayettiste, comme Paoli et Pozzo. — Journées du 20 juin et du 10 août. — Amour persistant de la Corse. — Cattaneo. — Mme Permon. — Conseils à Joseph. — Napoléon nommé capitaine au 4e régiment d'artillerie (10 juillet). — Demande du grade de lieutenant-colonel dans l'artillerie de marine (30 août). — Dernière visite à Saint-Cyr (1er septembre). — Départ. — Arrivée à Marseille. — Embarquement à Toulon (10 octobre) et débarquement à Ajaccio (15 octobre). — Échec de Joseph aux élections à la Convention. — Marianna....................... 1

CHAPITRE XII

La Madeleine.

Bonaparte et ses volontaires. — Lettre à Costa (18 octobre 1792). — Projet d'aller aux Indes. — L'expédition de Sardaigne. — Buttafoco, Constantini, Saliceti. — Arena et Peraldi. — Plan de Peraldi.

— Plan du Conseil exécutif. — Truguet et Sémonville. — Anselme et Brunet. — Raphaël Casabianca. — Fêtes à Ajaccio. — Querelles entre marins et volontaires. — Excès des Marseillais à Bastia et à Ajaccio. — Tentative sur Cagliari. — Contre-attaque des îles de la Madeleine. — Cesari. — Le 2º bataillon de volontaires. — Préparatifs. — Napoléon à Bonifacio. — Les Buccinaires. — Droits de la France sur ces îles. — Départ de Cesari. — Prise de Saint-Étienne (23 février 1793). — Bombardement de la Madeleine (24 février). — Mutinement des marins de la *Fauvette*. — Désespoir de Cesari. — Retraite. — Colère de Napoléon. — Ses projets d'attaque. — Responsabilité de Paoli. — Moydier. — Ricard. — Plans postérieurs de Napoléon............................... 25

CHAPITRE XIII

Paoli.

Situation de la Corse. — Rapport de Monestier. — Fautes du Directoire. — Sentiments de Paoli. — Élections de décembre 1792. — Pozzo di Borgo. — Saliceti. — Barthélemy Arena. — Gentili. — Volney. — Les Bonaparte et Paoli. — Défiances dont le général est l'objet. — Clavière, Pache, les commissaires. — Décrets du 28 janvier et du 5 février 1793. — Saliceti, Delcher, Lacombe-Saint-Michel. — Dispositions de Paoli et du Conseil général. — Arrivée des trois représentants à Bastia (6 avril). — Conflit entre eux et le Directoire du département. — Saliceti à Corte (16 avril). — Lucien Bonaparte au club de Toulon. — Son adresse à la Convention. — Décret du 2 avril contre Paoli et Pozzo. — Indignation des Corses. — Tumultes. — Protestations. — Rôle de Napoléon. — Rapport du décret. — Lutte inévitable entre Paoli et Saliceti. — Destitution du Conseil général. — Napoléon à Ajaccio. — Sa fuite. — Journées des 30 mai et 1er juin. — Consulta de Corte. — Départ des Bonaparte. — Mémoire de Napoléon contre Paoli. — Triomphe de Saliceti. — Sort de Paoli, Pozzo, etc............... 59

CHAPITRE XIV

Le « Souper de Beaucaire ».

Départ des Bonaparte. — Napoléon à Nice. — Mission pour Avignon. — Réfutation de la tradition avignonnaise. — Témoignage de Michel, de Dommartin, de Doppet, de Carteaux, de Napoléon. — Demande d'aller à l'armée du Rhin. — Le « Souper de Beaucaire ». — Bonaparte montagnard. — Sa partialité. — Sa circonspection. — Axiomes militaires. — Style. — Influence de l'ouvrage.......... 153

CHAPITRE XV

Toulon.

Blessure de Dommartin au combat d'Ollioules (7 septembre 1793). — Bonaparte au Beausset (16 septembre). — Saliceti et Gasparin. — Fortifications de Toulon. — État de l'armée assiégeante. — La Salette. — Bonaparte chef de bataillon au 2º régiment et commandant de l'artillerie. — Le point d'attaque. — Carteaux. — Première tentative sur l'Éguillette (22 septembre). — Le fort Mulgrave ou Petit-Gibraltar. — Activité de Napoléon. — Équipage de siège. — Personnel de l'artillerie. — Gassendi. — Demandes de poudre. — Lutte avec les régisseurs des vivres. — Courage de Bonaparte. — Batteries. — La Poype au Faron (1er octobre). — Surprise des Sablettes (8-9 octobre). — Sortie du 14 octobre. — La Poype au cap Brun (15 octobre). — Indiscipline des assiégeants. — Doléances des représentants. — Mésintelligence des généraux. — Plaintes de Bonaparte. — Remplacement de Carteaux. — Doppet. — Affaire du 15 novembre. — Dugommier. — Du Teil. — Marescot. — Conseil de guerre du 25 novembre. — Les treize batteries. — La batterie des Hommes-sans-Peur et le sergent Pétout. — La batterie de la Convention. — Sortie du 30 novembre. — Capture d'O'Hara. — Inquiétudes. — Lettre de Barras et de Fréron (1er décembre). — Nouveau conseil de guerre (11 décembre). — Prise de la redoute anglaise (17 décembre). — Entrée des républicains dans Toulon. — Rôle de Bonaparte. — Réfutation des dires de Barras. — Reconnaissance de Napoléon envers Dugommier et sa famille. — Dangemont, Chevrigny, Dumoutier. — Saliceti, Gasparin, Du Teil, Carteaux. — Taisand, Dintroz, Talin, Ragois, Mouchon. — La Poype, Delaborde, Dugua, Mouret, Micas, Garnier, Despinoy, Guillot. — Arena et Cervoni. — Les Savoyards, Pacthod, Boinod. — Marescot. — Leclerc. — Alméras. — Saint-Hilaire. — Grillon. — Argod. — Suchet. — Lalance. — Marmont. — Junot. — Muiron. — Chauvet. — Caractère français.................................. 169

NOTES ET NOTICES

I. Cattaneo...	255
II. Note du S^{er} Buonaparte à M. le ministre de la marine, présentée au ministre à son audience du 30 août.....	255
III. Élections de la Corse. Convention nationale...........	255
IV. Bonaparte à J.-B. Quenza........................	256
V. Raphaël Casabianca................................	257
VI. Marius Peraldi..................................	257
VII. Paoli et Marius Peraldi............................	258
I. — Paoli à Servan...............................	258
II. — Paoli à Pache...............................	258
III. — Paoli à Pache..............................	259
IV. — Rapport à Beurnonville......................	259
VIII. Lettres de et à Marius Peraldi......................	259
I. — Peraldi au ministre de la guerre...............	259
II. — Les administrateurs des Bouches-du-Rhône à Peraldi.......................................	261
III. — Brunet à Peraldi............................	261
IV. — Truguet à Peraldi...........................	261
V. — Truguet à Peraldi...........................	262
VI. — Peraldi au ministre de la guerre..............	262
IX. Lettre de Bonaparte à M. Marchand.................	263
X. Paoli à Roland, ministre de l'intérieur...............	263
XI. Réponse du ministre à la lettre précédente...........	267
XII. Cesari	267
XIII. Pierre Peretti à l'expédition de la Madeleine..........	268
XIV. Moydier..	268
XV. Ricard...	269
XVI. Jugements divers sur l'administration de la Corse.....	269
XVII. Paoli au Conseil exécutif provisoire.................	270
XVIII. Les Arena.......................................	270
XIX. Protestations de Paoli et de ses amis contre les calomnies d'Arena......................................	271
I. — Les députés de Corse au ministre de la guerre...	271
II. — L'administration générale aux députés du département de Corse à la Convention nationale.......	272
III. — Paoli au ministre de la guerre................	273
IV. — Paoli au Conseil exécutif.....................	274
XX. Lettre de Lacombe-Saint-Michel à Saint-Fief..........	274
XXI. Villantroys au ministre de la guerre.................	275
XXII. Lettre de Bonaparte à J.-B. Quenza.................	276
XXIII. Lettres des officiers municipaux d'Ajaccio au Directoire.	276
XXIV. Lettre de Paoli aux officiers des gardes civiques d'Ajaccio.	277

TABLE DES MATIÈRES

XXV. Constantini	278
XXVI. Ferrandi	278
XXVII. La maison des Bonaparte	279
XXVIII. Mémoire sur la position politique et militaire du département de Corse au 1ᵉʳ juin 1793	279
XXIX. Deux lettres de Lacombe-Saint-Michel sur la situation de la Corse	284
I. — A Saliceti	284
II. — Au Comité	286
XXX. Les Quenza	287
I. — Document sur le major Quenza, père de Jean-Baptiste Quenza	287
II. — Napoléon Bonaparte à Roch Quenza	287
III. — Casabianca à J.-B. Quenza	287
IV. — J.-B. Quenza au général Ambert	288
V. — Bonaparte et Quenza	288
XXXI. Lettre de Carteaux à Kellermann	289
XXXII. Joseph Bonaparte commissaire des guerres	290
I. — Nomination de Joseph	290
II. — Joseph à Ollioules	291
III. — Joseph aux représentants	291
IV. — Les représentants à Joseph	293
XXXIII. Dommartin	292
XXXIV. Gasparin	292
XXXV. Carteaux	293
XXXVI. Constantin	293
XXXVII. Favas	293
XXXVIII. Doppet	294
XXXIX. Du Teil cadet	294
XL. Les renforts de l'armée de Toulon	295
XLI. Vermot	295
XLII. Le sergent Pétout	296
XLIII. Pétout et Bonaparte	297
I. — Certificat de Bonaparte	297
II. — Pétout nommé garde-magasin général par Bonaparte	299
III. — Lettre de Pétout à Bonaparte	297
XLIV. Lettre de Fréron	298
XLV. Les Dugommier	299
I. — Dugommier-Dangemont	299
II. — Lettre de Dugommier-Dangemont à Bonaparte	299
III. — Dugommier-Chevrigny	300
IV. — Dumoutier	300
V. — Lettre de Bonaparte à Dumoutier	301
XLVI. Bergeron	301
XLVII. Taisand	301
XLVIII. Taisand et Napoléon	302
I. — Taisand nommé à Avignon par Bonaparte	302
II. — Certificat donné par Bonaparte à Taisand	302
XLIX. Dintroz	302
L. Talin	302

LI. Ragois	303
LII. Mouchon	303
LIII. La Poype	303
LIV. Delaborde	304
LV. Mouret	304
LVI. Micas	305
LVII. Garnier	305
LVIII. Despinoy	306
LIX. Guillot	307
LX. Cervoni	308
LXI. Boinod	308
LXII. Marescot	309
LXIIbis. Lettre de Marescot à Carnot	310
LXIII. Alméras	310
LXIV. Saint-Hilaire	310
LXV. Grillon	311
LXVbis. Lettre de Bonaparte à Grillon	311
LXVI. Lalance	311
I. — Notice sur Lalance	311
II. — Lettre de Bonaparte à Lalance	312
III. — Ordre de Bonaparte relatif à Lalance	312
LXVII. Muiron	312
LXVIII. Chauvet	313
LXIX. Lettres de Napoléon	313
I. — Aux administrateurs du Vaucluse	313
II. — Au général Carteaux	314
III. — Aux officiers municipaux du Beausset	314
IV. — Aux citoyens officiers municipaux du Beausset	314
V. — Aux citoyens officiers municipaux du Beausset	314
VI. — Aux représentants	315
VII. — A Chauvet	316
VIII. — Au citoyen Gassendi	317
IX. — Arrêté des représentants relatif à Gassendi	318
X. — A	318
XI. — Aux administrateurs du district du Beausset	319
XII. — Aux mêmes	319
XIII. — Au général Dugua, chef de l'État-Major	319
XIV. — Au citoyen Vermot, lieutenant d'artillerie commandant la batterie des Républicains	319
XV. — Au même	319
XVI. — Au même	320
XVII. — Au même	320
LXX. Lettre de Bonaparte à Dupin et État des batteries	320
LXXI. Bulletins des batteries	321
LXXII. Lettres et écrits de Napoléon de mai 1792 à la fin de 1793	324
I. — Lettres	324
II. — Écrits	325

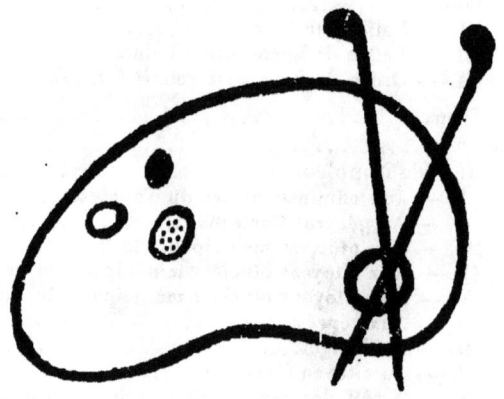

Original en couleur
NF Z 43-120-8

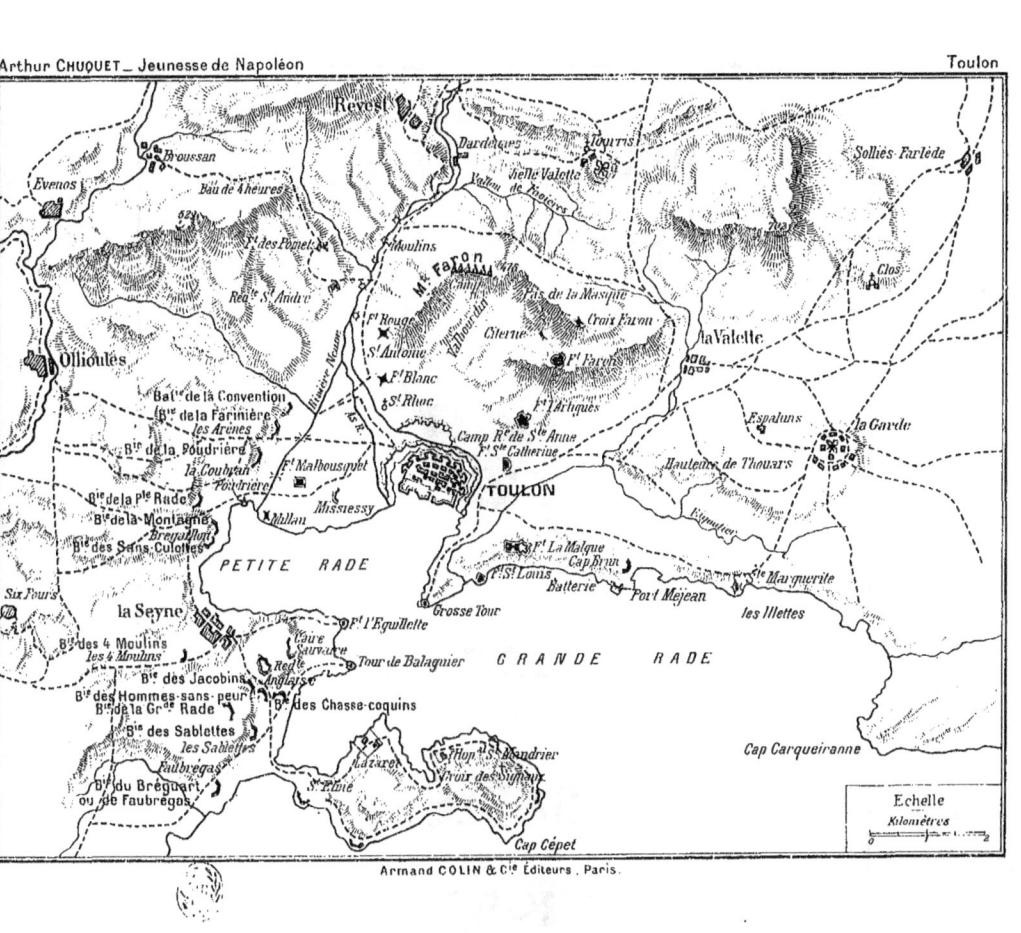

BIBLIOTHÈQUE NATIONALE

CHÂTEAU
de
SABLÉ
1985

www.ingramcontent.com/pod-product-compliance
Lightning Source LLC
Chambersburg PA
CBHW060509170426
43199CB00011B/1387